共同走过六十年
共に歩んだ60年

人民中国杂志社 编著

人民中国
PEOPLE'S CHINA
60th anniversary
★SINCE 1953

新星出版社 NEW STAR PRESS

图书在版编目（CIP）数据

共同走过六十年：汉日对照 / 人民中国杂志社编著．—北京：新星出版社，2013.6
ISBN 978-7-5133-1277-6

Ⅰ.①共… Ⅱ.①人… Ⅲ.①中日关系－文化交流－办刊－中国－纪念文集－汉、日 Ⅳ.①G239.29-53

中国版本图书馆CIP数据核字（2013）第128570号

共同走过六十年
人民中国杂志社　编著

| 策划编辑：东　洋 |
| 责任编辑：汪　欣 |
| 责任印制：韦　舰 |
| 装帧设计：@broussaille私制 |

出版发行：新星出版社
出 版 人：谢　刚
社　　址：北京市西城区车公庄大街丙3号楼　100044
网　　址：www.newstarpress.com
电　　话：010-88310800
传　　真：010-65270499
法律顾问：北京市大成律师事务所

读者服务：010-88310811　service@newstarpress.com
邮购地址：北京市西城区车公庄大街丙3号楼　100044

印　　刷：北京京都六环印刷厂
开　　本：720mm×1000mm　1/16
印　　张：37.25
字　　数：330千字
版　　次：2013年6月第一版　2013年6月第一次印刷
书　　号：ISBN 978-7-5133-1277-6
定　　价：88.00元

版权专有，侵权必究。如有质量问题，请与印刷厂联系调换。

序

今年是《人民中国》日文版创刊60周年。作为新中国最早的日语刊物，《人民中国》走过了一段不平凡的发展之路。

回首60年前，在东西方冷战的国际格局下，刚刚诞生的新中国遭到重重包围封锁，声音很难传递到世界。周恩来、廖承志等老一辈中央领导人以战略的眼光和对战后中日两国民间往来的高度重视，直接指导并推动向日本民众介绍新中国，促进两国民间的文化交流与往来。正是在这样的背景下，《人民中国》日文版于1953年6月应运而生。

在随后的60年间，《人民中国》经历了新中国发展与进步以及中日关系恢复与发展的不同历史时期，用一篇篇生动感人的报道与旗帜鲜明的观点，将一个客观真实的全景式中国展现在日本读者面前，为中日两国人民建立起一个增进相互了解与友好交流的渠道。

这本由《人民中国》员工与读者共同撰稿完成的《共同走过六十年》一书，记载了《人民中国》办刊历程中众多值得纪念的人物和往事。翻开此书，我们可以看到，康大川、车慕奇等对日传播名家对工作一丝不苟，待人谦虚和蔼，为《人民中国》的创建和发展不辞辛劳，令人肃然起敬。池田亮一、菅沼不二男、戎家实、村山孚、金田直次郎等日本专家将一生中最宝贵的时光奉献给《人民中国》，令人深切缅怀。日本各地读者积极与《人民中国》往来，成立读者会，为传播中国信息和《人民中国》的成长热情地提供各种帮助，为促进中日民间友好发挥了不可替代的作用。《人民中国》一代又一代的员工们薪

火相传、勤奋工作、默默奉献，视读者为朋友，以满足读者需求为己任，不断丰富和创新报道内容和传播手段，扮演了中日民间友好使者的角色，令人称道。

阅读《共同走过六十年》，可以直接感知中日友好人士为两国关系健康发展付出的种种努力，深切体会到中日两国民众相互往来、彼此信任对两国跨越历史的伤痛，应对各种困难与麻烦所起的不可或缺的作用。

"以史为鉴，可以知兴替。"邦交正常化走过"不惑之年"的中日两国，在本应共同迎来前所未有的历史机遇之际，却因一些新老矛盾的突显，使得两国关系出现一些不和谐的声音。在这个关键时期，中日双方应从两国和两国人民的根本利益和对亚洲乃至世界和平与发展所担负的责任出发，正确并妥善处理好面对的问题。《共同走过六十年》虽然记录的是《人民中国》发展中的点点滴滴，但这点滴间折射出中日两国有识之士在促进中日友好方面迸发出的智慧，也许会为今人带来启发和勇气。从这一点上说，这本书也将为当代中日关系史留下公共外交的宝贵记载。

《人民中国》伴随着中国的发展与中日关系的演进，目前正处在一个新的历史起点上。在庆祝甲子华诞的时候，希望人民中国杂志社的全体员工能从中日两国关系的大局出发，积极面对中日关系的变化和媒体变革带来的挑战与机遇，不断提高能力和水平，为服务中日关系的健康发展、促进中日人民友好交流发挥更大的作用，做出新的成绩。

中国外文出版发行事业局局长

周明伟

2013年6月

序

　今年は『人民中国』日本語版創刊60周年にあたります。新中国で最も早く創刊された日本語刊行物として、『人民中国』は並々ならぬ発展の道を歩んできました。

　60年前を振り返ってみますと、誕生したばかりの新中国は、東西冷戦構造の下で幾重にも包囲・封鎖され、内部の声をなかなか世界へ伝えることができませんでした。周恩来、廖承志などの前世代の指導者は戦略的な視点から、中日両国民の交流に高い関心を寄せ、日本の人々に新中国を紹介することを自ら指導・推進し、両国民間の文化交流と往来を促進しました。まさにこうした背景の下で、『人民中国』日本語版が1953年6月に時運に乗って誕生したのです。

　その後の60年間、『人民中国』は新中国の発展と進歩、中日関係の回復と発展という段階を経て、感動的な1本1本の記事と旗幟鮮明な観点から、客観的かつ真実の中国の姿をパノラミックに日本の読者の前に展開し、中日両国民の相互理解と友好交流を促進する道筋を造り上げました。

　社員と読者が共同でつづったこの『共に歩んだ60年』は、『人民中国』の発展過程における多くの記念すべき人物や出来事を記録しています。この本を開くと、康大川氏、車慕奇氏などの対日報道の専門家の念入りな、少しも手を抜かない仕事ぶりや、謙虚かつ親切なその人柄、そして『人民中国』の創刊と発展のために苦労を厭わず尽くした精神を知ることができ、敬意を持

たずにはいられません。また、池田亮一氏、菅沼不二男氏、戎家実氏、村山孚氏、金田直次郎氏などの日本人専門家が、人生でも最も貴重な歳月を『人民中国』に捧げたことは、私たちの追懐を呼び起こします。日本各地の読者は『人民中国』と積極的に交流し、読者会を設立し、中国の情報発信と『人民中国』の成長に熱心に各種の支援を提供してくれ、中日の民間友好を促進するために、何物にも代え難い役割を果たしました。『人民中国』の社員たちは、事業のバトンを次から次へと送り伝え、仕事に励み、黙々と貢献してきました。また、読者を友人とし、読者のニーズを満たすことを自分の務めとし、絶えず報道内容と手段を刷新して豊かにし、中日の民間友好使者の役割を果たしたことは、賞賛に値します。

　『共に歩んだ60年』を読みますと、中日の友好人士らが両国関係の健全な発展のために行ったさまざまな努力を知ることができ、両国が苦痛に満ちた歴史を乗り越え、さまざまな問題やもめごとを解決するためには、中日両国民の相互交流と相互信頼が欠くことのできない役割を果たすということを、深く感じます。

　「史を以て鑑と為し、興替を知るべし（歴史を鏡としてみれば、国の行く末が分かる）」という言葉があります。国交正常化から「不惑の年」を迎える中日両国は、本来ならば未曾有の歴史的チャンスを共に迎えるべきであるのに、新旧の問題が突出することで、両国関係に不協和音が生じています。この肝心な時期にあって、中日双方は、両国と両国民の根本的な利益と、アジアないし世界の平和と発展に担うべき責任を考慮して、直面する問題を正しく適切に処理しなければなりません。『共に歩んだ60年』に記録されているのは、『人民中国』の発展過程のささいなことですが、これらのささいなことには、両国の有識者が中日友好を推し進めるにあたって発揮した知恵が反映されており、現代の人々にも示唆と勇気をもたらすことでしょう。この意味から言えば、この本は現代の中日関係史に、パブリック・ディプロマシーの貴重な記録を残すものと言えます。

　『人民中国』は、中国の発展と中日関係の変遷と共に歩んできましたが、

現在は新しい歴史の起点に立っています。還暦を祝うにあたりまして、人民中国雑誌社の全員が、両国関係の大局から出発し、中日関係の変化とメディアの変革によるチャレンジとチャンスに積極的に向き合い、専門能力を常に磨き、中日関係の健全な発展に努め、両国民の友好交流を促進することにさらに大きな役割を果たし、新たな成果を上げることを期待しています。

中国外文出版発行事業局局長

周 明 偉

2013年6月

人民中国
PEOPLE'S CHINA
60th anniversary
★SINCE 1953

殷切期望

唐家璇

中日友好协会会长
中日友好21世纪委员会中方首席委员

  中日两国互为重要近邻，也是世界第二、第三大经济体。发展中日战略互惠关系，符合两国和两国人民的根本利益，对维护亚洲地区和世界和平、稳定与发展也具有重要意义。"国之交在于民相亲"。《人民中国》创刊60年来，秉承"说明中国国情，增进人民友好"的宗旨，向广大日本朋友开启了一扇绚丽多彩、真实亲和的"中国之窗"，记录和见证了中国走向民族复兴的进程和中日关系的曲折变化，为促进两国人民的相互了解和友谊，推进民间友好交流与合作，发挥了积极而独特的作用。

  当前，中日关系正处在重要关头。希望《人民中国》立足中日友好大局，进一步增创自身特色优势，凸显窗口桥梁作用，交流信息，沟通心灵，传递友好，为不断深化中日两国人民友谊和相互理解，增进国民感情，推动两国关系改善发展作出新的贡献。

中日両国は互いに重要な隣人であり、また世界第二、第三の経済体でもあります。中日の戦略的互恵関係を発展させることは、両国と両国民の根本的な利益にかなうもので、アジア地域と世界の平和・安定・発展を守ることにも重要な意義があります。「国の交わりは両国民の親しさにあり」と言います。『人民中国』は創刊して60年もの間、「中国の国情を説明し、国民の友好を増進させる」という主旨を受け継ぎ、多くの日本の友人に向けて、絢爛多彩で、真実で親しみやすい「中国の窓」を開き、中国が民族復興に向かう過程や中日関係の曲折・変化を記録し見届けて、両国民の相互理解と友誼を促進し、民間の友好交流と協力を推進するために、積極的で独特な役割を果たしてきました。

　現在、中日関係はまさに重要な瀬戸際に立たされています。『人民中国』が中日友好という大局に立って、自身の特色ある長所をさらに伸ばし、窓口・懸け橋としての役割を際立たせ、情報の交流を行い、心を通い合わせ、友好を伝え、絶えず中日両国の人々の友誼と相互理解を深め、国民感情を増進させ、両国関係の改善・発展の推進に新たな貢献をすることを希望しています。

中日友好協会会長
中日友好21世紀委員会中国側首席委員

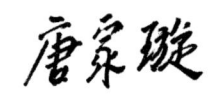

唐家璇

蔡名照

国务院新闻办公室主任

　　谨向《人民中国》创刊60周年表示衷心祝贺！

　　《人民中国》创刊暨在日发行60年来，及时、准确、深入地介绍中国情况、传播中华文化，成为日本民众了解当代中国的重要窗口，为促进中日友好作出了积极贡献。希望《人民中国》再接再厉，大力推动中日两国民间交流和媒体合作，不断传播促进中日关系健康稳定发展的信息，为进一步增进两国人民的了解和信任，推动中日关系向前发展发挥更大作用。

『人民中国』創刊60周年に、謹んで心からのお祝いを申し上げます。

　『人民中国』は、創刊および日本での発行から60年間、タイムリーに、正確に、深く掘り下げて中国の状況を紹介し、中華文化を伝えることで、日本の人々が現代中国を知る重要な窓口となり、中日友好の促進に積極的な貢献をしてきました。『人民中国』が努力を重ね、中日両国の民間交流とメディア協力の推進に力を注ぎ、両国民の理解と信頼をさらに深めるために、中日関係の健全で安定的な発展の促進についての情報を発信し続けて、中日関係のさらなる発展の推進により大きな役割を果たすことを希望しています。

国務院新聞弁公室主任

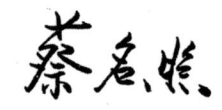

蔡名照

鸠山由纪夫
日本第93任内阁总理大臣
普通财团法人东亚共同体研究所理事长

    中国的强大与精彩正体现于此。《人民中国》从60年前起用日语将各种中国的信息不间断地传递至今。通过事实的正确传递，这本刊物将中国人和日本人的心连在了一起。今天，我们甚至可以通过网络视频了解中国的现状。衷心期待贵刊今后继续坚持这种营造友爱的实践。恭贺创刊60周年。

これが中国の強さであり、素晴らしさであると思います。『人民中国』は60年前から日本語で中国のさまざまな情報を伝え続けてきました。事実を正確に伝えることで、中国人と日本人の心を繋いできました。今ではネットの動画で中国の現在を知ることまでできます。これからも友愛の実践を心から期待しています。おめでとうございます。

日本第93代内閣総理大臣
一般財団法人東アジア共同体研究所理事長
鳩山由紀夫

程永华

中华人民共和国驻日本国特命全权大使

　　《人民中国》作为中国最早的日文综合月刊，创刊60年来，致力于传播中国人民声音，介绍中国国情和中国发展，是日本人民了解中国的窗口，也是中国文化走出去的平台，在中日之间架起了一座沟通和友谊的桥梁。对《人民中国》日文版创刊60周年表示祝贺。

　　《人民中国》读者遍及日本各地，活跃于各个领域，长期以来，广大读者关心和支持中国发展，致力于中日友好交流与合作。我愿借此机会向广大读者致以良好祝愿和亲切问候，并通过广大读者向多年来为推进中日友好事业做出重要贡献的各界友人表示衷心感谢。

　　中国政府重视发展中日关系的方针没有变化，我们愿与日本发展睦邻友好，推进战略互惠关系。在当前中日关系面临严峻困难的形势下，期待广大读者朋友和日本各界有识之士秉承中日友好理念，继续支持和投身两国交流与合作，为推动中日关系改善发展发挥影响，贡献力量。

『人民中国』は、中国が最も早く発行した日本語による総合月刊誌として創刊以来60年、中国人民の声を伝え、中国の国情と中国の発展を紹介することに力を尽くしてきました。『人民中国』は日本国民が中国を理解する窓口であり、また中国文化を世界に発信する場でもあり、中日の間に相互理解と友好の懸け橋を架けました。『人民中国』日本語版の創刊60周年をお祝いします。

　『人民中国』の読者の皆さんは日本各地至る所にいて、さまざまな分野で活躍されています。長い間、多くの読者は中国の発展に関心を寄せ、これを支持し、中日友好の交流と協力に力を尽くしてきました。私はこの機会を借りて多くの読者の皆さんに、祝福の言葉と心からのごあいさつを送り、多くの読者を通じて、長い間中日友好事業の推進に重要な貢献をしてこられた各界の友人の皆さんに、衷心からの感謝を申し上げます。

　中国政府の中日関係の発展を重視する方針に変わりはありません。われわれは、日本と善隣友好を発展させ、戦略的互恵関係を推進することを願っています。現在、中日関係は厳しい困難に直面している情勢の下で、多くの読者友人の皆さんや日本各界の有識者の方々が中日友好の理念を受け継ぎ、引き続き両国の交流と協力を支持し、献身され、中日関係の改善と発展のために影響力を発揮され、力を尽くされるよう期待しています。

中華人民共和国駐日本国特命全権大使
程永華

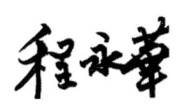

周明伟

中国外文出版发行事业局局长
中日友好21世纪委员会中方委员

值此《人民中国》日文版创刊60周年之际，谨向人民中国杂志社全体新老员工表示热烈祝贺，并向广大读者和致力于中日友好事业的各界人士致以由衷的敬意。

《人民中国》自创刊以来，经历了中日关系发展的各个重要历史时期，始终以致力向日本介绍和说明中国、推动两国的民间交流为己任，在中日两国人民之间架设了一座沟通、了解和友谊的桥梁，为促进中日关系健康发展付出了辛勤努力、做出了积极贡献。《人民中国》也一直是中日两国一代又一代支持中日友好、关注中国发展的作者与读者共同合作努力的一本杂志，她用60年的实践有力地证明了中日两国人民相互了解与信任，为中日世代友好夯实广泛民众基础的重要性和不可替代性。

当前中日关系面临严峻困难的局面。我相信，中日发展睦邻友好、推进战略互惠关系，符合两国人民的根本利益，也符合构建和谐世界的历史潮流。希望《人民中国》立足中日关系大局，进一步发挥"以心交流"的传统与特色，凝聚中日关系的正能量，为促进中日人民友好交流和两国关系健康、稳定发展作出新的贡献。

『人民中国』日本語版創刊60周年にあたり、人民中国雑誌社の新旧社員に謹んで熱烈なお祝いを申し上げ、多くの読者と中日友好事業に尽力する各界の人士に心からの敬意を表します。

　『人民中国』は創刊以来、中日関係の発展の重要な各段階を経ながら、終始、日本に中国を紹介し、両国の民間交流を推進することを己の任務として、中日両国民の間にコミュニケーション、理解、友誼の橋を架け、中日関係の健全な発展を促進するために懸命に努力し、積極的な貢献をしてきました。『人民中国』はまた、中日友好を支持し、中国の発展に関心を持つ一代また一代の両国の作者と読者とが、共に協力・努力してきた雑誌であり、60年の実践を通じて、両国民の相互理解と信頼、そして中日の代々続く友好のために広範な民衆的基礎を固めることの重要性と、その何物にも代え難い役割を、力強く証明してきました。

　現在、中日関係は極めて困難な状態に直面しています。中日が善隣友好を発展させ、戦略的互恵関係を推進させてゆくことは、両国民の根本的利益にかない、さらには調和的世界を構築するという歴史的な潮流にもかなうものであるということを、私は信じています。『人民中国』が中日関係の大局に立ち、「心をもって交流する」という伝統と特色をさらに発揮し、プラス・エネルギーを集めて、中日国民の友好交流と両国関係の健全で安定した発展を促進するために、新たな貢献を果たすことを希望しています。

中国外文出版発行事業局局長
中日友好21世紀委員会中国側委員
周明偉

目录

序 /1

殷切期望 /7

使命传承篇

我在《人民中国》的十二年　刘德有　/2

不能遗忘的人们　李雪琴　安淑渠　陈忆青　/14

《人民中国》培养了我　安淑渠　/46

《人民中国》，我的家　郭伯南　/59

不了情缘　沈兴大　/73

感恩《人民中国》　丘桓兴　/90

记忆中的读者会　李惠春　/118

我这五十年　曾庆南　/125

我们的编辑部　钟　炜　/142

《人民中国》那些抹不去的记忆　鲁忠民　/153

《人民中国》——我成长的摇篮　冯　进　/163

事业发展篇

跨世纪的奇缘　王众一　/172

举足轻重的"四个字"　李顺然　/198

一条连接中日情感的美丽纽带　张　哲　/210

我与《人民中国》之缘　郝慧琴　/217

从读者到社员，我和《人民中国》一起成长　钱海澎　/227

用新媒体传递正能量　于　文　/234

北京与东京两个地方两次成长　单　涛　/242

我，翻译，《人民中国》　秦　晶　/249

我与《人民中国》　小林小百合　/257

采访报导两次大水灾　孙战科　/262

我的师长　我的摇篮　周卫军　/277

"网"事如歌——记忆中的点点滴滴　王丹丹　/284

六年与六十年　尹　莉　/290

一路走过这八年　程　刚　/295

成长的路上有你，《人民中国》　段非平　/301

我眼中的日本　张　虎　/307

走向全媒体的《人民中国》　陈　奔　/314

我编板报的春夏秋冬　蔡劲蓉　/320

我与《人民中国》共成长　徐丽娜　/326

和泉女士与"我的职业"　王　焱　/331

友好交流篇

值得信赖的中国信息源　横堀克己　/340

寄望于唯一的官方日文杂志　岛影均　/347

促进相互了解的启示　井上俊彦　/352

《人民中国》，我对北京的思念　泉京鹿　/357

我从《人民中国》看中国　原绚子　/367

与《人民中国》相识的日子　西园寺一晃　/371

我与《人民中国》的相遇与相交　神宫寺敬　/378

我与《人民中国》——寄语创刊60周年　远藤了一　/385

友好交流带来的奇遇——《人民中国》架起友谊的桥梁　峰村洋　/392

中国是我心中向往的国家——庆祝《人民中国》创刊60周年　大野邦弘　/398

过去、现在和未来——《人民中国》和读者同行　朝浩之　/409

我与《人民中国》的不解之缘　鲛岛洋一　/418

《人民中国》，让我与中国结缘　町田忠昭　/424

偶然的相遇促成永久的友谊　小松敏男　/434

我从《人民中国》走上"日中友好"之路　冈田纮幸　/438

《人民中国》那些难忘的人与事　石原尚　/443

追忆哥哥幸福的一生　品川弘江　/451

金田先生　沈晓宁　/459

认识中国从跨国友情和与《人民中国》相识开始　斋藤三郎　/467

《人民中国》，中日人民沟通的桥梁　长泽保　/477

寄语《人民中国》创刊60周年　连华圻　/485

第一次大连机场、天津与上海之行　新井真一　/491

参加"《人民中国》读者之旅"横穿新疆　安达武　/499

从《人民中国》了解中国　武藏野学院大学读者　/506

《人民中国》教会我坚持　杨立萍　/516

在《人民中国》中汲取成长的营养　杜雨萌　/520

《人民中国》60年的容颜　/529

人民中国杂志社60年大事记　/533

美好祝愿　/549

后记　/565

目次

序　/3
切望　/7
使命の伝承
『人民中国』での12年間　劉徳有　/7
忘れられない人々　李雪琴 安淑渠 陳憶青　/28
『人民中国』に育てられた私　安淑渠　/51
『人民中国』、我が家　郭伯南　/64
切っても切れない縁　沈興大　/80
『人民中国』に恩義を感じつつ　丘桓興　/101
読者会の思い出　李恵春　/121
私の50年　曾慶南　/132
私たちの編集部　鐘　煒　/146
『人民中国』での忘れられない思い出　魯忠民　/157
『人民中国』——私の成長の原点　馮　進　/166

事業の発展

二つの世紀に跨る奇縁　王衆一　/182

たかが「四文字」されど「四文字」　李順然　/203

中日両国民の心を結ぶ美しい絆　張哲　/213

私と『人民中国』の縁　郝慧琴　/221

一読者から社員に　『人民中国』と共に成長　銭海澎　/230

マルチメディアで中国を伝えよう　于文　/237

北京と東京2つの場所での2回の成長　単濤　/245

『人民中国』から翻訳の道へ　秦晶　/252

私と『人民中国』　小林さゆり　/259

2度の大水害の取材と報道　孫戦科　/268

私の教師　私のゆりかご　周衛軍　/280

美しい音楽のような思い出の数々　王丹丹　/286

私の6年と『人民中国』の60年　尹莉　/292

共に歩んだ8年間　程剛　/297

成長の道にはあなたがそばにいる　段非平　/303

私の目から見た日本　張虎　/310

マルチメディアを目指す『人民中国』　陳奔　/316

壁新聞で社業、活動を周知　蔡勁蓉　/322

『人民中国』と共に成長　徐麗娜　/328

和泉日実子さんと「私の仕事」　王焱　/334

友好交流

信頼できる中国情報の発信源　横堀克己　/343

唯一の公的な日本語雑誌に期待　島影均　/349

相互理解を促進するヒント　井上俊彦　/354

『人民中国』、私の北京の思い出　泉京鹿　/361

『人民中国』から中国を見る　原絢子　/369

『人民中国』に出会った日　西園寺一晃　/374

私と『人民中国』　神宮寺敬　/381

私と『人民中国』——創立60周年に寄せて　遠藤了一　/388

奇遇の友好交流——『人民中国』が橋渡し　峰村洋　/395

慶祝　『人民中国』創刊60周年——中国はあこがれの国　大野邦弘　/403

過去—現在—未来、『人民中国』は読者と共に歩まん　朝浩之　/413

『人民中国』との深い縁　鮫島洋一　/421

『人民中国』が取り持つ私と中国の縁　町田忠昭　/429

偶然の出会いから、永遠の友情へ　小松敏男　/436

『人民中国』から日中友好の道を歩む　岡田紘幸　/440

『人民中国』、忘れられない思い出　石原尚　/446

兄の幸せな人生を偲ぶ　品川弘江　/454

金田さんの思い出　沈暁寧　/462

国境を越えた友情と『人民中国』との出合い　中国を始めて知る　斎藤三郎　/471

『人民中国』、両国民の交流の懸け橋　長澤保　/480

『人民中国』創刊60周年に寄せて　連華圻　/488

初めての「大連空港と天津、そして上海」　新井眞一　/495

『人民中国』愛読者の旅　新疆ウイグル自治区横断の旅に参加して　安達武　/502

『人民中国』を通じて中国を知る　武蔵野学院大学の読者たち　/510

『人民中国』で学んだ粘り強さ　楊立萍　/518

『人民中国』から教えられたこと　杜雨萌　/524

『人民中国』60年の顔　/529

人民中国雑誌社60年の歩み　/541

お祝いの言葉　/549

後記　/567

人民中国
PEOPLE'S CHINA
60th anniversary
★SINCE 1953

使命传承篇

我在《人民中国》的十二年

刘德有

回顾我一生的工作，几乎每一个阶段都与日本有关。从大连日侨学校，到日文版《人民中国》杂志，从新华社驻日记者，到文化部副部长主管对外文化交流，可以说，从1952年开始，从未间断过跟日本打交道。但是，若没有在《人民中国》日文部工作12年打下的基础，恐怕也不会有我后来的经历。

1952年，随着国际形势的发展和中日民间往来的开始，向日本介绍中国的重要性日益提高。在《人民中国》杂志英、俄文版的基础上，康大川同志受命去筹备日文版的出版。在他的努力下，资深日籍专家、留日归侨以及国内的日语人才纷纷来到《人民中国》麾下，时年21岁的我也在这一年从大连来到了北京的《人民中国》编辑部。

1952年暑假过后，我接到大连市教育局的通知，为即将在北京召开的亚洲及太平洋区域和平会议做日语翻译。但是，当我怀着即将进京的喜悦心情到沈阳报到时，却被告知不是去北京，而是留在沈阳接待来东北参观的会议代表，这让我大失所望。

在沈阳期间，我的一项工作是翻译参观点的说明文字，并将译文送到当时日侨在沈阳创办的报纸《民主新闻》社去修改。每次去送稿子，我都会和《民主新闻》社的井上林社长随便聊几句，没想到这让我有机会遇到了改变自己未来命运的人——康大川同志。

那时候，居住东北的日侨都要迁往中国内地，《民主新闻》也即将因此停刊。康大川同志正在为创刊组建队伍，决定把《民主新闻》社的一批具有办

报经验的日本人调到北京创办日文版《人民中国》。为此，他亲自从北京赶到沈阳。

听说康大川同志正在招募日语人才，井上林社长向他推荐了我。在我住的宾馆，康大川同志说明了来意，问我愿不愿意去北京工作。这让我大喜过望，能去首都北京工作是我做梦都不曾想过的事情，我怎能放过这个难得的机会呢？于是立刻回答："我愿意。"

结束在沈阳的临时工作回到大连后不久，我接到了大连市委的通知：调令已到，准备前往北京。

1952年12月9日，我踏上了开往北京的列车。和我同时调往北京的，还有大连日报社的记者安淑渠、大连日侨学校甘井子分校的老师李玉银，以及大连市委的于鸿运。

12月10日，一辆吉普车把我们从北京前门火车站接到了西单国会街新华社总社的大院里。外文出版社的三层楼房坐落在大院的西南角。我们被领进二层东头的一个大房间，这里就是《人民中国》日文部的办公室。所有工作人员，无论是中国同志，还是日本专家和日籍工作人员都在同一间办公室里办公。不久，康大川同志开完会回到办公室，热情欢迎我们来《人民中国》日文部工作。

日文部的工作人员大致调齐以后，大家做了分工。工种有：翻译、核对、审稿、校对、美编、打字、资料和通联。我被分配在翻译组，组内有3个中国人和两位从《民主新闻》社调来的日籍工作人员：林弘和戎家实。

为了保证创刊的顺利，日文版《人民中国》出了两期内部试刊。第一期试刊是以"1953年1月号"的形式出版的，比较单薄，封面也很简朴。目录页上，刊有《人民中国》杂志的宗旨："本刊报道中国人民的生活和新民主主义社会的建设，传达中国的艺术、文学、科学、教育以及其他方面的人民生活的新动向，以加深中国人民和日本人民之间的理解和友谊，为维护和平的事业作出贡献。"大家对试刊的出版都感到很高兴，但也感到有很多可改进的地方，觉得应该做得更有杂志的味道，对设计风格、文章的译法等提出了许多改进意见。

两期试刊结束后，日文版《人民中国》在1953年6月正式创刊，封面是

"五一"国际劳动节时毛主席在天安门上接受少先队员献花的照片。刊头的"人民中国"四个字非常醒目，比试刊大有改进。当时，大家手里拿着还散发着油墨味的创刊号，人人都激动不已。特别是那些帮助我们工作的日本朋友，想到这本杂志不久就会到达他们的祖国——日本，更是激动万分。

但是，大家翻阅创刊号时发现了一个印刷上的错误：画刊页的一处图片说明中，一位来华参加"五一"庆典的日本代表的名字"儿岛"被错印成了"儿玉"。虽然只是错印了一个字，但也决不能就这样送到日本读者手中。康大川同志决定，大家一起用剃须刀片刮掉每一本杂志上的错字，再把正确的铅字盖在上面。次日黎明，印出的两千册创刊号全部改完，人们终于松了一口气。这时，晨曦透过窗户射进屋内，是那样的明亮、温馨。由于大家的彻夜努力，没有耽误杂志按时发往日本。

日文版《人民中国》从创刊直到后来的发展，康大川同志起到了很大的作用，这是大家公认的。康大川同志出生于台湾省，中学上的是东京的锦城学园，后考入早稻田大学商科。由于长期在日本生活过，他对日本人的生活习惯、兴趣爱好非常熟悉，正因为如此，他善于提出有针对性、受日本读者欢迎的选题。

康大川同志对工作要求很严，决不降低标准。每一篇译稿他都要从头到尾审读，发现问题就和日本专家商量修改。每一篇文章的题目，他都很重视，从不满足于中文原标题。为此，还专门开会，跟日本专家讨论吸引读者的标题。有一篇文章，写的是抗战时期，贺龙同志一次在延安看戏时，把当地的小孩拉到自己身边看。这个小孩长大后才知道那个人是贺龙。中文稿原标题是《甜蜜的回忆》，康大川认为不合适，和专家讨论后改为《原来他是一位元帅》。可以说，这是画龙点睛之笔。

此外，康大川同志对杂志的美编也很讲究。每一期版式他都要亲自过目，质量达不到要求便退回去返工，从不迁就。挑选图片也很严格。凡是不能令人满意的，都要重新去挑选或重新拍过。康大川同志的这种严格的工作作风，无疑保证了《人民中国》的高品位和高质量。

《人民中国》对我来说是一所大学，我的翻译能力、知识阅历是在这里提

高和培养起来的，可以说，无论是日本专家还是中国同志，所有人都是我的老师。

第一期试刊时，我曾经翻译过一篇短稿：《停止在朝鲜进行屠杀！》，谴责了美军杀害中朝被俘人员的野蛮行径。这篇文章是英文版《人民中国》发表过，再译回中文的，欧化句子很多，有不少令人费解的地方。我费了九牛二虎之力翻译好后，交给了日本专家菅沼不二男。他的英语很好，在改稿时看不懂带"黄油味"的中文就找来英文原文，一边参照一边修改日文。他一丝不苟的认真态度，给我留下了深刻印象。

创刊号上刊登了一篇魏巍写的朝鲜战地通讯《前进吧，祖国》，这篇稿子是康大川同志交给我翻译的。文艺作品的翻译很难，我尽了最大努力翻译好后交给林弘初改，却被原封不动退了回来。"最好你自己先改一改"，林弘的这句话给我浇了一头冷水。没有办法，只得硬着头皮返工。这篇稿子经过林弘初改后由日本专家池田亮一最终成稿。池田亮一的文字修养很高，经他稍作修改的译稿能明显提升一个档次。这件事尽管让我有了受挫的感觉，但反而促使我奋发努力，使我受益一辈子。

《人民中国》极低的错误率一直得到日本读者的称道。负责校对的李薰荣不但日语水平高，而且工作态度认真、负责，经她校对的稿子错误率不到万分之一。她曾经说过，"校对员就像边境的巡逻队员，要睁大眼睛巡逻、把关，绝不能放过一个坏人。放过一个坏人，就是失职。一本书或一本杂志没有错字，在读者看来是理所当然的。但是，有一个错字，读者就不会原谅"。

1964年9月，中日两国实现了互换新闻记者，我作为战后第一批新中国常驻日本的记者前往东京，没想到在日本一住就是15年。那一年，我怀着依依惜别的心情，离开了工作12年的《人民中国》日文部。

在大连日侨学校工作是我从事对日工作的原点，而在《人民中国》的工作不仅扩大了我的视野，更拉近了我与日本人民的距离。无论是我后来作为驻日记者观察和报道日本，还是在文化部从事对日文化交流活动，在《人民中国》积累的知识和阅历，培养的对中日两国文化的兴趣和修养都起到了难得的不可替代的作用。

60年为一个甲子。一本在外国编辑、出版的日文杂志不管风云多变，能一期不少地每月都按时出版一册，风雨不误地坚持了60年，实属不易，这简直可以说是奇迹。为此，我写了一首汉俳，以表贺忱。

　　耕耘六十年，
　　华夏[1]真情月月传，
　　丽泽[2]两邦欢。

作者简介

　　刘德有　1931年7月2日生于大连。1952年进入人民中国杂志社从事翻译和编辑工作，曾担任毛泽东主席和周恩来总理等国家领导人的日语口语翻译。1964年至1978年的15年间，先后担任《光明日报》记者、新华社记者以及新华社东京分社首席记者。2000年春，荣获勋二等旭日重光章，2003年4月，被日本政府授予在日中文化交流和国际交流中有突出贡献的功勋者荣誉称号。日文著作有《日本探索十五年》、《时光流逝——日中关系秘史五十年》、《日语和汉语》等。

1　华夏——指中国。
2　丽泽——《易经》云："丽泽兑，君子以朋友讲习"。意为两个沼泽相连，滋润万物，所以万物皆悦。后用来比喻朋友互相交流，互相切磋。

『人民中国』での12年間

劉徳有

　一生の仕事を振り返れば、一つひとつの段階はいずれも日本と関わっていることに気づきます。大連日僑学校から日本語版『人民中国』まで、新華社の日本駐在記者から対外文化交流を主管する文化部副部長まで、1952年から日本との関わりはずっと途絶えなかったと言えます。しかし、人民中国雑誌社日本語部に勤めた12年間の基礎がなければ、私のその以後の経験はなかったかもしれません。

　1952年、国際情勢の変化と中日民間往来の開始に伴い、日本に中国を紹介する重要性が日ましに高まってきました。康大川さんは、すでに出版されていた英語版とロシア語版の『人民中国』以外に、日本語版の出版の準備を命じられました。彼が努力した結果、ベテランの日本人専門家、日本から帰国した華僑、および国内の日本語の分かる人材が相次いで人民中国雑誌社に来ました。その年、当時21歳だった私は、大連から北京の『人民中国』編集部にやって来ました。

　その年の夏休みが過ぎた後、大連市教育局から、まもなく北京で開催されるアジア・太平洋地域平和会議の日本語翻訳を担当するようにとの通知が届きました。北京に行く心づもりで浮き浮きして瀋陽に到着すると、行き先は北京ではなく、瀋陽で東北視察の会議代表の接遇をする仕事だと知らされ、がっかりしました。

　瀋陽にいる間、仕事の一つは観光地の説明文を翻訳し、その訳文を当時、

瀋陽で日僑が発行していた『民主新聞』社に届け、手直ししてもらうことでした。原稿を届ける度に、同社の井上林社長と言葉を交わすうちに、思いがけないことに、ここで、私の将来の運命を変えた人——康大川さんとめぐり合いました。

　当時東北に住んでいた日僑はまもなく中国の華北などの地に移り住み、『民主新聞』も休刊になりました。『人民中国』の創刊に必要な人材を募っていた康さんは、『民主新聞』社にいたメディア勤務の経験のある日本人を何人か北京に連れて行くために、瀋陽に滞在していたのです。

　康さんが日本語の分かる人を募集していることを聞いて、井上林社長が私を推薦してくれました。康さんが私の泊まっていたホテルに来て、北京へ行く気はないかと、誘ってくれました。私は大喜びでした。首都・北京で働くことは夢にまで見ていたことで、こんな得がたいチャンスを逃すわけがありません。二つ返事で「喜んで、行きますよ」と、即答しました。

　瀋陽での仕事を終え大連に戻ってまもなく、大連市党委員会から北京へ行くようにとの通知が来ました。

　同じ年の12月9日、北京行きの汽車に乗りました。私とともに北京へ転属されたのは、『大連日報』社の安淑渠さん、大連日僑学校甘井子分校の李玉銀先生、大連市党委員会の于鴻運さんでした。

　翌10日、私たちは1台のジープに乗せられ、前門駅から西単の国会街にある新華社本社の構内に連れて行かれました。外文出版社の3階建てのビルは構内の西南の隅に建っていました。私たちは2階の東端にあった大部屋に案内されました。そこが『人民中国』日本語部のオフィスでした。中国人スタッフも日本人スタッフも全員で同じオフィスで仕事をしていました。しばらくして、康さんが会議から戻り、私たちを心から歓迎してくれました。

　日本語部のスタッフがそろってから、仕事の分担を決めました。仕事には翻訳、原稿チェック、原稿審査、校正、レイアウト、入力、資料管理、読者連絡などがありました。私は翻訳グループに配属されました。グループには3人の中国人スタッフと、『民主新聞』社から来た2人の日本人スタッフ——

林弘さんと戎家実さんがおりました。

　創刊号を順調に出版するために、内部で2冊のテスト版を制作しました。1冊目は1953年1月号という形で出版しましたが、薄っぺらで、表紙も目立ちませんでした。目次に、『人民中国』の宗旨が載っていました。「本誌は中日両国民の相互理解と友情を深め、平和維持の事業に貢献するため、中国人民の生活と新民主主義社会の建設を報道し、中国の芸術、文学、科学、教育およびそのほかの人民の生活の新たな動向を伝える」と、ありました。テスト版の出版をスタッフ一同は大いに喜びましたが、まだ改善すべき点が多いことも感じ、より雑誌らしい雑誌をつくるべきだという意見が出され、レイアウトや翻訳についても多くのアドバイスが飛び交いました。

　2冊のテスト版を制作した後、創刊号は1953年6月に正式に出版されました。表紙の写真は、メーデーに少年先鋒隊の隊員が毛沢東主席に花束を捧げている光景でした。「人民中国」という4文字は非常に目立ち、テスト版と比べ、大いに見栄えが良くなりました。一人ひとりがインクの香がする創刊号を手に、感動でいっぱいでした。特に、手伝ってくれていた日本人の友人たちは、この雑誌がまもなく祖国に届くことを心から喜び、感極まっていました。

　しかし、創刊号をめくっているうちに、印刷ミスを発見しました。見開きページの写真説明に、メーデーの祝典に参加した日本人代表の苗字が「児玉」と印刷されているではありませんか。ここは「児島」でなければなりません。たった一字の間違いでしたが、このままで日本人読者の手元に届けるわけにはいきません。康さんはその場で次のような決定を伝えました。全員で誤字を削り、その上に正しい活字を貼り付ける作業でした。翌日の明け方までかかって、2000冊の創刊号のすべてを直し終え、みんなでほっとしたものです。この時、夜明けの明るく暖かい光が窓から射し込んできました。徹夜して努力した結果、雑誌は予定の期限通りに日本の読者に届けることができました。

　創刊からその後の発展期において、康大川さんが大きな役割を果たしたこ

とには誰しも異論がないでしょう。康さんは台湾省生まれで、中学は東京の錦城学園卒で、後に早稲田大学商科に合格しました。長い間日本で暮らしてきたので、日本人の生活習慣、趣味に詳しく、日本人読者が興味をもつテーマをよく提案していました。

　康さんの仕事に対する要求は厳しく、そのハードルを決して下げませんでした。彼はすべての原稿を隅から隅まで点検し、問題があれば、日本人専門家と相談して書き直していました。記事のタイトルを非常に重視し、中国語原稿のタイトルにこだわらず、読者を引き付けるタイトルをつけるために、わざわざタイトル会議を開きました。ある原稿に、抗日戦争時代、賀龍氏が延安で観劇したとき、地元の子どもを身近に呼んでいっしょに見ていた内容が書かれていました。この子どもが大人になってから、あの人が賀龍氏だったことをはじめて知りました。中国語原稿のタイトルは「幸せな思い出」でしたが、康さんはふさわしくないと考え、「あの人は元帥だった」と改めました。画竜点睛のアイディアでした。

　康さんはレイアウトも重視し、毎号、必ず誌面のレイアウトに目を通していました。彼が求めたレベルに達していなければ、デザイナーに戻して、つくり直してもらい、一歩も譲歩しませんでした。写真の選択も厳格でした。満足が行かなければ、選び直すか、改めて撮りに行かせました。康さんのこのような厳格な仕事ぶりが、間違いなく『人民中国』の質の高さを保証していました。

　『人民中国』は私にとって、大学に似たような存在でした。私は翻訳能力、知識・経験をいずれもここで積み重ね、育ててもらいました。編集部の専門家からスタッフの一人ひとりが私の教師でした。

　1回目のテスト版をつくったとき、米軍が中国と朝鮮の俘虜を残酷に殺害した野蛮な行為を強く非難する「朝鮮での虐殺をやめよ」という原稿を翻訳していました。それは先に英語版『人民中国』に載った記事を中国語に翻訳したもので、分かりづらいところがたくさんありました。私はあらん限りの力を尽くして翻訳し、日本人専門家の菅沼不二男さんに渡しました。彼は英

語も上手で、意味が分からなかったら英語の原文を調べ、私の訳文を直してくれました。彼のその少しも手を抜かない真面目な仕事ぶりは深い印象を残しました。

　創刊号に載っていた魏巍が書いた朝鮮戦争の現場ルポ「前進せよ祖国」は康さんの指示で、私が翻訳しました。文芸作品なので、翻訳は非常に難儀でした。私は必死に翻訳して、林弘さんに渡すと、そのまま戻されてしまいました。「一番いいのは、君が先ず自分で直すことです」と言われ、まるで冷や水を浴びせ掛けられたようでした。やむを得ずもう一度読み直した後、林弘さんに先ず見てもらい、最終的には日本人専門家の池田亮一さんに直してもらいました。池田さんは文章力に勝れ、彼が手直した訳文は明らかに質が高くなっていました。私は少し挫折感を味わいましたが、逆にさらに努力するように励まされ、その後の仕事に大いに役立っています。

　『人民中国』の誤字脱字などのミスが極めて少なく、日本人読者に称えられました。校正を担当した李薫栄さんは日本語レベルが高いだけでなく、仕事に対する態度も真面目で、とても責任感が強い人でした。彼女が校正した記事の間違いは1万分の1にもならなかったでしょう。彼女の話では、「校正する人はまるで国境パトロールの兵士のようなもので、目を大きく見開いてパトロールし、厳しく検査しなければなりません。悪人を1人も通させないように。悪人を1人でも通過させたら、職責を果たしたことにはなりません。本や雑誌に誤字がないことは、読者から見れば当然のことです。誤字が1つでもあれば、読者は許してくれません」

　1964年9月、中日両国間で新聞記者の相互派遣が実現しました。戦後、私は中国初の日本常駐記者として東京へ行き、思いもよらず、そのまま15年も日本で働きました。その年、私は名残を惜しみながら、12年間勤務した『人民中国』日本語部を離れました。

　大連日僑学校は私が日本関係の仕事を始めた原点ですが、『人民中国』での12年間は視野を広げ、日本国民との距離も縮めてくれました。駐日記者として日本を観察し報道した際も、文化部で対日文化交流の仕事に従事した

時も、『人民中国』で蓄積した知識と経験、中日両国文化に対する興味と知識は、どれをとっても他に代えられない役割を果たしてくれました。

　60年は干支の一回り—甲子です。中国で編集・出版される一冊の日本語雑誌として、情勢にいかなる変化が起きても、一号も抜けずに毎月の発行日にきちんと出版され、60年も堅持してきたことは、簡単ではありません。奇跡とさえ言えます。そのため、私は最後に漢俳を一句つくり、お祝いの気持ちに替えたいと思います。

　　　　　耕耘六十年
　　　　　華夏真情月月伝
　　　　　麗澤両邦歓

　（大意は、60年にわたり畑を耕すように、毎月中国の素顔を伝え、両国が友人として交流し、切磋琢磨するために寄与してきた）

プロフィール

　劉徳有　1931年7月2日、大連生まれ。52年から『人民中国』の翻訳・編集に従事。毛沢東主席、周恩来総理をはじめ、中国政府要人の日本語通訳を務めた。64年から78年までの15年間、『光明日報』記者、新華社記者・首席記者として東京に駐在。2000年春、勲二等旭日重光章を授与され、03年4月に、日本政府より日中文化交流・国際交流活動の面で顕著な功績を挙げた功労者として表彰される。『日本探索十五年』『時は流れて——日中関係秘史五十年』『日本語と中国語』など日本語の著書多数。

刘德有（左）在《人民中国》工作时的场景。
『人民中国』に在籍していた頃の劉德有氏（左）

不能遗忘的人们

李雪琴　安淑渠　陈忆青

在《人民中国》（日文版）工作几十年，和我们一起共事的有100多人，他们在各自岗位上为对日传播工作奉献了青春，对《人民中国》做出了各自的贡献。《人民中国》创刊60年来，有20多位同志相继离世。今天，当我们回顾这些年来走过的充满艰辛和成就的道路时，不由想起这些曾经和我们同甘共苦、共同奋斗的同志们。尤其是其中几位对《人民中国》有过突出贡献的人，他们的业绩令人难忘，他们的睿智、勤奋、忘我敬业的精神仍在影响《人民中国》，他们的名字将永远镌刻在《人民中国》的史册中。

康大川（1915.5.17—2004.9.22）

康大川是《人民中国》（日文版）的第一任总编辑。作为这本刊物的创刊元老，他呕心沥血工作了几十年。

康大川中学就读日本，毕业于早稻田大学。回国后，在新四军做宣传工作，后从事敌情研究和对敌宣传，又做过日本战俘的改造工作多年。1949年12月，他被调到国际新闻局任日文组组长，兼人事科科长。当时，日文组除组长外只有3个"兵"。4个人只能小打小闹，做不出像样的文章。对此，康大川一直在考虑出路。

国际新闻局在1950年1月出版了英文版《人民中国》，是新中国第一本对外刊物，1951年又出版了俄文版《人民中国》，这两本都是半月刊。康大川考虑，从两本半月刊选一些文章，只要有一批翻译、编排设计人员，就能编出一本像

样的月刊。于是，他打了报告，经过社（国际新闻局更名外文出版社）领导和胡乔木、郭沫若、周恩来总理等人审批，召开了一系列"知日派"专家座谈会，得到了大家的支持。康大川随即着手筹备，这时已是1952年年底。

办刊物第一件事就是"招兵买马"。康大川从当时负责东北日侨工作的赵安博处听说，沈阳有本刊物叫《民主新闻》，是由日本战败后仍留在东北的日本人创办的，现因日本人陆续归国，于1952年11月停刊了。"这里有些人愿意留下来，你们可以调走。"

闻讯后，康大川立即奔赴沈阳，选聘了池田亮一、菅沼不二男、戎家实、林弘、冈田章及松尾藤男等日本采编人员，还有一位名叫李薰荣的中国姑娘。康大川觉得还需要一些懂日文的中国同志。在《民主新闻》社社长井上林先生的推荐下，康大川又来到大连日侨学校，聘请在那里教书的刘德有，接着又找到了安淑渠等3位女士。

这次东北之行，康大川满载而归。他不仅组建了一支能干的中日办刊队伍，而且带回了4位会日文排字、植字的工人和一批日文铅字字模。

人员齐备、设备齐备，康大川立即办了两期试刊，广泛征询意见。当时，日本老报人、中国问题研究专家岩村三千夫表示，杂志很好，大概能销售2000份。1953年6月1日，《人民中国》（日文版）正式出版，销量大大突破，不得不加印。

值得强调的是，康大川不仅是《人民中国》（日文版）的奠基人，而且他挑选的工作人员，后来都颇有成就，显示出他的慧眼识英才。其中，刘德有在《人民中国》做了12年翻译，后成为新中国首批驻日记者，在日本工作了15年。回国后，他又成长为《人民中国》的副总编和中国外文局的副局长，最终荣升文化部副部长。如今，退休后的刘德有仍活跃在中日交流活动中，他的著作、译作等身。

安淑渠来到《人民中国》后，历任校对、美编、翻译、部门主任、副总编。直到1993年离休时，她作为康大川、车慕奇的助手，在《人民中国》工作了41年。

车慕奇（1925.9.20—1999.4.12）

车慕奇是继康大川之后，《人民中国》的第二任总编辑。

车慕奇早年曾在香港从事《中国文摘》杂志。1949年，中华人民共和国成立前夕，《中国文摘》原班人马回到内地，在北京创办了新中国第一本对外传播刊物——《人民中国》（英文版）。车慕奇是该刊创刊元老之一。

他到《人民中国》（日文版）后，长期做记者，跑遍中国各地，写了大量反映新中国经济建设的文章。

他善于发现采访选题线索。中国实施"改革开放"以来，给很多家庭带来巨大的变化，深受群众欢迎。《光明日报》登了一篇的文章，讲的是广西的一个教师写的《我们家里的七件喜事》，说他家"孩子考上了大学、家人涨了工资"。这个选题触动了车慕奇的心弦，他和编辑部商量，派记者到北京西单的一个胡同小院，访问几户人家，写了一片反映群众生活变化的大文章，深受读者欢迎。就像《人民中国》的日本专家村山孚所说："要写进个人经历，才更会令人感动。这是心的交流、感情的交流。"

车慕奇也认为，选题不是凭空设想，要来自生活。记者最重要的一点，就是要热爱生活。记者受了感动，有了激情，才能写出感动别人的好文章。

每次采访归来，他总会激情满怀地向编辑同事们谈采访的人和事。他采访江苏省江阴华西大队归来，谈起当地在党支部领导下，集体致富的情景时，喜悦之情难以言表。后来，文章在杂志上刊登后，不仅受到日本读者好评，而且以多种外文发表。

积几十年做记者的经历，车慕奇总结了几点采访的经验：

1. 要锻炼和采访对象交朋友的本领，不要摆大记者的架子。

2. 要培养对事物、对人的关心，不要伪装，让人感到你假惺惺。要真诚待人，使自己和采访对象在思想感情上有一定的共鸣。

3. 要甘当小学生，不耻下问，采取学习的态度、探讨的态度，千万不要用质问的口气。

4. 记者要不怕吃苦。要多跑路、多找人、多费口舌。作为记者不能娇气，不管什么地方，只要人能到的地方，我就能去；人能睡的地方，我就能睡；人能吃的，我就能吃。

他身体力行的这几条经验，被奉为《人民中国》记者的圭臬。

车慕奇倾注全部心血的倾情之作是采写《丝绸之路今与昔》。在采访前，他做了大量的准备工作：采访了包括"敦煌之父"的常书鸿先生等很多"敦煌学"专家。常先生还把日本著名华裔作家陈舜臣先生所著的《丝路之旅》送给车慕奇。他看了包括这本书在内的大量有关丝绸之路沿途和敦煌的书刊资料。采访中，车慕奇跑遍了中国大西北，和当地的专家、学者开了多次座谈会，走遍了所有开放的敦煌莫高窟石窟。他白天采访，晚上准备次日的工作。后来，在看到陈舜臣与车慕奇的对谈记录，大家才知道，他的这些工作常常是在血压高达200左右时坚持完成的。

车慕奇采写的《丝绸之路今与昔》长篇连载，刊登在《人民中国》1979年第1期至1981年第2期上。日本小学馆看到后，准备把这一长篇连载集结出书。1981年4月末，车慕奇应小学馆邀请，赴日研讨出书事宜。在小学馆的安排下，陈舜臣和车慕奇二位先生就丝绸之路和敦煌展开了一次精彩的对谈。

当时，两位素未谋面的"丝路迷"和"敦煌迷"一见如故，互相倾慕。陈舜臣说："我是追随车先生的《丝绸之路今与昔》重温了旧梦。"车慕奇说："我去新疆前，就已拜读了陈先生的《丝路之旅》，实际上我是追随您的足迹踏上丝绸之路的。"

连载刊出，特别是三卷《丝绸之路今与昔》在日本出版后，在日本掀起了"丝路之旅热"、"敦煌热"。

1991年，车慕奇依依不舍地离开了奋斗终生的工作岗位，但他并没有止步于颐养天年、含饴弄孙的退休生活。他很久以来迷恋古罗马文明。退休后，他重拾旧爱，看了大量书籍，并随旅游团访问了意大利。归来后，车慕奇又是激情满怀地畅谈旅游收获。就在大家期待他的大作出炉时，他却病倒住院。几天后，车慕奇永远放下了握了一生的记者之笔。

李薰荣（1931.9.27—1967.8.23）

李薰荣是康大川从东北"挖"来的。《民主新闻》社社长井上林先生向康大川推荐："我们这里有个女孩，叫李薰荣，办事很认真，日文也好，去了对你们一定有用。"老康二话没说，把她收入自己的麾下。

李薰荣一到日文组，便被安排学了3个月的打字，当了打字员，后来负责校对。她热爱工作，责任心很强，担任校对工作时，从不放过一个错误，哪怕是标点符号。李薰荣曾说："校对员就是边境的巡逻队员，要睁大眼睛观察，绝不放过一个坏人。否则，就是失职。"她的校对差错率只有二十五万分之一，《人民中国》校对质量之高，在当时的日本出版界颇受好评，这与她的努力是分不开的。

上世纪50年代，在出版《毛泽东选集》日文版等重要著作时，堪称校对专家的李薰荣都会被点名负责校对工作。可惜，她不幸英年早逝。40多年过去了，人们对她兢兢业业、一丝不苟的精神，都很怀念。

李玉鸿（1933.11—1999.7）

李玉鸿是日本归侨，在《人民中国》（日文版）任美编，负责刊物的版面设计。为此，他要通晓每期刊物的主题，每篇文章内容，他没有把自己的职责局限在美编范畴。

李玉鸿生长在日本，精通日语，通晓日本文化，知识广博，熟悉日本人的生活习惯和阅读习惯。他常常对杂志内容提出自己的意见，同事们善意地称他为"终审"。

曾经有一篇写《木屐》的文章，配了一张日本人穿木屐的照片，层层审稿都通过了，排版时，李玉鸿却说这张图片不能用。问及原因，他说："那是日本古代的浮世绘，画上穿木屐的女子是妓女。"从而，避免了一次失误。

美术编排是杂志编辑的最后环节，常常是在紧张忙碌中完成，但李玉鸿从不马虎，力求尽善尽美。他编排的刊物版面雍容大气，令人赏心悦目。可谁又知道，这些都是他忍受着肺气肿和肢体病痛，日以继夜构思完成的。

为三千日本青年访华而编辑出版的图解导游手册《中国之旅》，是以插图、照片为主，文字为辅的日文导游手册。为了适应日本青年阅读习惯，让人读来亲切，凡是画页部分的文字说明全用了手写体。而这149页的手写体画页说明就是出自李玉鸿的一笔一划。他带病坚持工作，头一天还在病床上输氧，第二天一早又来上班。后来实在忙不过来，最后的会话篇由日本专家金田直次郎先

生来完成。

李玉鸿一贯的敬业精神和出色工作,让他荣获了"全国优秀新闻工作者"的最高奖赏。不幸的是,他终因肺气肿不治离开了我们。

池田亮一(1906—1963.10.28)

池田亮一是1952年被康大川从沈阳聘请来的改稿专家。他一来就参加了《人民中国》(日文版)的筹备工作,直到1963年逝世,在外文出版社整整工作了10年。

池田先生的文字水平很高,善于修改小说、报告文学和通讯报道等文学性较强的文字译稿。

池田亮一原名三村亮一,1906年出生于日本冈山县。1930年,他毕业于京都帝国大学经济学部,战前很早就参加日本的革命运动,并加入日本共产党,曾任日共中央委员和机关报部长,并担任日共机关报《赤旗报》的总编辑。他曾被"发配"到中国的东北,在育英事业大东协会做过研究员,并在"满洲映画协会"供职。后来,池田亮一在沈阳担任《民主新闻》的总编辑。

1952年,池田先生到外文出版社担任的是日文译稿的润色工作。《人民中国》创刊时只有50页,后来增加到100页左右,加上新出版的《中国画报》和图书小册子,他和另一位日本专家菅沼不二男通力合作,出色地完成了不断增加的改稿任务。《人民中国》是月刊,有时根据形势的发展,临时增加一两篇文章或撤换文章,这样就不得不加班加点,星期天也不能休息。

有一次,康大川拿着稿子找到池田先生半开玩笑地说:"星期天你又要归还给公家了。"池田先生回答道:"说实在的,工作才是我最大的乐趣。"此后,凡需要池田先生加班时,康大川就说:"又有'乐趣'来了!"

池田先生不仅热爱工作,而且责任心很强。他改稿时尽可能尊重原译稿,尽管他改动不多,但译稿明显上了一个档次。池田先生对每篇译稿都字斟句酌,一丝不苟,哪一个词改得不如意,他会一直惦记着。有时杂志即将付印,他忽然想出了更好的译法就电告印厂,要求下厂校对的同志按他的要求修改。

《人民中国》编辑部经常收到读者来信,或听到来华访问的日本朋友赞扬

杂志的译文地道、上乘。已故的日本文学家竹内好先生在他的著作中写道："关于这本杂志的日文，它的日文实在是好，说它好倒不如说它是标准的日文。"

池田先生对刊物的编辑工作也曾提出过很好的建议。从1963年第1期开始刊登的"古美术"专栏就是他建议设立的。这个用彩色页介绍中国古代瓷器的专栏很受读者欢迎。池田先生不仅亲自挑选照片，有时还自己翻译。他曾对日本朋友说："我把《人民中国》视为自己毕生的事业，把全身心都投入进去了。"

池田先生寡言少语、谦逊平和。1963年6月13日，《人民中国》举办庆祝创刊10周年的宴会，周总理和陈毅副总理出席。康大川安排池田先生上主桌，他谦虚地婉辞："我怎能上主桌呢？还是请别人去吧！"康大川硬是安排他坐在了周总理的身边。席间，周总理举杯向池田先生致谢。后来，他说："这一天，是我人生最美好的一天。"

池田先生学识渊博、兴趣广泛。他爱下棋，曾在西园寺公一家中，和陈毅副总理对弈过。

1963年10月28日上午，工间休息时，池田先生把未润色完的译稿放在桌上，到院中练了一遍太极拳，然后回到同在一个院内的宿舍。到了上班时间，人们总也不见他回来，正在纳闷。突然有人跑来报告，池田先生倒在卫生间，人事不省。当大家把他紧急送往医院后，池田先生的心脏已经停止了跳动，时年57岁。

廖承志、罗俊、赵安博、西园寺公一等人士闻讯赶来医院吊唁，抚慰池田先生的夫人池田寿美。追悼大会上，陈毅副总理作为主祭人，献花并即席讲话。他说："池田亮一先生生前为中国社会主义建设事业和中日人民友好事业所做的贡献永远铭记在我们心里。池田亮一先生为世界人民的革命事业和为中日两国人民的友谊服务的精神是值得称赞的。我们应当把他举起的中日友好火把一代代传下去。"外文出版社社长罗俊在悼词中说："池田亮一先生10年来和我们朝夕相处，合作共事，结成了亲密的友谊。他在工作中极其宝贵的帮助，他为促进中日两国人民的友好事业做出了贡献。他对待工作的忘我精神，值得我们学习。池田亮一先生在中日两国人民的共同事业中所作出的重大贡

献,我们是永远不会忘记的。"

治丧委员会还接到日共中央主席野坂参三、总书记宫本显治、日中文化交流协会理事长中岛健藏、日中友协等有关方面人士和团体的唁电。

池田先生的逝去,使我们失去了一位好专家,和难得的良师益友。他在《人民中国》工作了10年,这10年的《人民中国》,每一期都是他留下的一座座光辉的"纪念碑"。

菅沼不二男(1909—1983)

康大川从沈阳《民主新闻》聘请来的另一位日本改稿专家是菅沼不二男。

菅沼先生是老新闻工作者。他1932年毕业于东京帝国大学法学部,在日本同盟通讯社政治部工作。1937年,他被派往中国,先后在长春、北京、上海的同盟通讯社分支机构工作。

东北全境解放后,菅沼夫妇来到沈阳《民主新闻》,直到他被康大川聘请来京,开始了在《人民中国》9年的工作历程。

菅沼先生善于修改论文和时事性较强的文章,像《政府工作报告》那样长篇大论的译稿,多由他修改、润色。《人民中国》杂志最初办刊的几年每期都有政论和国际时事性文章,菅沼先生总是对照中文原稿仔细修改。1954年,《中华人民共和国宪法》颁布后,《人民中国》将其译成日文,以附册形式随同杂志送到日本。《宪法》全文译出后,康大川发动日文组全体同志连续几天集中讨论译文。菅沼先生白天跟中国同仁一起讨论,晚上还要加班修改、润色译稿。当时正值盛夏,他干得满头大汗。有时工作到半夜,菅沼先生索性不回家,在办公桌旁的地板上铺上凉席,和衣而睡。

1961年8月,菅沼夫妇为了孩子的教育,告别了生活25年的中国,告别了长达9年朝夕相处的《人民中国》的同事们,经天津乘船回到日本。

回国后,菅沼先生担任新日本通商株式会社的董事长,后创立了日中旅行社任社长。他无论做什么工作,都致力于发展中日友好。

离开了《人民中国》的菅沼先生,仍关心着这本刊物。1963年6月,《人民中国》的同事随同以罗俊为团长的外文出版社代表团访问日本,菅沼先生全程

陪同。夏日炎炎，他忙前忙后，为代表团的行程、生活、安全而操劳，保证了这次访问成功。从这时起，他和安井正幸、岩村三千夫一道被聘为《人民中国》杂志在日的顾问，直到1983年逝去。

戎家实（1916—1977.11.21）

1952年11月，戎家实从沈阳来到北京的外文出版社，是《人民中国》日文版创刊的元老之一，他和我们共同学习、一起工作、同甘共苦，直到1977年11月他离世，为《人民中国》整整奉献了25个春秋。

在这25年间，《人民中国》人事变迁颇为频繁，参加创刊的成员中，尚在这里工作的中国同志已是屈指可数，至于日本同志则剩下戎家实一人，而且他自始至终没有间断地参加每一期的工作。

戎家实初到时，主要担任翻译工作。当时，人手不足，尤其缺少熟练的翻译。戎家实工作效率高，每当有紧急的长篇文章时，康大川总是交给他完成，甚至要求他一个晚上翻译出上万字的文章。尽管他会唠叨两句"不行啊！"，可是每次都会欣然接受工作。通宵翻译，眼睛都熬红了，但他总是不辞辛苦，如期交稿。

1963年，《人民中国》创刊10周年时，翻译队伍得到加强。戎家从此主要从事改稿工作，成为专家。中国同志的翻译水平各有高低，有时译文会出现似是而非的情况。每当改这样的译稿时，戎家就会说："不行啊！还不如我自己重译来得快。"他说归说，却从未重译，而是仔仔细细地改稿，把原译稿改的满页通红，不仅如此，还找来原译者，耐心指导、讲解。为了培养翻译人员，他毫不吝惜时间。

在中国外文局工作的外国专家，每年都有一次半个月的休假和两周团体旅行，但是25年来，戎家一次也没享受过，他放不下工作。

1976年7月，唐山发生了强烈地震，北京也受到了影响。在防震棚搭成的前几天，戎家被疏散到小轿车里。时值盛夏，在狭窄的车厢里，他仍汗流满面地埋头改稿。

戎家实平易近人，无论是外文局的汽车司机、锅炉工、厨师、木工、电

工、收发员，还是附近书店、商场、饭馆、邮局的员工，都是他的好朋友。

戎家实是日本兵库县人，生于1916年，幼年时在中国丹东生活、上学。1945年日本投降后，戎家实没有同家人回日本，独自留在中国，其后，很快投身于中国解放后的革命和建设事业中。他先在铁路系统当技术人员，之后在太原、东北等地做过研究员和工程师，接着到沈阳《民主新闻》工作，最后到了北京。

戎家实一生独身，上世纪60年代初，他得悉哥哥戎家贤在日本的地址，大家劝他回国探亲，但他总放心不下工作。1973年，戎家贤夫妇来华看他，这是兄弟阔别20多年后第一次见面。戎家实陪兄嫂到杭州、广州等地旅游，度过一段与亲人团圆的日子。

1970年，戎家实得了喉癌，经过治疗，似有好转，之后又因肺癌住院，《人民中国》的同志轮流去医院陪护。在这过程中，他还坚持为刊物改稿，直到卧床不起。1977年11月21日，戎家实告别了人世。

在戎家实的追悼会上，中国外文局副局长金丰致悼词："戎家同志对中国的革命事业满腔热忱，倾注了全部力量，把中国的对外宣传事业看作他自身的事业。戎家同志对中国人民的革命和建设事业所作出的宝贵贡献，我们将永远记在心中。"

戎家实的遗骨安放在"八宝山革命公墓"，并依日本风格，一部分遗骨由他兄嫂带回日本。

几位创刊元老级日本专家相继过世，《人民中国》先后又聘请了几任专家，都为刊物做出了贡献。其中，两位日本专家的作用尤为突出，可惜已先后去世，他们的业绩，我们永远不忘。他们是老专家村山孚和年轻专家金田直次郎。

村山孚（1920—2011.12.1）

村山孚先生三次应《人民中国》聘请来社工作。1978年，村山第一次到任，任改稿专家。他改过的译稿，好像是直接用日文写出的文章，因此，读者普遍反映："文章好读了。"

村山先生来华前，曾在日本德间书店当过杂志的总编辑，他对办杂志是内

行。此外，他对中国古典文学颇有造诣，写过不少书，还编过辞典，其中包括《中国的思想·孙子·吴子》、《中国兵法》、《人物中国志·女性篇》和《新编论语篇》等。

村山先生的工作才能，让大家一致认为，应当请他更多地参与编辑工作。1979年4月，村山先生被聘为《人民中国》编委会编委。此后，他在提高刊物质量方面起了较好的作用。

村山先生负责一个专栏。这个专栏也是他建议设立的，叫"职场一瞥"，由3页画刊和2页文章组成，主要介绍在平凡岗位上工作的人和事。如《名胜古迹的维护者——北京的古代建筑修缮队》、《北京街头的饮食商亭》等。编委会确定选题后，村山先生同文字记者共同商量，有时一起采访，并对文稿进行加工或改写。这个专栏办得很符合日本读者的口味。《北京街头的饮食商亭》就是比较成功的一例，不仅日本读者欢迎，连香港报纸也转载了。

村山先生了解日本电视、漫画的发展动态，知道日本人开始喜欢"看书"，而不是读书。黑压压一片的长篇大论，他们肯定不读。于是，村山先生特别重视杂志的大标题、小标题、编排、文章的导语、图片、图表、地图等，用活泼版面，引人爱读。

自从村山先生成为《人民中国》的编委后，从总编辑到普通业务人员，找他商量工作，研究选题、稿件、译文、图片的人接踵而至，占了他不少时间，白天改不完的译稿常常要带回家，晚上加班。为了保证向印厂正点发稿，他不得不牺牲周末休息，有时甚至工作到深夜二三点。工作虽然辛苦，但村山先生的积极性很高，他常说："做这些工作，都是我愿意干的事，虽然紧张一点，但不觉得累。"

村山先生第一次聘期是两年，来华前，他以此为期限安排了回国的工作。当任期将尽，编辑部领导提出希望延聘时，他说："我陷得太深了，看来不能马上回国，只好再干一年。"直到1981年10月，村山先生才回国。

1983年10月至1984年6月，村山先生再次应聘来《人民中国》工作。一次，他去北大荒黑龙江85工农场采访，了解农场生产、建设、职工生活等情况。他特别强调自己要去农场、工厂、职工家庭现场采访，还组织职工座谈。从早晨

六点二十分一直采访到晚上十点，他认为，只有来自亲眼所见写出的文章才有说服力，"我的文章是用脚写出来的"。这句话成为《人民中国》记者、编辑的座右铭。

1987年11月至1988年12月，村山先生第三次应聘到《人民中国》工作。在这三次任期中，他写出了《挖掘古代中国》、《中国考古与历史之旅》、《北京新岁时记》、《东北之旅》等精彩连载。这些连载后来均在日本集结出书。

1988年12月，村山先生回国，但与编辑部的联系不断。在他80寿辰时，《人民中国》的李兆田作画、其他同事纷纷署名为他祝寿。

2011年，村山孚先生以91高龄寿终。

金田直次郎（1951.8.22—2012.2.4）

金田直次郎两度来到《人民中国》做翻译和改稿工作。

1982年3月，首次来华的金田先生才30岁出头，年轻、充满活力、思想活跃、待人热诚、对工作认真负责。在日本专家中，他是少壮派。

1984年，三千日本青年应中国政府之邀访华，参加中日青年联欢，并访问北京、上海、西安、武汉、南京、杭州6座城市。为了配合这一活动，《人民中国》主动请缨，承担了出版一本导游手册的任务。

这本手册主要是给日本青年看的，尽管社里有水平很高的日本专家，但社领导决定起用年轻的金田直次郎，承担从整体设计、用日文直接写文字说明等，这大大调动了金田先生的积极性。

从2月3日，金田先生做出手册的整体设计方案，提交给社领导讨论通过，到8月出书，只有5个月的编辑工作时间，要编成一本200页全部彩印图解导游手册《中国之旅》，时间之紧、工作量之大可以想见。

为了了解日本青年读者的阅读习惯，金田专家还召集在北京的日本留学生座谈。最终，手册确定以插画、照片为主、文字为辅的介绍方式。手绘插图和照片的全部文字说明都是金田先生执笔，资料由编辑部提供，金田先生自己也找了很多材料。

大约有半年时间，金田放弃了周末的休息时间，工作最紧张的时候，他带

饭到办公室，中午也不休息。

图解导游手册《中国之旅》如期出版后，受到中日各方面好评，尤其受到旅游者赞扬说："这本手册太方便了。在我所看到的导游书籍中可以说是最容易看懂的一本。非常重要的内容，只要看一眼就懂了。"图解导游手册《中国之旅》被中国外文局评为特等奖，给金田先生发了奖状。

1991年，金田先生回国，但他仍牵挂着《人民中国》。每当有《人民中国》的员工到日本研修，他都要见上一面。2007年，张春侠、钱海澎、王丹丹3人赴日研修。金田先生闻讯，赶了两小时的路到人民中国杂志社东京支局看望大家，一起聊天，一起喝茶，话题总也离不开《人民中国》。

2010年春，金田先生再次被聘请到《人民中国》工作。当时正值上海世博会举办，《人民中国》承担了《世博周刊》（日文版）的出版工作。金田先生马上全力以赴参加了该周刊的工作，和中国同志一起采访、拍照、写稿、翻译，顺利完成了出版24期周刊的任务，受到读者的好评和中国外文局的表扬。

随后，金田先生又以满腔热情投入到《人民中国》杂志的工作中。

2011年，为配合报道中国共产党建立90周年，《人民中国》提出《革命史迹巡礼》的选题。金田和中国同事一起，从上海、井冈山、遵义、延安、西柏坡，一直采访到北京，写了《革命史迹巡礼》6篇专稿。其间，他还和《人民中国》的资深编辑丘桓兴一起采写了3篇报道贵州的通讯。

金田先生下班后，他常常留在办公室，教年轻的中国同事学日语。他一再表示，他特别珍惜这次来华的日子，要燃烧自己的全部热情，积极工作。事实证明了他的承诺。

然而，来到中国一年多后，金田先生被查出得了绝症。2011年9月，他回日本治疗。2012年2月4日，金田先生重症不治，不幸离世。金田先生到贵州之行的3篇遗作，刊登在《人民中国》2012年第3期、第4期和第9期上，他的名字加上了黑框，作为留给《人民中国》的永久纪念。

《人民中国》日文版创刊60年来，相继离世的20多位同仁们之中，有社长、总编辑、日本专家、编辑、记者、翻译、摄影记者、行政及后勤人员。他们为《人民中国》奉献了自己的生命，做出各自的业绩。在《人民中国》迎来甲子

大庆之际，他们当年活跃的英姿仿佛呈现眼前，栩栩如生。他们是我们不能忘记的前辈！

编者注

　　这篇文章是由人民中国杂志社离退休干部李雪琴执笔，安淑渠和陈忆青搜集、提供资料，3人共同完成的。文章成稿后，3位作者都谦虚地表示不愿署上自己的姓名。

　　经本书编辑组考虑后决定，本篇文章最终署上3位作者姓名，以体现他们对本文付出的劳动和贡献。同时，特加此注，向李雪琴、安淑渠、陈忆青3位前辈所代表的《人民中国》谦虚谦让、淡泊名利的精神致敬。

作者简介

　　李雪琴　高级编辑，1928年7月生，1950年12月进入《人民中国》工作，曾任人民中国杂志社副总编，1991年3月离休。

　　陈忆青　译审，1936年9月出生，1960年10月进入《人民中国》工作，1995年12月退休。

忘れられない人々

李雪琴　安淑渠　陳憶青

『人民中国』で働いていた数十年間、共に仕事をした人は100人余にのぼりますが、彼らは各自の職場で対日報道のために青春を捧げ、それぞれに貢献しました。『人民中国』（日本語版）創刊60年来、20数人の仲間が逝去しました。いま、数十年来歩んできた困難と成果に満ちた道を振り返るとき、これらのわれわれと苦楽を共にし、共に奮闘した人たちを思い出さずにはいられません。とりわけ『人民中国』に特別な貢献をした数人の功績は忘れられないものです。その賢明かつ勤勉で無私無欲の精神は、依然として『人民中国』に影響を及ぼしており、彼らの名前は永遠に『人民中国』の歴史に刻まれることでしょう。

康大川さん（1915.5.17～2004.9.22）

　康大川さんは『人民中国』（日本語版）の初代編集長で、本誌創刊の元老として数十年もの間、心血を注いで働いてきた。

　康さんは日本で中・高時代を送り、早稲田大学を卒業した。帰国後、新四軍で広報の仕事に就き、その後しばらく、日本軍研究と対日本軍宣伝、さらには戦争捕虜の思想改造を担当した。1949年12月、彼は国際新聞局に配属され、日本語グループの責任者、人事課の課長を兼任した。当時、日本語グループは彼の他3人のスタッフしかいなかった。たった4人では立派な仕事はできず、康さんはずっと何をすべきかを考えていた。

国際新聞局は1950年1月に英語版の『人民中国』を出版した。これは新中国初の外国向けの刊行物で、1951年にはロシア語版も出版した。どちらも隔週刊の出版物で、この2冊から文章を選び、翻訳者、編集者、デザイナーがいれば、立派な月刊誌を作ることができると康さんは考えた。そこで、上級機関に報告し、社（国際新聞局は外文出版社と改名）の責任者と胡喬木氏、郭沫若氏、周恩来総理らの審査のうえ、一連の「知日派」専門家による座談会を開き、みんなの支持を受けた。康さんは直ちに準備に着手したが、その時はすでに1952年も末になっていた。

　刊行物を作るには、まず人を集めなければならない。康さんは当時、東北地方にいる日本人の管理を担当する趙安博さんから、瀋陽に『民主新聞』という刊行物があって、それは戦後東北地方に残った日本人が作ったものだったが、日本人が相次ぎ帰国したため、1952年11月に廃刊したということを聞いた。「その新聞のスタッフで、中国で引き続き仕事をしたいと思っている人もいるので、彼らを連れて行ってはどうですか」と薦められた。

　それを聴いて、康さんは直ちに瀋陽へ赴き、池田亮一さん、菅沼不二男さん、戎家（えびすや）実さん、林弘さん、岡田章さん、松尾藤男さんら日本人ジャーナリストと李薫栄さんという中国人女性を招聘した。また日本語が分かる中国人が欲しいと考え、『民主新聞』の井上林社長の推薦で、大連日僑学校の教師を務めていた劉徳有さん、さらに安淑渠さんら3人の女性を呼び寄せた。

　その時の東北の旅は、大収穫を得ての凱旋となった。康さんはすぐれた才能を持つ中国人と日本人の編集グループを作り上げただけでなく、さらに日本語の活字拾いや植字の職人、さらに日本語の活字・印刷機材を持って帰ってきたのである。

　人員も設備も揃ったため、康さんは直ちにテスト版を作って、広く意見を募った。当時のベテランジャーナリストで、中国問題の専門家である岩村三千夫さんは、雑誌はよくできている、2000部は売れるだろうと太鼓

判を押してくれた。1953年6月1日、『人民中国』が正式に発刊され、販売部数は発行部数をはるかに上回り、増刷となった。

　強調すべきは、康さんは『人民中国』（日本語版）の創刊者であるだけでなく、彼が採用したスタッフがみな立派な業績をあげたことで、それは彼の慧眼を示していると言える。そのうち、劉徳有さんは翻訳者として『人民中国』で12年間働いた後、新中国第1陣の駐日記者となり、日本に15年間滞在した。帰国後、『人民中国』の副編集長や中国外文局の副局長を経て、最後は文化部（日本の省にあたる）副部長にまで栄達した。現在、退職後の劉徳有さんは依然として中日交流のイベントで活躍し、その著作と翻訳作品もきわめて多い。

　安淑渠さんは『人民中国』に来てから、アートディレクター、翻訳、翻訳部部長、副編集長を歴任した。1993年に職を離れるまで、康さんと車慕奇さんの助手として、『人民中国』で41年間働いた。

車慕奇さん（1925.9.20～1999.4.12）

　車慕奇さんは康さんに継ぐ『人民中国』2代目の編集長である。

　彼はかつて、香港で発行されていた英文隔週刊の『CHINA DIGEST』（中国語名は中国文摘）に勤務していた。1949年、中華人民共和国成立直前、『CHINA DIGEST』のスタッフ全員が北京に戻り、新中国初の対外報道刊行物『人民中国』（英語版）を創刊した。車さんはその創刊者の一人である。

　彼は『人民中国』（日本語版）に入社した後、長い間記者として、中国各地を回り、新中国の経済建設にかかわる記事を多く書いた。

　彼は取材テーマを見つけるのがうまかった。中国が「改革開放」を実施して以来、多くの家庭に巨大な変化がもたらされ、極めて好評を得た。『光明日報』に、広西チワン族自治区のある教師が「わが家の7つのめでたいこと」という文章を寄稿し、「子どもが大学入試に合格した、家族の給料が上がった」と書いた。このテーマは車慕奇さんの心を打った。彼は編集部の記者と相談し、北京西単のある胡同（路地）へ行き、そこの数世帯

に取材し、市民生活の変化を反映する文章を書き、読者に歓迎された。まさに『人民中国』の日本人専門家村山孚（まこと）さんが言ったように、「個人の体験を文章に入れてこそ、人を感動させることができる。これは心と心との交流であり、感情の交流です」。

車さんも、取材テーマはただ頭で考えるものではなく、生活の中から生まれるものだと考えていた。記者として最も重要なのは、日々の生活を愛することだ。記者自身が感動してこそ、熱意が沸き起こり、他人を感動させる良い文章を書くことができると言っていた。

取材から戻るたびに、彼は熱心に編集部員に取材した人と物事についてしゃべった。江蘇省江陰華西大隊の取材から戻った時、そこが党支部の指導のもとで全員が豊かになったことを語り、その喜びの表情はたとえようがないほどだった。その後、その記事が掲載されると、日本人読者から好評を博しただけでなく、数カ国語に翻訳されて、発表された。

数十年間の記者としての経験から、車さんは記者の心得を以下のようにまとめている。

　一、取材対象と友だちになる才能を磨き、威張った態度はとらないこと

　二、物事や人に対して常に関心を持ち、見せ掛けだけ、わざとらしいなどと感じさせないこと。真心を込めて他人と付き合い、自分と取材対象に考えや感情における共感を求めること

　三、小学生に甘んじ、未熟な者として教えを請うのを恥としないこと。学び研究する姿勢をとり、詰問口調で取材してはいけない

　四、記者として苦労を厭わない。多くのところを回り、多くの人を探し、多くおしゃべりする。記者はお上品すぎてはいけず、人が行ける所であればどんな所でも行く。人が眠れるところであればどんなところでも寝る。人が食べられるものであれば、どんなものでも食べる

彼は以上の心得を自ら実行し、『人民中国』記者の鑑となった。

車さんが心血を注ぎ取材したものとして、「シルクロード今と昔」が挙げられる。取材する前に、彼はものすごい量の準備作業をした。「敦煌（とん

こう）の守護神」といわれる常書鴻さんら多くの「敦煌学」の専門家に取材した。常さんは日本の著名な華人作家の陳舜臣さんが書いた『シルクロードの旅』（平凡社 1977年　のち講談社文庫）を車さんに贈った。彼はこの本をはじめとしてシルクロードや敦煌に関する書籍や刊行物を大量に読んだ。取材中、車さんは中国西北地方の至る所に足を運び、現地の専門家や学者と数回にもわたる座談会を行い、また、開放されている莫高窟のすべての洞窟を訪ねた。昼は取材し、夜は翌日の仕事の準備をする。後に、陳舜臣さんと車さんの対談を読んだときはじめて、彼のこれらの作業は常に血圧200ほどの状況で我慢を重ねて仕上げたものだということを知った。

　車さんが取材した「シルクロード今と昔」は長編連載で、『人民中国』1979年1月号から1981年2月号まで掲載され、小学館がその連載をまとめて出版することになった。1981年4月、車さんは小学館の招きを受け、日本へ書籍出版についての話し合いに行った。その際に、小学館の手配によって、陳舜臣さんと車さんが、シルクロードと敦煌について、素晴らしい対談を繰り広げた。

　その時、初対面であったこの「シルクロードファン」「敦煌ファン」は、旧知の友のようにお互いに魅かれ合った。陳舜臣さんは「私は車さんの『シルクロード今と昔』を読んで、昔のことを思い出しました」と語り、車さんは「新疆へ行く前に、陳さんの『シルクロードの旅』を拝読していましたので、私は実はあなたの足跡を追いかけてシルクロードの旅を始めたと言えます」と語った。

　連載が掲載され、さらに全3巻の『シルクロード今と昔』が日本で出版された後には、日本で「シルクロード観光ブーム」「敦煌観光ブーム」が巻き起こった。

　1991年、車さんは名残惜しくも一生奮闘を続けた職場を離れた。しかし、彼は悠々自適の休養生活に甘んじていなかった。彼はずっと古代ローマ文明に熱を上げていたが、退職後、再び興味を持ち、大量の本を読破し、ツアーでイタリアを訪れた。帰国後、車さんは、情熱を込めてその旅

行の収穫を語った。みんなが彼の大作がまた誕生するぞと期待している矢先、車さんは病に倒れ、入院してしまった。数日後、彼は記者としての筆を永遠に手放すこととなった。

李薫栄さん（1931.9.27〜1967.8.23）

李薫栄さんは、康大川さんが東北から「発掘」してきた方で、『民主新聞』の井上林社長が、康さんに「ここには李薫栄さんという女性がいます。真面目で日本語が上手だから、必ず役に立ちますよ」と推薦した。康さんは直ちに彼女を採用した。

日本語グループに入ると、李さんは3カ月間、タイプライターを打つ技を学んでタイピストとなり、その後文字校正を担当するようになった。彼女は仕事熱心で、責任感が強く、文字校正の際はたとえ記号でも何一つミスを見逃さなかった。「校正者は辺境のパトロール兵士のように、注意力を高めて観察し、悪人は一人も見逃してはなりません。そうでなければ、失職します」と語った。彼女の校正ミス率はわずか25万分の1で、『人民中国』の校正の質が高く、当時の日本の出版界で大いに好評を博したのは、彼女の努力とも大いに関係すると言える。

1950年代、『毛沢東選集』（日本語版）などの重要な出版物を発行した際、校正専門家の李薫栄さんはいつも指名されて校正を担当した。残念ながら、彼女は30年余という若さで亡くなった。真面目にこつこつと、まったく手を抜くところがなかった彼女の精神を、誰もが偲んでいる。

李玉鴻さん（1933.11〜1999.7）

李玉鴻さんは日本から帰国した華僑で、『人民中国』でアートディレクターを務め、雑誌紙面のレイアウトを担当していた。そのため、彼は毎月の記事のテーマと内容をよく理解しており、さらに彼の仕事はアートディレクターの範疇を超えたものだった。

李さんは日本育ちなので、日本語と日本文化に精通し、豊富な知識を持

っていた。さらに日本人の生活習慣と読書習慣もよく知っていた。彼はしばしば雑誌の内容について自らの意見を出し、同僚から「最終審査員」と好意を込めて呼ばれていた。

かつて「下駄」についての記事が掲載されたことがあった。それには日本人が下駄を履いている写真が付けられていた。どの段階の審査にもパスしたが、レイアウトの際に、李さんはこの写真は使えないと言った。その理由を彼は、「これは浮世絵の写真で、この下駄を履いた女性は遊女だからです」と説明し、トラブルを未然に防いだ。

レイアウトは雑誌編集の最終段階の仕事なので、いつも時間との戦いの中で完成させたものだったが、李さんは手を緩めることはなく、常に完璧を求めて仕事をこなした。彼がレイアウト・デザインした紙面はゆったりしており、目も心も楽しませるものだった。しかし、これは彼が肺気腫と身体の苦しみを我慢して、夜を日に継いで完成させたものだと知る人はあまりいない。

3000人の日本青年訪中のために編集・出版された図解ガイドブック『中国の旅』は、挿絵と写真に日本語の説明が添えられた中国のガイドブックだ。日本の若者に違和感を感じさせず、親近感を持ってもらうよう、すべての写真ページの説明は手書き文字になっている。この149ページの手書き文字の写真説明は、まさに李さんが一字一句手書きしたものである。彼は病を押して仕事を続け、酸素補給の翌日も朝から出勤した。その後、どうにも手が回らなくなり、最後の会話編を日本人専門家の金田直次郎さんに任せて、どうにか完成させた。

李さんは終始一貫して仕事熱心で優れた業績を残したため、「全国優秀ジャーナリスト」という最高賞を受賞した。不幸なことに、彼は肺気腫の魔手から抜け出すことができず、帰らぬ人となった。

池田亮一さん（1906～1963.10.28）

池田亮一さんは、1952年に康大川さんが瀋陽で見つけてきたリライト専

門家で、北京に来てすぐ『人民中国』（日本語版）の創刊作業に携わった。1963年に亡くなるまで、彼は外文出版社で丸10年働いた。

　池田さんは文章がとても上手く、小説やルポ、レポートなど、文学性がより高い原稿のリライトが得意だった。

　彼は本名を三村亮一といい、1906年岡山県生まれ。1930年に京都帝国大学経済学部を卒業し、戦前の早い時期から日本の革命運動にたずさわり、日本共産党に参加した。かつて共産党中央委員と機関紙部長、機関紙『赤旗』の編集長を務めたが、中国の東北地方へ「左遷」され、大東育英会の研究員となり、「満洲映画協会」でも働いた。その後、瀋陽で『民主新聞』の編集長を務めた。

　1952年、池田さんは外文出版社で日本語翻訳原稿のチェックを担当した。創刊時の『人民中国』はわずか50ページで、後には100ページほどになり、さらには新たに出版された『中国画報』と小冊子の仕事も加わった。彼はもう一人の日本人専門家の菅沼不二男さんと協力して、増え続けるリライトの仕事を見事に処理した。『人民中国』は月刊誌のため、急な情勢変化によって、1、2本ほどの記事を追加または差し替えることがあった。そうした際には、残業して完成させねばならず、日曜日でも休むことができなかった。

　ある日、康さんが原稿を持って、池田さんのところにやって来て、「今度の日曜日はまた返上することになりそうですよ」と冗談半分に言った。すると、「正直言って、仕事が僕の一番の楽しみなんです」と池田さんは答えた。その後、池田さんに残業してもらうことになると、康さんはいつも「『楽しみ』がまた来たよ」と言った。

　池田さんは仕事熱心なだけでなく、責任感もある人だった。リライトの際、できるだけ元の原稿を尊重し、なるべく手を入れなかったが、彼が直した原稿は明らかに輝きを増した。池田さんはすべての翻訳原稿に一字一句推敲を重ね、少しも手を抜くことなく、満足できる言葉が見つからないときは、ずっとそれを考え続けた。時には雑誌がもうすぐ印刷に入るとい

う時になって、急により良い訳語を思いつき、あわてて印刷所に電話をかけて、校正係の同僚に指示をして表現を直してもらっていた。

　『人民中国』編集部はよく読者から、あるいは訪中した日本の友人から、雑誌の訳文が素晴らしいと言われた。すでに他界した中国文学者の竹内好氏は、彼の著作の中で「この雑誌の日本語について言うならば、実に素晴らしい。この素晴らしさは日本語の手本といってもよい」と書いている。

　池田さんは、編集の仕事に対してもよい提案を行った。1963年1月号から連載が始まった「古美術」というコラムは、まさに彼の提案によって設けられたものだ。このカラーページで中国陶磁器を紹介する連載は、読者から歓迎された。池田さんは自ら写真を選んだだけでなく、時には自ら翻訳もこなした。彼はかつて日本人の友だちに、「私は『人民中国』を生涯の事業とし、この仕事に全身全霊を込めています」と語ったという。

　池田さんは口数が少なく、優しく謙虚な人だった。1963年6月13日、『人民中国』が創刊10周年のパーティを行った際、周恩来総理と陳毅副総理も出席した。康さんは池田さんをメインテーブルに坐らせようとしたが、彼は「私がどうしてメインテーブルに？　他の人に坐ってもらってください」と丁寧に断った。しかし、康さんはやはり彼を周総理のそばに坐らせた。パーティで周恩来総理は杯を挙げ、池田さんに感謝の意を表した。その後、池田さんは「人生で最も素晴らしい一日でした」と回想していたという。

　池田さんは学識豊かで、多趣味な人だった。囲碁が大好きで、かつて西園寺公一氏のお宅で、陳毅副総理と囲碁を打ったこともある。

　1963年10月28日の午前、作業の合間の休憩中に、池田さんはまだチェックを終わらせていない訳文を机に置いたまま、中庭で太極拳をした。それから、同じ敷地内にあった宿舎へ戻った。休憩時間が終っても、池田さんがなかなか戻ってこなかったので、みんなが不審に思っていたところ、突然、池田さんがトイレで倒れて人事不省になったという知らせが飛び込んできた。彼は急いで病院に送られたが、すでに心臓は停止していた。享

年57歳だった。

　廖承志さん、羅俊さん、趙安博さん、西園寺公一さんらが知らせを聞いて病院に駆けつけ、池田さんの奥さんである池田寿美さんを慰めた。告別式で、陳毅副総理が主祭者として花輪を捧げ、以下のようなお悔やみの言葉を述べた。

　「池田亮一氏が生前、中国の社会主義建設と中日人民の友好という事業に尽くした重要な貢献は、永久にわれわれの心に残るであろう。世界人民の革命と中日両国人民の友誼に奉仕する精神は、賞賛に値する。われわれは氏が掲げた中日友好のたいまつを、子孫代々伝えていくべきだ」

　羅俊・外文出版社社長は告別式で以下のような弔辞を読み上げた。

　「池田亮一氏はこの10年間、仕事や生活の中で、われわれと親密な友情を結び、仕事の面でわれわれに尊い援助を与えてくれ、中日両国人民の友好促進事業に貢献した。氏のわれを忘れて仕事に打ち込む精神は、われわれの鑑である。彼が中日両国人民の共同の事業の中でなした大きな貢献を、われわれは永久に忘れないであろう」

　葬儀委員会は、また野坂参三日本共産党中央主席、宮本顕治総書記、中島健蔵日中文化交流協会理事長および日中友好協会の関係者や団体からの弔電を受けた。

　池田さんの逝去で、われわれは素晴らしい専門家と有り難いよき師、よき友を失ってしまった。彼は『人民中国』で10年間働いたが、この10年間の『人民中国』は、毎月のどの号も、彼が残してくれた輝かしい「記念碑」だといえる。

菅沼不二男さん（1909～1983）

　康大川さんが瀋陽の『民主新聞』から招いたもう一人の日本人リライト専門家が菅沼不二男さんである。

　菅沼さんは古株のジャーナリストだった。1932年に東京帝国大学法学部を卒業し、日本同盟通信社政治部で働いた。1937年に中国へ派遣され、

長春、北京、上海の同盟通信社の支社で働いた。

　東北地方が全土解放された後、菅沼夫妻は瀋陽の『民主新聞』社に入社し、その後康さんに招かれ、『人民中国』における9年間にわたる仕事を開始した。

　菅沼さんは論文や時事性の強い文章のリライトが得意で、例えば『政府活動報告』のような長い文章は、ほとんど彼が訂正、リライトしたものだった。創刊後の最初の数年間は、毎月政論と国際時事の文章があり、菅沼さんはいつも中国語原稿を参考しながら、細かい書き直しを行った。1954年、『中華人民共和国憲法』が発表された後、『人民中国』はそれを日本語に訳し、付録の形で雑誌と共に日本の読者へ送った。『憲法』全文の翻訳が終わった後、康編集長は日本語グループを総動員し、数日間連続で、訳文を徹底的に検討した。菅沼さんは、昼は中国スタッフと検討し、夜にさらに残業してチェックし、リライトした。ちょうど真夏のことで、汗まみれで仕事をしていた。ある時には、深夜まで残業したため、菅沼さんはいっそのこと帰るのをやめ、事務室の机の横にござを敷いて、服も脱がずに眠った。

　1961年8月、菅沼夫妻は子どもの教育のために、25年間暮らした中国を離れ、9年間いっしょに仕事をした『人民中国』の同僚たちと別れを告げて、船で天津経由で日本へ戻った。

　帰国後、菅沼さんは新日本通商株式会社の取締役会長、さらに日中旅行社を創立して、その社長を務めた。どんな仕事をやっても、中日友好に取り組むという初心は変えなかった。

　『人民中国』を離れても、菅沼さんは依然としてこの雑誌に関心を寄せてくれた。1963年6月、『人民中国』のスタッフが羅俊さんを団長として外文出版社代表団と共に日本を訪問した際、菅沼さんは全過程で案内役を務めた。太陽がかんかんと照りつける真夏だったが、彼は代表団のスケジュール、生活と安全にいろいろ気を配り、その訪問の成功を確かなものとした。この時から1983年に逝去するまで、彼は安井正幸さん、岩村三千

夫さんと共に『人民中国』誌の日本人顧問を務めた。

戎家実さん（1916〜1977.11.21）

　1952年11月、瀋陽から北京の外文出版社にやって来た人の1人が戎家実さんだった。『人民中国』日本語版創刊者の1人であり、われわれと共に学び、仕事をし、1977年11月に逝去するまでの25年間、苦楽を共にしてきた。

　彼が勤めた25年間、『人民中国』のメンバーの入れ代わりは激しく、創刊時からの人は残り少なくなっていた。日本人スタッフで言えば戎家さん1人だけで、終始、毎月毎月の仕事をやり続けていた。

　入社した当初、戎家さんは主に翻訳の仕事を担当していた。当時、人手不足で、とりわけ熟練翻訳者に欠いていた。戎家さんは仕事の効率がよく、急な仕事があるたびに、編集長の康大川さんは彼にそれを任せた。1晩で1万字以上の文章を訳すようにいわれたこともある。彼は「無理ですよ」と文句を言いながらも、毎回喜んで引き受けていた。徹夜の翻訳で、目が充血し赤くなっていても、いつも文句も言わず、時間どおりに翻訳原稿を提出した。

　1963年、『人民中国』創刊10周年の際に、翻訳陣が充実した。戎家さんはこのときから主にリライトの仕事に携わることとなり、専門家となった。中国人スタッフの翻訳レベルはまちまちで、微妙にニュアンスが異なる原稿も多かった。このような原稿をリライトするとき、戎家さんは「これじゃあ駄目だ。自分で訳し直すほうが速いよ」とつぶやいた。しかし、実際に自分で訳し直したりはせず、細かくチェックし、原稿が真っ赤になるまで訂正を入れた。それだけでなく、その下訳をした人に熱心に教え、翻訳者を育成するための時間を惜しむことはなかった。

　当時、中国外文局に務めていた外国人専門家は、毎年半月の休暇と2週間の団体旅行を享受することができたが、25年もの間、戎家さんは1回もそれを使ったことがなかった。仕事が手放せなかったからである。

1976年7月、唐山で強い地震が起こり、北京もその影響を受けた。防災小屋が建つまでの数日間、戎家さんは乗用車の中に避難した。ちょうど真夏で、狭い車内の中で、彼は汗まみれになりながら、依然として翻訳原稿のチェックに没頭していた。

戎家さんは親しみやすい人柄で、外文局の運転手、ボイラー技師、コック、大工、電気工、受付係り、または近くの本屋、デパート、レストラン、郵便局の係員のだれもが彼の良い友だちだった。

戎家さんは1916年、兵庫県生まれで、幼い頃、遼寧省の丹東で暮らし、通学した。終戦後、家族と一緒に日本へ帰らずに、1人で中国に残り、新中国成立後の革命・建設事業に身を投じた。まず鉄道のエンジニアとなり、その後山西省の太原、東北地方などで研究員やエンジニアを務め、さらに瀋陽の『民主新聞』で働き、最後に北京にやって来た。

彼は一生独身だったが、1960年代の初め頃、兄である戎家賢さんの日本の住所が判明し、帰省を勧められた。しかし、いつも仕事のことを気にかけていた彼は、結局行かずじまいだった。1973年、兄夫婦が中国へ見舞いにやって来て、兄弟の約20年ぶりの対面となった。戎家さんは兄夫婦と共に杭州、広州などへ観光に行き、一家団らんの楽しい日々を過ごした。

1970年、戎家さんに喉頭ガンが見つかった。治療によって好転したが、後に肺ガンで再入院し、『人民中国』のスタッフが順番に病院へ看護に行った。その間ずっと、起き上がれなくなる日まで、リライトの仕事をやり続けた。1977年11月21日、この世を去った。

戎家さんの追悼会では、金豊中国外文局副局長が弔辞を読んだ。

「戎家実さんは中国の革命事業に熱情を捧げ、中国の対外報道事業を個人の事業として全力を尽くしました。戎家さんの中国人民の革命と建設事業に対する貢献は、永遠にわれわれの心の中に刻まれています」

戎家さんの遺骨は北京の「八宝山革命公墓」に安置され、また日本の風習に従って、分骨してお兄さんが日本へ持ち帰ったという。

創刊に参加した数人の元老クラスの日本人古参専門家が相次ぎ逝去した

ため、『人民中国』はその後さらに数人の専門家を招聘し、彼らも雑誌に貢献した。そのうちの2人はとりわけ大きな役割を果たしたが、残念ながら相次いで亡くなられた。しかし、彼らの業績は、永遠に忘れられないだろう。この2人とは村山孚さんと金田直次郎さんである。

村山孚さん（1920〜2011.12.1）

村山孚さんは、『人民中国』で計3回働いた。1978年、1回目の時には、リライト専門家を務めた。文章を書くのがうまく、彼がリライトした訳文は、まるで直接日本語で書いた文章のようで、読者から「読みやすくなりました」と称賛された。

中国に来る前、村山さんは徳間書店で編集長を務めており、雑誌作りの玄人だった。そのほか、中国の古典文学に対する造詣も深く、数多くの著作を出版し、辞書の編集にも従事したことがある。彼の訳・著作として、『中国の思想　孫子・呉子』『中国兵法の発想』『美姫と妖婦　人物中国史　5　女性編』『新編論語　孔子が説くものの見方・考え方』などがある。

村山さんの能力は一致してみんなに認められており、彼により多くの編集作業に参加してもらうため、1979年4月、村山さんは『人民中国』編集委員会の委員として招聘された。その後、雑誌の品質向上において、素晴らしい役割を果たした。

村山さんは「職場・カメラ訪問」という連載を提案、担当した。これは3ページのグラフと2ページの文章で構成され、「名所旧跡の裏方さん・北京市　古建築修繕隊」「北京街頭の立食いスタンド」などといった、一般の職場で働く人と仕事を紹介したものである。編集委員会がテーマを決めた後、村山さんが記者と相談し、時には一緒に取材に行き、また原稿のリライトも彼が担当した。この連載は日本人読者に非常に好評で、その中でも「北京街頭の立食いスタンド」は、日本だけでなく、香港の新聞にも転載された。

村山さんは日本のテレビ、漫画の動向に詳しく、日本人は本を「読む」

より「見る」ほうが好きで、文字ばかりが並ぶ記事は嫌われると考えていた。そこで村山さんは、雑誌の総タイトル、見出し、割付け、リード、写真、図表、地図などの要素をとりわけ重視し、生き生きとした紙面で読者の目を引くように努力した。

村山さんが『人民中国』の編集委員になった後、編集長から業務関係者まで、テーマ選択、原稿、訳文、写真について彼のところに相談に来る人が相次ぎ、彼の多くの時間はその相談に費やされた。そのため、日中完成できなかった訳文を持ち帰り、夜に終らせることもしばしばで、時間通りに印刷所へ原稿を回すために、週末も仕事に費やし、時には深夜2、3時まで働いた。仕事は大変でも、村山さんは熱情にあふれていた。「これらの仕事はみんな好きだからやっているので、きついにはきついが、少しも疲れを感じません」とよく言っていた。

村山さんの1回目の任期は2年で、中国に来る前に、帰国後の仕事も手配済みだった。任期終了の直前、編集部の責任者が任期延期を頼み込んだとき、「すっかりはまってしまって、すぐには帰国できないようだから、仕方ない、あと1年続けよう」と言って、1981年10月にようやく帰国した。

1983年10月から1984年6月まで、村山さんは『人民中国』に戻ってきた。ある日、北大荒（黒龍江省の三江平原一帯）にある黒龍江85農工場で、農場の生産と建設、労働者の生活などについての取材をした。彼は自ら農場、工場、労働者の家へ取材に行くことにこだわり、また労働者との座談会を開いた。自分の目で見て書いた文章こそ説得力があると考えており、朝6時20分から夜10時まで取材を続け、「僕の文章は足で書いたものです」と語った。この言葉は後に『人民中国』の記者と編集者の座右の銘となった。

1987年11月から1988年12月まで、村山さんは3度目の『人民中国』での勤務についた。これら3回の任期中、「古代中国を掘る」「中国考古と歴史の旅」「北京新歳時記」「東北紀行」などの素晴らしい連載を執筆した。これらの連載は後にすべて本にまとめられ、日本で出版された。

1988年12月、村山さんは帰国したが、その後も編集部とずっと連絡を取り続けた。80歳の誕生日の際には、『人民中国』のスタッフ李兆田さんが誕生祝いの絵を描き、社員みんながサインして、ともに祝った。

2011年、91歳の村山さんは天寿を全うした。

金田直次郎さん（1951.8.22～2012.2.4）

金田直次郎さんは『人民中国』で2度、翻訳とリライトの仕事にたずさわった。

1982年3月、初めて中国に来た金田さんは30代前半の若者で、元気いっぱいで、柔軟な考えをもち、親切で誠意があり、仕事に対して真面目で責任感があった。日本人専門家の中でも、彼は少壮派だったと言える。

1984年、日本の青年3000人が中国政府の招きに応じて訪中し、中日青年友好歓会に参加し、また、北京と上海、西安、武漢、南京、杭州の6都市を訪問することとなった。このイベントに合わせて、『人民中国』では、日本人向けの中国旅行ガイドブックの編集・出版を行うことを決めた。

このガイドブックは主に日本の若者に向けたものだったので、社内にはレベルが高い日本人専門家もいたものの、上層部は若い金田さんにこの仕事を任せることとし、全体の企画から日本語で写真説明を書くまでを担当してもらうことにした。これは大いに金田さんのやる気を引き出した。

2月3日、金田さんはガイドブックの企画を完成させ、社の上層部に提出し、彼の企画は承認された。8月の出版予定だったので、編集期間はわずか5カ月だった。200ページフルカラーの『中国の旅　イラストガイド』を完成させるには、膨大な作業が必要で、時間はかなり緊迫していた。

日本の若い読者の感性を知るために、金田さんは北京にいる日本人留学生を集め、座談会を開いた。最終的にこのガイドブックは、地図や写真を主として、それに文字を添えるという案が採用された。手書き地図とすべての写真説明は金田さんが担当し、資料は編集部が提供したが、金田さん自身も大量の資料を集めた。

この半年の間、金田さんは週末も休まず、仕事が山場を迎えると、昼ご飯も事務室に持ち込んで、休み時間も仕事を続けた。
　『中国の旅　イラストガイド』が予定通りに出版された後、中日双方の好評を博した。とりわけ観光客には、「このガイドブックは大変便利です。今まで読んだガイドブックの中で最も分かりやすく、非常に大切な内容でも、一目見れば分かります」と賞賛された。『中国の旅　イラストガイド』は、中国外文出版発行事業局に「特等奨」を授与され、金田さんは賞状を受け取った。
　1991年、金田さんは帰国したが、依然として『人民中国』を気にかけ、『人民中国』の社員が日本へ研修に行くたびに、必ず会いに来てくれた。2007年、張春俠さん、銭海澎さん、王丹丹さんの3人が日本へ研修に行った際、それを聞いた金田さんは、2時間かけて人民中国雑誌社の東京支局に駆けつけ、みんなと一緒にお茶を飲みながら、おしゃべりを楽しんだが、話題はずっと『人民中国』についてだった。
　2010年の春、金田さんは再び招かれ『人民中国』にやって来た。ちょうど上海万博の開催に際して、『人民中国』が『週刊万博』（日本語版）の出版作業を引き受けた時のことである。金田さんは直ちに全力をあげてこの仕事に携わった。中国人スタッフと一緒に取材、撮影、原稿書き、翻訳を行って、計26号の編集作業に携わり、読者からの好評を博して、外文局に表彰された。
　その後、金田さんは再び情熱に満ちあふれ、『人民中国』誌の仕事に取り組んだ。
　2011年、中国共産党成立90周年に合わせて、「革命史跡を訪ねる」という連載を行うこととなった。金田さんは中国人スタッフと一緒に、上海から井岡山、遵義、延安、西柏坡、北京までを取材し、6回の連載を書き上げた。さらにその間、『人民中国』のベテラン記者の丘桓興さんと一緒に、貴州省を紹介するレポートを3本書いた。
　金田さんは勤務時間終了後、いつも事務室に残り、若い中国人スタッフ

に日本語を教えた。彼は「中国滞在の日々をとても大切に思っており、すべての熱情を傾け、積極的に仕事に取り組みたい」と何度も言っていたが、その言葉は彼の行動によって証明された。

　しかし、1年後、金田さんはすい臓ガンを患い、2011年9月、治療のために帰国し、2012年2月4日に他界した。金田さんが執筆した貴州省の記事は、『人民中国』2012年の3月号、4月号、9月号に掲載され、黒枠に囲われた彼の名前は、『人民中国』の永久の記念として残された。

　『人民中国』日本語版創刊から60年の間に亡くなられた20数人の同僚の中には、社長、編集長、日本人専門家、編集者、記者、翻訳者、カメラマン、支援部門の職員がいる。彼らは『人民中国』に自らの生命を捧げ、それぞれの職場で業績を上げた。『人民中国』が甲子の年を迎えた今、当時彼らが活躍していた姿が生き生きと目の前に浮かび上がる。彼らは、われわれが永遠に忘れることのできない先輩なのである。

編者注

　この文章は本誌退職者の安淑渠さんと陳憶青さんが資料を集め、李雪琴さんが執筆した3人による力作ですが、完成後、3人とも署名を辞退しました。
　しかし、本書編者の判断で、3人の名前を挙げることで、彼女たちが本文に払った苦労と貢献に感謝の意を示すこととし、さらにこの3人の先輩たちに代表される『人民中国』の謙虚で名誉と利益を求めない精神に、尊敬の念を表したいと思います。

プロフィール

　李雪琴　高級編集者。1928年7月生まれ。50年12月から『人民中国』に勤務。副編集長を務める。91年3月退職。
　陳憶青　高級翻訳者。1936年9月生まれ。60年10月から『人民中国』に勤務。95年12月定年退職。

《人民中国》培养了我

安淑渠

今年是《人民中国》创刊60周年，而我就是为筹办日文版《人民中国》而奉调来北京的。一晃过去60多年，真是感慨万千。从筹备创刊到《人民中国》40周年时离休，我在《人民中国》整整工作了41年。

回顾当年，我对对外传播工作一无所知。来京前，我在《大连日报》工作。记得我刚出差回来，就被时任社长吴善昌叫去。他通知我上级来了调令，点名调你去中央的外文出版社工作，并嘱咐早做准备早动身。听到这一突如其来的消息，我先是感到茫然，接着是既激动又担心。激动的是我能在党中央、毛主席的所在地北京工作；担心的是我的日文水平能做好外文工作吗？尽管我从幼儿园、小学、中学都在日本人办的学校读书，可1945年日本战败后，我一心只想提高中文水平，再也没有接触日文，对未来的工作顾虑重重。不过，那个时代的干部都是"哪里需要就到哪里去"，没有二话。

与我同时被调的，还有大连日侨学校的刘德有、大连市委的于鸿运和大连日侨学校甘井子分校的李玉银3位同志。很快，大连市委的吴滨把我们召集到市委，经他引见我们相互认识，并定下出发时间。

这样，我们一行4人于1952年12月10日来到北京。当时的外文出版社（1952年7月由新闻总署国际新闻局改组而成立，即现在外文局的前身）就坐落在国会街26号新华社大院西南角的3层新楼里。外文出版社当时已经有了半月刊英文版《人民中国》（1950年）和半月刊俄文版《人民中国》（1951年）。不言而喻这些杂志都是为了打破那时国际上对新中国的封锁而创办的。

而日文版《人民中国》又是怎么诞生的呢？当时的外文出版社英文人才力量强，懂日文的只有两位。其中一位就是国际新闻局时代的日文组组长兼人事科长康大川。他留日8年，毕业于日本早稻田大学，抗战期间曾在郭沫若领导下的国民党军事委员会政治部三厅做过对敌宣传及战俘的管理教育工作，可称得上是一位日本通。1949年来京前，他在中国共产党领导下的皖南游击队工作。

他一向思想活跃、点子多，总想日文组能多办点实事。他看到英、俄文版《人民中国》均为半月刊，一个月出4期，如果从中选择一些文章就可以编出一本很好的月刊，再有一批翻译、设计人员就可以轻而易举地出一本日文杂志。他将这一想法打报告给外文出版社时任社长师哲，社长也认为有道理，于是层层上报，得到胡乔木、郭沫若、周总理等中央领导的首肯。

就这样，1952年10月最终决定出版月刊《人民中国》日文版。

于是，康大川马不停蹄奔赴沈阳、大连招兵买马。在沈阳招聘到即将停刊的《民主新闻》（为日侨而办的日文报纸）的日籍资深新闻工作者池田亮一（原日本《赤旗报》总编辑）、菅沼不二男（原日本同盟通信社记者）、戎家实等8位专业人士，同时也才有了前述我们大连4个素不相识的年轻人奉调到京的那一幕。再加上在北京招聘到的日本归国留学生、台湾同胞等三路人马，办刊人员基本凑齐。

大家都在新楼二楼东头的一个大房间里办公。房间的西南角是日文版负责人康大川和池田亮一、菅沼不二男等改稿专家，东南角是翻译组，东北角是编校组，西北角是行政秘书、业务秘书的地盘。

这时，刘德有被分配到翻译组，我和李玉银被分配在编校组，于鸿运则担任行政秘书。

就像毛主席所说："我们来自五湖四海，为了一个共同的革命目标走到一起……"，这个目标就是为日本读者办一本日文版《人民中国》。这是面向日本的最早的，也是唯一的一本介绍新中国的日文月刊。国际反华势力越是封锁我们，我们越是要打破封锁，把这本代表新中国的高质量的杂志呈献给日本读者。当时，人人都有一种强烈的使命感。日本朋友也为能出一本日文杂志给自己的同胞而干劲十足。

大家各行其职，这本饱含大家辛勤劳动的日文版《人民中国》于1953年6

月1日终于诞生了。包括之前两次试刊征求意见的样本，从筹备到创刊仅用了不到半年的时间。

60年后的今天，我再拿起这本已经陈旧了的创刊号倍感亲切。红底反白的《人民中国》刊名出自毛主席的笔迹，虽然不是专为我刊题的。据说当时考虑到毛主席日理万机，不便劳烦，才把英文版《人民中国》封面上的"人民中国"四字放大用在我刊封面上。下边也是红底反白的"创刊号"、"1953.1"等字样。中间则是1953年五一劳动节，中国少先队员在天安门城楼上向毛主席献花的黑白照片。毛主席两旁是朱老总、彭真、刘少奇、周总理等开国元勋。天安门、毛主席、中国少年先锋队队员……这无一不是体现新中国的。她向日本读者显示，这就是一本向日本人民介绍新中国的杂志。

刚拿到这本散发着油墨香的创刊号时的心情可想而知。可是好事多磨，有人发现画刊中参加五一劳动节的日本外宾的名字"儿岛"错成"儿玉"。怎能把带着错误的杂志送到读者手中呢？于是，我们办公的大房间立即变成了个大车间，全体人马，包括康大川在内都投入了改错的工作。把从印刷厂运来的杂志一本一本用刀片刮掉错字再用指甲抹平，然后再用蘸了油墨的正确的铅字印上。好在创刊号的印数仅为二千册。当年参加这次劳动的人目前仍健在的已经没有几位了，可我对60年前的往事依然历历在目。

坏事变好事。这件事也给我们大家留下了刻骨铭心的教训："出版工作是一字一句也马虎不得的"。从此以后，我们大家在工作中一直都是遵循着这个精神去做的。

处理完事故，就传来好消息。经修改的两千册创刊号发送到日本，受到日本各界读者的极大欢迎，很快就被一抢而空。国内当机立断决定增印，幸亏创刊号事前留了纸型，这个问题很快得到解决。如若没有纸型要重新拣字、重新排版，那我们编校组可惨了。至今我还不知事前决定留纸型的这位英明领导是哪位。我这一辈子从事对外传播工作只听说书籍再版增印，还从没有听说过杂志有再版的。

《人民中国》初期还是一本多语种的杂志。英、俄、日文版之后，1958年创办了印度尼西亚文版、法文版。5种文版有统一编辑部，主任是资深新闻工

作者张彦。到了1963年，除了日文版，其他语种因外文刊物分工调整（如出版《北京周报》等），或因国际形势的变化先后停刊。唯独日文版《人民中国》保留至今。"麻雀虽小，五脏俱全"，有了自己的编辑部、翻译部、图片部及后勤部门后，真正独立的、面向单一国家的《人民中国》杂志社诞生了。

几十年来，我经历了《人民中国》日文版变革的全过程，也做遍了《人民中国》各业务部门的工作。这些经历对我的成长帮助都非常大。一开始，我被分配做编排工作，跑图片（搜集正文、画刊图片及刊头）兼做校对等。这对我这个根本不懂美术的人来说是全新的工作。不过我有一位好师傅，即当时的编校组组长冈田章，他一手教会我设计版面和怎样做校对等。可是，他不会讲中文，我们交流只能靠日语，这也无形中使我很快恢复了讲日语的能力。当时日文版的共同语言就是日语。在外边听了报告回来传达给大家，或一周一次开展批评与自我批评的生活检讨会，都得用日语。否则你的发言就得由几位老前辈同时给专家"咬耳朵"（同声传译），这也实在不好意思。所以只能硬着头皮讲日语。客观地说，当时的语言环境对我们这些年轻人来说是非常有利的。

后来，来了专业的美术人才池田寿美、李玉鸿等，我才开始做翻译、核稿等工作。之后，我又被指定做定稿、审读、批阅信件等，天天跟日文打交道。当然，做翻译对自己帮助最大，因为有日本专家给你改稿。学习专家改过的稿件就是最大的收获。至今我还保存着不同专家给我改过的原始稿件，当然也是为了纪念。不论什么工作，你认真做了都会有收获。绞尽脑汁、苦思冥想地同专家一起探讨解决核稿或定稿中遇到的疑难问题，也是个提高的过程。

《人民中国》还有个传统，就是每月召开一次"标题会"，由我召集全体专家和相关的编辑、记者等人参加。这个"标题会"，总编辑康大川是必到的。自从《人民中国》日文版独立之后，康大川的工作重心自然转向编辑部，他抓选题、抓中文稿、杂志整体结构等，已经很少过问翻译部的工作了，唯独"标题会"，他从不放过，可见他重视的程度。在短短几个字的标题中既要点明主题又能吸引读者，可不是一件容易的事，这也大大开阔了我的思路。

为了加强针对性，我也曾作为编译合一的试点，被调到编辑部工作一年，用日文采写稿件。我最后为《人民中国》撰写的日文稿件就是作为随行记者，

跟随时任中共中央总书记胡耀邦访日时写的"随行日记"。这篇稿件最重要的特点就是没有翻译味，很少形容词，用最朴实的日语写出我的所闻、所见、所思，得到读者的肯定，收到读者意见卡195张。但我也清醒地知道，这并非文章写得怎样，而是胡耀邦总书记访日极大成功的缘故。

回顾以往的岁月，1945年大连解放前，我只不过是一个神明高女三年级女生，是一个什么事也不懂的女孩子。解放后，我的母校关东文法专门学校引领我走向革命道路；在《大连日报》工作的5年为我的中文打下初步基础；而在《人民中国》工作的41年，培养我能用日文为国家工作。我作为总编辑康大川、车慕奇的助手，为保证刊物如期出版履行了自己的职责。

我对党、对《人民中国》充满感恩之心。虽然我的能力有限，但我尽力了，这也是我唯一聊以自慰的。没有《人民中国》这个大家庭的领导、专家和同事们的指导、帮助，这一切都是不可想象的。过往那些酸甜苦辣现在都已化为甜蜜的回忆。

1993年6月，《人民中国》创刊40周年时，我代表当年全体离退休干部从中国外文局局长杨正泉手里接受了荣誉证书，这是对我们的最大鼓励。

我们这一代已经退出对外传播的阵地，但后来者比我们起点高，更有朝气。相信他们会把我们开始的事业继续发扬光大。也相信他们会按照60年前，郭沫若在本刊发刊词所说的那样去做。"为维护远东和平和世界和平，为增进中日两国人民的幸福，我们愿尽多地报道我国的真实面貌，同时也希望日本人民更深地了解我国的真相。"

愿我们的杂志越办越好！

作者简介

安淑渠　译审，1930年5月生，1952年12月进入《人民中国》工作，曾任人民中国杂志社副总编，1993年11月离休。

『人民中国』に育てられた私

安淑渠

　今年は『人民中国』創刊60周年にあたりますが、実は、60年前に私は日本語版『人民中国』創刊の準備にあたるため北京に配転されてきたのでした。あっという間に60年が過ぎてしまい、まことに感無量です。準備の段階から創刊40周年を迎えて退職するまで、『人民中国』でまるまる41年間働きつづけたのです。

　思い返せば、当初は対外報道の仕事がどんなものであるか皆目知りませんでした。北京に来る前には『大連日報』社に勤めていました。たしか、出張から戻ったばかりのところを、呉善昌社長から呼ばれ、君を指名した上級からの配転命令が来ている、中央の外文出版社へだ、と知らされました。そして、早いうち出発するよう言いつけられました。咄嗟のことで茫然としたのも束の間、ついで興奮するやら心配するやらでした。興奮は、党中央、毛主席のいる北京で仕事ができるからであり、心配は、私程度の日本語で外国語の仕事をこなせるだろうか、と思ったからです。幼稚園、小学校、中学校のいずれも日本人運営の学校で勉強したのですが、1945年に日本が敗戦して以来、中国語の水準を高めたい一心で、日本語にはまったく接触していません。未来の仕事についての心配はひと通りではありませんでした。とは言え、あの頃、公務についている者は誰もが「上級の指示であれば必要とされるところには必ず赴く」でしたから、私に異議のあろうはずがありません。

　私と同時に配転を言いわたされたのは、大連日僑学校の劉徳有さん、中国

共産党大連市委員会の于鴻運さん、大連日僑学校甘井子分校の李玉銀さんの3人でした。私たちは早々と中国共産党大連市委員会の呉濱さんに呼び出されて、たがいに初対面の挨拶を交わし、出発の時間が決まりました。

　こうして、私たち4人一行は1952年12月10日に北京へやって来たのです。当時の外文出版社（1952年7月における新聞総署国際新聞局の改組により発足。現在の外文局の前身）は国会街26号新華社構内西南角の新築の3階建てにありました。外文出版社には当時すでに半月刊誌で英語版の『人民中国』（1950年）と、同じく半月刊誌のロシア語版『人民中国』（1951年）がありました。これらの雑誌がいずれも、新中国に対する国際的な封じ込め打破のため創刊されたことは言うまでもありません。

　では、日本語版『人民中国』はどのようにして誕生したのでしょう。当時の外文出版社では英語の人材は揃っていたのでしたが、日本語の人材は二人しかいませんでした。そのうちの一人が国際新聞局時代の日本語組組長兼人事科科長の康大川さんです。康さんは日本に8年留学し、早稲田大学を卒業しています。抗日戦争の期間には郭沫若氏指導下の国民党軍事委員会政治部三庁で対敵宣伝および捕虜に対する管理教育を行っていて、日本通の人だったのです。1949年に北京に来る前には、中国共産党指導下の皖南遊撃隊で働いていました。

　康さんは柔軟な考え方ばかりか、豊かなアイデアの持ち主で、日本語組が少しでも多くの仕事ができないものかと、常時知恵を絞っていました。英語版とロシア語版『人民中国』がともに半月刊誌で、1ヵ月に合計4号も出るのに目をつけ、もしこれらから適当な記事を選りすぐって編集すれば、立派な月刊誌ができる、これにもし、若干名の翻訳者と割付係がいれば、日本語版の雑誌が楽々と作れるではないか、と考えたのです。さっそくこの考えを報告にまとめて、時の外文出版社社長の師哲さんに渡しました。一理あり、と判断した社長は、上級へ上級へと報告してゆき、最後に胡喬木、郭沫若、周総理等中央指導者の承諾を得ました。

　1952年10月、月刊誌『人民中国』日本語版を出版する、との最終決定が

下されたのです。
　康大川さんは早速瀋陽、大連へと人材探しにとびまわりました。瀋陽では休刊真近かの『民主新聞』（日僑向け日本語新聞）の日本籍ベテランジャーナリスト池田亮一さん（元『赤旗』紙編集長）、菅沼不二男さん（元同盟通信社記者）、戎家実さんら8人を獲得するのに成功しました。この経緯があったからこそ、私たち大連の若者4人が北京配転の命を受ける上述の一幕が生まれたのです。これに北京で招聘することのできた日本からの帰国華僑、台湾同胞等の人材を加えて、雑誌運営のための要員がひとまず揃ったことになりました。
　みんなは例の新築ビル2階の東端にある大部屋で仕事をすることになりました。部屋の手前のところに日本語版責任者の康大川さんと池田亮一さん、菅沼不二男さん等のリライト専門家、その奥には翻訳グループ、割付・校正グループ、行政秘書、業務秘書が陣取ります。
　当時、劉徳有さんは翻訳グループ、私と李玉銀さんは割付・校正グループに配属され、于鴻運さんは行政秘書の受け持ちとなりました。
　毛主席が述べているように「私たちは津々浦々から、共通の革命の目標のために一緒に集まった……」のでした。そしてその目標とは、日本の読者のために日本語版『人民中国』を刊行することなのです。それは、日本向けの、最初にして唯一の、新中国を紹介する日本語月刊誌でした。国際間で反中国勢力が私たちを封じ込めれば封じ込めるほど、私たちはこの封じ込めを打ち破り、新中国を代表する良質の雑誌を日本の読者の手に届けようとしました。当時は誰もがこうした使命感に燃えていました。日本の友人たちも、日本語の雑誌を作って自らの同胞に届ける事が出来るということで、大いに意気込んでいました。
　誰もが自らの受け持ちの仕事を立派にこなし、みんなの汗の結晶である日本語版『人民中国』が、1953年6月1日についに誕生したのです。意見収集のためこれに先駆けて2度テスト刊行した見本誌をも含めて、準備にとりかかってから創刊まで、半年足らずの時間しかかかっていません。

60年過ぎた今日、やや色あせた創刊号を手にすると、熱い思いがこみあげます。赤地に白文字の雑誌名「人民中国」の4文字は毛主席の筆跡ですが、毛主席がもっぱらわが誌のために揮毫したものではありません。多忙な毛主席に時間を割かせてはと、英語版『人民中国』の表紙にある「人民中国」の4文字を拡大して、日本語版の表紙に使った、ということです。雑誌名の下側も赤地白文字で、「創刊号」「1953　1」などの字があります。表紙の中間の部分は、1953年のメーデーに、中国の少年先鋒隊員が天安門城楼にて毛主席に花束を捧げるモノクロ写真です。毛主席の両側は朱徳、彭真、劉少奇、周総理など開国功労者の人たちです。天安門、毛主席、中国少年先鋒隊員……どれも新中国を余すところなく具現しており、これこそが、日本国民に新中国を紹介する雑誌であることを日本の読者に遺憾なく示していると言えましょう。

　刷りあがったばかりでインクの香りのする創刊号を手にしたときの私たちの心のうちは想像に難くないと思います。ところがです、グラビアのページで、メーデーに参加した日本からの来賓の名前の「児島」が「児玉」になっているではありませんか。間違いの出た雑誌を読者の手に届けることはできません。オフィスの場の大部屋はたちまち手作業の場に早変わりし、康大川さんはじめ全員が間違い改修作業に投入しました。印刷工場から雑誌を運び込んで一冊一冊カミソリで誤字を削り落とし、爪で平らにし、インクのついた正確な活字を押し付けます。さいわいにも創刊号の印刷数は2000部だけでした。往年のこの作業に参加した人たちの中で、今日でも健在な人は数人しかいませんが、私は60年前のこの仕事をありありと脳裏に浮かべることが出来ます。

　失敗は成功のもと、といわれます。今回の事柄は大きな教訓となって、誰もが「出版という仕事は一字一句たりとも疎かにはできない」と肝に銘じたのでした。それからというもの、私たちは仕事のなかでこの精神を貫き通します。

　この事故を処理し終えた後で、うれしい知らせが伝わってきました。訂正

して日本へ発送した2000部の創刊号が読者の大歓迎を受け、瞬く間に売り切れたというのです。国内ではすぐさま増刷の断が下されました。創刊号は幸いにも紙型を残していましたから、増刷はなんなく解決できました。もし残していなければ、再植字、再校正などなどと私たち割付・校正組は苦心惨憺したはずです。紙型保存の英断を下した責任者が誰だったのか、私は今だに知りえていません。一生対外報道に従事してきましたが、書籍の再版・増刷は聞きこそすれ、雑誌の再版はこれまで耳にしたことがありません。

『人民中国』はその初期には幾つかの言語版のある雑誌でした。英語版、ロシア語版、日本語版の後、1958年にはさらにインドネシア語版、フランス語版が出来、この5つの外国語版には統一した1つの編集部が置かれました。編集部の主任はベテランジャーナリストの張彦さんでした。1963年になると、日本語版を除くその他の各国語版の雑誌は外国語版刊行物の仕分け・編成（たとえば『北京週報』の刊行など）や国際情勢の変化により、前後して休刊となりました。にもかかわらず、日本語版『人民中国』のみが、今日にいたるまで刊行され続けています。「小さい雀にも五臓六腑あり」といわれるとおり、『人民中国』には自らの編集部、翻訳部、写真部、それに行政部門を擁するようになり、真に独立した、1カ国のみに向けて発行する人民中国雑誌社が誕生したのでした。

数十年来にわたり、日本語版『人民中国』変革の全過程を経たうえ、『人民中国』社のすべての業務部門の仕事にも携わってきましたが、これは私の成長に大きな力となりました。一番最初には割付の仕事を任されます。本文とグラビアに使う写真・カットを集めてまわる仕事兼校正などです。美術には、まったく素人の私にとっては不慣れな仕事です。幸いにも素晴らしい先生がいました。当時の割付・校正組組長の岡田章さんです。割付、校正などの仕方を手に手をとって教えてくれました。中国語のできない岡田さんとの交流は、日本語でおこなわなければならず、そのため、私は日本語の会話能力をすみやかに取り戻してゆきました。当時の日本語版の共通語は日本語で、報告会からもどって皆に伝えたり、週に1度の生活検討会で自己評価す

るにも、すべて日本語でおこなわれました。それができなければ、先輩たちが中国語の聞きとれない専門家たちの耳元で同時通訳して聞かせる事になり、私にとっては恐縮のいたりとなります。いきおい無理にでも日本語で発言してしまいました。客観的に言って、当時の言語環境は私たち若いものにとっては、きわめて有利なものでした。

　後になって、美術専門の池田寿美さん、李玉鴻さんらが入社してきましたので、私は翻訳と本文チェックなどの仕事を受け持つことになりました。さらに後には訳文の最終審査、校正ゲラの通読、読者への返信審査を受け持ち、一日中日本語に接するようになりました。もちろん、一番勉強になったのは翻訳でした。日本人専門家がリライトしてくれるからです。その原稿からは最大の収穫が得られました。今日でも私は何人かの専門家がリライトしてくださった原稿を保存しています。もちろん、記念のためでもあります。どんな仕事も、真剣に行いさえすれば必ず収穫が得られるものです。無い知恵をしぼって、専門家と相談しながら、原稿の問題点を解決する過程のなかで得た体得なども仕事の能力を高める糧になりました。

　『人民中国』には毎月1回「タイトル会議」を開く慣わしがあり、私が日本人専門家全員を呼び集め、関連編集者、記者等が参加して開かれます。この会議には、編集長の康大川さんが必ずやってきます。日本語版の『人民中国』が独立して以来、康さんの仕事の重点はおのずと編集部に移り、もっぱら報道テーマの選定、中文原稿の作成、雑誌全体の編成等に力を入れ、翻訳部の仕事にはほとんど手をつけなくなっているのですが、「タイトル会議」にだけは必ず顔を出します。重視のほどが伺えるというものです。わずか数文字のタイトルにはテーマの意味を含ませるとともに読者をもひきつけなくてはなりません。これは並大抵のことではなく、ために私の思考の幅は大いに広がりました。

　日本の読者に親しまれる雑誌をつくるため、私は編集・翻訳一体化のテストケースとして1年間編集部へ転属されたことがあり、日本語で原稿を書きました。私が『人民中国』のために書いた最後の日本語による記事は、時の

中国共産党総書記・胡耀邦氏の訪日に随行して書いた「随行日記」です。この記事の目立った特徴は翻訳調がみられず、形容詞をほとんど使わず、飾らない日本語で私の見聞、感想を綴ったところにあります。この記事は読者の評価を得て、195通におよぶ読者アンケートカードが寄せられました。もちろん、この記事が上出来だったからというより、胡耀邦総書記の訪日が大きな成功を収めたからであることは言うまでもありません。

過ぎ去りし歳月を振り返ってみますと、1945年の大連解放前には、神明高女3年だった私は、何一つ知らないひとりの女の子に過ぎませんでした。が、解放後には、母校の関東文法専門学校が私を革命の道へと導き、『大連日報』での5年にわたる仕事が私の中国語の初歩的な基礎を固め、『人民中国』での41年にわたる仕事が私を日本語で国家のために尽くせるようになるまでに育てあげたのでした。私は編集長の康大川さん、車慕奇さんの助手として、『人民中国』が毎号順調に出版されるよう自らの職責を果たす事が出来ました。

私は中国共産党と『人民中国』に対する感謝の気持ちで一杯です。私の能力には限りがありましたが、精一杯尽力したつもりですし、これが私のせめてもの自らへの慰めになっています。『人民中国』という大家庭の責任者、専家、同僚たちの教えと力添えがなければ、このすべては想像しがたいものなのです。過去の悲喜こもごもはことごとく良き思い出と化しています。

1993年6月、『人民中国』創刊40周年のおり、私は退職者全員を代表して、楊正泉中国外文局局長の手から栄誉賞を受け取りました。これは私たちに対する最大の励ましなのです。

私たちの世代は対外報道の持ち場をすでに離れていますが、後続の世代は私たちに比べて高い位置からのスタートを切り、活気に満ちています。若い世代は私たちの始めた事業を引き続き盛んなものとしていくでしょうし、また、60年前本誌の発刊のことばの中で郭沫若氏が述べられた次のことを実践に移してゆくに違いないでしょう。

「極東の平和と世界の平和を守るため、中日両国の人民がいっそう幸せに

なれるようにするため、私たちはわが国の真の姿を出来るだけ多く報道し、同時に日本の人民がより深くわが国の真相を知るよう、願うものです」私はこのことを堅く信じて疑いません。

　『人民中国』誌がますます立派になっていくことを心から願いつつペンを擱きます。

プロフィール

　安淑渠　高級翻訳者。1930年5月生まれ。52年12月から『人民中国』に勤務。副編集長を務める。93年11月退職。

《人民中国》，我的家

郭伯南

《人民中国》是我的家，我的根在《人民中国》。

我从1977年到《人民中国》工作，至1993年退休，当了15年编辑。这期间，我主要搞了几个连载和专栏，如《中国の历史》、《中华文化探源》、《中国文化史入门》、《古文物鉴赏》，以及每年一期的考古特辑等，总共写了几百篇稿子，几百万字。

有道是集腋成裘。退休前后，我将这些稿件与资料加以整理，编了几本书。现已出版的有《物语中国の历史》（四卷）、《中国文化ルーツ》（上下卷）、《彩图版·中华文明史》（六卷）、《上下一万年·图说中国通史》（三卷）、《饭后茶馀谈文化》（四卷）、《文物鉴赏100讲》、《文明的步伐——中外文明发展简明进程》（中、英）等。出于对人民中国杂志社的怀念与感激，我在日本、香港、台北、北京、上海、天津、长沙、西安等地出版的书，只要拿到样书，就送给社里，作为我向《人民中国》的情况汇报。我的大半生就这样过来了。

今年适逢《人民中国》成立60周年，这引起我对往昔的回忆。我现已80岁，也被称为老编辑，可若与《人民中国》的年龄相比，她已60华诞，我却是在社里只工作过15年的一个小兵。当我到《人民中国》报到时，她早已是蜚声海内外的著名刊物，有着广泛的国际影响。我来《人民中国》的第一感受就是"大树底下好乘凉"！

一到编辑部，深感阵容强大，编辑队伍约占全社总人数的1/3。究竟有多少人记不清了，只记得人们戏称编辑部有"十八棵青松"。我初来乍到，如何

策划选题，如何深入报导，只有虚心向前辈请教。老记者韩瀚说，他的经验就两句话："一叫钻进去，二是钻出来"。意思是你报导什么就要钻研透彻，弄个明白。然后，再从前人的窠臼里跳出来，用自己的话，写出有独自特色、观点的文章来。这话成了我工作的座右铭。

《人民中国》的主要对象国是日本，文章要适应读者的习惯，久而久之，这个版本形成了自家独具特色的文风，人们像称呼"新华体"一样，将之称为"人民中国体"。它不讲官话、套话，讲究用事实说话，讲究写出的文章像给小朋友讲故事一样亲切、生动而有趣。日本老专家村山孚与我聊天时说："如果学会给《人民中国》写文章，不但在日本会受欢迎，在中国也会受欢迎的。这基本功练好了，会受用一辈子！"老同志的经验和老专家的言谈，让我受益匪浅。我就是这样在老前辈的关怀与教诲下，一步步地踏进对外传播的门槛的。

我的几百篇稿件，每篇都是经过秦泥、邱南英、李雪琴等许多老同事修改、润色的。翻译同志和日本专家也经常会提出一些尖锐的问题，好多我自己也似懂非懂，每次对我都是一次指导和促进。日本朋友韩美津、石瑛女士，翻译部的陈忆青、李惠春等好多同志都是我的良师益友。还要说的是，我写那些历史的、文化的长篇连载时，大多事先没有充分准备，总是临时赶着鸭子上架，篇篇写得都非常吃力，时间总是非常紧张。"连载，连载，必须连着刊载"，不能中断啊！一连十几年，从来没有节假日，发着高烧，也得写出来，自己病得走不动了，就让妻儿将稿子送到杂志社。就是这样拼命，也时时不能准时交稿。当稿件周转到打字室就更晚了，那里的姑娘们不得不加班加点，才能赶上发排。我匆忙中写出的稿子，字迹潦草，常常让她们叫苦不迭。那几位当年的小姑娘如今已当了妈妈或外婆，大家在一起还常常谈起那些往事，成为笑谈，令人不胜感念！没有《人民中国》这棵大树做平台，没有同事们辛勤工作和帮助，我一个人怎能完成那些连载啊！所以，我在每套书的序言里都说这是块"千人糕"，是经过千百人劳动的成果与结晶。

我一生中上过两座大学，第一座大学是师范学院，只有4年；第二座大学就是《人民中国》，一上就是15年，学的是"中日文化传播学"。我若不是扎根在《人民中国》，怎能实现我一生传播中华文明的梦想啊！

《人民中国》这本刊物将来自五湖四海的同志们团聚到了一起，大家也为了办好《人民中国》拧成了一股绳，形成了一个坚强的集体。我幸运地融入了这个大家庭，才有了安身立命的一个家。其实，不只我一人，凡是这个大家庭里的过来人，有谁不留恋她呀，谁不怀念大家在一起共同奋斗过的那些岁月！

　　《人民中国》是一本杂志，可60年来的《人民中国》的总和却堪称是一部见证新中国发展史的当代百科全书。它记录着新中国的足迹与成就，也传播了中华古老文明。这部全书60年来已刊出了720期、几万张图片、几千万字。我仅收集有15年的中文版《人民中国》(1977—1993)。中文版没有图片，两本也没有日文版的一本厚，可15年的中文版码起来竟有一米多高！那么，60年来的日文版《人民中国》码起来该有多高哇！这是怎样的一部大书，怎样的鸿篇巨制啊！《人民中国》是从中国国家领导人到几代杂志出版人心血和生命的结晶，也是在几代日本专家和朋友们共同培育下成长起来的一棵中日友好长青树！

　　《人民中国》在完成跨文化传播任务的同时，还培养了一代代外宣人，真是人才济济。诸如《人民中国》的老领导康大川（1915.5.17—2004.9.22），是他在1953年筹建了日文版《人民中国》，又主持工作几十年，奠定了《人民中国》的方针和风格。他早年毕业于日本早稻田大学，抗战时曾在国民政府政治部郭沫若主持的第三厅工作，后曾主持《毛泽东选集》第四卷中译日工作，是定稿人之一。他主持工作的时候，《人民中国》办得最好，那是《人民中国》的黄金岁月。他有很多日本朋友，是位中日友好的活动家；也是日本人选出的"日中友好百位名人"之一。

　　日文部的安淑渠、俞长安等众多资深的翻译家，都是翻译界的精英。《人民中国》除在海外大量发行外，国内也有大量订户，好多读者是为了从杂志上学习那优美而准确的日文才订阅的。这对中国日语人才成长的影响是深远的。这里特别要说到一位具有中日两国血统的女士，她叫李薰荣（1931.9.27—1967.8.23），日文造诣很深，是位出色的日文校对专家。她曾说："校对员就像边境的巡逻队员，要睁大眼睛巡逻、把关，决不能放过一个坏人。放过了一个坏人，就是失职。一本书或一本杂志没有错字，在读者看来是理所当然的，但是，有一个错字，读者就不会原谅。"据说经她校对过的杂志错误率只有

二十五万分之一，甚至一期连一期的没有一处错误，真是难能可贵啊！她已去世40多年，可人们一提到日文校对，无不怀念她，想到她那兢兢业业，一丝不苟的敬业精神，令人肃然起敬！

图片部的翁乃强、狄祥华、沈延太、刘世昭等，好多同志的足迹，遍布黄河上下，大江南北，以及万里边陲。他们拍摄到的图片总是最精彩的，为杂志增添了异彩和光辉。他们也因出色的业绩，个个成了中国著名的摄影家，或著书立说，或荣获诸多摄影大赛的奖项。我在这里不能不特别提及一位日本归侨，一位高级美编，他名叫李玉鸿（1933.11—1994.7）。李玉鸿精通日语和日本文化，知识广博。他没有"总编"的头衔，可每期杂志在送印刷厂前他总要对杂志的内容和图片最后把关，做了个"不是总编的总编"。因此，杂志少出了不少纰漏。我记得有次我写《木屐》一文，配了张日本女子穿着木屐的图片，李玉鸿看到后说："这张图片不要用了！"我问为什么？他说："那是日本古代的绘画，画上穿木屐的那个女子是个妓女。"这样就避免了因我的无知差一点给杂志造成的失误。他的学识和敬业精神令我敬佩！正因他的工作十分出色，曾荣获中华全国新闻工作者协会授予的"全国优秀新闻工作者"称号。他多年来不顾自己体弱多病，带病工作，最终以身殉职。每每想起李玉鸿，我心中不免感慨万千。

在编辑部的老编辑中，曾有萧乾、徐迟、秦泥、韩瀚等好多位享誉文坛的作家和诗人，还有更多独树一帜的专家：如踏遍中国大西北写出《丝绸之路》的丝路专家车慕奇；遍访各族人民写出《中国民俗探索》的民俗学家丘桓兴；骑车三千里采访大运河、写下《大运河之旅》的沈兴大；遍访三国故事发生地的第一人，写下《三国遗迹探秘》的龚学儒；探访全国各大博物馆、写下《中国博物馆巡礼》的书法家钟炜；写成被日本人称为"绝妙の书"的《中国碑林纪行》的史和平，以及在全国最先从长江源头采访到长江入海口，写下了《长江旅行记》的同志们……他们在中华文化史上对丝路文化、长江文化、民俗文化、三国文化等诸多文化领域有着拓荒之功，是这些文化领域的一批探索者与先驱！

还有两位人物不能不提，一位叫孙战科，他是从小八路成长起来的高级知识分子。20多年右派的流放生涯，没有泯灭他对生活对事业的的热情，重归记者队伍后，他将苦难化为财富，其笔下的长篇连载《重返北大荒》在日本颇为

叫座。如今，84岁高龄的他仍到处写生，已是颇有成就的山水画家，早在1999年就曾到日本东京办过个人的"中国画家踏遍国土绘画展"。

另一位叫杨珍，他是从工人成长起来的高级知识分子，是全国自学成材的一个典型，媒体上曾广为传诵。不幸盛年病魔缠身，肾被置换、肝被切割，可他却直面人生，依然乐观、幽默而风趣。他在这种情况下居然编著了《老外的中国情结》、《老外的中国梦》、《老外的中国缘》三部巨著，由新世界出版社出版。其毅力，其精神，令人震撼！

几十年来，《人民中国》有约20位精英到其他单位当了总编、副总编、社长、副社长，以及图书馆长、教授等。还有段连城、林戊荪、刘德有3位出任过外文局局长、国家文化部副部长。这个只有几十个人的小小杂志社，真的是群贤荟萃，藏龙卧虎啊！

我退休已20年了，这20年来全社变化之大，远非昔比。现在到社里去，几乎全是新面孔了，个个不是学士、硕士、就是博士，真的是朝气勃勃啊！编辑、记者们写稿子都不用笔了。杂志从国内办到日本去，"本土化"了！种种事情，日新月异，过去想都没想到的，如今却一件件办到了。再过20年会怎样？当《人民中国》庆祝100周年时又是什么样子？我无法想象。可我相信，历史车轮总是滚滚向前，长江后浪推前浪，一代更比一代强。

纵观几千年的历史，中日两国间的文化交流与友好交往源远流长。当然在漫长的历史岁月中，也总会有乌云遮日，但毕竟那是短暂的，乌云一过，仍会是霞光满天。我认为，只要"中国"存在，"日本"存在，从这个意义上讲，《人民中国》这棵中日文化交流的长青树将会永远长青！

作者简介

郭伯南　1933年出生于河北任丘。1977年调到人民中国杂志社当编辑，1994年退休。在《人民中国》刊登有《中国の历史》、《中华文化探源》、《中国文化史入门》、《古文物》等连载，并先后出版《物语 中国の历史》(日)、《中华五千年史话》(港台)、《中国文化ルーツ(根)》(日)、《文物纵横谈》、《彩图版中华文明史》、《上下一万年 图说中国通史》等著作。

『人民中国』、我が家

郭伯南

　私にとって『人民中国』は我が家であり、私のルーツは『人民中国』にある、といえましょう。

　1977年に『人民中国』社に配転されてから定年退職するまで、15年にわたって編集の仕事に携わってきました。その間、主に『中国の歴史』、『中華文化の源を探る』、『中国文化史入門』、『古文物鑑賞』などいくつかの連載とコラムを担当し、その上に毎年1度の考古特集など、数百篇、数百万字に上る原稿を書き上げました。

　ちりも積もれば山となる、といわれます。退職前後に、そうした原稿、資料などに手をくわえて、数冊の本にしました。現在までに『物語 中国の歴史』（4巻）、『中国文化のルーツ』（上下巻）、『カラーフォト版・中華文明史』（6巻）、『上下一万年・図説中国通史』（3巻）、『茶の間で語る文化』（4巻）、『文物鑑賞百講』、『文明の歩み――中外文明発展簡明テキスト』（中国語、英語）などが出版されています。人民中国雑誌社に対する熱い思いと感謝の気持ちから、日本、そして香港、台北、北京、上海、天津、長沙、西安等の地で出版した本は、見本が手に入りさえすれば、かならず人民中国雑誌社に送り届けて、社への状況報告としています。私の大半の生涯はほぼこのようにして歩んできたのでした。

　『人民中国』創刊60周年を迎えるにあたり、去りにし年月が思い返されます。すでに80歳になっていて、老編集者とも呼ばれていますが、60歳の誕

生日を迎える『人民中国』に比べると、私はわずか15年間勤めただけの新参者に過ぎない、といえます。『人民中国』社に入社手続きをとりに来たころには、『人民中国』はすでに内外に名を知られる、国際的にも影響力を持つ雑誌となっていました。入社しての最初の思いは「寄らば大樹の陰」でした。

　私が配属された編集部は強大な陣営を誇っていました。編集部員だけでも全社員総数の3分の1を占め、実際に何人いたかは今になっては記憶に定かではありませんが、社内では編集部を「18本の青松」と呼んでいたことは覚えています。入社早々、取材テーマの企画、徹底報道の仕方などについて只々先輩たちに虚心に教えをこいました。ベテラン記者の韓瀚さんは、自分の経験は「一に突っ込み、二に跳び出す」に尽きる、と教えてくれます。つまり、何を報道するにも深層を極める研究を行い、徹底的に理解する。ついで、前人のパターンから脱して、自らの言葉で独自の特色、見解を備えた記事を書く、ということです。この言葉は仕事に当っての私の座右の銘となりつづけます。

　『人民中国』の主な対象国は日本であり、記事は読者の読書習慣に適するように書かなければなりません。そのため、長い年月の間に、その文章は独特の風格がおのずと形成されていき、人々からはあたかも新華社常用の文体である「新華体」を呼ぶような調子で「人民中国体」と呼ばれるようになりました。居丈高な調子の言葉や杓子定規の言葉は使わず、事実を用いての説明を重んじ、子供に物語を話して聞かせるように心をこめて生き生きと、面白く記事を書くように努めます。日本人古参専門家である村山孚さんは私との会話のなかで、「『人民中国』らしい記事が書けるようになれば、日本で歓迎されるだけでなく、中国でも歓迎されるようになる。この基本をものにすることが出来れば、生涯役に立つ」と話してくれました。ベテラン記者の経験と古参専門家の言葉から私は多くのものを授かったのです。このように先輩たちの心づかいと教えのもとに、徐々に対外報道の敷居を跨いでいきました。

　私の数百篇にのぼる記事は、すべて秦泥さん、邱南英さん、李雪琴さん等

多くの古参の同僚の手を経て直され、書き改められたものです。翻訳部員や日本人専門家も鋭い問題をよく指摘してきます。そうした問題の多くについて、執筆した私自身が一知半解であったりして、いずれも私に対する指導と督励ともなったのでした。日本の友人韓美津さん、石瑛さん、翻訳部の陳憶青さん、李恵春さん等の多くの同志は私の良き師良き友であったのです。歴史や文化の長編連載記事を書くにあたっては、十分な準備が出来ていないままにスタートを切らされます。どの記事の執筆にも苦心惨憺し、締め切りに間に合わせるのに青息吐息の状態でした。「連載、連載、必ず続けて掲載」であり、中断は許されないのです。私にとって十数年このかた休祭日は無いも同然でした。ひどい熱を出していても筆を走らせ続けなければなりません。病に倒れたさいには原稿を届けるために妻子をわが社にまで走らせました。どれほど懸命に頑張っても、締め切りに間に合わない時がたびたびあり、そうした原稿がタイプ室にまわってきた時には、もう遅れに遅れています。記事を遅れなく印刷工場に回すため、タイピスト嬢たちは残業を余儀なくされたものです。大急ぎで書きなぐった文字で、乱雑きわまりません。タイピスト嬢たちは悲鳴の連続でした。彼女たちも今日ではすでに母親や祖母になっていて、この話が出るたびに、私たちは声をあげて笑います。感慨深い限りです。

　『人民中国』という大樹の本拠がなければ、同僚たちの真剣な働きと力添えがなければ、私一人であの連載の数々をどうして完成させられましょう。ですから、出版される私のすべての本の序にはかならず、幾多の人々の手を経て作りあげられたケーキのように、本書は多くの人々の努力のたまものと結晶による、としたためます。

　生涯において私は二つの大学に入りました。一つ目は師範学院で、4年間です。二つ目は『人民中国』であり、15年の長きにわたっています。学んだのは「中日文化コミュニケーション学」でした。もし『人民中国』に根をおろしていなければ、中華文明を生涯をかけて伝え広める、という私の夢は実現できなかったでしょう。

『人民中国』という刊行物は津々浦々からやってきた同志たちを結束させ、人々は『人民中国』をより立派なものにするため一丸となり、強靭なチームを作りました。このような大家庭に溶け込んではじめて、自分は生涯を託す我が家を得た、といえましょう。私に限らず、この大家庭の一員であった者で、この大家庭に未練をもたず、皆が一丸となって奮闘したあの歳月を懐かしく思わない者はいないはずです。

　『人民中国』は1冊の雑誌にすぎませんが、その60年来の総和は新中国発展史を見てきた当代の百科全書に匹敵するといえましょう。新中国の足跡と成果を記録し、中華の悠遠な文化を伝え広めてきています。この「全書」は60年間に計720号発行されています。写真は数万枚、文字は数千万字にのぼります。私の手元にはただ15年間にわたる中国語版『人民中国』（1977〜1993）が集められています。中国語版は写真がなく、2冊重ねても日本語版1冊の厚さに及びませんが、もし15年分を積み上げると1㍍を悠に超えます。日本語版を積み重ねれば、おそろしいほどの高さになるでしょう。とてつもない長大文、とてつもなく大掛かりな著作なのです。『人民中国』は国家の指導者からわが誌出版にたずさわる代々の人々にいたるまでの心血と生命の結晶といっても過言ではありません。代々にわたる日本人専門家、日本友人のかたがたとともにはぐくみ育てた中日友好の万年青の樹なのです。

　『人民中国』は異文化間コミュニケーションの役割を果たすと同時に、代々にわたる対外報道人を育て上げ、多士済々の状態でした。『人民中国』の早期における責任者康大川さん（1915年5月17日〜2004年9月22日）は1953年に日本語版『人民中国』の創設に携わり、以来『人民中国』の仕事を率いること数十年、『人民中国』の方針と風格の礎を築きあげたのです。早稲田大学を卒業し、抗日戦争の時代には国民政府政治部の郭沫若が率いる第3庁に在籍、後には『毛沢東選集』第4巻の日本語訳の仕事を受け持ち、最終校閲者の一人でもありました。康さんがリーダーを務めた時代の『人民中国』がもっともずば抜けていて、『人民中国』の黄金時代が築かれます。康さん

は多くの日本の友人を持ち、中日友好の活動家でもあり、日本人の選出による「日中友好有名人百選」に名を連ねています。

　日本語部には安淑渠さん、兪長安さん等の超ベテラン翻訳家が幾人もいて、いずれも翻訳界のエリートでした。『人民中国』は海外で大量に発行されるだけでなく、国内にも購読者が多く、誌上の上品で正確な日本語を学び取るためが目的の人たちも少なくありません。これは国内の日本語人材の養成にただならぬ影響をあたえるものです。

　ここでは、中日両国の血統を持つ一人の女性をとくにとりあげなくてはなりません。李薫栄さん（1931年9月27日〜1967年8月23日）、日本語に造詣がきわめて深く、日本語校正の達人でした。「校正者は国境警備隊に似ていて、目を凝らして巡邏し、各箇所を確認し、悪人を一人たりとも見逃してはいけない。一人でも見逃せばすなわち職を汚すこととなる。本にしても雑誌にしても、読者にとっては誤字がないのは当然のことであり、1カ所にでも誤字があれば読者は許してくれない」と李さんは話しています。李さんが校正した雑誌の誤字率はわずかに25万分の1で、毎号つづけて間違いが1カ所も出ないということですから、大したものです。李薫栄さんが他界してすでに40年以上が過ぎていますが、日本語の校正に話が及ぶと、李さんを偲ばない人はおらず、その人一倍の勤勉、熱心な精神には頭の下がる思いがするのです。

　写真部の翁乃強さん、狄祥華さん、沈延太さん、劉世昭さんなど多くの部員の足跡は黄河上下、長江南北、万里におよぶ辺境にまで残っています。カメラに収めた各地の写真はどれも素晴らしく、雑誌に異彩、精彩を添えるものとなっています。その業績は華々しく、いずれもが著名写真家となり、写真集を出版し、多くの写真グランプリーの賞状を授与されています。

　ここで、一人の日本からの帰国華僑、高級美術編集者に触れることにします。李玉鴻さん（1933年11月〜1994年7月）です。李さんは日本語、日本文化に精通する、博学の人です。「編集長」の肩書きこそ持っていませんが、どの号の雑誌も印刷工場に原稿、校正刷りを回す前にその内容、写真などに

目をとおしてチェックし、「編集長ならぬ編集長」の役割を果たしていました。雑誌はそのために間違いを出すことを少なからず免れたのです。私は一文「下駄」を書き、下駄をはいた日本の女性の写真を配したのですが、それを見た李さんは「この写真は使わないでもらいたい」と言い放ちます。わけを問うと、「日本古代の絵で、下駄履きの女性は遊女だ」と、教えてくれます。おかげで私の無知から雑誌に間違いが出るのを免れたのです。李さんの学識と仕事一途の精神に対しては敬服の至りです。李さんはその出色の仕事ぶりにより、中華全国新聞工作者協会から「全国優秀新聞工作者」の称号を授与されます。長年来病弱の体で仕事を続け、ついには殉職しています。李玉鴻さんを思い出すたびに、感慨にひたる私です。

　編集部の古参編集者のなかには、蕭乾さん、徐遅さん、秦泥さん、韓瀚さん等幾人もの文壇に名の聞こえる作家、詩人がいました。そのうえ、他の追随を許さない独特の記事を書かれた専門家も大勢います。中国の大西北を踏破して『シルクロードへの路』を書き上げたシルクロード専門家の車慕奇さん、各少数民族を歴訪して『中国の民俗を探る』を書いた民俗学者の丘桓興さん、自転車で1500㌔を走破して大運河を取材し『大運河の旅』を書いた潘興大さん、三国志故事発生の地を最初に歴訪して『三国志遺跡探訪』を書いた龔学儒さん、全国の各大型博物館を探訪して『中国博物館巡礼』を書いた書道家の鐘煒さん、日本の人々から「絶妙の書」と称される『中国碑林紀行』を書いた史和平さん、全国で最初に長江の源から海への入り江までを取材して『長江旅行記』を書き上げた同志たち……こうした人たちは、中華の文化史上においてシルクロード文化、長江文化、民俗文化、三国志文化等の文化諸領域での開拓の功労をうちたてたに等しく、これら文化の領域の探索者、先駆者であるというべきでしょう。

　ここでぜひ提起しなければならない人物がもう二人います。そのうちの一人は孫戦科さんで、八路軍の少年兵士から成長して高級知識分子となった人です。20年あまりにわたって右派分子としての放逐生活を余儀なくされたにもかかわらず、生活、事業に対する熱情は冷めることなく、ふたたびわ

したち記者・編集者の隊伍に復帰します。そして、かつての苦難を財産と化し、長編連載『北大荒に戻る』をものしたのですが、これは日本では大きな反響がありました。今日すでに84歳に達していますが、方々へ写生をして回り、すでに少なからぬ成果をあげた山水画家といえましょう。1999年には、東京で個人展「中国画家国土踏破絵画展」を催してまでいるのです。

　もう一人は楊珍さんです。この人は労働者から成長した高級知識分子です。全国における独学者の典型で、メディアでも盛んにとりあげられました。不幸にも中年にいたってからは病に取り付かれ、腎臓を入れ替え、肝臓の一部を切り取られます。にもかかわらず、自らの人生に真っ向から立ち向かい、以前と変わらず楽観的で、ユーモアに徹していました。その上に『外人の中国かたぎ』、『外人の中国ドリーム』、『外人の中国縁』の三大作をものし、新世界出版社から出版されました。その屈強さとその精神力は並大抵のものではありません。

　数十年来、『人民中国』から約20人のエリートが社外に転出して編集長、副編集長、社長、副社長や図書館長、教授等に任じられています。さらには、段連城さん、林戊蓀さん、劉徳有さんの3人が外文局局長や国家の文化部副部長（文化次官）に任じられています。ちっぽけな雑誌社なのですが、賢人が群れを成し、大物が雌伏する所、とでも言えそうです。

　私は退職して20年になります。この20年来の人中社は大きく様変わりしています。今日社に顔を出して見れば、ほとんどが新顔であり、学士、修士でなければ、博士なのです。まさに生気はつらつとしたものです。編集者、記者たちはます目にペンを走らせる必要もなく、雑誌の作成を国内から日本へと移して、いわゆる「本土化（ローカル化）」をはかっています。さまざまな事柄が日進月歩であって、過去には想像もしなかった事が、今日では現実となっているのです。この調子では、さらに20年の後にはどのように変わり、『人民中国』100周年を迎える際にはどのように変わっているのでしょう。想像のしようもありません。しかし、歴史の車輪は前へ前へと回転しつづけ、長江の波は後から後から打ち寄せつづける事だけははっきりと信じ

る私です。

　大所高所から数千年の歴史を見やると、中日両国間の文化交流と友好交流は遠い昔から始まっています。長い歳月の中で、一天にわかにかき曇るときもあるのは当然です。が、それは一時的なものであり、暗雲が立ち退けば晴れてきます。「中国」が存在し、「日本」が存在する限り、こうした意味合いからして、『人民中国』という中日文化交流の万年青の樹は永遠に青々とし続けることでしょう。

プロフィール

　郭伯南　1933年、河北省任丘に生まれる。77年、人民中国雑誌社に配転されて編集者となり、94年定年退職。『人民中国』には「中国の歴史」、「中華文化の源を探る」、「中国文化史入門」、「古文物」等の連載を掲載。『物語　中国の歴史』(日本)、『中華五千年史話』(香港・台湾)、『中国文化のルーツ』(日本)、『文物縦横談』、『カラーフォト中華文明史』、『上下一万年　図説中国通史』等の著作を前後して出版する。

康大川（左）与郭伯南。
康大川氏（左）と筆者

2011年，《人民中国》部分离退休职工在蟒山旅游合影。
2011年、『人民中国』の退職者たちと北京の蟒山国家森林公園で記念撮影

不了情缘

沈兴大

1963年9月，我走进《人民中国》时，庆祝创刊10周年的展板刚刚撤下，如今，转眼迎来了她的60华诞。回首往事，难以忘怀的是几代人倾注在本刊中的那份不了情缘和眷恋。

难忘的起步

记得第一天上班，我看到一位老编辑正在修改《人民日报》的一篇文章。我心头一惊：《人民日报》的文章还会有错吗？接着就是好奇：为什么要改、又是怎样改的呢？

不久，我学习编辑一篇小稿，稿中提到了"长江"。总编辑审稿时，在"长江"前面加了"中国第一大河"。这是我学当编辑上的第一课，叫做"内外有别"。

入社时，大家正在忙着讨论、制定1964年度的选题计划，并着手进行采访。《北京一角》即是着力推出的新专栏。该专栏表面上讲的是北京市民的日常生活琐事，其实反映的却是新中国的社会新风尚，称得上是"从生活入手"，以小见大的经典品牌，也是编译合一的成功范例。首篇《街道储蓄所》八易其稿，集中体现了那一代《人民中国》人忘我工作的敬业精神和追求卓越的创新精神。而我的记者生涯，正是从学习采访《北京一角》起步的。

先我两年来到《人民中国》的张玉泉同志采访《街道储蓄所》时，连新闻基础都不懂的我，便主动跟着他当学徒。不久，编辑组竟派我采访第4期要用

的《自行车存车处》。

我依样画葫芦。经过多方打听，选择了当时北京最大的存车处——王府井百货大楼右侧胡同口的存车处。采访前，我把想了解的问题写在采访本上，忐忑不安地出发了。

到达现场，说明来意，存车处的老大爷热情地接待了我。我打开采访本，照本宣科地一条一条地问起来，老大爷就一个一个地回答。结果，采访不到半小时就结束了。当时的我紧张得额头上都沁出了微汗，老大爷也坐立不安，不知所措。无奈，我只好暂作告别，脑子里一片空白地返回了。

怎么办？我苦思冥想，终于想出了一个"办法"试试看。第二天赶在百货大楼开门前到达，存车的人络绎不绝，我就跟老大爷一起忙着收车、发牌、码车；有人来取车就对牌、收费、放车。边干活儿边观察前来存车的人和车辆及其流动情况。同时，得空就跟老大爷和他的搭档——曾在兵工厂被炮弹爆炸而失去一条胳膊和一只眼睛的柴师傅聊天，在十分放松的交谈中，终于挖掘到不少生动的材料。

接着，我又跑到西郊颐和园存车处采访，搜集假日里人们骑车去逛公园的一些小故事。就这样，总算完成了第一次采访。写出初稿，经翻译组改写成日文，如期刊出。

对于我的努力，领导大概比较满意。于是，又让我相继采写了《油盐店》、《山货铺》、《信托商店》、《旅馆》、《鱼店》和《废品收购站》。我按照经验，一到采访单位先找活儿干，帮着整理货品，打扫房间，站柜台卖鱼，跟着三轮车走街串巷收购废品，感觉一次比一次好。从此以后，无论去哪儿采访，我都想方设法与采访对象打成一片，在朋友式的聊天中搜集素材，挖掘故事，颇受对方好评。

难忘的起步，它对我树立对外传播意识，学习掌握采编技巧，起到了终身受益的启蒙作用。

随康大川访日

1983年6月，《人民中国》（日文版）创刊30周年。应中日友好协会等团体

邀请，杂志创始人、总编辑康大川率团访日，本人有幸参加了代表团。代表团于当年9月底成行，在东京出席盛大庆祝活动后，到外地参观访问，从南到北走了10多个城市，一直抵达北海道首府札幌，历时一个月。

这是我第一次，也是仅有的一次访问日本，当时的情景，至今历历在目。特别是，与老康朝夕相处，使我彻底改变了对他的看法。

老同志曾提醒说，老康可是中国外文局有名的一"霸"，意思是要特别小心谨慎。后来，我为稿子不得不战战兢兢地走进他的办公室，谁知他的话还没有说完，就挥手让你离开。他用铅笔写在稿纸上的意见，笔迹实在难以辨认，有时，甚至只在稿纸上用铅笔划一道痕，叫你自己去琢磨那是什么意思。编辑部的老同志轻易都不敢去找他，我们这些小兵就更害怕了。

这次访日，全团6人，其中3人会日语，3人不会。因此，安排住宿时，会与不会的搭配两人一间，好有个照应。不知为什么，老康一开始就让我跟他住在一起。以后，每到一地，日本陪同就照此办理。30个日日夜夜，真真切切的零距离接触。

都说老康"霸道"，其实他的人缘极好。代表团每到一处，前来拜访他的朋友络绎不绝，常常应接不暇。有早稻田大学同窗，有台湾老乡，有华人华侨，有日本友好人士，还有抗战时期接受过他教育而从战俘成为反战同盟的成员……彼此相见，是那么亲热，交谈是那么真诚，临别时又是那么不舍。不难看出老康在他们中的人格魅力。我想：正因为老康有那么多的朋友，那么深的交情，才使得《人民中国》赢得那么广泛的青睐和支持！这也让我明白，他为什么特别重视通联工作。读者的每一封信件，他都要亲自过目，认真处理。"多一个朋友，多一条路。"我们的对外传播，其实就是交朋友，替国家交朋友。

老康重情义，呵护部下。访问期间，经常有朋友邀请他赴宴或去家中做客。这时，他几乎每次都向对方提出要带两个团员同行。当然，为了交谈方便，我们3个不会日语的人，就无缘分享了。

他严于律己，处处为杂志着想，为国家着想。在代表团里，我兼管财务。我们出访时，随身带了一部分日元现钞，其余大部分由国内银行汇出。那天，

他带我去东京的一家银行取款，中午回不了饭店。老康便把我带到路边的一家便当小店，买了两碗盖浇饭充饥。俗话说"穷家富路"。我们的出访经费绰绰有余，而他又是个有身份的人。能做到这一点，确实不容易！由于他的精打细算，那次国家批给我们的500万日元外汇，节省下一大半交回国库。应该说，那个时代的人几乎都是这样。而新四军时代的老革命、早稻田大学商科毕业的康大川，做得尤其好。

从小在江南水乡长大的我，比较讲究卫生。和老康同住，他第一天就发现我每天早晚都要刷牙，餐后必定漱口。他非常赞赏地说："你这个人真勤快！"每天回到饭店，当大家洗澡、休息、看电视的时候，我就忙着算账、记账，"今日功课今日毕"，绝不拖到第二天。虽然经手那么多的钱，但最后结算时分毫不差，这得到了他的肯定。看来，他是喜欢勤快的人，喜欢办事认真的人。为了杂志，他把记者"关"在自己家里写稿，亲自为记者做饭，成为编辑部的美谈。

这就是我们的前辈——康大川！

偷师"秦老汉"

1983年访日归来后，康大川光荣离休，由车慕奇先生接任总编辑。转年，我被提拔为编辑部主任。记得宣布任命的那一天，快下班时，车总交给我一篇稿子，吩咐道："你拿去看看。"

我知道，他是在考我。我不敢怠慢，当晚就加班审读起来。此稿长达15000多字。我先是从头到尾，认认真真地读诵一遍。然后，反复思考、推敲，看它的框架结构、主题思想、遣词造句，看它的长处和短处。最后，大刀阔斧地砍去一半，润色时围绕读者的兴趣和接受能力进行取舍，又尽量保留作者的风格和特色，一直忙到深夜。

第二天上班，我把修改过的稿子交给车总，等待他的批示。想不到过了不长时间，他就把稿子退给了我。我接过一看，只见发稿单上已签了"可发"两字。我又忙打开稿纸，迅速浏览，结果总编辑一字未增，一字未减。我的"初试"顺利通过，心中的一块石头落了地，浑身感到一阵轻松。对此，车总是怎

么想的，无从得知，但我心里明白：我这一手全是从"秦老汉"那儿"偷"学来的。

"秦老汉"，即秦泥先生。他毕业西南联合大学外文系，是曾在新华社、中央人民广播电台、俄文《友好报》工作过的资深媒体人，也是一位诗人，同时是1949年10月1日，国际新闻局（外文局前身）成立时的元老。我进《人民中国》时，他是编辑组副组长，专门负责看稿，是大家公认的中文改稿专家。他宽厚待人，又是年龄最长者，因此，大家都亲切地称他"秦老汉"，或者干脆叫"老汉"。

就在我担任编辑部主任之前的几年，我有幸与他同在一个办公室。他虽然年长，可朝气蓬勃，每天午饭后就拿起乒乓球拍去"杀"上一场。而我生性不爱动，又养成午睡的习惯，每天在办公桌上躺下后，我都要拿起他正在修改的稿子来读一读再入睡。读的时候，我总是变换着两种身份：一种是作者的身份，设想"假如我是作者"，此稿应怎样写？一种是编辑身份，设想"假如我是'老汉'"，此稿应怎样改？两种身份一个标准，那就是稿件的针对性，努力符合读者的阅读兴趣。"功夫不负有心人"，久而久之，就从中看出一些"门道"来，不知不觉中把别人的长处和本事"偷"学到了手。

老车推我上讲台

1991年秋，应中央文化管理干部学院分部（今外文局教育培训中心前身）之邀，我登上了它的讲台，先是给本局的"对外报道研究班"讲课，接着又给"地方对外宣传研究班"讲课。大概反响还不错，1992年3月20日，学院分部正式聘请我担任兼职教师，这对我来说，又是一个重要的转折点。而促成这次转折的，正是《人民中国》创始人之一的车慕奇先生。不过，平时大家都叫他"老车"。追本溯源，他原来就是我业务上的启蒙老师。

50年前走上对外传播岗位时，我和他在一个办公室，向他学习对外经济报道。我学习编辑"一月新闻"和"廖建"式经济专文（"廖建"系编辑部共同笔名，意即"了解中国建设"）两个专栏，编好后先请他过目。他同意后，才送编辑组里审阅。我在大学里是学历史专业的，对对外经济报道，甚感吃力。

可老车总是耐心地指导我，每有进步就加以肯定、鼓励。他还邀请我去家里做客。那时，他家住在东黄城根的一个四合院里。他是安徽芜湖人，我是江苏江阴人，我们同饮长江水。我清楚地记得，那天，他特地做了清蒸鲥鱼，其味道别提有多鲜美！

我一直盼望着他带我去采访，学习他是如何采访，如何把枯燥的经济文章写得生动有趣，让读者爱读的。可不知为什么，直到他离休，我这个愿望始终未能实现。"师傅领进门，修行在各人"。或许这是他的良苦用心，让我自己去闯、去摸索，可能成长得更快。

再说他刚接任总编辑那会儿，正值改革开放初期，外文局布置旗下各期刊总编辑，撰写一篇如何提高对外传播艺术的经验性文章。不巧，他正在出差。在家的几位副总编商量，叫我代笔先写个初稿。根据我的理解和思考，很快写出了一个初稿。几位领导看了还比较满意。可老车回来看了后，就压了下来，再也没有下文。我想，很可能是他对初稿不甚满意，又来不及修改，也就不了了之。

这对我来说，无疑是个不小的刺激。不过，我没有气馁，没有退缩，反而就此研究起《人民中国》来。接着，根据《人民中国》的内容构成特色和基本表现手法，连续写了8篇文章，交给局里《动向与探索》编辑部。他们看了，就此开辟了一个专栏《对外宣传纵横谈》，号召大家都来总结和交流，以适应新形势下对外传播的需要。

到了1992年，在阅读处理大量地方来稿中，我发现针对性是个亟待解决的根本问题。于是，又发表了5篇文章：《一个令人困扰的问题》、《牢牢树立两个观念》、《对外宣传新闻从哪里来？》、《采访"四要四不要"》和《写作的针对性》。

我的讲稿就是在这些稿件的基础上，不断补充、提高而形成的。老车离休以后，有一天碰见我，对我说："你的文章我看了，写得不错。你这个人勤于思，勤于行。"他还送给我一套台湾作家柏杨写的《中国人史纲》。我很高兴，我的努力终于得到了老师的肯定。

"滴水之恩，当涌泉相报。"我的报答，就是像他那样，把自己一生积累

的经验，毫无保留地传授给后来者。

1994年岁末，我奉调离开《人民中国》。但这里永远是我的"家"。值此甲子更新，衷心祝愿《人民中国》越办越好，再创辉煌！

作者简介

沈兴大　1938年1月生于今江苏省江阴市。高级记者，国务院政府特殊津贴获得者。1963年，进入《人民中国》，先后任编辑、记者、编辑部主任、副总编辑。1994年，调今日中国杂志社任副社长兼副总编辑。主要作品有长篇连载《京杭大运河自行车之旅》、《对外传播文选》（合编）、《对外报道选题策划、采访与写作》等。

切っても切れない縁

沈興大

　1963年の9月に人民中国雑誌社へ私が入社してきたとき、創刊10周年記念の展示パネルが取り払われたばかりでした。今年で『人民中国』は創刊60周年を迎えます。過去を振り返ってみて忘れられないのは、幾代にもわたる人々の『人民中国』に対する切っても切れない縁と熱い思いです。

忘れがたいスタート

　出勤初日、古参の編集者が『人民日報』の記事に手を加えているのを目にして、まさか『人民日報』の記事に間違いがあるのかと驚き、さらに、なぜ訂正しているのか、どのように訂正するのか、と好奇心をかき立てられたものです。

　それから間もないある日、ある短い記事の編集を試みました。この記事に目を通した編集長は、記事中の「長江」という言葉の前に、「中国一の大河」と付け足したのでした。これは「対内と対外では報道の仕方が違う」という、私の編集者としての最初のレッスンとなったのでした。

　入社時、社内では1964年の報道テーマ計画案作成と取材着手に大わらわでした。その年の重点とされた新連載が「北京の町角」で、この連載は表面的には北京の庶民の暮らしのささやかな事柄を取り上げたものに過ぎないのですが、それは新中国の社会における新風潮をも反映しているものであって、庶民の生活を切り口に、小さなことから大きな流れを読み取るという『人民

中国』お得意の手法で、編集・翻訳共同作業の成功の範とされるものであったと言うことができるでしょう。この連載のスタート原稿となった「町の貯蓄所」は、書き直しが8度に及び、当時の『人民中国』の人たちの仕事熱心さのほどと、盛んな革新精神が集中的に現れていたと言えます。私の記者としての生涯は、まさにこの「北京の町角」記事取材の見習いから始まったのでした。

私よりも2年早く入社した張玉泉さんが「町の貯蓄所」の記事取材に出るとき、報道の「いろは」もわきまえていない私は、見習いのため同行させてもらいました。間もなく、編集部は4月号の「自転車あずかり所」の取材任務を私に委ねました。

張玉泉さんの取材で覚えた要領で準備を整え、いろいろと聞きまわって、最終的に王府井百貨大楼の右側路地に位置する、当時北京で最大の自転車預かり所を選びました。取材前に知りたいことをメモに取り、どぎまぎしながら出発しました。

現場に到着し、来意を説明すると、自転車預かり所の年配のおじさんが気さくに応対してくれました。私がメモ帳を取り出し、質問事項を読み上げると、おじさんはその一つひとつに答えてくれ、取材は30分足らずで終わってしまいました。緊張のあまり、額に汗がにじみ出ており、おじさんも少々面食らっていました。仕方なく、おじさんに別れを告げ、頭の中が空っぽになっているのを感じながら帰社しました。

さて、どうしたら良いものかと、知恵を絞り、一案をひねり出しました。翌日、王府井百貨大楼の開業前に自転車預かり所へ行き、自転車の受け取り、札渡し、自転車並べなど、おじさんの手助けをしました。自転車を取り出しに来た人には札を付き合わせてから、料金を受け取り、自転車を渡します。手伝いながら、預ける人の様子、自転車預け入れの手順とその様子を観察しました。同時に、合間を見て、おじさんとその相棒である柴さんと話を交わし、柴さんが兵器工場での爆発事故で片手と片目を失ったことなどを知り、気軽な雰囲気の中で多くの生きたネタを手に入れることが

できたのでした。

　それに続き、今度は北京の西郊外にある頤和園の自転車預かり所へ取材に行き、休日に自転車で遊びに来た人々についての話を拾い集めました。こうしてどうにか初取材を完成させることができ、その原稿が翻訳グループに回され、日本語に訳され、期限どおりに発表されたのでした。

　私の努力が、認められたのでしょう。ついで、「油塩店」「山貨舗」「委託販売店」「旅館」「魚店」「廃品収購站」などの記事の作成を任されました。私は一回目の教訓を生かし、取材先ではまず仕事の手助けをすることにし、商品を整理したり、室内を清掃したり、店頭に立って魚を売ったり、三輪車の後について路地を歩き回り廃品回収を手伝うなどして、回を重ねるごとに、すべてがスムーズに運ぶようになりました。それ以来、取材に行くとまず取材相手と仲良くなり、親しい者同士の会話の中からネタを集め、面白い話を発掘し、取材相手からも好感を持たれたものです。

　これが入社したての私の忘れ難いスタートでした。対外報道というメディア意識が打ち立てられ、取材・編集の要領を会得し、生涯役に立つ啓蒙的な役割が果たされたのです。

編集長に随行して訪日

　1983年6月、『人民中国』（日本語版）は創刊30周年を迎え、日中友好協会など団体の招きに応え、『人民中国』誌の創刊者、康大川編集長が代表団を率いて訪日することとなり、私は幸いにも代表団の一員となることができました。代表団は同年9月末に出発し、東京での盛大な祝賀活動に出席した後、南から北へと十余都市を参観・訪問してまわりました。訪問期間は1カ月におよび、北は北海道の札幌にまで足を伸ばしました。

　これは私にとって最初で最後の日本訪問であり、今でも当時の情景をありありと脳裏に思い浮かべることができます。とりわけ、康編集長と一日中行動を共にすることで付き合いを深め、康さんに対する私の見方ががらりと変わったのでした。

ベテラン同僚からは、康さんは『人民中国』の上級機関・外文局でも音に聞こえた「ヘソ曲がり」だと聞かされていました。彼には用心しろ、ということです。実際、私は原稿を持って恐る恐る康さんのオフィスに入ったものの、康さんは言葉半ばで手を一振りし、見事追い払われてしまったことがあります。康さんが原稿に書きつけた指示の筆跡はとても読みづらく、時には、自分でよく考えろといわんばかりに鉛筆でサッと原稿に1本の線が引いてあるだけで、これには殊のほか頭を悩ましたものです。ベテランですらそう軽々しくは康さんのところへは参上しないのですから、私ごとき新米雑兵がおじけづくのも無理はなかったといえます。

　今回の訪日団は総勢6人で、うち3人が日本語が話せ、3人は日本語が話せませんでした。そのため、投宿の際には、便宜上日本語のできる人とできない人とがペアになって同室となりました。なぜだか知りませんが、最初の日に康さんと私がペアとなりました。以降、どの場所へ行っても日本の案内の方がこのパターンを守り通したため、私は日本滞在中の30日、ゼロ距離で康さんと接触し続けたのでした。

　皆から「ヘソ曲がり」と言われていた康さんですが、実際にはたいへんな交友家です。代表団の行くところどこでも彼の知人・友人の来訪が後を絶たず、応対にてんてこ舞いするほどでした。早稲田大学の同窓、台湾の同郷、華僑、日本の友好人士、それに抗戦期間中に康さんの教育を受け、捕虜から反戦同盟員となった人たち……。再会の時のあの熱気、話を交わす時のあの真摯な雰囲気、別れ際のあの名残惜しさ。この人たちの目に映る康さんの人格的魅力が余すところなく見て取れました。これほど多くの友を擁し、これほど深いよしみを交わしている康さんだからこそ、『人民中国』は広範に好感を持たれ、支持を得ているのだ、と私は実感しました。康さんがなぜ「読者係り」の仕事を殊のほか重視するのかも心から納得しました。どの読者のたよりにも必ず目を通し、真剣に対処していたのです。「友が増えれば、道も増える」といわれますが、私たちの対外報道もある意味では交友することであり、これは国家に代わっての交友なのでしょう。

康さんは親切心に富む、部下思いの人でした。訪日期間中にはたびたび友人宅へ招きを受けましたが、そのたびに、団員2人を連れていってもかまわないか、と打診していました。もちろん、私たちのような日本語を話せない団員は、会話に差し支えるのでこれには無縁でした。

　また、自らを厳しく律し、何事もまず雑誌のため、国家のためを考える康さんでした。その時、私は訪問団の経理係でした。出発時に若干の日本円を所持してきた以外は、国内の銀行からの振込み送金を受けていました。ある日、康さんに連れられて東京の銀行へ行き、その送金を引き出しました。ホテルにお昼までに帰れなかったので、康さんと私は道端の小さなお弁当屋さんに入り、お弁当を2つ買ってお昼としました。俗に「貧家の大名旅行」といわれますが、私たちの訪日経費はたっぷりあったうえに、康さんも立派な肩書きを持つ人ですから、こんなに倹約する必要はないともいえました。しかし、彼のこの節約精神により、国家から渡された外貨500万円は、その大半を帰国後国庫に返納しています。あの時代の人々はほとんどがこうだったといえますが、かつての新四軍の革命家、そして早稲田大学商学部卒業の康さんは、わけてもそういう人でした。

　子どもの頃、長江以南の水郷に育った私は、きれい好きで、朝晩必ず歯を磨くのはもちろんのこと、食後には必ずうがいをしました。それを見た康さんは「ずいぶん勤勉だね」と褒めてくれたものです。毎日、ホテルに戻ると皆は一風呂浴び、テレビを見たりしてくつろぐのですが、私はその日の出費の計算と帳簿合わせに追われます。「その日の仕事はその日に終わらせる」主義でした。多額の金銭が私の手を経由して出て行ったのですが、最終決算の際には一銭の狂いもありませんでした。康さんは大きく頷いていました。勤勉かつ真面目な人が好きなのでしょう。

　雑誌のためには、記者を我が家に「カンヅメ」にして記事を書かせ、その記者のため自ら厨房に入って腕を振るった事などは、美談として伝わっています。

　これが、私たちの先輩——康大川編集長なのです。

「秦老漢」からこっそり学びとる

　1983年、訪日から戻ると、康編集長は栄えある退職となり、車慕奇さんが編集長としてその後を継ぎました。翌年には私は編集部部長に抜擢されました。任命されたその日、退勤間際に車編集長から「これを持ち帰って読んでみなさい」と原稿を手渡されました。

　私を試してみたいのだろうと察しがつきましたので、気持ちを引き締め、すぐに夜から読み始めました。1万5000字の長文です。まず真剣に通読し、考え、推敲を重ね、文章の構成、テーマ設定、語調・用句を吟味し、長所短所を並べてみました。ついには大なたを振るって半分を削除しました。読者の興味と受容力を考えて取捨選択し、さらに整えて、筆者の風格と特徴はできるだけ留保しました。直し終えたときにはすでに深夜となっていました。

　翌日出勤してから、原稿を車編集長に提出し、指示を待ちました。原稿は思ったよりも早く戻されました。見ると、原稿処置表にはパスを意味する「可発」の二字が書かれているではありませんか。原稿のどのページにも修正箇所は見当たりません。「初回テスト」に合格したのです。緊張から解き放たれ、一息ついた思いでした。車編集長がその原稿を見てどう思ったのかを知るすべはありませんが、どうして合格したのかは私自身はっきりと分かっていました。私の打った手のすべては「秦老漢」から「こっそり」学び取ったものなのです。

　「秦老漢」とは秦泥さんのことで、西南連合大学外国語学部の出身で、新華社、中央人民ラジオ放送局、ロシア語の『友好報』でも仕事をしてきたベテランジャーナリストです。詩人でもあり、同時に国際新聞局（外文局の前身）が1949年10月1日に創設された当時からの元老です。私が入社した当時、秦さんは編集組の副組長で、もっぱら原稿のチェックをしていて、自他共に認めるリライト専門家でした。寛容な人柄の上に、最年長者でもあったので、「秦老漢」あるいはあっさりと「老漢」と呼ばれていました。

　私が編集部部長になる数年前、秦さんと同じオフィスで仕事をする光栄に

浴していました。彼はかなり年配でしたが、生気はつらつとしていて、昼食後には毎日のようにラケットを振るって卓球に興じていました。生まれつき運動嫌いの私は、昼寝の習慣があり、毎日のようにオフィスで一眠りしていました。まず、卓上に横になると、秦さんが手を加えている最中の原稿をやおら取り上げ、目を通していきます。その際、筆者と編者と両方の視点で読み進め、筆者の場合にはどう書く、秦さんの場合にはどう直すかを考えていきます。視点は2つありますが、基準はただ1つ、読者の興味に合致するかどうか、です。こうした長い間の苦心の甲斐あって、記事作成の「要領」を身に付け、いつの間にか、他人の本領を「こっそり」わが物にしたのでした。

車さんの手で講壇に立たされる

　1991年の秋、中央文化管理幹部学院分部（外文局教育養成訓練センターの前身）の招きに応じて、講壇に立ちました。最初は外文局の「対外報道研究班」で講義を、ついで「地方対外広報研究班」で講義をしました。好評だったのでしょう。1992年3月20日、学院分部では私を正式に兼任教師として招聘しました。これは私にとってのもうひとつの転換点となります。この転換を促したのは、ほかでもなく、『人民中国』の創始者の一人ともいえる車慕奇さんなのです。車さんは皆から「老車」と呼ばれていて、もとを正せば、私の啓蒙の師でもあるのです。

　50年前、私が対外報道の職場に入った時、車さんと同じオフィスで仕事をし、車さんから対外経済報道を学びました。見よう見まねで「ニュース」欄と「廖建（編集部共用のペンネーム、中国の建設様相を知るとの意味）式」経済コラムの編集を受け持ちました。仕上げた記事はまず車さんに目を通してもらい、OKが出ると編集グループの校閲にまわされます。私の大学での専攻は歴史でしたから、対外経済報道の仕事ではひどく力不足を感じました。車さんは辛抱強く教え、進歩が見られると、それを認めて励ましてくれました。車さん宅にも招かれたことがあります。あの頃、彼の住まいは北京の都心、黄城根の四合院内にありました。車さんは安徽省の蕪湖出身、私は

江蘇省の江陰生まれで、共に長江の水を飲んで育っています。そのため、車さんが厨房で腕を振るって作った鰣魚（じぎょ・長江に産し、美味で名高い）の蒸し料理の美味しさは今でも忘れられないほどに格別でした。

できれば車さんの取材に同行し、取材の仕方や、無味乾燥な経済記事を読者が興味深く感じるよう、生き生きと書く方法などを学び取りたいと願い続けていたのですが、車さんが栄えある退職となったため、とうとうその願いは叶いませんでした。「師匠は入門させるだけで、修業を積むのは弟子自身」といわれますが、私自らがしかるべき道を探りあて、進み、いっそう速やかに成長するのを彼は願っていたのかもしれません。

車さんが編集長になったばかりの頃は改革開放の初期で、外文局は対外報道技法向上についての文書をこれまでの実践経験に基づいて作成、提出するよう、傘下の各雑誌社編集長に命じていました。あいにく、車さんは出張中だったので、副編集長数人が相談して、車さんの代わりに草稿を作成するよう私に言いつけました。私個人の理解と思考をもとに早急に書き上げ、副編集長たちもかなり満足していたのですが、車さんが戻ってきても、この原稿に関して何の音沙汰もありませんでした。大方、彼はこの草稿に満足しておらず、しかし手直しして提出するだけの時間もなかったので、そのままにされてしまったのでしょう。

これは私にとって、ちょっとしたショックでした。が、めげることなく、それならばと『人民中国』誌の研究を始め、内容構成の特徴と基本的表現手法についての文章8本をしたため、外文局の「動向と探索」編集部に提出しました。編集部では私の原稿を見た後、新たにコラム「対外広報縦横談」を設けることとし、新しい情勢下における対外報道の需要に応えるため、皆で今までの総括を行い、交流を盛んにしようと呼びかけ始めたのでした。

1992年、各地から来た原稿をかたっぱしから読む中で、ピントを定めた対外報道こそが、急遽解決しなければならない根本的問題であると痛感しました。そこで、「人を悩ます問題」「確固として樹立すべき二見解」「対外広報ニュースの出所」「4つの要と4つの不要についての取材」「執筆における

狙いどころ」という論文5本を発表しました。

　私の講義はこうした原稿をもとに補足や向上を重ねて出来上がったものです。退職後の車さんと会ったことがありますが、その時車さんが「論文を拝読したよ。よく出来ている。よく考え、よく実行する人だ、君は」と言い、さらに台湾の作家・柏楊の『中国人史綱』をプレゼントしてくれました。私の不断の努力が実って、ついには師の肯定を得ることができたのです。心嬉しい限りでした。

　「滴水の恩、湧泉のごとく相報いるべし」といわれます。私は車さんのように、自らの生涯をかけて積んだ経験を、余すところなく後継者に授ける事で、私が受けた恩に報いたいと思っています。

　1994年の末、私は異動命令により『人民中国』を離れました。しかし、『人民中国』は私の永遠の古巣です。創刊60周年を迎えるにあたり、『人民中国』がますます立派になり、再度の栄光を勝ち取ることを心から願っています。

プロフィール

　沈興大　1938年1月、現在の江蘇省江陰市に生まれる。高級記者。国務院政府特殊賞与獲得者。63年、人民中国雑誌社に入社、編集者・記者を務め、編集部部長、副編集長を歴任。94年、今日中国雑誌社に異動、副社長兼副編集長となる。主な著作に、長編連載『1300年の大運河を行く　自転車で走破　北京－杭州1800キロ』『対外報道文選』（共著）、『対外報道テーマの企画・取材・執筆』などがある。

1983年6月，作者（右二）随康大川带领的《人民中国》访日团，在日本与读者们共聚午餐。
1983年6月、康大川氏が率いる『人民中国』訪日団の一員として、日本で読者たちと昼食を楽しむ筆者（右から2人目）

感恩《人民中国》

丘桓兴

《人民中国》创刊60周年了，我在《人民中国》杂志社工作也49年了。回想自己在这个大家庭里学习、工作，领导、同事以及日本专家和友人的关爱和培养，历历往事，让我感激不已。

践行诺言：在《人民中国》工作一辈子

我是1964年中山大学毕业后，分配到人民中国杂志社工作的。我读的是中文系，此前没见过《人民中国》。谁知一见《人民中国》的中文稿，我立即被它丰富多彩的内容和生动活泼的文风所吸引，好像在读当时广受百姓欢迎的《羊城晚报》那般趣味盎然。

入社之初，从总编、主任到编辑、记者、翻译，都对我这个新兵呵护有加。曾记得：

第一次采访，写北京矿业学院的大学生活。社里让我住几天学生宿舍，体验学生生活。同办公室的老编辑唐忠朴，对我第一次独自采访不放心，特意来学校看我，并一再叮嘱：留心观察，多捕捉细节……

第一次下乡，采访在通县为农民治病的北京医疗队。图片编辑厉声明听说后，拿着一个日本读者送的相机，要我拍插图。我说，从未拍过供刊登用的照片。她说："不要紧，这是半自动相机，我给你讲10分钟，保准你会拍照。"她讲过摄影原理及要领后，又让我试了试，便装上胶卷交给我："你毕业了，大胆拍吧！"

编辑部素有互相看稿、改稿的传统。入社不久，我编了介绍《东方红》大

型音乐舞蹈史诗的稿子，请沈兴大看。在他提的意见中，记忆最深的是在"中国共产党成立"前面，加上"1921年7月1日"。我不解地问："这是小学生都知道的，要加上吗？"沈兴大说："可是日本读者未必晓得呀！"我恍然大悟——这就是康大川总编辑常讲的，日本读者文化素质虽高，但对中国了解不多，稿子一定要通俗易懂……文艺界曾有"一字之师"的美谈，沈兴大应是"半句师"了。他还乐于助人，我后来去山西参加"四清"（上世纪60年代中国开展的一项政治运动），为期一年，他就每月跑邮局，替我给老家寄钱。

同事中，高雅的张德振、质朴的谭松明、管家婆似的吴凤云……他们在行政后勤方面给我关照，都让我倍感温馨。俗话说，"日久他乡即故乡"，我却很快就在《人民中国》找到家的感觉。

后来，社里让我写墙报稿，我把这些感受写成短文《我爱人民中国》，并表示"愿在《人民中国》工作一辈子"。如今，我践行自己的诺言，不但在《人民中国》干到退休，又在退休后返聘工作至今。49年来，尽管有过酸甜苦辣，有过调往深圳以享受优越职位和待遇的诱惑，还有过去广州一所大学教书的念头，但最终还是坚守在对日传播阵地上。

49年来，我感恩《人民中国》，并尽力而为，以特辑、座谈会、专文、随笔、连载等形式，写过政治、经济、社会、文化、教育、医疗、历史等方面文章。其中包括"长江旅行记"、"探访少数民族"、"中国民俗探索"、"中国古寺巡礼"、"贵州游记"、"客家望乡"、"传统节日"、"长江文明之旅"等连载。我在为自己钟爱的刊物工作中，也享受着《人民中国》大家庭的温暖，享受着采访、写稿、出书的喜悦，我深感幸福。

这里还想补记一段家事：改革开放前，我的家乡缺粮，厉声明、车慕奇、雷明、程天等听说后，都不止一次地把他们省下的粮票（当时中国在计划经济下，人们购买粮食的票据）送给我，让我寄回家去。他们的帮扶，使得我的父母和家人免于挨饿。对他们的恩德，我铭刻在心，永志不忘。

郭沫若的宝贵建议

《人民中国》创刊后，曾得到周恩来总理、陈毅副总理、郭沫若、廖承志

等老一辈国家领导人，和茅盾、田汉、夏衍、冰心等各界人士的关心、支持。这里记述郭沫若指导我们编辑1973年1月号的往事。1972年9月中日恢复邦交后，我们请在日本享有崇高声望的全国人大常委会副委员长、中日友协名誉会长郭沫若写祝贺文章。郭老欣然同意，答应写《沁园春·祝中日恢复邦交》，令我们喜出望外。

当编辑去取稿时，他关心地问起，你们准备把它放在什么地方？编辑说，这期我们还组织了国内一批名家的书法作品，打算用您的墨宝带头，与这些作品一起，作为画刊放在前面，您看行吗？郭老听后，认为这样编没有突出庆贺中日复交的主题。他在了解到本期还有我拍摄的中国排球队访日，和报道日本孩子在北京上学的两组画刊，准备放在后画刊位置，郭老便建议：把《沁园春》放在封二，紧接着的前画刊是中国排球队访日和日本孩子在北京的学习生活，而把书法作品调到后画刊去。这样既突出了中日友好，读起来也顺了。

遵照郭老的指示，我们把原先的前后画刊的内容作了调整，加上本期还请周培源、庄则栋、冰心等名人写了回忆中日友好的文章，编成"中日两国人民世代友好"特辑，图文并茂，受到读者欢迎。

康大川指导我采访

总编辑康大川是台湾人，有人称他是"康霸"。他的确有一股霸气、倔劲，或许就是台湾客家人常说的"硬颈精神"——老康的母亲祖籍是福建客家人。

其实，老康平等待人、讲义气，还很有人情味。最感人的故事是，他在贵州镇远日俘管理所任中校管理员时，晚上与几十名日本侵华战俘同睡一间大屋子。国际红十字会闻讯，既赞赏又疑惑，前来考察的大员问他："你就不怕半夜里战俘把你掐死？"老康答道："不会，我们以心换心，已成朋友了。"果然，经过教育、感化，许多日俘回国后都成为日中友好人士，有的还成了《人民中国》的顾问。

老康创办《人民中国》，并把它办成独具特色、极富魅力的刊物，付出了自己的心血和智慧。如何将北京编的刊物，让社会制度、意识形态、生活习俗不同的日本人爱读？关键在于加强针对性，从选题、文风、图片、版面都要适应日本读者的需求和阅读习惯。

老康早年留学日本早稻田大学，回国后一直从事对日工作，是公认的日本通。他以身作则，调查研究，不断从日本报刊、读者来信、日本同业和朋友中，了解日本社会动态、热门问题和读者兴趣点。我常见他下班时，总用大布袋装着一大摞日本报刊回家去看。于是，他提的特辑、连载选题，总能抓住读者的兴奋点，击中要害。例如，针对日本国民对物价飞涨怨声载道，我刊写的中国物价稳定的特辑，引起强烈反响。

要办好刊物，就要有一支高素质的队伍。老康是实干家，不善言辞，但他巧借外力，调动各方力量来培养队伍。为加强针对性，多了解日本，他让通联人员在全社例会念读者来信；他请访日归来的人作报告，讲日本现状；他甚至请来访的日本友人给提选题，讲如何做编辑工作。一次，他请《朝日新闻》资深人士谈经验：编辑要积累资料，把各种剪报分类装袋，方能左右逢源，写出有份量的深度报道……

平日里，老康通过选题策划、审稿改稿和听采访汇报来培养编辑。请看他指导我采写民俗连载的片断。

采访前，老康给我和摄影记者鲁忠民立下规矩：下乡住农家，同吃同住，多看多聊，别急着回来。

开篇写陕北，我们先在绥德农家住了7天，体验窑洞人家的衣食住行，巧遇当地人娶媳妇、闹洞房，新窑洞落成的"合龙口"仪礼，以及陕北各地的剪纸、面花、秧歌、腰鼓、信天游和冬季栽菜的菜窑等民艺民智。回京汇报，老康听得十分专注，最后当场拍板：民俗连载由你们两人负责到底，不要中途换人；每个地区写的篇数、字数不限，把该写的都写出来，别埋没在笔记本里。老康的信任、放手，激励着我们，于是，陕北写了上中下三篇，一炮打响了。

老康还以其丰富的常识和阅历指导我们。如汇报陕北老汉的白羊肚毛巾，在不同环境下的不同扎法，会有保暖、护耳、防风、挡沙、遮阳、通风凉爽等妙用时，老康马上说："日本军帽下垂至肩的几块布片，也有通风凉爽和防蚊虫叮咬的功用。"老康用这一事例启发我采访时要留心观察，追根问底，探求民俗现象的深刻内涵，再运用联想、比较方法，挖掘蕴藏在民众中的智慧，从而使文章更有深度和学术价值。他的这些指导，让我受益无穷。

良师益友

老总编辑车慕奇作为老外宣人，他率先垂范，他写的许多特辑和"今昔丝绸之路"连载，堪称经典。他为人正派，一身正气。他主持全社工作后，更使《人民中国》风清气正。我至今犹记两事：

一是面对社会上尔虞我诈、争权夺利的歪风邪气，他希望《人民中国》的同仁，面对工作和困难时要往前靠，争挑重担；而面对金钱和权力时要往后稍，见利就让。

二是倡导记者外出采访，要有一往无前的精神，不怕艰难险阻；如果交通不便，不通火车汽车，就是坐拖拉机、骑马骑骆驼，甚至步行，也要去采访。在他的倡导下，摄影记者刘世昭，不怕千难万险，徒步走长江三峡，拍摄了大量精彩照片。

老社长李雪琴，当年她主持编辑部工作时，写稿审稿，以其新闻敏感性和责任心，为稿子严格把关，不知堵住多少错漏。她善于总结，提升经验。她归纳的记者要脑勤、腿勤、手勤，多问、多记、多写，让我受益无穷。李雪琴还是小说选家，她目光锐睿、角度独特，选登的小说皆吸引读者。她选的小小说以特辑刊登后，引起轰动。于是，《人民中国》也有了小小说选集出版。

秦泥为人忠厚、淳朴。他是编辑部领导，又像老大哥一样呵护编辑。他勤勉工作，因用眼过度，导致眼底出血。但有人在下班前给他稿子，他一准第二天上班便看出来——啊，他又在家加班了！他审稿改稿，常以自己渊博知识和丰富阅历，充实文稿内容，又以诗人的优美文笔，给你锦上添花。秦泥以其诗人的气质，撰写了汉诗之旅、李白、杜甫、白居易4部书稿，以游记形式，带着读者穿越汉唐时代，体验当时的诗人心境、诗境和解疑释惑。这些书译成日文在日本出版后，广受欢迎，并为中国现代文学馆收藏。

郭伯南编审，为人正直、谦逊，人格高尚。他学识渊博，人称"郭博士"。他来人民中国写的第一个连载"新编中国史话"，一片叫好。此后他写的"古文物鉴赏"、"中华文化探源"等，皆广受好评。这些连载结集以中日文出版后，一再重印。

作为文化史专家，老郭还热心培养编辑。他让我和杨珍也写文化探源的稿子，并具体指导如何收集资料、谋篇布局、写稿改稿等。例如，他让我写"客家民居探源"时，便指导我从古典文献、考古新发现和民间习俗几个方面去收集资料，一下子拓宽了收集资料的渠道和写作思路。老郭还以自己读了20万字的资料，最后只用20个字的实例，要我脚踏实地苦干，方能沙里淘金，写好稿子。

老郭退而不休，仍继续写作，出版一部又一部文化史著作。近几年，我采写"长江文明之旅"连载，每遇问题向他请教时，他总能给我准确、详细的解答；而他那充满哲理的睿智妙语，更令我钦佩。

两位工作狂

大概是受了日本的影响，《人民中国》多工作狂。这里略述李玉鸿、沈延太的工作掠影。

《人民中国》受欢迎，与刊物版面设计生动活泼，符合日本人的阅读习惯有关。这里凝聚了图片部美编人员，特别是李玉鸿的劳动和智慧。

李玉鸿是日本归国华侨，擅长美术设计和绘画。我入社时，他已患哮喘病和类风湿关节炎。我曾与他同住单身宿舍，每逢季节变化，他常咳得喘不上气，夜不能寐；而类风湿性关节炎使他脊椎弯曲，行走不便。记得有一段时间，一位民间医师为他按摩治疗，惨不忍睹：俯卧在床的李玉鸿，任由鲁智深似的胖大师傅，用肘用膝盖使劲地揉、按、压他的脊背；李玉鸿紧咬毛巾，忍着剧疼，浑身大汗淋漓……治疗结束时，看着瘫在床上的李玉鸿，我的心在颤抖……

然而，李玉鸿工作起来，却忘了自己是重病缠身的人。那时，宿舍在二楼，办公室在四楼，我常见他晚上在办公室加班。当时还是"原始"的手工操作：他收到日文稿件，必先认真阅读，再构思如何设计版面和写标题字；他手写不同字体的大小标题后，贴在各种花纹图案上，送去外印厂照像；返回后，他用刻刀一笔一划地刻下来，再一一粘贴，最后才送外印厂制版。一期刊物，多少方版，又多少标题呀！面对如此繁杂琐碎的手工操作，得付出多少汗水和心血呀！李玉鸿却没日没夜地、一丝不苟地工作着，日复一日，年复一年，直至退休。他的出色工作令人敬佩，他赢得了属于他的荣誉："全国优秀新闻工

作者"称号，是《人民中国》获此殊荣的第一人。

沈延太，1964年从中央美术学院毕业后，在图片部任摄影记者。我与他多次合作，深知他也是工作狂。其中，1976年采访长江之旅记忆最深。

在青藏高原上的江源地区，他和采访队一起风餐露宿，不畏高原风雪和强烈高原反应，过沼泽草甸，翻雪山，登冰川，克服种种困难，终于拍摄到壮丽的长江源头的珍贵照片。

在金沙江畔的泸沽湖边，为拍到理想照片，他饿着肚子，天未亮就只身爬上湖边的山顶。为等到最佳天气，找到最佳角度，拍到最美图片，他忘了疲劳、饥饿和危险，一直在找呀、等呀、拍呀……太阳快下山，我们喊他下来，他说再等等；天快黑了，我们喊他回来吃饭，他说不着急；天黑了，我们怎么喊他，却没了回音……我们急了，以为他遇到危险或意外，领队正准备请村里民兵上山搜救时，他拖着疲惫的身子回来了。这就是《人民中国》摄影记者的采访风格和忘我精神。

李玉鸿退休后，社里仍请他设计每年的目录页和新连载、新栏目的刊头等等，还是闲不下来。沈延太调去英文《中国妇女》，后来担任了总编辑。他退休后，还把平日拍摄的胡同图片，编成"北京胡同的四季"，供我们连载了一年。

大概是透支了健康，这两位工作狂都过早地离开人世，令人痛惜。

可敬的日本友人

《人民中国》创刊60年来，一直得到日本各界朋友和读者的支持，故事多多。这里只讲几个自己亲历的往事。

1972年9月30日，也就是中日恢复邦交的第2天，我随中国排球代表团访问日本20天。期间，不论在球场比赛、切磋球艺，还是球场外的访问、交流，我们到处都沉浸在中日友好的海洋中。

作为《人民中国》记者，我还收获了一份《人民中国》读者的厚爱，读者们都希望我能挤出一些时间与他们聚会、座谈……其间最重要的是与中岛健藏先生的见面并听取他的宝贵建议。

记得那是一次告别酒会上，我见日中文化交流协会理事长中岛健藏先生走

过来，立即上前向他致意、敬酒。这位曾受邀登上天安门城楼观礼，得到毛泽东主席接见的日中友好高层人士，也是《人民中国》的老朋友。听说我是《人民中国》记者，他高兴地说："我读《人民中国》，还给你们写过稿，去过编辑部访问。"他的亲切话语，使我倍感温馨。我请他给《人民中国》提些改进意见，他略加思索后说道，希望《人民中国》在东京设记者站，派常驻记者……

当时中国尚处"文革"之中，我回国后向领导汇报了中岛先生的建议，但不敢奢望就能在东京设记者站。改革开放后的1986年，经过多方努力，《人民中国》终于在东京开设记者站，派于明新为首任记者。中岛先生高瞻远瞩的建议实现了。前些年，中国外文局实施"本土化"战略目标，《人民中国》又实现了在日本印刷，大大缩短了出版、发行周期。我想，中岛先生若在天有灵，得知亦当含笑。

川端幸夫社长和他的中国书店，长期在福冈销售《人民中国》，为扩大本刊发行做了不懈努力。川端社长看好我写的"民俗"连载，筹划要出版此书。后来听说中国广告社和东方书店共同出版此书，才中止这一计划。但我一直感念他的美意。

令人感动的是，川端先生此后一直支持我对民俗的探索，还特意从福冈给我寄赠《日本民俗大辞典》和《日本年中行事百科》。这些辞书，又厚又重；而川端社长的情谊，更厚更重。

1992年4月1日，听说日本著名治沙专家远山正瑛先生，又要带着一批日本志愿者去内蒙古库布奇沙漠植树，社里派现任总编辑的王众一和我去采访他。远山先生欣然同意，但因工作忙，日程紧，他建议访谈在当晚从北京开往包头的列车上进行。

听说86岁高龄的远山先生，昨天刚从日本到北京，今天白天便带着日本志愿者去郊区种水杉，紧接着晚上乘火车去包头。我担心连日劳顿，先生的身体吃不消。谁知上车刚安顿停当，先生就在车厢里接受我们采访。

远山先生头发花白，但身体健康，精神矍铄，思维敏捷。他1935年来中国留学，考察内蒙古后，便一直牵挂那里的沙漠。1979年重访内蒙古时，他立下宏愿：送给东方黄河母亲一件绿衣。此后，他和热心的日本志愿者一次一次到

库布奇沙漠种树，如今那里已变成了恩格贝农场。

采访进行了近两个小时。听着远山先生的平实话语和王众一快速流利的翻译，我急速记录着、心头激荡着，并不断涌起对远山先生的敬仰之情：伟大的事业，崇高的精神！

用"脚"写稿　发掘民智

"用脚写文章"是《人民中国》的传统。这就是如今倡导的走基层、转作风、改文风的形象说法。

1979—1981年，为写"探访少数民族"连载，我和曾庆南分头深入各地民族村寨采风。

1979年初冬，采访过赫哲人划船捕鱼和江边的生鱼宴等，我来到内蒙古敖鲁古雅鄂温克猎民新村。那里的人们仍以饲养驯鹿和游猎为生，猎场就在白雪茫茫的大兴安岭里。起初，乡政府怕担风险，不同意我去山里狩猎点采访，陪同的宣传部干事也好心劝阻："我在这里工作20多年，也没去过狩猎点呢。"我却不松口，软磨硬泡了一个星期，乡长被感动了，终于破例派两位乡干部和两名最好的猎手陪同去狩猎点。

进入原始森林不久，天就黑了。有几次，树枝差点把我的眼镜打下来。这里下过几场雪，路滑难行，有的地方积雪没膝，更是举步艰难。林海雪夜，茫茫一片，为跟上猎人，我走得满头大汗，浑身湿透，而裤腿鞋袜则被雪水打湿……我累得呼哧呼哧的，但不敢落下一步，一旦掉队就意味着冻死、饿死或被狼吃掉。听猎人讲，山里多狼，特别是狩猎点附近，常有饿狼袭击他们放养的驯鹿。果然，夜里12点左右，远处传来一阵枪声和狼嚎声。猎人一听，知道前方有狼，立即朝天开了几枪吓狼，以免它们尾随偷袭我们。后来到狩猎点一问，果真是狼群来袭，吃了一头驯鹿。

跋涉8个小时，终于在凌晨1点多到达狩猎点。我们走进游猎者用木杆、帆布、兽皮搭盖的临时圆形帐篷"撮罗子"，立即受到猎人的热情欢迎，他们烧旺火塘，吊上肉锅、水壶，用香喷喷的鹿肉和奶茶，驱除了我们通宵跋涉的寒冷、饥饿和疲劳。

第三天，待采访过狩猎生活和饲养驯鹿习俗，我才尽兴而归。

1982—1986年，我和摄影记者鲁忠民一起采访的"中国民俗探索"连载，更是《人民中国》领导、同事和各地受访者及民俗学者，共同用汗水和智慧浇开的民俗之花。对此我一直心存感激。前面已述老康的指导，这里写点采访片断。

我们坚持民宿，与受访者同吃同住，多看多聊。不过30年前，不少农村交通不便。如湖北沔阳湖乡，平日"出门无船路不通"，采访前又连日大雨，道路泥泞难行。县宣传部长劝我们改日下乡，我们却"明知山有虎，偏向虎山行"，从而看到了当地走泥泞土路时穿的奇特木屐，以及湖乡捕鱼、采莲、挖藕等民俗。最令人赞叹的是湖乡房屋的"水门"：盖房时，先在墙根砌一小段可随时拆掉和砌回的墙壁；一旦洪水上来，拆开墙、搬掉砖，开出一扇扇水门，有了这些桥洞似的泄洪孔道，房屋虽淹却冲不垮。若非夜宿农家，听主人细讲，怎能觉察这种防洪护房的民智呢。

随着社会经济发展，农村有了旅店，不便去民宿叨扰了。这时，我们便要求吃一顿农家饭，一来可边吃边聊，二来趁用餐前后的功夫，争分夺秒地采访、拍摄。我们在山东荣成吃的一顿渔家饭，便采得不少渔村习俗。

民俗连载3年，一直受到国内外读者和学术界好评。后来，湖南结集出了中文平装、精装版，新世界出版社出了英文版，日本东京出了日文版。外文出版社出的大型图文画册，英、法、德文版，也一再重印，广受欢迎，并成为一些国家领导人出访时的礼品书。

在日本做访问学者

2001年7—12月，我以客座教授身份，在日本名古屋大学研究生院，与樱井龙彦教授合作从事中日民俗研究。

我不懂日文，名古屋大学也没我的朋友，怎么会让我去当访问学者呢？后来我才晓得，是《人民中国》成就了这一学术交流。

原来，名古屋大学研究生院的樱井教授，深爱中国文化，他大学读中国文学，通晓汉语，后来专攻人类学和中日民俗研究。他1981年留学北京师范大学，师从"中国民俗之父"钟敬文教授。此后，他致力中日民俗学交流和研

究，成绩卓著。

  樱井先生还是《人民中国》的热心读者，从上大学至今，一直读《人民中国》，并从中收集中国文化、民俗的资料。2001年，在名古屋举办的国际亚细亚民俗学会学术研讨会上，他宣读"河川开发与治水传统技法"论文时，便展示了《人民中国》刊登的四川都江堰图片。

  原来，樱井先生与我虽未晤面，但通过《人民中国》的"民族"、"民俗"连载，"认识"了我，还晓得我是广东客家人。于是，当他的中国留学生鲁雪娜准备撰写客家社会习俗变化的博士论文时，他通过中国民俗学会询问我，可否帮助选择一个合适的调查地点？能否陪同鲁雪娜下乡调查并作客家话翻译？作为客家人，我自然乐见其成并为她出力。就在鲁雪娜来北京商讨考察事宜时，她带来樱井教授让我去名古屋大学作访问学者的邀请。

  这次虽以个人身份赴日，但作为《人民中国》一员，我更须慎独。我严格要求自己，虚心学习，勤奋研究、讲学。我讲授中国民俗、客家文化、佛教文化共7次，撰写有关中日稻作耕种习俗、客家民居风水习俗和黄河防洪习俗等论文3篇（这些论文除在日本发表外，还在北京、广州、台湾的相关书刊出版），超过了名古屋大学讲学3次、撰写论文一篇的要求。

  总之，回想这49年的经历，我再次深情地说：我爱《人民中国》，我真诚地感激《人民中国》给我的一切。同时，衷心祝愿《人民中国》越办越好，灿烂辉煌。

作者简介

  丘桓兴　高级记者，1941年生于广东。1964年，中山大学毕业后，分配到人民中国工作。曾任采编部主任、副社长兼副总编辑等。2002年退休后，返聘工作至今。中国民俗学会理事、中国民间文艺家协会会员、中华炎黄文化研究会客家研究中心理事。著有《中国民俗采英录》、《客家人和客家文化》等，主编"中国民俗旅游"丛书，31卷。

『人民中国』に恩義を感じつつ

丘桓興

　『人民中国』が創刊60周年を迎えます。私が入社してから49年の歳月が過ぎ去りました。この大家庭、大道場にあって、学び、鍛えられ、親しみやすく敬った上司、同僚や日本の友人からいただいた配慮、教えなどの往事を思うと、感謝の念にたえません。

生涯働き通すと約束する

　1964年、中山大学卒業後に配属されてきました。大学での専攻は中国言語学であり、本誌を見たことはありませんでしたが、本誌の中国語原稿を読む機会がありましたが、たちまちその多彩な内容と生き生きとした文章スタイルに魅了されてしまいました。当時、庶民に愛読されていた『羊城晩報』のように面白く思えました。

　入社当初、編集長や部長から編集者、記者、翻訳部員にいたるまでが、新米記者の私に親切にしてくれました。

　最初の取材は、北京鉱業学院の学生生活でした。学生寮に入り、学生生活を体験するという取材でした。ベテラン編集者の唐忠朴さんが私の初取材を心配して、学校までわざわざやってくると、よく観察し、小さなことも見落とさないことだ―とこんこんと説いていただいたことを、今でもよく覚えています。

　最初に農村へ行ったのは、農民の診療を担当していた北京医療チームを取

材した時でした。写真編集担当の厲声明さんが日本の読者からプレゼントされたカメラを私に渡し、写真も撮って来なさい、と言いました。雑誌に掲載する写真は撮ったことがない、と躊躇すると、彼女は「心配しなくていいわ。これは半自動だから、10分も説明を聞けば、撮せるようになるわよ」と撮影の原理と要領を教え、何度かシャッターを押させてから、フィルムを入れて、「卒業よ。大胆にね」と励ましてくれました。

編集部では、原稿を互いに読み合い、直し合う伝統がありました。入社間もない頃、大型音楽舞踏叙事詩『東方紅』を紹介する原稿を書いて、沈興大さんに見てもらいました。沈さんの指摘で最も印象に残っているのは、「中国共産党誕生」の前に「1921年7月1日」と付け足したことでした。「これは小学生でも知ってる事ですが」と首をかしげると、沈さんは、「日本の読者が知っているとは限らないからね」。そうか、なる程、と納得しました。康大川編集長が重ねて言っていた、日本の読者は教養はあるが、中国についてはそうよく知ってるわけではない、原稿は分かりやすく書くように心がけなければならない、とはこの事だったのです。文芸の世界には、「一字之師」という美談がありますが、沈さんは「一字の師」どころか「半句の師」です。沈さんは親切な人でした。私が「四清」（1960年代に展開された政治運動）のために山西省へ一年間行った時になどは、丸々一年、毎月のように本社から郵便局まで足を運んで、私のかわりに生家へ送金してくれたものです。

同僚の中には、上品な張徳振さん、朴訥な譚松明さん、世話好きの呉鳳雲さんらもおり、庶務的な面で温かい配慮をしていただきました。「住めば都」と言いますが、私は間もなく本社をわが家のように感じ始めました。

後に、わが社の壁新聞を書かされた時、入社以来のそうした感想を短文「人民中国を愛す」につづり、さらに「生涯働きとおす」としたためました。この約束を果しただけでなく、退職後の今も、引き続き勤務しています。49年来、苦あり楽ありで、深圳から立派な職位と厚遇の誘いもありましたし、広州の大学で教鞭を執る思惑も浮かびましたが、ここ対日本報道の現場

に居続けています。

　49年この方、本誌に恩義を感じつつ、こん身の力を振り絞ってきたつもりです。特集、座談会、特別企画、随筆、連載等の形で、政治、経済、社会・文化、教育、医療、歴史など多岐にわたる原稿を書いてきました。その中には、「長江の旅」「探訪　少数民族」「中国の民俗を探る」「中国古寺巡礼」「黔の道」「客家望郷」「祭りの歳時記」「長江文明を訪ねて」などの連載が含まれています。愛する刊行物のために働き、大家庭の温かみを肌身に感じながら、取材、執筆、出版の喜びに浸り、満ち足りています。

　私自身の家庭の事情についてこんな事がありました。改革開放前、私の故郷では食料不足となり、それを知った励声明、車慕奇、雷明、程天さんらが、これを生家へ送りなさいと、倹約して余した食料切符（経済計画当時の食料購入券）を譲ってくれました。おかげで、父母や家人は飢えを免れました。この恩を生涯忘れることはありません。

郭沫若氏のアドバイス

　創刊後、本誌は周恩来総理、陳毅副総理、郭沫若、廖承志ら国家の指導者や茅盾、田漢、夏衍、氷心ら各界の人士の配慮と支持を得てきました。ここでは郭沫若氏が本誌1973年1月号の編集を指導した往事を記すことにします。1972年9月の中日国交正常化後、日本でも声望の高い全人代常務委員会副委員長、中日友好協会名誉会長の郭沫若氏に、祝辞を依頼したところ、『沁園春・中日国交回復を祝す』と揮毫しましょう、と快諾していただき欣喜雀躍しました。

　編集部員が祝辞をいただきに行くと、郭さんは、どのページに掲載するのか、と関心を示しました。国内の名高い書道家の作品群をグラビアとして採り上げ、揮毫はその冒頭に据えるつもりだ、と答えました。それでは、中日国交正常化のメーンテーマが浮き彫りにならない、と思われたのでしょう。さらに、私が撮影したバレーボールチーム訪日と在北京日本児童の通学を報道する2組のグラビアを後半に置く計画があるのを知ると、『沁園春』を見

返しページに、バレーチームと日本の児童をそれに続くグラビアとし、書道作品群は後部のグラビアとすれば、中日友好がクローズアップされ、よりスムーズに読み通せる、とアドバイスしました。

このアドバイスにもとづき、原案のグラビアの位置を見直し、周培源、荘則棟、氷心らの名士に書いてもらった中日友好の回想文を加え、写真と文ともに盛りだくさんの「中日友好」特集を組み、読者の好評を博しました。

康大川さんに学んだ取材法

康大川編集長は台湾生まれで、「康ボス」とも呼ばれています。たしかに、覇気と頑なさをみなぎらせているむきがあり、台湾の客家がよくいう「筋金入り根性」なのかもしれません。母親の原籍は福建省の客家でした。

その実、康さんは誰にも平等に対し、義を重んじ、人情味にあふれる人でした。感動的な話があります。貴州省・鎮遠の日本人捕虜収容所で管理担当中佐を任じていた時代、夜は数十人の中国侵略日本兵捕虜と同じ大部屋に寝ました。国際紅十字会はこれを知ると、賛嘆と半信半疑の気持ちを抱き、係員を派遣し、「夜中に絞め殺されるかも知れないとは思わないのか」と聞かせました。「恐ろしくはありませんよ。もう友だち関係ですからね」と康さん。そうした教育、感化を経た捕虜たちの多くが帰国後は友好人士になり、中には本誌顧問になった人もいます。

康さんは本誌を創刊しただけでなく、これを目立つ特徴を備えた、魅力あふれる雑誌とするために、心血と知恵を注ぎ込みました。北京で編集した雑誌を、社会制度、イデオロギー、生活習慣の異なる日本の読者に愛読してもらうようにする要は、テーマ、文体、写真、レイアウトのいずれにおいても、読者の閲読習慣に合わせることでした。

康さんは若い頃早稲田大学へ留学、帰国後は日本関係の仕事に従事し続けた自他ともに認める日本通です。自ら調査研究を行い、日本の刊行物、読者のたよりや日本の同業者、知人から日本社会の動向、ホットな話題、読者の

興味のポイントなどを絶えず捕捉し続けました。退勤時に日本の刊行物をぎっしり詰め込んだ袋を持って帰宅する康さんの姿をよく見かけました。康さんが発案した特集、連載のテーマはいつも読者の興味のツボを抑えているのもうなずけました。例えば、物価高騰に対する日本国民の不満を見据えて組んだ中国物価安定の特集は、大きな反響を呼びました。

よい雑誌作りには、資質の高いチームが必要です。実践家の康さんは口下手気味でしたが、外部の力を巧みに利用して、チームの養成に努めました。取材力を高めるため、スタッフによりよく日本を知らせようと、読者のたより係に日本読者の手紙を全社員会議で読み上げさせ、訪日から帰国したスタッフに日本の状況を報告させ、訪中した日本の友人にテーマを説明し、どのように編集したらよいかアドバイスしてもらいました。『朝日新聞』のベテランジャーナリストから、編集にはデータの蓄積が必要であり、スクラップして分類しておき、いつでもどの問題にでも対応可能の体制をととのえ、ウェイトと深みのある記事を作成する……、などの経験を語ってもらったこともありました。

日常的に、テーマの企画、原稿のチェック、手直し、取材経過を報告させるなどの方法で編集部員を鍛えました。私の民俗ルポ連載に対する指導の一端を紹介しましょう。

取材前に、康さんはまず私とカメラマンの魯忠民さんに注文をつけました。取材先の農村では農家に泊り込み、食住をともにし、よく見てよくしゃべりあう、早々と帰社しないこと、と。

連載の初回の取材先は陝西省北部でした。二人はまず綏徳の農家に泊りこむ7日間、洞窟住まいの人々の衣食住を体験しました。折りよく地元民の結婚祝いにいき合わせ、嫁取り、新居荒らし、洞窟住居の落成式「竜口合わせ」を見聞し、その上、陝西北部各地の切り紙、コムギ粉細工、「ヤンコ」踊り、腰つづみ、陝西北部の民謡「信天遊」や冬季の蔬菜栽培用洞窟づくりなどの民間芸能、手法を取材できました。帰社した私たちの報告に聞き耳を立てていた康さんは、報告が終わると同時に断を下しました。民俗ルポの連載は二

人にまかせ、途中での人員入れ替えはしない、どの地の原稿も本数、字数を制限しない、書けるものはすべて書きつくし、ノートに埋没させない、と。康さんの全面的な信頼に大いに鼓舞された私たちは、陝西北部の原稿を上中下の3篇に書き上げ、期待通りの大成功を収めました。

　康さんはまた豊かな常識とその経歴で私たちを指導しました。陝西北部の男衆が頭に巻いて愛用する白羊腹毛手ぬぐいには、環境の違いに応じてさまざまな結び方があり、保温、耳掛け、防風、砂防ぎ、日除け、通風、納涼などの役に立つことを話すと、康さんは「日本軍の軍帽の直垂（ひたたれ）も通風と納涼と蚊などを防ぐ効用がある」と教え、こうした事例でもって、取材にあたっては細かく観察し、根掘り葉掘り質問し、民俗現象の持つ深い意味を探求し、連想、比較法などを運用して、民衆のうちに含まれる知恵を発掘し、原稿にいっそうの深みと学術価値をもたらすよう、諭しました。康さんのこうした指導のおかげで、私は計り知れない知恵をさずかりました。

素晴らしい師友に恵まれ

　ベテラン編集長の車慕奇さんは対外報道事業の古参で、取材、執筆等を率先垂範して行いました。車さんの書いた多くの特集や「シルクロード今と昔」などの連載は、どれも時代を超えた名作の部類に属するでしょう。品行方正そのものの人であり、本誌の編集を取り仕切ってからは、すがすがしい気風が社内に満ち、特に二つの事柄が私の記憶に強く残っています。

　一つは、ややもすると誠実さを欠き、権利に執着する風潮が社会的に充満したのを見て、車さんは、本社スタッフが、仕事と困難に直面したときには、すすんで重荷を担い、金銭と権力の位置を眼前にした時には、すすんで退き、利益に対面したときには譲るよう、望んだことです。

　もう一つは、記者が取材に向かったなら、艱難辛苦をものともせず、勇往邁進の精神を発揮し、かりに交通の便が悪く、汽車、自動車の便がなくても、馬、駱駝に乗ってでも、歩行してでも取材を敢行するように、と呼びかけた

ことです。この呼びかけの下に、カメラマンの劉世昭さんは万難を排して長江の三峡を踏破し、おびただしい数の出色の写真を撮影しました。

　ベテラン社長の李雪琴さんが、編集部の仕事を取り仕切っていた時代には、執筆、原稿審査などの仕事を受け持ち、鋭敏なニュース感覚と責任感で原稿を厳しくチェックし、幾多の手落ちを事前に防いでいます。総括、向上に秀で、李さんのまとめた、頭、手、足をフル回転させ、懸命に問い、懸命に覚え、懸命に書くべし、という記者の心得は私にとって大いに役立ちました。また連載小説の選択にも優れ、鋭い眼光、独特の角度から選んで掲載した小説はすべて読者の注目を浴びました。李さんが選りすぐったショートショートの特集は大評判となり、本社からショートショート選集の単行本を出版したほどです。

　秦泥さん。信用のおける、質朴の人です。編集部のリーダーであり、長兄のように部下たちを大事にしてくれました。仕事に励み、目を酷使したため、眼底出血を患いました。退勤間際に回ってきた原稿は必ず翌日までに目を通しました。また自宅で残業したな、と分かりました。原稿の審査・リライトにあたっては、その博学さと読書歴の深さを駆使して、内容を充実し、詩人の筆至で錦上に花を添えてくれました。秦さんが詩人気質を発揮して編集・執筆した漢詩の旅、李白、杜甫、白居易の四作品は紀行の形式を借りて、読者を漢唐の時代にいざない、当時の詩人の心境、詩作の雰囲気を感じとらせ、読者の疑問を解き明かしました。これらの作品が日本語に訳されて日本で出版されると、かなりもてはやされ、中国現代文学博物館にも収蔵されました。

　編集・審査の仕事を受け持つ郭伯南さんは、実直、謙虚、高尚そのものの人でした。いたって博学で、同僚たちからは「郭博士」と呼ばれました。本誌に来て最初に受け持った連載「新編・中国の歴史」は大いに好評を博し、つづいて執筆した連載「古文物鑑賞」「中国文化のルーツ」も大評判で、これらはいずれも単行本として、中国語、日本語で出版され、一再ならず版を重ねました。

文化史の専門家としての郭さんは、編集部員の養成に熱心でした。私と楊珍さんにも「中国文化のルーツ」の原稿を書かせ、データ収集、文章構成の布石、執筆、書き直しなどについて、手に手をとって教えてくれました。「客家の土楼と囲屋」を私に書かせた際には、古典文献、考古学的な新発見、民間習俗の面からデータ収集するよう指導し、おかげで私はデータ収集のルートと執筆の着想がにわかに広まるのを感じました。郭さんはまた、20万字の資料を読みながら結局は20字しか用いなかった自らの例をあげ、地道に苦労してこそ、砂から金を採るように、立派な原稿を書くことができると諭しました。

　郭さんは定年退職してからも今尚執筆を続け、文化史の著書を次々に出版しています。この数年来私は連載「長江文明を訪ねて」を執筆していて、問題にぶつかる度に郭さんに教えを請うのですが、その度に郭さんは正確、詳細な解答をあたえます。そうしたさいの郭さんの哲理と叡智に満ちた名句には只ただ感服するばかりです。

「仕事の鬼」二人の仕事ぶり

　日本からの影響らしく、本誌にも仕事の鬼がたくさんいました。そのうちの二人、李玉鴻さんと沈延太さんの仕事ぶりを紹介します。

　本誌が喜ばれるのは、レイアウトが生き生きとしていて、日本の読者の好みに合っていることにも関係があります。写真部の人たち、とりわけ、李玉鴻さんが自らの汗水と知恵を注ぎ込んだたまものなのです。

　李さんは日本からの帰国華僑で、デザインと絵画に長じていました。私が入社したときには、李さんはすでに喘息とリューマチを患っていました。独身寮では同室で、李さんは季節の変わり目になると、咳が止まらずに息切れがし、夜も眠れませんでした。リューマチのために背中が曲がり、歩くのも不自由でした。医者が治療のためのマッサージをしにきたのですが、その様子は痛々しくて見ていられませんでした。うつ伏せになった李さんの背中を、体が大きく太った医者がひじや膝で、力いっぱい揉み、捻り、押し付け

ました。李さんは激痛をこらえるタオルを口にくわえ、全身汗まみれになっていました。治療を終えてぐったりしている李さんを見ると、私はいたたまれませんでした。

　ところが、いざ仕事となると、李玉鴻さんは自分が重病人であることを気にもしていません。寮は2階でオフィスは4階にありました。オフィスで残業する李さんの姿を毎日のように目にしました。当時のレイアウトは原始的な手作業に頼っていました。日本語の原稿が回ってくると、まず原稿にしっかり目を通してから、割付けとタイトル案を練るのです。種々の字体のタイトル、中見出し、小見出しを手書きし、種々の模様紙に貼りつけ、印刷所に送り届けて写真製版しました。戻ってくると、さらに既定の場所にひとつひとつ貼り付け、再度印刷所に届けて正式に製版しました。どの号の写真もタイトルも大変な数に上りました。そのための煩雑で細かい操作には大変な苦労を要しました。それをいささかの疎漏もなく夜に日をついで、来る日も来る日も、退職するまでやり続けました。その出色の仕事ぶりに感服しない人はいず、李さんは、「全国優秀新聞工作者」の称号を授与されました。本社でこの称号を獲得した最初の人でした。

　もう一人の仕事の鬼は、沈延太さんです。1964年、中央美術学院卒業後、写真部に配属され、カメラマンになりました。私は沈さんとは幾度もコンビを組み、その仕事の鬼ぶりを知っていました。中でも、1976年の「長江の旅」取材の記憶がもっとも鮮明です。

　青海・チベット高原にある長江の源流では、沈さんとともに野宿しました。高原の風雪やひどい高山病をものともせず、沼、草むらを通過し、雪山を越え、氷河を渡り、種々の艱難を克服して、ついには壮麗な長江の源流の得がたい光景をカメラに収めたのでした。

　金沙江辺の瀘沽湖のほとりでは、思い通りの写真を撮るため、腹ごしらえもせず、夜の白まないうちから湖辺の山頂に登りました。理想的な空模様になるのを待ち、撮影に最適な角度を探り、もっとも満足のいく光景を捉えるためには、疲労、空腹、危険も物の数ではありませんでした。山頂で休みな

く探し回り、待機し、シャッターを押し続けていました。日が沈みかけるので、早く降りて来い、と合図すると、返事は「少し待て」でした。日が暮れるので、夕飯だ、早く帰れ、と合図しますと、「慌てるな」でした。日が暮れたので、大声で呼びかけたのですが、今度は何の返事もありません。さては危険な状態に、と心配して村の民兵に救助を頼もうとしたとき、疲れきった身体を引きずった沈さんが物音を立てずに姿を現しました。これこそ、本社カメラマンの撮影態度で、無我夢中だったのでしょう。

　李玉鴻さんは定年退職後も、目次のページ、新連載、新コラムのタイトルなどのデザイン、レイアウトを依頼され、相変わらず忙しさでした。沈さんは英語版『中国婦女』社に配転、後には編集長を務め、退職後は、日頃から撮っていた北京の路地の写真を「北京の路地の四季」として編集し、本誌で1年間連載しました。

　二人の仕事の鬼は働き過ぎたのでしょう。早々と亡くなりました。痛惜の念に耐えません。

尊敬に値する日本の友人

　創刊してからの60年来、日本各界の友人と読者の支持を得つづけてきました。語り伝えるべき話は多々ありますが、ここではその中で私自身が経験したいくつかを採り上げることにします。

　1972年9月30日、中日国交が正常化したその翌日、中国バレーボール代表団に同行して日本を20日間訪れました。その間、競技場での試合、球技の切磋琢磨、競技場外での訪問、交流を通じて、選手団一同はいたるところで中日友好の波にひたっていました。

　私は本誌記者として、読者の厚情をいただきました。読者のみなさんは口をそろえて、時間を割いて集会に出席し、懇談会に参加してほしいと要望していました。また、中島健蔵氏と会い、氏の貴いアドバイスを聞かせてもらったことも特筆に値します。

　中島氏と会ったのは、送別レセプションでのことでした。日中文化交流協

会理事長の中島氏がこちらへやってくるではないですか。ただちに立ち上がってあいさつし、酒盃を挙げました。天安門城楼上での観閲式に招かれ、毛沢東主席と会見されたこともある友好人士であり、本誌の古い友人でした。本誌の記者だと知ると、「私は『人民中国』を読んでいますよ。寄稿したことがあり、編集部に参ったこともあります」と、にこやかに語り掛けられました。このことばに温かみを感じた私は、本誌に何かアドバイスを、とお願いすると、中島氏はやや思案してから、東京に支局を置いて、記者を常駐させるといいですねと、アドバイスしていただきました。

当時、中国はまだ「文革」の最中でした。帰社してから中島氏の提案を報告しましたが、東京に支局を設けるほどの高望みをする勇気を持ち合わせていませんでした。それが改革開放後の1986年になると、多方面の努力が実り、東京支局を置くことができ、于明新さんを初代駐在記者として派遣しました。中島氏の大所高所からものを見た提案が実現したのでした。さらに数年前になって、本社の上部機関である中国外文局ではマクロ的視点から、「本土化」目標の実施を始め、本社は一歩進んで日本現地印刷を実現し、出版・発行の周期を大いに短縮しました。すでに故人となられた中島氏がもしこれを知ったなら、会心の笑みを浮かべたことでしょう。

中国書店と川端幸夫社長は、福岡で長期間にわたり本誌を販売してきただけでなく、その普及・拡大にも力を尽くしてきました。私が書いた「民俗」の連載に注目した川端社長は、この単行本出版を計画しました。後に、中国広告社と東方書店が共同出版することを聞き知って、この計画は打ち切られましたが、計画していただいただけで十分でした。

川端氏はその後も私の民俗探索を支持し続け、福岡からわざわざ『日本民俗大辞典』と『日本年中行事百科』を送り届けてくださり、大いに感動しました。これらの辞典はずいぶん重く分厚く、川端社長の友情の重さと厚さを象徴しているように思われました。

1992年4月1日、日本の名高い砂漠対策専門家・遠山正瑛氏が日本のボランティアを率いて内蒙古のクブキ砂漠へ植樹に行くことになりました。これ

を知った本社は王衆一総編集長（現在）と私とで遠山氏を取材することにしました。遠山氏は取材を快諾してくれましたが、忙しい上にスケジュールが詰まっているので、北京発包頭行きの列車内で取材を受けたい、と連絡してきました。

86歳の遠山氏は前日北京に到着したばかりで、昼間は日本からのボランティアを引き連れて郊外へアケボノスギの植樹に行ったばかりであり、晩には列車で包頭に行くのです。これでは体が持たないのでは、と心配したのですが、遠山氏は列車に落ち着くなり、取材を促しました。

白髪でしたが、いかにもかくしゃくとしていて、頭脳明晰です。1935年に中国へ留学した際、内蒙古を見て回り、それ以来、この地の砂漠を気にかけ続けてきました。1979年になって内蒙古を再度訪れたとき、東方の母なる大河である黄河に緑の衣を捧げよう、と志を立てたのでした。それからは、熱心な日本のボランティアとともに幾度もクブキ砂漠にやって来ては植樹をおこない、今日ではここはすでにエンゴベ農場となっています。

取材は2時間近くに及びました。遠山氏の淡々とした口調の談話と王衆一さんのスピーディーでスムーズな通訳を聞きながら、素早くペンを走らせ続けましたが、遠山氏に対する尊敬の念がこみあげるのを禁じえませんでした。偉大な事業であり、崇高な精神なのです。

「足」で書いた民俗の知恵

「足で文章を書く」のが本誌の伝統です。

1979〜1981年、連載「少数民族探訪」を書くため、私と曽慶南さんとは二手に分かれて各地の少数民族の山村を取材して回りました。

1979年の初冬、ホジェン族の操船と漁、河畔でのサシミを食べる宴会などを取材した後、内蒙古のアオルグヤオウンク猟民新村にやってきました。ここの人たちは依然としてトナカイ飼育と猟とを生業とし、その猟場は白雪を頂いた大興安嶺でした。最初、郷政府では私の安全に配慮して、山中での取材を認めず、付き添いの広報担当者さえ「ここに20年暮らしてきた私で

も、狩猟の現場には一度も行っていない」と、説得しました。それでも諦めずに1週間粘り、結局、郷長も折れて、郷の担当者二人と腕利きの猟師二人をつけるという破格のあつかいで、猟場に連れて行ってくれました。

　原始林に入って間もなく、日が暮れ、たびたび小枝に当ってメガネが跳ね飛ばされそうになりました。雪は膝まで積もり、歩くのに難儀しました。林の海と雪の夜、茫々として視界も定かでありません。猟師に遅れないようにと懸命に足を運んで、全身汗にまみれ、靴、靴下、足、ズボンの裾は雪水でぐしょぐしょになってしまいました。一歩でも遅れることはできません。遅れをとれば凍死、餓死か、オオカミに食われることを意味します。猟師の話では、オオカミが多く、猟場付近ではかれらが飼育しているトナカイが襲われるとのことでした。案の定、夜中の12時頃になると、オオカミの遠吠えと銃声が聞こえてきました。行く手にオオカミがいることを知った猟師たちはただちに何発か威嚇発砲して、オオカミの襲撃に備えました。狩猟場に着いてから聞いたところでは、オオカミの群れが襲来し、トナカイを一頭食い殺したとのことでした。

　行進すること8時間、午前1時にようやく猟場に到着しました。木柵、テント布、獣皮で臨時にこしらえた円形テント「撮羅子」に入りました。猟師たちはただちに火を起こし、釜、ヤカンを釣べに吊り、香ばしい熱々のシカの肉と蒙古茶（ミルクティー）で私たちをもてなし、寒さと飢えと疲労を癒してくれました。

　3日目になって、狩猟生活とトナカイ飼育の習俗を取材し終えた私は、大満足して帰途につきました。

　1982〜1986年、私とカメラマンの魯忠明さんとで取材した連載「中国民俗探索」は、本誌の責任者、同僚、各地取材先の人々、民俗学者たちがともに汗水と知恵を注いで開かせた民俗の華といえましょう。ここでは取材中のエピソードを紹介します。

　私たち二人は民宿を続け、民家の人たちと食事をともにし、よく観察し、よく話し合うように努めました。30年前でしたから、交通の不便な農村が

少なくありませんでした。湖北沔陽の湖郷が特にそうでした。平日でも「舟なしの外出は道なしの歩行」同然なのです。取材に行く数日前には連日の雨で、道はひどくぬかるんでいて、県の広報部長は日を改めて来るよう勧めました。が、私たちは、「山に虎有りと知らば、かえって虎山を行く」と決めていました。おかげで、ぬかるみ専用の珍しい下駄や、湖郷での漁作業、ハス採取、レンコン掘りなどの民俗を知ることが出来ました。特に驚嘆に値するのは、湖郷の家屋の「水門」です。家屋を建てる時、前もって塀の基部に随時撤去と再設置可能の小塀を水門として幾つもこしらえてあります。増水や洪水時にこれを開けて水のはけ口の役割をはたさせると、家屋は押し寄せる水にもびくともせず、浸水しても倒れることはありません。もし、民宿して農家の主人からこの話をつぶさに聞かせてもらわなければ、こうした家屋保護の民俗の知恵を知ることは出来なかったでしょう。

後に経済が発展するにつれて、農村にも旅館ができて、民宿は遠慮すべき状況になりました。そこで私たちは民宿の替りにあつかましいと思いながら、農家の食事に割り込ませてもらうことにしました。主人たちと食べながら四方山話ができ、食事前後の時間を利用して取材、撮影できるからです。山東省栄成の漁村一家との食事の時などでは、当地の習俗をたくさん取材することができました。

この民俗ルポの連載は3年間続き、内外の読者と学術界でも好評を博しました。後に湖南省では単行本にまとめて、普通版と豪華版とを、新世界出版社では英語版を、東京では日本語版が出版されました。外文出版社の大型写真集には、英、仏、独語版があり、版を重ね、好評を博しているだけでなく、国家の指導者が外国訪問の際に贈答品にもなっています。

客員教授として名古屋へ

2001年の7月から12月にかけて、客員教授として、名古屋大学の大学院で、桜井龍彦教授と中日民俗に関する共同研究にたずさわりました。

日本語ができないうえ、名古屋大学には知人もいませんでした。それなの

にどうして客員教授として招聘されたのでしょう。実はこれは本誌が取り持つ縁による学術交流だったのです。

桜井教授は中国文化を深く愛する人で、大学時代には中国文学を学び、中国語が達者で、後に、人類学と中日民俗研究を専攻しました。1981年には北京師範大学に留学し、「中国民俗の父」といわれる鍾敬文教授に師事しました。以来、中日民俗学の交流と研究に力を注ぎ、卓抜した成果をあげました。

本誌の熱心な読者でもあり、大学時代から今日にいたるまで講読を続け、本誌から中国文化と民俗の資料を収集していました。2001年に名古屋で行われた国際アジア民俗学会学術シンポジウムで、桜井教授は論文「河川開発と治水の伝統技法」を披露した際に、本誌に掲載した四川省都江堰の写真を使いました。

私とは面識がありませんでしたが、本誌の「民族」「民俗」などの連載を通じて私を「知っていた」のでした。私が客家であることもご存知でした。そこで教授は、自ら指導する中国留学生・魯雪娜さんが客家社会習俗変化についての博士論文を作成する前に、中国の民俗学会を通して私に打診してきました。魯さんによる適当な調査地点の選択、農村での魯さんの調査に随行、客家語の通訳担当の可否についてです。客家人の一人として、私は当然快諾しました。魯雪娜さんが調査行の件について北京に打ち合わせに来た際、客員教授として名古屋大学へ招聘する桜井教授の招請書を携えてきたのでした。

個人としての日本行きですが、本社の一員であるからには、粗相があってはいけません。自らを厳しく律し、謙虚に学び、研究に励み、真剣に講義にのぞみました。中国民俗、客家文化、仏教文化について7回講義し、中日稲作・耕作習俗、客家住民の風水習俗、黄河洪水防止習俗などの論文3篇（これらの論文は日本で発表されたほか、北京、広州、台湾の書籍・刊行物関連により出版）を発表し、求められていた名古屋大学での講義3回、論文発表1篇を超えるものとなりました。

49年来の経歴を振り返りつつ、私はここに心底から本誌を愛し、『人民中国』の与えたすべてに対して誠心誠意感謝する、と重ねて述べる次第です。同時に『人民中国』がますます発展し、輝かしい未来を迎えられるよう心よりお祝いを申し上げます。

プロフィール

　丘桓興　高級記者。1941年、広東に生まれる。64年、中山大学卒業後、人民中国雑誌社に配属される。編集部部長、副社長兼副編集長などを歴任。2002年、定年退職後、要請に応じて社に留まり、今日まで勤務し続ける。中国民俗学会理事、中国民間文芸家協会会員、中華炎黄文化研究会客家研究センター理事。『中国民俗採英録』『客家人と客家文化』等の著書がある。「中国民俗旅行」叢書全31巻を主編。

1979年初冬，作者（左一）在鄂温克族狩猎点采访。
1979年初冬、エベンキ（鄂温克）族の猟区で取材中の筆者（左端）

2001年，作者应邀在名古屋大学与樱井龙彦（右）合作，从事中日民俗研究。
2001年、招待を受けた名古屋大学で、桜井龍彦氏（右）と協力して中日民俗研究を行っている筆者

2005年，作者（左一）在贵州省从江县的苗寨采访。
2005年、貴州省従江県のミャオ（苗）族の村で取材中の筆者（左端）

记忆中的读者会

李惠春

　　1961年，我走出大学校门，怀着青年人对未来的向往、抱负和火一般的热情走进外文出版社的大门。外文出版社即现在的中国外文出版发行事业局的前身，出版各类语种的书刊杂志。人民中国杂志社就是其中之一。我从那一年的9月1日开始被分配在日文翻译组作校对、翻译并协助编排工作。

　　当时的总编辑康大川先生、翻译组组长刘德有先生、安淑渠女士都是中国日语界的前辈。他们对工作认真负责，一丝不苟的精神成为我学习的榜样。

　　前辈们亲切地称呼我"春さん"，他们安排我坐在日本同事河野女士和石川英子女士的中间。在校对工作中遇到困难时，这两位日本女士便担任起我的"《人民中国》大学"的教授。

　　校对工作要求认真、细致，这与我的马大哈性格实在是相悖。尽管我认为已经很努力了，但我校对过的稿子到了前辈们的手里仍然会发现许多错漏。这让我不甚苦恼。在前辈们耐心的帮助下，应该说我有了很大的进步，对出版《人民中国》的意义也有了进一步认识——上世纪60年代初期，中日两国人民之间的交流通道尚未打开，日文版《人民中国》杂志便成为日本人民了解中国的主要窗口，被誉为"中日友好交流的桥梁"。如何更好地起到窗口和桥梁的作用，这是《人民中国》的人每日所思所想的重要课题。

　　随着中日两国签订了和平友好条约，两国人民之间的交流往来日益扩大。上世纪80年代初，在我已年过40岁的时候，外文局派我到日本去留学。那时，在日本的尼崎、静冈、大和等地区已经先后成立了"《人民中国》读书会"，

或者"中国三刊读者会"。以胜田弘老先生为会长的大阪读者会的几位老朋友专程从大阪到我就读的爱知大学来看望我。我也应约出席他们的读书会活动，聆听他们对杂志的批评、建议和感想。会长胜田弘老先生每次开会后都要把大家对杂志的意见、建议整理成文，以书信方式寄给的《人民中国》编辑部。信的落款处都要写上落笔时间，往往是午夜十二点。

我记得，上世纪70年代中期，日本读者曾先后组织了4次"中国三刊读者之翼"活动。以小林泰先生为首的"你你会"是第二次"读者之翼"二班的朋友。社领导派我参加接待工作，我被安排在二班。通过两周的交往，我与二班的成员结下了深厚的友谊。"你你会"的名字来自于第二次读者之翼二班的日文"二"字的发音，与中文的"你"字相同，于是叫"你你会"。

我在留学期间有时也参加他们的活动并荣幸地被吸收为"特殊"会员。在一次学习会上，一位日本朋友提出何谓幸福的问题，他说："只有物质生活的富裕并不算幸福，只有精神上幸福才是真正的幸福。"当时，我对他的看法很不理解，我认为充裕的物质生活应该是第一位的。为此，我们争论得面红耳赤。现在想来我与那位朋友的分歧是有原因的。上世纪80年代日本已经完成经济高速发展的时代，人们在物质生活有一定保障的情况下便要追求精神上的幸福。而当时，中国的改革开放刚刚起步，温饱问题尚未解决，我的认识当然应该是先有饭吃，有丰富的物质生活保障……如此可见社会发展阶段不同人们的价值观也有差异。这对我们编好《人民中国》杂志似乎也有一定启示。

1989年7月，我作为《人民中国》特派员派往日本常驻。"你你会"的几位老朋友前来记者站访问，并商讨在日本各地成立读书会的事宜。来自崎玉县饭能市的西野长治先生建议在饭能市成立读书会，得到大家的认可。1990年8月5日，"饭能市中国三刊读者之会"正式成立。成立大会十分隆重，饭能市市长亲自出席并致贺词。从此，读书会定期举行读书、友好交流活动。2000年，西野先生因年事已高，便请来日本著名书法家大野邦弘先生接替会长工作。2005年西野先生仙逝，读者之会在大野先生的主持下继续开展着各种丰富多彩的活动。

如今，我已是《人民中国》退役的老兵，但是读书会的朋友们有什么活动总要通知我。每到那时，我好像又回到原来的岗位，与老朋友们欢聚一堂，畅谈友情，其乐融融。

作者简介

　　李惠春　副译审，1937年12月生于河北省昌黎县，1961年10月进入人民中国杂志社工作，曾担任翻译部主任，1995年2月退休。

読者会の思い出

李恵春

　1961年、私は大学を卒業し、若者特有の情熱と未来への夢を胸に、外文出版社の門をくぐりました。外文出版社とは現在の中国外文出版発行事業局の前身で、各種言語による書籍や雑誌を出版するところで、人民中国雑誌社もその中の一つでした。私はその年の9月1日から日本語翻訳组の校正・翻訳、そして編集・レイアウト助手に配属されました。

　当時の編集長は康大川氏で、翻訳グループのグループ長劉徳有氏、安淑渠女史は中国の日本語界における先輩で、彼らはとても真面目に仕事に取り組んでいて、どんな細かなこともおろそかにしない精神は、私の学ぶ手本となりました。

　先輩たちは私を「春さん」と親しみを込めて呼び、私の席を日本人専門家の河野さんと石川英子さんの真ん中に置いてくれたので、校正の際に分からないことがあると、この2人の日本人女性が私の「『人民中国』大学」の教授となってくれました。

　校正の仕事は真面目さ、細かさが要求され、これは私の大ざっぱな性格とはまったく正反対のものでした。私がどんなに頑張ったと思っても、私が校正した原稿が先輩たちの手にかかると、多くの校正漏れが発見されるのでした。このことで私はとても悩みました。それでも、先輩たちの忍耐強い手助けにより、私は大きな進歩を遂げたということができると思いますし、『人民中国』の出版意義に関してもさらに認識を深めました。1960年代初期は

中日両国の人々の交流ルートがまだ開かれておらず、日本語の『人民中国』は日本人が中国を知るための主な窓口となっており、「中日友好交流の懸け橋」と讃えられていました。この窓口をどのようにしたらさらに良いものとできるかが、『人民中国』関係者が毎日考える重要な課題となっていました。

中日両国が和平友好条約を締結し、両国民間の交流が日増しに拡大するようになりました。1980年代初め、私が40を過ぎた頃、外文局によって日本留学のチャンスを与えられました。その頃、日本の尼崎、静岡、大和などの町に「『人民中国』読書会」、あるいは「中国三誌読書会」が成立していました。勝田弘氏を代表とする大阪の読書会の何人かの読者が、わざわざ大阪から愛知大学で勉強している私に会いに来てくれました。私も彼らの読書会に参加し、彼らの雑誌に対する批評や提案、感想に耳を傾けることとなりました。勝田会長は毎回会の開催後、みんなの雑誌に対する意見や提案を書きとめて、『人民中国』編集部に送ってくれました。その手紙の末尾に書き添えられた日時は、しばしば夜の12時となっていました。

1970年代中期には、日本の読者の4回にわたる「中国三誌読者の翼」活動が行われたことを覚えています。小林泰氏が代表となっていた「你你（ニーニー）会」は、2回目の「読者の翼」の第2班として訪中しました。社の上層部が私に接待を担当させ、私はその2班の担当となりました。2週間の往来で、私と2班のメンバーの方々とは深い友情で結ばれることになりました。「你你会」の名前は、第2回読者の翼の第2班という日本語の「2」の発音と中国語の「你」の発音をかけたものです。

私が留学していた時にも彼らの活動に参加したことがあり、彼らは私を「特別会員」として扱ってくれました。ある勉強会の時、一人の日本の友人が幸せとは何かという問題を提起し、彼は「物質的に豊かであることだけが幸せではない、精神的に幸せなのが本当の幸せだ」と言いました。当時、私は彼の見解がまったく理解できませんでした。私は物質が豊かであるということが第一であると考えていたからです。このため、私たちはお互い顔を赤くしながら議論を戦わせました。今思えば、私とその友人の意見の相

違には、理由がありました。80年代の日本はすでに高度成長を遂げており、人々の物質的生活にはある程度の保障があり、その上で精神的な幸福を追求していたといえます。しかし当時の中国は改革開放が始まったばかりで、食・住の問題がいまだ解決されておらず、私は当然まずはご飯を食べること、物質が豊かなことにより生活が保障されると考えていたのです。ここから、社会発展の段階が異なる人々の価値観には差異があるということが分かります。こういったところに、われわれが『人民中国』をよりよくするためのヒントが隠されているように感じました。

1989年7月、私は『人民中国』特派員として日本に駐在することになりました。「你你会」の友人たちが私のところに訪れ、日本各地に読者会を作ることについて相談しに来ました。埼玉県飯能市に住む西野長治氏が、飯能市に読者会をつくることを提案し、みんなの賛同を得ました。1990年8月5日、「飯能市中国三誌読者会」が正式に成立しました。この成立式はとても盛大で、飯能市市長が自ら出席し、お祝いの言葉を述べました。この時からこの読者会は定期的に読書会や友好交流活動を行うようになりました。2000年、西野氏が高齢のため会長を退き、日本の著名な書道家である大野邦弘氏が会長となりました。2005年、西野氏が亡くなった後も、読者会は大野氏のもとでさまざまな活動を続けています。

今では私はすでに『人民中国』を退役した老兵となっています。しかし、読者会の友人たちは何か活動があると必ず私に知らせてくれます。そうした知らせを受け取る時、私は昔に戻ったように、友人たちと集い、楽しく語り合い、和気藹々と過ごした時のことを思い出すのです。

プロフィール

李恵春　一級翻訳者。1937年12月河北省昌黎県生まれ。61年10月から『人民中国』に勤務。翻訳部部長を務める。95年2月退職。

与大和读者会的朋友们
举行座谈会并发言
大和読者会の友人たち
との座談会で発言する

和横浜市港北区日中友
好协会的朋友们一起包
饺子、合影留念
横浜市港北区日中友好協
会の友人たちと、餃子を
つくって、記念撮影

读书会结束后的集体合影
読書会の後での記念写真

我这五十年

曾庆南

从1964年8月到2013年6月,我在《人民中国》工作、生活了整整49个年头,将近半个世纪啊!50年风风雨雨,酸甜苦辣,尽在其中。回首往事,感慨万千。我从一个风华正茂的年轻小伙,变成了一位年逾古稀的老汉。可以说,我将一生交给了《人民中国》。

进入古稀之年后,我在回顾人生之路时做了5件事。我称之为"五大工程"。"五大工程"之一是《我的故事》,我用讲故事的形式撰写了一本自传体回忆录。全书由30多组故事组成,共20多万字。老伴以满腔的热情、深深的爱意,撰写了一篇发自肺腑,充满激情的序言,为本书增色不少。工程之二是《我的收获》,是我一生从事对外传播工作所写文章、著作的总目录。之三叫《我的足迹》,我从数以千计的照片中,遴选出400余幅精彩瞬间,刻成光盘,展示我的成长过程和心路历程。之四是一套《对外传播文集》,文集分上下两册,80余万字。这是我一生报道中国所采写的部分文稿,分门别类,按特辑、座谈会、连载、专栏、专文等不同栏目及发表的时间,编辑而成。除刊登在《人民中国》的文章外,还有为其他对外刊物如《人民画报》、《中国建设》、《今日中国》、《现代中国》、《中国报道》及《中国妇女》等撰写的文稿,也一并收入文集。之五是一本《国内报刊文集》,全书50多万字,是我为国内外众多报刊撰写的文章的汇编本。

在回顾我的一生,我发现许多事情无不与《人民中国》的命运紧紧地联系在一起,因为我在这个大家庭里度过了人生中的绝大部分时光。

在《人民中国》60华诞之时，我忆起上世纪80年代的几件往事。

"曾21"的由来

"曾21"，是20世纪80年代中期，《人民中国》的同仁给我的一个绰号。不过我听了从不生气，反而有一种成就感、自豪感！说明人们并未忘却我当年所做的那件事。

1983年11月，时任中共中央总书记的胡耀邦访问日本时，邀请3000名青年访问中国。这是中日友好事业中的一件大事、幸事、喜事！为了全面反映和记录中日青年友好联欢的历史时刻和壮观场景，中日友好21世纪委员会中方委员会与《人民中国》杂志社决定合作编辑、出版一本大型纪念画册《21世纪》，8开本、150页，分中、日文版。这是一项系统工程，内容多、时间紧、要求严、难度高、工作量很大，不仅图片要精彩，文字还要生动精练。

《人民中国》研究决定由我担任《21世纪》画册的主编，负责全面工作。1984年下半年，我放下手中工作，立即全力以赴地投入画册的编辑工作。首先是进行构思设想，制定计划，然后"招兵买马"。我从《人民中国》有限的人员中抽调采编、翻译、美术设计、印刷出版等各路人马共17位精兵强将，搭建一个临时工作班子，并立即启动。

应邀来华参加联欢的3000日本青年分成四路从上海和北京入境，于1984年9月29日在北京汇合。10天时间内他们将先后访问北京、上海、南京、杭州、武汉和西安6个城市。我决定派出四路记者跟踪采访，每路两名记者，文字、摄影各一名，从头到尾将中日两国青年友好联欢的文字和影像全程记录下来，最后到编辑部汇总。

在派出四路人马的同时，我们还在全国范围内开展有关中日青年友好联欢活动的征文活动。征文像雪片一样从全国各地纷纷飞来。我组织人马边收稿件、边筛选。然后从初选的稿件中优中选优。最后选定日本青年9篇、中国青年8篇，共17篇文章。这些文章主题鲜明、感人肺腑、诙谐幽默、可读性强。

活动结束后，四路人马赶回编辑部。我要求文字记者以最快的速度整理

采访笔记，将最生动、最有趣、最感人的故事写出来。摄影记者们一下子拍了数万张照片。我要求他们按地区、按主题先整理出专题来，然后放幻灯片让相关人士在一起看片，严格筛选，确定后由拍摄者写出精彩的图片说明。

由于时间十分紧张，我要求各个环节按生产流程图运作，一环紧扣一环，不得拖拉。后期制作的关键是制版、印刷，尤其制版是瓶颈。我亲自出马与外文印刷厂相关方面联络、沟通。记得在一个冰冷的大雪天，我还特地买了礼品去慰问印刷厂的工人，以求得他们的理解和支持。

在大家的共同努力下，经过短短3个月的奋战，精美的《21世纪》画册日文版和中文版同时出版了。这本以图片为主，反映中日青年友好联欢全貌的大型画册，除赠送参加此次联欢的3000名日本青年外，还赠送给《人民中国》的3万多订户。

《21世纪》画册的出版在日本引起强烈反响，叫好声不绝于耳。日本各界给予了极高评价。它在外文局1984年的优秀外文书刊评比中还荣获一等奖。

大概因为干得还可以吧，"曾21"的绰号就这样叫开了。意思是曾庆南领着大家编辑出版了一本大受欢迎、令人难忘的《21世纪》画册。

在东京表演少林拳

我这个人看上去并不怎么起眼，却在日本少林寺拳法联盟的百万拳士中，享有相当高的知名度。

1979年第6期的《人民中国》杂志上发表了一篇我采写的题为《少林拳士还"乡"记——日本少林寺拳法联盟访华侧记》一文。别看这区区3000字的小文，它在日本引起的反响可不小。

日本少林寺拳法联盟会长宗道臣先生更是如获至宝，乐不可支。据说，他请日本最有名的文学教授评阅此文，结论是好，很好，极好！于是，他要求全国两千多个支部都必须购买这期杂志，更要求全国80多万拳士都必须阅读此文。还特地将我的文章收入他的主要著作《少林寺拳法》中。可见他是多么看重此文！

1980年初，日本少林寺拳法联盟邀请中国体育友好代表团访日，邀请函中

特别点名邀请我前往。

应日本少林寺拳法联盟的邀请，我作为中国体育友好代表团的一员，于1980年11月20日至12月10日，东渡扶桑，到友好邻邦日本进行为期3周的访问。

在日本少林寺朋友的精心安排和热情关照下，我们先后到东京、大阪、京都、奈良、神户以及静冈、香川、熊本等地访问，游览了许多名胜古迹，参观了工厂、农村以及文化体育设施。既看到了日本现代化的先进技术，也认识了日本古老的文化。

我们专程前往香川县多津度拜访了日本少林寺拳法联盟总本部。我在总本部贵宾室看到了从1972年以来的《人民中国》杂志，这引起我的极大兴趣，说明宗先生和日本少林寺的许多朋友是我们杂志的热心读者。

不过，这次访日最具挑战和戏剧性的事件，还是我在东京武道馆表演少林拳的故事。

我们这次访日，正赶上日本少林寺拳法联盟召开"1980年少林寺拳法全国大会"，我们应邀参加了这一盛会。全国大会是来自日本全国各地拳士们的一次比武竞技会，是少林寺拳法的全国大检阅，每3年举行一次。隆重而热烈的大会在东京武道馆举行，参加者达一万余人。

大会受到日本政界和社会名流的重视。来宾中有天皇的侄子三笠宫宽仁亲王殿下、43位国会议员以及包括中国在内的21个国家的使节。此外，日本少林寺拳法联盟在国外的16个支部的代表也远道赶来参加。由于中国代表团是首次参加，因而受到非常隆重的欢迎，从而使本届大会更具中日友好的色彩。

在全国大会上，来自日本各都、府、道、县和国外支部的拳士们进行了精彩的比赛和表演。中国代表团中有3位少林拳师应邀在全国大会上作了表演。中国拳师在日本表演少林拳，尚属首次。

说起这次表演还真有一段有趣的故事哩！那是代表团组成后，日方要求代表团参加全国大会，并表演少林拳。经反复讨论，决定由少林寺的梁以全、耿合营和上海体院的蔡龙云3位拳师出演。蔡先生提出，他打算表演罗汉十八手，

但必须有一位对手配合。谁来？有人提议让我来，一是记者身份，比较合适，表演好赖都没关系；其次是体形较好，像个练武之人。蔡先生也认可。大家一合计觉得不错，就这么定下来了。

我一听就犹豫了，虽说小时候确实学了一点武术基本功，比如马步、骑马蹲裆式、劈叉、铁砂掌功等等，但对少林拳术一窍不通。我这不会少林拳术的体育记者怎好在日本武道馆的万人面前现丑呢？但认真一想，为了中日少林拳法的交流，不正是我为中日友好大厦上添砖加瓦的时候吗？于是，我欣然接受了。蔡先生鼓励说，没问题，有我呢！为了不致于太丢人现眼，在蔡先生指导下，我事先做了刻苦的突击训练。

那天的表演出人意料地大受欢迎。当天，日本新闻媒体的镜头都对准了蔡先生和我。据说，过去中国拳师表演少林拳仅是个人表演，从未有两人交手的。在当晚的欢迎酒会上，北海道少林寺拳法联盟的一位负责人激动地对我说："我在东京看到了中国真正的少林拳，回去后要告诉北海道的拳士们。""曾先生不仅文章写得好，少林拳也打得好，真是文武双全啊！"我真有点受宠若惊了。虽说感到自不量力，但也觉得荣幸之至！

用脚"写"文章

"用脚写文章"这句经典名言，是《人民中国》的日本老专家戎家实告诫我们的。起初，听起来很别扭，文章怎能用脚来写呢？不太理解。后来的实践证明，这句话是十分正确而又形象、生动的。

1975年，我曾在《人民中国》杂志上，以"在少数民族地区"为题，开辟了一个专栏，向日本读者介绍中国少数民族的有关情况，引起读者的浓厚兴趣。然而，简要概括的介绍使读者仍感不满足。戎家告诉我，坐在办公室是编不出好文章的。你应该亲自深入少数民族地区，用脚来"写"文章，用脚来"拍"照片，报道你耳闻目睹、亲历亲为的东西。这样，读者才会喜欢。

1979年，编辑部决定开辟一个名为"探访少数民族"的专栏，以连载的形式报道我国少数民族的情况。从1979年至1981年，我和另一记者花了3年的时间，从东到西，由南而北，分头深入到少数民族聚居的地区，获得了许多丰富

而宝贵的材料，真正用脚"写"成探访报道，向日本读者介绍，引起强烈反响，成了当时的"拳头产品"，获得巨大成功。

令我深感意外的是，我采写的这一连载引起日本专家的极大兴趣。日本著名作家、《人民中国》的改稿专家村山孚十分喜欢这一连载，他深知这是写书的极好素材，几次提出要跟我去采访，甚至愿意帮我提采访包一块去采访。虽说是玩笑话，却反映了他的真实想法。当他得知这些少数民族地区山高路远、偏僻闭塞、交通不便，而且尚未对外国人开放时，他表示理解，并放弃了想法。但他仍十分关注这一连载，不时给以指导。村山说，改我的民族探访稿件是他"每期的一大乐趣！"

"不入虎穴，焉得虎子"

1982年5月，日本登山队员松田宏也在攀登号称"死亡之山"的贡嘎山时，不幸失踪，在生命垂危之际，幸被4位中国彝族农民发现，后经中国医护人员多方抢救，终于从死神手里夺回生命，并安全返回日本。消息传出，引起中日两国登山界和人民的广泛注意和严重关切。我意识到这是中日友好关系史上罕有的佳话，是《人民中国》应该报道的重大主题，值得大书特书。

当时，有关松田宏也失踪、被救、生还的报道早已铺天盖地，见诸报端。有的人主张根据现有材料编发一篇稿件就行了。我觉得像如此重大的主题，《人民中国》的记者应该深入实地，进行现场采访，挖掘第一手材料，写出有份量、有深度、有特色的报道。我主动请缨，承担重任。

在做了必要的准备之后，我匆匆上路了。山高路远，困难不少，但职业习惯和责任感驱使我迎着困难上。当我千里迢迢，来到川西那4位彝族农民的家时，他们十分高兴和感动！因为，据说报纸、电台、电视台发了成百上千篇报道文章，却从来没有一个记者到过他们这里。我从他们那里获得了许多宝贵的第一手材料，了解了很多细节和故事。真可谓"不入虎穴，焉得虎子"。

从确定选题到写成这篇题为《为了一个日本人的生命》、16000字的长篇报道（包括拍摄插图照片），我只花了20天时间。

杂志在日本发行后，引起极大的反响，好评如潮，收到意想不到的效果。

日中交流协会会长茅诚司先生1983年在《人民中国》创刊30周年的庆祝大会的致词中，特地就《为了一个日本人的生命》一文发表感想。他说："我和我的夫人从未读过如此感人肺腑的文章，实在令人感动不已！"

作者简介

曾庆南　1937年生于广东兴宁。1964年于江西大学新闻系毕业后，在人民中国杂志社从事采编工作长达49年。1997年退休。

私の50年

曾慶南

　1964年8月に『人民中国』と共に人生を歩み始めてから、2013年6月でついに丸49年を迎え、ほぼ半世紀になります！　この苦楽に満ちた50年間を振り返ると、本当に感慨深いものがあります。青春真っ盛りの若者だった私が、今はすでに古希を過ぎた年寄りになり、私は一生を『人民中国』に捧げたといっても過言ではありません。

　年老いた後、私はこれまでの自分の人生を振り返りながら、5つの作品を制作しました。私はこれらを「5大プロジェクト」と呼んでいますが、1つ目は『私の物語』で、過去の経験を語る形式で書かれた自叙伝的な回想録です。この本は30組のストーリーで構成され、合計20余万字です。長年連れ添った妻が、情熱と愛情にあふれる序言を心を込めて書いてくれたおかげで、この本の輝きが増し加わりました。2つ目は『私の収穫』で、海外向けの報道業務一筋の人生で記したすべての作品と著作の総目次です。3つ目は『私の足跡』で、これまで撮った何千もの写真の中から400枚を厳選して、光学ディスクにまとめ、私の心の遍歴と成長の歩みを記録しました。4つ目は『海外向けの報道文集』の上下2巻セットで、合計80余万字です。これは、私が中国報道のために生涯をかけて取材した原稿の一部で、特集、座談会、連載、コラム、レポートなどに分けて、発表時間順に編集したものです。『人民中国』に掲載された記事のほかに、その他の海外向けの刊行物、例えば『人民画報』『今日中国』『中国報道』および『中国婦女』などの雑誌で掲載され

た記事も収録されました。5つ目は『国内新聞・雑誌文集』という本で、全書50余万字で、国内外の新聞や雑誌で掲載された私の記事の精選集です。

　私の一生を振り返ると、人生で経験した非常に多くの出来事が『人民中国』の歩みと密接に繋がっていることに気づきました。なぜなら私は、この大家庭で人生の大部分を過ごしたからです。

　『人民中国』の創刊60年に当たりまして、1980年代に起きた出来事のいくつかを思い出しました。

「曾21」の由来

　「曾21」とは、1980年代の中頃に、『人民中国』の同僚たちが私につけてくれたあだ名です。でも、そのことで腹を立てたことはなく、逆に達成感と誇りを感じました。なぜなら、それは当時私が行った仕事をみんながずっと覚えてくれていることを意味していたからです。

　そのいきさつをお話したいと思います。

　1983年11月、当時の中国共産党の胡耀邦総書記が日本を訪問した際、3000人の青年団を中国に招待しました。これは中日友好事業として非常に重大な出来事で、喜ばしいことでした。中日青年友好交歓会の歴史的瞬間と素晴らしい場面を余すところ無く記録するために、中日友好21世紀委員会の中国側の委員会は人民中国雑誌社と協力して大型記念写真集『21世紀』を編集し、出版することにしました。同写真集はＡ３判の150ページで、中国語版と日本語版の2冊を出版しました。この事業は組織的な共同作業で、内容量が多い上に時間の制約もきつく、また要求が厳しくて難度が高く、さらに仕事の量が膨大でした。そして素晴らしい写真だけでなく、洗練されて臨場感にあふれた文章も準備するよう求められました。

　人民中国雑誌社での協議の結果、私が写真集『21世紀』の総編集者となって、すべての作業を統括することになりました。1984年の下半期、手元にあった仕事を一時的に中断して、直ちに写真集の編集作業に全力で取り組みました。まずは構想を練り、計画を立て、そして人材を集めました。私は

『人民中国』に所属するわずかな社員の中から取材、編集、翻訳、デザイン、印刷・出版などの各分野から17人の精鋭を集めて特別制作チームを作り、作業をスタートしました。

　中国での交歓会に招待された3000人の日本人の青年たちが4組に分かれて、それぞれ上海と北京から入国し、1984年9月29日に北京で合流しました。10日ほどの間に、北京、上海、南京、杭州、武漢と西安の6都市を相次いで訪問しました。そこで私は、4組の取材陣を派遣して密着取材を行い、1組ごとに記者を2人割り当てて、それぞれ記事と撮影を担当し、中日両国の青年による友好交流の過程を最初から最後まで文字と写真で記録し、まとめてから編集部に提出することにしました。

　取材陣4組を派遣すると同時に、全国規模で中日青年友好交歓イベントに関する感想文の募集活動を繰り広げました。応募原稿は降りしきる雪のように全国から次から次へと届きました。私は原稿の整理と選別の段取りをしました。1回目の選考で選ばれた原稿の中から優秀作品の選定を行いました。その結果、日本人の青年による9作品と中国人の青年による8作品、合計17作品が選ばれました。これらの文章はいずれもテーマが明確で、感動的でユーモアがあり、読みやすかったことが選出の決め手になりました。

　イベントの終了後、4組の取材陣が編集部に急いで戻って来ました。私は、記事の担当者に全速力でメモを整理し、リアルでおもしろく感動的な、最高の記事を書き上げるように求めました。カメラマンたちは一気に数万枚の写真を撮ったので、写真が山のようでした。そこで私は、写真を地域およびテーマ別に分けて整理し、またスライドで関係者と一緒に確認しながら厳選するようにと指示しました。確定されると撮影者に各々の写真に最適なキャプションをつけてもらいました。

　時間の制約がきついので、各部門で作業日程表に従って、時間通りに作業をこなし、遅らせないようにと指示しました。制作の後期で肝心要の部分は製版と印刷で、特に製版が最も大きな関門でした。私は自ら外文印刷工場の担当者と連絡を取りました。大雪が降りすさぶ寒い日に、外文印刷工場の作

業員たちの理解と支持を取りつけるために、差し入れを持って印刷工場へ激励に訪れたこともありました。

みんなの一致した努力のおかげで、わずか3カ月後に、美しく仕上がった『21世紀』写真集の日本語版と中国語版を同時出版することができました。写真をメーンとし、中日青年友好交歓会の全体像を映し出したこの大型写真集は同交歓会に参加した3000人の日本青年に贈られたほか、『人民中国』の読者3万人にも贈られました。

『21世紀』写真集の出版は、日本で大きな反響を呼び、賞賛の声が途絶えることなく上がりました。日本の各界からも高い評価を受けました。

『21世紀』写真集は、中国外文局1984年の優秀外国語図書・雑誌の評定で1等賞を獲得しました。

良い仕事ができたためでしょうか、その後「曾21」というあだ名で呼ばれるようになりました。それは私、曾慶南がみんなを率いて『21世紀』という大好評を博した、忘れがたい写真集を編集および出版したという意味です。決してそのあだ名に悪意はなく、むしろ心のこもった賞賛の言葉であり、私の業績を称えてくれているのです。

東京で少林拳を披露

私は見た目はあまりかっこよくないですが、日本少林寺拳法連盟の100万人いる会員の中では、かなり有名です。

1979年6月号の『人民中国』に私が書いた『少林拳士の里帰り――日本少林寺拳法連盟訪中団』が掲載されました。わずか3000字ですが、日本で大きな反響を呼びました。

日本少林寺拳法連盟の宗道臣会長は大喜びでした。話によると、彼は日本で最も有名な文学教授にこの記事を批評してもらったそうですが、「結論が素晴らしい、とても素晴らしい、いや極めて素晴らしい」と語ったそうです。そこで、彼は全国にある2000余の支部に、必ず6月号の雑誌を購入するように指示し、また全国80万人の拳士にもこの記事を必ず読むようにと通達

を出しました。さらにこの記事を彼の著作『少林寺拳法』にも収録しており、この記事をいかに大切にしているかがうかがえます。

　1980年初期、日本少林寺拳法連盟は中国体育友好代表団を日本に招待しました。招待状の中には特別に私の名前もありました。

　日本少林寺拳法連盟の招待に応じて、私は中国体育友好代表団の一員として、1980年11月20日から12月10日まで日本を3週間ほど訪問しました。

　日本少林寺の友達による心の込もったもてなしと温かな世話のおかげで、東京、大阪、京都、奈良、神戸および静岡、香川、熊本などを相次いで訪問し、多くの名所旧跡の見物や、工場、農村および文化・スポーツ施設などの見学を行うことができました。日本の発達した先進技術を目の当たりにし、また伝統的な日本文化を味わうことができました。

　私たち一行は、香川県多津度まで足を伸ばし、日本少林寺拳法連盟の本部を訪れました。本部の貴賓室で見た、1972年以降の『人民中国』誌にとても興味がひかれました。宗先生と多くの日本少林寺の友人たちが雑誌を愛読してくれていたのです。

　しかし、今回の日本訪問で最も大きな挑戦となった劇的な事件は、東京武道館で私が少林拳を披露することでした。

　今回の日本訪問は、ちょうど日本少林寺拳法連盟主催の「1980年少林寺拳法全国大会」が開催される時期だったので、私たちも招待されて大会に参加しました。全国大会は日本全国各地から集まる拳士による武術競技会で、拳士たちが日ごろの修行の成果を披露し合う全国的な評価の場です。3年ごとに1回開催されます。大会は東京武道館で大々的に開催され、参加者は1万人以上でした。

　大会は日本の政界や各界の著名人たちの関心を集めました。来賓の中には天皇陛下の甥である三笠宮寬仁親王殿下、国会議員43人および中国を含めて21カ国の使節が含まれていました。その他、日本少林寺拳法連盟の16の海外支部の代表者たちも遠路はるばる駆けつけました。中国代表団は初めて参加するので、熱烈な歓迎を受けました。そのため、この度の大会は中日友

好の温かい雰囲気に包まれました。

　全国大会では、日本の各都道府県と外国支部から集まった拳士たちが素晴らしい試合と演武を披露しました。中国代表団の拳士3人が拳法を出演しましたが、中国拳士が日本で少林拳を披露するのは初めてでした。

　今回の出演には、あるエピソードがありました。代表団が結成された後、日本側から全国大会に参加し、少林拳を披露するよう要請を受けました。度重なる検討をした結果、少林寺の梁以全氏、耿合営氏そして上海体育学院の蔡龍雲氏の3人に出演してもらいました。蔡氏は羅漢十八手を披露したいと思っていましたが、対練者が必要です。対練者は誰にしましょうか？　私を推薦する声が上がりました。その理由の1つは私が記者で、その場の雰囲気に合っていたことであり、うまくできるかどうかは問題ではありませんでした。もう1つは、私が体格的に武術の訓練をしている人のように見えたからです。蔡さんも同意しました。そしてみんながこの案に賛成したので、対練者は私に決定しました。

　私はそれを聞いて耳を疑いました。小さい頃、確かに武術を少し学んだことがありますが、例えば馬歩（中腰で馬にまたがるような姿勢。拳術の基本型の1つ）、劈叉（開脚座り）、鉄砂掌功（武術の鍛錬法の1つ）などですが、少林拳について全く知りません。僕のような素人のスポーツ記者が日本武道館で1万人の観衆の前で醜態を晒すのでしょうか。しかし別の視点から見れば、中日少林拳法による交流は、まさに中日友好に貢献できる良いチャンスではないでしょうか？　そう考えて申し出を快諾しました。蔡さんは、「大丈夫、僕がついているから」と励ましてくれました。あまりにもお粗末な演武にならないように、蔡さんの指導のもとで、事前に集中的な特訓を受けました。

　当日の対練は私の予想に反して、参加者たちに非常に喜ばれました。また、日本の各メディアのカメラはいずれも蔡さんと私を追っていました。話によると、普段の中国少林拳の演武は1人ですが、2人の対練はかつてなかったです。夜の歓迎パーティーで、北海道少林寺拳法連盟の責任者は感

動しながらこう語ってくれました。「東京で中国本場の少林拳を鑑賞しました。戻ってから北海道の拳士たちに伝えます」「曾さんは文才だけでなく、少林拳にも優れていて、文武両道の人なのですね」。私は身に余る思いで、驚きと喜びに満たされました。身の程知らずかもしれませんが、まさに光栄の至りでした。

足で記事を書け

「足で記事を書け」。この伝統的な名言は、『人民中国』のベテラン日本人専家の戎家実氏が私たちに語った訓戒でした。これを聞いた当初は違和感を覚え、どうやって足で記事を書けるのかと理解に苦しみました。しかし、後に実践してみたところ、この名言は道理に合う、生き生きとした言葉であることを実感しました。

1975年、私は『人民中国』に、「少数民族のこんにち」という題で、新たなコラムの連載を始めました。日本の読者に中国の少数民族の生活を紹介するというコンセプトで、読者の強い関心を引き起こしました。しかし、彼らの生活を簡単に概観するだけでは、読者を満足させることができません。そんな時、戎家氏は私に、「事務所で座っているだけでは、良い記事は書けない。少数民族が住む土地に出かけていって、自分の目で見て、聞いて、経験しなさい。そのようにして初めて読者が喜ぶ記事を書くことができる」と助言してくれました。

1979年、編集部で、「探訪 少数民族」というコラムを企画しました。連載形式で中国の少数民族の生活を紹介する記事でした。1979年から1981年まで、私ともう1人の記者で3年もの年月を費やして、国内を東から西へ、南から北へと手分けして巡り、少数民族たちの居住地区を訪ねて、非常に多くの貴重な記事の材料を集めることができました。

まさに足で書いた現地レポートでした。このコラムは、日本の読者から大きな反響を呼び、当時の「目玉記事」となって、大きな成功を収めました。

私が非常に意外に感じたのは、私が担当したこの連載コラムが日本人専家

たちの強い関心を引き起こしたことでした。日本の著名な作家で、『人民中国』のリライトを担当していた専家の村山孚氏はこの連載コラムを大変気に入り、彼は執筆の優れた材料が得られると見込んで、何度も私に取材の同行を願い出て、「かばん持ち」でもいいので一緒に連れて行って欲しいと私に頼んできました。笑い話のように聞こえるかもしれませんが、彼の本心が表れていました。しかし、少数民族は交通の便が悪い人里離れた山奥に住んでいることや彼らが住む地区は外国人には開放されていないという説明を受けた時、彼は理解を示して同行するのをあきらめました。それでも、彼は引き続きこの連載コラムのことを気にかけてくれて、時折アドバイスをしてくれました。村山氏は「この記事のリライトを私は毎号楽しみにしている」と語っていました。

虎穴に入らずんば虎児を得ず

　1982年5月、日本の登山隊員の松田宏也氏が、「死の山」と呼ばれる中国境内のミニヤコンカ峰を登山中に遭難し、生死をさまよったが、幸いにも地元の少数民族であるイ（彝）族の人々に発見され、中国人医師と看護師たちの手厚い助けにより奇跡の生還を果たし、無事に日本に帰ることができました。このニュースは、中日両国の登山界から両国民まで広範に注目されて、互いに対する大きな関心を呼び起こしました。私は、このニュースは中日友好関係史上稀に見る感動的なニュースで、『人民中国』で特集すべき重大なトピックだと感じました。

　当時、松田氏の遭難、救助、生還のニュースはすぐに広まり、メディアで報道されました。一部の人は今、手元にある資料を元にして記事を1本掲載すれば十分ではないかと言いました。しかし私はこのような重大なトピックこそ、記者が現場に行って密着取材をし、生の情報を直接入手して、ボリュームと深みの伴った特色ある報道をすべきだと思いました。私は熱心に取材の許可を求め、この大きな仕事を担当することになりました。

　取材の準備を整えると、私はさっさと出発しました。人里離れた山奥なの

で数々の困難に直面しましたが、職業的習慣と責任感で乗り越えることができました。当時、私が遠路はるばる四川省の西側に住むあの4人のイ族の農民を訪ねたとき、彼らは心から喜び、感動していました。なぜなら新聞やラジオ、テレビなどで彼らのニュースは何千回と取り上げられていたにもかかわらず、彼らを訪ねた記者は1人もいなかったからでした。

私は、彼らから非常に多くの貴重な情報を直接入手でき、この事件の詳細やそれにまつわるエピソードを聞くことができました。まさに「虎穴に入らずんば虎児を得ず」ということわざの通りでした。

テーマの選択から「ひとりの日本人を救うために」と題する1万6000字からなる長編報道（写真の撮影も含む）の完成まで、わずか20日間しかかかりませんでした。

雑誌が日本で発行された後、極めて大きな反響を呼びました。大好評を博し、まさにこちらの想像を越える成果がありました。当時、日中交流協会の会長だった茅誠司氏は、1983年に開催された『人民中国』30周年記念式典の中で、特に「ひとりの日本人を救うために」への感想を次のように述べました。「私と妻は、これほどまでに人の心を打つ記事を読んだことがありませんでした。本当に感動してやみません」

プロフィール

　曾慶南　広東省興寧出身、1937年生まれ。64年、江西大学新聞学科を卒業後、人民中国雑誌社で、49年にわたって編集業務に携わり、97年に定年退職。

使命传承篇 / 141

作者（右一）在采访少数民族地区时，热情好客的当地群众展现出他们的待客方式——喝拦路酒。
少数民族の居住地区で取材していた時に、親切で客好きな地元住民から、もてなしとしてお酒を振舞ってもらった筆者（右端）

作者在采访中穿上苗族小伙子的衣服。
取材中、ミャオ（苗）族の伝統服をまとった筆者

作者主编的《21世纪》画册。
筆者が総編集を担当した『21世紀』写真集

我们的编辑部

钟 炜

《人民中国》创刊至今已度过了60个春秋。60年来它与时俱进，以自己独特的魅力吸引了众多读者，在中国外宣刊物的百花园中散发出沁人的芳香，绽放出异样的光彩！

我25岁到《人民中国》编辑部当记者，直到62岁退休，一生中最宝贵的时光是在《人民中国》度过的。光阴荏苒，如今我已离开岗位，但我对这个集体充满了爱，对这本杂志充满了感情，尤其是编辑部让我十分留恋。

《人民中国》编辑部是一个人才济济、勇于创新、团结进取的集体。它担负着杂志中文稿的选题策划、采访、撰稿工作，被称为杂志社的"龙头"。创刊初期，著名作家萧乾、徐迟在这里工作过，他们写了不少好文章，向读者讲述中国的真实故事，为新中国的外宣事业做出了贡献。随着事业的发展，编辑部力量最强的时候有18个人，人称"十八棵青松"。他们继承和发扬编辑部的优良传统，为搞好对日报道，齐心协力，呕心沥血，付出了自己的辛勤劳动。

虽然，编辑部多数人不懂日文，未去过日本，对日本情况不很了解，要搞好报道有一定难度，但就是这些人，凭着自己的不懈努力、潜心钻研，加上领导高标准严要求，翻译部同仁热心帮助以及日籍专家指导，大家终于克服困难逐步摸到了对日报道的门道。不仅选题策划、文章写法越来越对路，而且形成了自己的风格，让读者容易接受，刊物在日本的影响也随之日益扩大。

然而，成绩背后的艰辛，我们也难以忘怀。

记得记者张玉泉在采写《北京一角》栏目的开篇之作——储蓄所时，他绞

尽脑汁写了3000字送给总编审稿，却被退了回来，让他重写。他加班加点写了第二稿，还是不过关。张玉泉是位勤奋的记者，采访深入、写作功底扎实，深得总编赏识。可这次他真的难住了，问题何在？他一筹莫展。总编辑康大川看到这个情况，把他请到家里，面授机宜，又几次把翻译、专家请来"会诊"，给他出点子，细致到文章怎么开头，材料怎么用，怎么表达才能让读者感兴趣。经过反复切磋，张玉泉开了窍，又苦战了几天，先后八次易稿，最后终于定稿通过。

功夫没有白费。稿子登载后读者反响很大，纷纷来信赞扬文章通俗易懂，有意思，虽然只写了一个街道储蓄所，但以小见大，从一个侧面反映了北京普通百姓的生活，加深了对中国社会的了解。这件事给了我很大的启示。

1987年，我做"博物馆"连载。由于每个博物馆都是一座文物宝库，藏品浩如烟海，涉及中国文化众多领域，专业性、知识性很强，而我的学问所及远没有一一涉猎，因此，在采访前，我不得不扎在成堆的书籍和资料里埋头研读；在博物馆里当学生，向专家学者请教，力求把馆藏珍贵文物的有关知识弄明白，然后才敢动笔。完稿后，更要细心审读全文，确认没有问题，才交稿送审。

该连载搞了3年半，介绍了40个博物馆。虽然这只是全国博物馆中很少的一部分，但所选的博物馆，各具特色，具有一定的代表性的，展现了灿烂中华文化的一个侧面。连载内容从远古至清代，古钟、兵马俑、恐龙、候鸟、风筝、文房四宝……跃然纸上，既说文物，又谈民俗，资料翔实，图文并茂，被读者誉为"杂志最有魅力的连载之一"。中国国际广播电台与《人民中国》同步，将此连载作为专题报道对日播出，后来又重播。日本专家、主播人壹崎一郎先生，还为此专程来社访问。

连载终止后，文稿汇集成书，著名文物专家、国家博物馆研究员史树青先生看了全部书稿，称赞是本好书，欣然作序。日本《东京美术》以《中国博物馆巡礼》为书名，分上下两卷出版。香港南粤出版社以《中国博物馆赏珍》为书名，作为《纵横五千年丛书》之一出了中文版。

在这里，我要感谢总编辑康大川，他对连载给予了大量关注，不仅亲自过

问选题，而且对稿子比较满意时，还会鼓励我。老康办刊非常认真，对稿件精益求精、把关很严，不符合要求绝对通不过，人称"康霸"。他常讲，《人民中国》是给日本人看的，文章要适应日本人的阅读习惯，要用事实说话，不要讲空话、套话，文字要通俗、生动，这样人家才会爱看。但具体怎么写，他却不说明，审稿时看到有问题或不满意的地方，也往往只在文字下划杠杠或打个问号，留给作者自己琢磨。通过这样的"特殊"训练，让笔者发挥主观能动性，锻炼了基本功，渐渐熟悉了杂志的文风，稿件质量也提高了。可以这么说，也许是他的"霸"，才磨练出了《人民中国》业务过硬的队伍。而日常生活中的老康平易近人、很随和，社里的人都佩服他、尊重他。

为了加强稿件的针对性，《人民中国》的采编人员不仅邀请了解日本的人士介绍情况，每月还召开选题会、评刊会。开会时，负责通联的同志也参加，念读者来信，对报道内容发表看法，畅所欲言。即使意见很尖锐，我们也都要听得进去。因为大家有共识："一切为了读者"。通过这种方式，编辑们及时了解读者信息，对提高业务水平、办好杂志很有帮助。

编辑部还有个传统——喜欢聊天。编辑、记者们写完稿，常常三五成群地在办公室，古今中外、天南地北地聊。局外人看来似乎"不务正业"，但这成了我们的习惯，乐此不疲。为何？因为通过聊天，互相交流信息，受到启发，能从中挖掘出很多好选题、好点子。的确，从选题策划到栏目设置，甚至某篇文章怎么写，或多或少都在聊天时议论过。从某种意义上说，那些比较成功的报道，既有作者辛勤的付出，也是集体智慧的结晶。

写到这里，我还要请出两位贤人：秦泥、郭伯南。

秦泥，编辑部副主任，资深记者。他年长、相貌憨厚、待人和善，大家亲切地称他"秦老汉"。他知识面广、文字水平高，除自己写稿外，主要承担改稿任务。经他修改润色的稿子犹如锦上添花，质量要上一个档次，我们的稿子都乐意让他改。"秦老汉"是位诗人，擅新诗、爱古诗。他独自采写的《古诗之旅》，精选自屈原以降至唐宋诗坛的传世佳作，巧妙地将诗与景融为一体，有诗、有游，相得益彰，受到读者尤其是喜爱中国古典诗词读者的青睐。

郭伯南，学者风范、知识渊博，人称"郭博士"。他1977年到编辑部，是

"十八棵青松"中的劲松。他当了15年编辑,写了几百篇稿子,有几百万字,长篇连载有《新编中国史话》、《中华文化探源》、《中国文化史入门》、《古文物鉴赏》等,其中与河北师院刘福元教授合作的《史话》连载了4年半,写了从"人文初祖"到"鸦片战争"中国上下5000年的历史,共54回约40万字。文章体例独运匠心,内容充实,写法深入浅出,像讲故事一样生动,读者盛赞不衰,月月都收到上千封读者来信。连载结束后文章合编成书在日本和国内出版,读者均给予高度评价。

　　编辑部的故事说不完。以上,仅是编辑部往年几个小小的侧面,我记忆长河中涌出的几朵浪花。谨以此文献给《人民中国》创刊60华诞。小小礼物,表示一点心意吧!

作者简介

　　钟炜　人民中国杂志社编辑、主任记者,中国书法家协会会员,中国博物馆学会会员。在30余年外宣工作中,承担杂志特辑、专文以及多个栏目的撰稿工作,采写过大量报道。

私たちの編集部

鐘　煒

　『人民中国』が創刊されて今年で60年となります。この60年間、『人民中国』は時と共に歩み、独特な魅力を放ちながら多くの読者を引き付け、中国の対外報道刊行物の「花園」の中でも、心に染みる香りと鮮やかな色彩を放ってきました。

　私は25歳の時、『人民中国』編集部の記者となり、62歳で退職するまで、一生の貴重な時間を『人民中国』と共に過ごしてきました。時は経ち、今はもう職場から去りましたが、いまだこの職場やこの雑誌に深い愛着を感じます。特に編集部には懐かしい気持ちでいっぱいです。

　『人民中国』編集部は人材が集まり、革新を恐れず、前向きな団結の強いグループです。彼らは中国語原稿のテーマ企画、取材、執筆を担当し、雑誌社を引っ張ってゆく立場にあります。創刊初期には著名作家の蕭乾氏、徐遅氏もここで仕事をしたことがあり、彼らは素晴らしい文章をたくさん書き、読者に中国の真実の物語を述べ、新中国の対外報道事業に貢献しました。事業の発展により、編集部も最盛期には18名のスタッフをかかえ、人はそれを「18本の青松」と言いました。彼らは編集部の良き伝統を受け継ぎ、高揚させ、対日報道をしっかりと行おうと心を合わせ、心を込めて、汗水垂らして仕事に励みました。

　編集部の大半は日本語が分からず、日本にも行ったことがなく、日本の状況をあまり理解していなかったため、こうした報道を行うのは難しいことで

した。しかし彼らはたゆまず努力し、研鑽を重ね、上司からの厳しい要求に応え、翻訳部の同僚たちの親切な手助けや日本人専門家の指導を受け、日を重ねるうちに、次第にみんなが困難を克服して対日報道のコツをつかむようになり、テーマ企画、文章の書き方もどんどん正しい道に近づき、さらに自分の執筆風格といったものも出てきて、それが読者にも受け入れられ、この刊行物の日本における影響力も日増しに拡大してゆきました。

　しかし、こうした成功の裏にあった苦労を、私たちは忘れることができません。

　連載「北京の町角」のスタート原稿となった「町の貯蓄所」は、張玉泉記者が取材したものです。彼は苦労して書き上げた3000字の原稿を編集長に提出したものの、書き直せと突き返されました。彼は残業して第2稿を仕上げましたが、これも駄目でした。張さんはとても勤勉な記者で、深い取材を行い、執筆技術もしっかりしており、編集長にその才能を買われている人でしたが、この時ばかりは彼も何が悪いのかわからず、往生しました。康編集長はそんな彼を見て、家に呼んで直接指示を与え、さらに何度も翻訳者や専門家に「回診」してもらい、どのようにして文章を始めるか、どんな材料をどのように使うか、どのように表現したら読者の興味を引けるのかなど、細部にわたっていて、いろいろなヒントを与えてもらいました。こうした切磋琢磨によって張さんはようやくコツをつかみ、さらに何日かの苦労を経て、8度目の書き直しで最終稿がようやくパスしました。

　その苦労は無駄ではありませんでした。原稿が掲載された後、読者からの反応はとても大きく、文章が分かりやすく面白い、小さな町の貯蓄所のことを述べているに過ぎないが、局部から全体を見ることができる、北京の普通の人々の生活の一側面を反映したものだが、中国社会への理解を深めることができるといった、絶賛の手紙が相次いで届きました。このことに私は大きな啓示を受けました。

　1987年、私は「博物館めぐり」という連載を始めました。いかなる博物館も文化財の宝庫といえ、所蔵品は広範にわたり、中国文化の多くの分野に

及び、専門性や知識性が強く、私の知識ではまったく歯が立ちませんでしたので、取材の前には山のような本や資料に埋没して下調べを行い、勉強を重ねるよりほかありませんでした。博物館では学生に徹して、専門の学者に教えを請い、貴重な文化財の知識を完全にものにしてから、ようやく筆を取り始めました。原稿が完成した後も細心の注意を払い全文を通読し、問題がないのを確認してから、原稿チェックにまわしました。

　この連載は3年半続き、計40の博物館を紹介しました。全国の博物館の数からみればほんの一部分に過ぎませんが、選んだ博物館はすべてオリジナリティがあり、輝かしい中国文化の一側面を代表するものでした。連載の内容は古代から清代まで、古鐘、兵馬俑、恐竜化石、渡り鳥、たこ、筆や硯などに及びました。文化財について語るといっても、民俗についても触れられており、資料は詳細で確実、写真も文も豊富で、読者に「雑誌で最も魅力的な連載の1つ」と賞賛されました。これと同時に中国国際放送局が『人民中国』と同時進行で、この連載を番組化して日本で放送し、この番組は後に再放送まで行われました。日本人の専門家でこの番組の案内役を務めた壹崎一郎氏が、このためにわざわざわが社にやって来てくださいました。

　連載終了後、この原稿がまとめられて単行本となり、著名な文化財専門家で国家博物館研究員の史樹青氏がすべての原稿に目を通し、これは良い本だと讃え、快く序を記してくださいました。日本の出版社、東京美術が『中国博物館めぐり』という書名で上下2冊本として出版し、香港の南粵出版社が『中国博物館賞珍』という書名で『縦横五千年叢書』の1冊として中国語版を出版しました。

　この場をお借りして、康大川編集長がこの連載に大いに注目してくれたことに感謝したいと思います。連載のテーマについて自ら注意を払ってくれただけでなく、原稿が満足ゆくものであったときには、私を励ましてくれました。康さんはとても真剣に雑誌づくりに取り組んでおり、原稿の質に対する彼のチェックはとても厳しく、要求レベルに達していないものが、彼のチェ

ックに合格することはありませんでした。そのため彼は「康覇」と呼ばれていました。彼は『人民中国』は日本人に見せるためのものであり、日本人の閲読習慣に合わせる必要があり、事実のみを記し、内容のない格好だけの言葉は不要で、分かりやすく生き生きとした文章にしないと、読んでもらうことができないと、いつも言っていました。しかし、具体的にどのようにするかについて彼は語らず、原稿チェックの際に問題を見つけたり不満があったりすると、文に傍線を引いたり、はてなマークを書いたりして、筆者に自分で問題点を考えさせていました。このような「特殊」な訓練を経て、筆者の主観や能動性を引き出し、基本能力を鍛え、次第に雑誌の風格をつくり上げて、原稿の質も高まっていきました。彼の「ワンマン」が『人民中国』の素晴らしいスタッフを生み出したとも言えます。そして日常生活での康さんはとても親しみやすい、穏やかな人柄で、社の人はみんな彼を慕い、尊敬していました。

　原稿をより日本人に向けたものにするために、『人民中国』の記者は日本をよく知る人を招いて、日本について教えてもらったり、毎月、テーマ選定会議や評価会を行ったりしました。会議の際には読者係の社員も参加し、読者からのたよりを読み上げ、内容に対する感想を腹を割って話し合いました。非常に厳しい意見だったとしても、われわれはそれに耳を傾ける必要がありました。みんなが「すべては読者のために」という共通認識を持っていたからです。こうした方法により、編集者たちは読者の感想をすぐさま知ることができ、仕事のレベルも上がり、雑誌をよくするための助けとなりました。

　編集部にはさらに「おしゃべり好き」という伝統がありました。記者・編集者たちは原稿を書き終えると、いつも事務室であらゆることをネタにおしゃべりを楽しんだものです。ほかの人から見ると、怠けているように見えたかもしれませんが、これはわれわれの習慣であり、まったく疲れ知らずしゃべり通しました。このおしゃべりを通じてお互いに情報を交換し、啓発を受け、その中から多くの記事のテーマやアイデアを得ることが

できたのです。実際、テーマ企画やコラム案、文章の書き方のヒントまで、多かれ少なかれこのおしゃべりの中で論議されました。ある意味で、成功した記事は、筆者の苦労によるものだけでなく、みんなの知恵の結晶だと言うことができます。

　ここまで書いたところで、私は2人の賢者にご登場願いたいと思います。それは、秦泥さんと郭伯南さんです。

　秦泥さんは編集部の副主任で、ベテラン記者でした。彼は年配で、とても温厚篤実な人柄で、みんなから親しみを込めて「秦老漢」と呼ばれていました。彼はとても広い見識を持ち、素晴らしい文章を書き、自分で原稿を書く以外は主にリライトの仕事をしていました。彼が手を入れた原稿はさらに輝きを添え、一皮むけたものとなるため、われわれは喜んで彼に原稿を直してもらったものです。「秦老漢」は詩人であり、新体詩を作るのが得意で、古詩を愛読していました。彼が自ら取材・執筆した「漢詩の跡を尋ねて」は、屈原以降、唐宋代に至るまでの詩壇の佳作を自ら選んで紹介したもので、詩と景色を一体化させ、漢詩の中に観光紹介が散りばめられ、日本の漢詩愛好者に好評を博しました。

　郭伯南さんは学者の風格を持ち、博学なため、「郭博士」と呼ばれていました。彼は1977年に編集部にやって来て、「18本の青松」の中でも一番力強い松とも言える人物でした。彼は15年間の編集者生活の中で、数百本、数百万字に及ぶ原稿を書き上げました。彼の担当した長期連載には、「中国の歴史」「中国文化のルーツ」「中国文化史入門」「古文物鑑賞」などがあり、その中でも河北師範学院の劉福元教授と共に記した「中国の歴史」の連載は4年半続き、原始社会からアヘン戦争まで中国5000年の歴史を書き上げ、計54回、約40万字に及びました。文体は独特で、充実した内容を持ち、奥深いが分かりやすい文章で、語り口は生き生きとしていて、読者の大好評を博し、毎月千通にも及ぶ読者のたよりを受け取ったほどでした。連載終了後、日本と中国国内で連載をまとめた単行本が出版され、読者の高い評価を受けました。

編集部についての話は尽きることがありません。以上は編集部のかつての幾つかのエピソードに過ぎず、私の記憶の中の小さな出来事です。この文章を『人民中国』創刊60周年のささやかな贈り物として、捧げたいと思います。

プロフィール

　鐘煒　人民中国雑誌社編集・主任記者を務める。中国書道家協会会員、中国博物館学会会員。30年余の対外報道業務の中で、雑誌の特集、レポートなどの多くの記事を担当。

编辑部有8位记者采写的连载文章汇集成书，先后在日本和国内多家出版社出版。
編集部の8人の記者の連載が単行本となり、日本や中国国内の出版社で出版された

《中国书法艺术》中文版封面。
『中国書道芸術』中国語版の表紙

《人民中国》那些抹不去的记忆

鲁忠民

我与《人民中国》的缘分

1981年,4年的中央美术学院学习就要结束了,我和同学汪建中决定从事摄影。因为我们本来爱好摄影,又一起拜访过上一届的一位师兄,在他任职的出版社的办公室里,我们看到了满满一柜子的相机和镜头,哈苏!那可是世界上最好的相机,好羡慕啊!当摄影记者真好,有高级相机配备,还能周游全国。可到哪里去从事摄影呢?我们在学校阅览室里,把各种杂志翻了个遍,感觉还是《人民中国》的图片最好,有生活气息。

于是,我们骑车,直接闯到位于车公庄新华彩印厂院内的人民中国杂志社。正巧,杂志社的图片部就在一楼,敞着房门,我们向部主任翁乃强、摄影记者金伯宏说明了来意。他们看了我们拍的照片,非常热情地说,来吧,《人民中国》特喜欢要中央美术学院毕业的学生。就这样,我们很顺利地就进入了人民中国杂志社工作。

总编辑老康

记得第一天上班,办公室负责人事工作的赵洲领我们去见领导和同事。当来到总编辑康大川的办公室时,他正穿着圆领衫,背对着门口,趴在桌子上审稿。那时,领导的办公室和普通员工的一样大,一般都是两个人一间屋,而且房门经常是敞开的。我们的到来,让总编辑康大川猛然惊起,他慌忙用脚丫子

在桌底下划拉着穿上拖鞋。然后，他一边带上眼镜，一边笑眯眯地和我们握手寒暄。这就是老康，我社的总编辑，一个严厉而幽默的好老头，留给我下的最初印象。

1982年，也就是我来《人民中国》的第二年，我和老记者丘桓兴接受了采访"中国民俗探索"连载任务。临行，老康总编特别嘱咐我："一定要到农家去住，一定要深入，不要着急回来。"对于一个刚刚进社的年轻人来说，这样的放手和鼓励，使我终身受益。30年过去了，住在农民家里，已成了我一直坚持深入采访的一个方法。

图片部

上世纪八九十年代，人民中国杂志社在新华彩印厂院里办公。那是一座3层的红色小楼，后来又加了一层，变成了4层。一楼是图片部、阅览室、会计室、暗房等，二楼是翻译部，三楼是编辑部。记得每天下午一两点之间，男士们便会前呼后拥，跟着老康去彩印厂的浴室泡澡，大家在热气腾腾的浴池里赤诚相见，高谈阔论。现在想起来，那真是《人民中国》的一道风景。

图片部与编辑部、翻译部并称业务部门的"三驾马车"。图片部人员包括摄影记者、图片编辑、美术设计和暗房员工。上世纪八九十年代大体保持在十二三人左右。6个摄影记者，后来都成为中国摄影家协会会员。我们现场抓拍、写实生动的摄影风格，在当时的中国摄影界有着一定的影响。这要归公于《人民中国》的办刊理念，图片给日本读者看，最基本的要求是真实地反映中国老百姓的普通生活。再一个，杂志创造了很多好的连载和专栏，为每个摄影记者发挥自己的特长开辟了广阔天地。比如，翁乃强在文革期间的《跟随红卫兵长征》；沈延太拍摄的《长江之旅》；金伯宏拍摄的中国境内的《丝绸之路》；刘世昭拍摄的《大运河》以及《徒步三峡》；我拍摄的《中国民俗探索》和《西南丝绸之路》；冯进拍摄的《民窑之旅》、《佛教之旅》；还有郭实拍摄的《熊猫之旅》、《额尔古纳河之旅》等。大家集思广益，为搞好连载想出了很多办法，而且摄影记者之间都相差五六岁，形成了一个梯队的架势。

相对东奔西走的摄影记者，图片部里最"安稳"的是美术设计。李玉鸿、

杨士俊两位老师总是为了版式设计费尽了脑筋，摄影记者的照片在他们的手里，总能让人看到不一样的视觉效果。图片编辑也很辛苦，要经常奔走其它新闻单位，为文字记者写出的文章寻找合适的配图。从事图片编辑年头比较长是厉声明、航海、史和平和申宏磊。在我的印象里，厉声明女士总是笑眯眯的，干工作特别认真。我们刚来社里，就是她耐心地给我们讲解《人民中国》的构成和风格。除此还有负责暗房的焦克琛和韩卫国，长年在黑暗中为摄影记者冲洗胶卷。

图片部是全社最活跃的地方，每天中午休息时间，翻译部以女孩子为主的年轻人，都会到图片部的大屋子来，因为这里集中着全社最活跃一批人——喜欢体育、喜欢美术摄影、喜爱文艺、喜欢热闹。其中，大部分是年轻人，也有老家伙，比如快50岁的翁乃强，跳起新疆舞、俄罗斯舞来眉目传情、热情奔放。大家会在大屋里打克朗棋、下围棋、画漫画头像；到4楼打乒乓球、跳国标舞；也会到院子里打排球、篮球、羽毛球，你呼我喊，好不热闹。

忘年会

《人民中国》的老人遇到一起，对于上世纪八九十年代的忘年会总会津津乐道。那时一到年底，全社就开始了忘年会的准备。社里像个大家庭，人人都积极参与动手。忘年会当天，以吴凤云、张秀芝为首的"巧手媳妇"们，洗菜切肉、端盘洗碗、蒸煮烹炸，自己动手做各种小吃和凉菜。从日本和中国各地带回的酒水，满满的摆上大桌子。全社在职员工加离退休的，总共七八十人，分部门围在各自的桌子旁，把七八十平米的大屋子挤得满满的。会场布置是图片部的强项，几位搞美术的员工扯来绸布和彩纸，画画剪剪，让房间充满了节日气氛。大家各显其能，一条条、一幅幅用书法写的和漫画画的灯谜，用线绳悬挂在房间里，让人眼花缭乱。

当然最有意思的是文艺节目。其中，孙占科唱的评剧《刘巧儿》，雷明扮演的京剧黑头花脸，刘德全的脱口秀，都是社里的保留节目。记得有一次，几位评委同时给刘世昭的表演打分。当主持人高声宣布结果："去掉一个最高分——二百五，去掉一个最低分——二百五，刘世昭最后得分……"时，全场

为之欢呼："刘世昭——二百五！"在"老太太"厉声明获得了全场最高奖时，两个小伙子"吃力"地抬来一个大纸箱，里三层外三层剥开，一个盒子套着一个盒子，最终她得到了猪年的吉祥物———一只彩塑小猪。厉声明当场笑得眼泪都出来了。

连续几年，我和杨珍都是忘年会的主持人，还要说段相声。那时有兴趣，相声编得很快，我利用上下班在路上的时间就大致搞定了，夜里再推敲、完善几遍就踏实了。最多写个提纲，给杨珍讲一遍，串串词，就上场了。因为没有压力，同事们鼎力捧场，我们也就特来劲，很多内容干脆就是临时发挥的，我俩配合得非常默契。每个相声都是笑声不断，真可谓是满堂彩。其中，最好玩的是把全社人的名字都编进一段相声里，每个人名的出现都能收获笑声。此后几经修改，不断增补着新来同事的名字，演了好几年。遗憾的是，由于杨珍不幸病逝，我们的对口相声变成了我的单口相声。

作者简介

鲁忠民　1954年出生，1981年来人民中国杂志社任摄影记者至今，中国摄影家协会会员，中国民俗学会会员。在《人民中国》连载有《中国民俗探索》、《西南丝绸之路》、《黄河》，图说《丝绸之路》等。

『人民中国』での忘れられない思い出

魯忠民

『人民中国』との縁

　1981年、4年間の中央美術学院での学習も終わりに近づいていた。私と同級生の汪建中君は、カメラマンになりたいと考えていた。私たちは二人とも写真撮影が大好きで、一緒に同じ大学の先輩が勤めていた出版社のオフィスを訪ねたこともあった。その時、カメラとレンズがいっぱい詰め込まれている戸棚を覗いていたら、ハッセルブラッドが目に入った。これは世界一のカメラといわれる高級品で、私たちはうらやましくて仕方がなかった。カメラマンっていいなぁ。高級カメラを持てるし、全国を歩き回ることもできる。けど、どこで撮影の仕事ができるのだろうか。私たちは学校の閲覧室にある、あらゆる雑誌を一通りひっくり返してみて、最後に、『人民中国』の写真が一番いい、生活のにおいがするとの結論に至った。

　そして、私たちは自転車に乗り、車公荘の新華カラー印刷工場敷地内にあった人民中国雑誌社に一目散に向かい、そのオフィスに乗り込んだ。ちょうどいい具合に、雑誌社の写真部は1階にあって、しかもドアが開いていた。私たちは写真部主任の翁乃強さん、カメラマンの金伯宏さんに、来た理由を告げた。彼らは私たちが撮影した写真を見て、心をこめてこう言った。

　「うちに来なさい。『人民中国』は、中央美術学院の卒業生を大歓迎するよ」

　こうして、私たちは順調に人民中国雑誌社に入り、仕事を始めた。

康編集長との出会い

　出勤初日、社の人事を担当する趙洲さんが、私たちを上司と同僚に引き合わせてくれた。康大川編集長のオフィスに来た時、彼はTシャツを着て、ドアに背を向け、デスクに覆いかぶさるようにして原稿チェックをしていた。当時、管理職のオフィスも、一般職員と同じ大きさで、普通は2人で1つの部屋を使い、しかもドアは常に開いていた。私たちを見て、康さんははっと驚き、あわててデスクの下のスリッパを探り寄せて履いた。そして、彼は眼鏡をかけながら、微笑みを浮かべて私たちと握手した。厳しそうだけど、ユーモアのあるいいおじさん、というのが、康編集長が私に与えた第一印象だった。

　1982年、つまり私が人民中国に来た2年目、私とベテラン記者の丘桓興さんが、連載レポート「中国の民俗を探る」の取材を命じられた。出発前、康編集長は私にこのように言い含めた。

　「必ず農家に泊まりなさい。ゆっくりと、深く掘り下げて取材しなさい」

　入社したばかりの若者にとって、このような放任と励ましは、一生の宝となるものだ。この時から30年間、農家に泊めてもらうことが、私が深い取材を続けてゆくための方法の1つになっている。

写真部の人々

　1980、90年代、人民中国雑誌社は新華カラー印刷工場の敷地内にオフィスを構えていた。それは3階建ての赤いビルで、後にもう1階が加わり、4階建てのビルになった。1階に写真部、閲覧室、経理室、暗室などがあり、2階は翻訳部で、3階は編集部だった。毎日午後1～2時の間、野郎どもが集まり、ゾロゾロと康編集長の後に続いて、カラー印刷工場にあったシャワー室に向かい、シャワーを浴びたものだ。もうもうと立ち上る湯気の中で、みんなで腹を割って、大いに弁舌を振るったものである。今思えば、それはまさに『人民中国』の名物ともいえる光景だった。

　写真部は編集部、翻訳部と共に業務部門の「3頭立ての馬車」といわれる。

写真部のメンバーには、カメラマン、写真編集者、レイアウト担当者、暗室係がいた。1980、90年代にはずっと12、3人前後を保っていた。6人のカメラマンはのちにみな中国撮影家協会の会員となった。現場で瞬時に対象を捉え、ありのままの姿を生き生きと表現する撮影のスタイルは、当時の中国写真界である程度の影響力を持っていた。これはすべて『人民中国』の雑誌運営の理念のおかげであると思う。日本の読者に見せるための写真は、中国の普通の人々の生活を如実に反映することが、基本的に要求される。そしてもう一つ。雑誌が多くの素晴らしい連載やコラムを生み出したため、一人ひとりのカメラマンが自らの特長を発揮する大いなる余地があった。例えば、翁乃強さんが文化大革命期に撮影した「紅衛兵と共に長征しよう」、沈延太さんが撮影した「長江」、金伯宏さんが撮影した中国国内部分の「シルクロード」、劉世昭さんが撮影した「1300年の運河を行く　自転車で走破　北京―杭州1800キロ」と「秘境・三峡を歩く」、私が撮影した「中国の民俗を探る」と「南西シルクロード」、馮進さんが撮影した「焼きものの里」と「中国古寺巡礼」、郭実さんが撮影した「パンダの故郷を訪ねて」と「額爾古納河を行く」などがある。みんなで知恵を絞り、良い連載を創るために、いろいろな方法を考え出した。しかもカメラマンはみな5、6歳違いで、うまいこと階段状の人材配置となっていた。

　全国を歩きまわるカメラマンとは逆に、写真部で一番「落ち着いている」人はレイアウト担当者だった。李玉鴻さんと楊世俊さんの2人は、いつもレイアウトのために知恵を絞っていた。カメラマンの撮った写真が彼らの手で処理されると、つねに全く違ったビジュアル効果が期待できた。写真編集者もたいへんな苦労をしていた。彼らはしょっちゅう他のメディアを奔走し、記者が書いた文章にふさわしい写真を探し歩いていた。長く写真編集に携わっていた編集者は、厲声明さん、航海さん、史和平さん、申宏磊さんだった。私が覚えている限りでは、厲声明さんはいつもにこにこしていて、仕事に対してとても真面目だった。入社したばかりの頃、『人民中国』の構成と風格を根気よく説明してくれたのは彼女だった。長い間、彼女が写真部のリーダーだと思っていたく

らいだ。その他、暗室を担当する焦克琛さんと韓衛国さんは、長年にわたってカメラマンのために、暗闇の中でフィルムを現像し続けていた。

　写真部は全社でも一番活気のあるところだった。毎日、お昼休みが来ると、若い女性を主力とする翻訳部の人たちが、写真部の大部屋にやって来た。ここには全社でも一番元気な人たちが集まっていたからだ。彼らはスポーツやアート、撮影や文芸が大好きで、楽しく騒ぐのが大好きだった。ほとんどが若者だったが、中には少し年配の人もいて、例えば50歳近い翁乃強さんは、ウイグル族の踊りやロシアの民族舞踊を踊ったりして、情熱を振りまいていた。みんなは大部屋でキャロム（将棋のコマを玉突きのように四隅の穴に棒で落とすゲーム）をしたり、囲碁を打ったり、似せ絵を描いたりして遊んだ。また、4階で卓球をやったり、社交ダンスを踊ったりもした。さらに中庭でバレーボール、テニス、バドミントンをしたりして、とても賑やかだった。

忘年会の思い出

　『人民中国』に長年勤めていた人たちが集まると、いつも1980、90年代の忘年会の思い出話が出る。当時は年末になると、全社をあげて忘年会の準備を始めたものだ。社内は大家族のようで、すべての人が積極的に参加した。忘年会の当日は、呉鳳雲さん、張秀芝さんをはじめとする「腕のいい主婦たち」が、野菜を洗ったり肉を切ったり、皿やお碗を運んだり、蒸したり煮たり揚げたりして、さまざまな軽食や前菜を自ら作り上げた。さらに、日本や中国から持ち帰った各種のお酒が、テーブルいっぱいに並べられた。全社員50〜60人が、部門別にそれぞれのテーブルを囲んだため、7、80平方㍍の部屋がいっぱいになった。会場の飾り付けは写真部の独壇場で、美術系の職員がシルクや布、カラー模造紙を引っ張り出してきては、絵を描いたり、鋏で切ったりして、部屋中に目出度い雰囲気をつくり上げた。皆がそれぞれ得意技を披露し、筆で書いたなぞなぞやマンガで描いたなぞなぞを部屋の中に吊るし、華やかだった。

　もちろん、一番おもしろいのは出し物だった。孫占科さんが歌った評劇

（河北の地方劇）『劉巧児』、雷明さんが扮した京劇の黒いくま取り（敵役）、劉徳権さんのトークショーなどが、社内の定番出し物だった。何人かの審査員が同時に劉世昭さんのパフォーマンスに最高点をつけたこともあった。「最高点数250点を取り除き、最低点数250点を取り除くと、劉世昭さんの最終点数は⋯⋯」と、司会の人が点数を発表すると、全会場が沸きあがった。

「劉世昭、250！（250は中国語でド阿呆の意味）」

また、「おばあちゃん」厲声明さんが最高賞をもらったとき、2人の若者が重そうに賞品の入った大きな紙箱を運んできた。1つの箱を開けたら、また1つの箱があって、そしてその中にはまた1つの箱。最後にようやくイノシシ年のマスコット、おもちゃの小ブタが現れた。それを見て、厲さんは涙が出るほど笑った。

私と楊珍さんが何年か続けて、忘年会の司会を務めた。私たちはさらに漫才を披露したが、その時、私は漫才に凝っていたので、たちまち漫才をつくりあげることができた。ほとんどを通勤途中でつくり上げ、夜にまた何回か字句を練りあげ、完全させたものだ。要点を書いて楊珍さんに渡し、2人が台詞のやり取りをちょっと練習して本番となるのだが、プレッシャーがないうえに、同僚たちもひいきにしてくれたので、私たちはやる気満々で、即興ギャグをたくさん入れ、息もぴったり合っていた。やっている途中もずっと笑い声が途絶えず、最後には満場の喝さいを浴びたものだ。中でも一番受けたのは、全社員の名前を漫才に編み込んだもので、名前が出て来るたびに、笑いが沸き起こった。その後、この漫才を何回か手直しし、新しく来た同僚の名前も加え続けて、何年間か演じた。残念なことに、楊珍さんが早くこの世を去ってしまったので、私たち2人でやっていた漫才は、私1人でやる落語になってしまった。

プロフィール

魯忠民　1954年生まれ。81年に人民中国雑誌社に入社してから、写真撮影を担当。中国撮影家協会会員、中国民俗学会会員。『人民中国』での連載に、「中国の民俗を探る」「南西シルクロード」「黄河」「図説・シルクロード」などがある。

上世纪80年代，作者在山东省采访时，拍摄的当地农村媳妇回娘家的场景。
1980年代、山東省での取材時に出会った、実家に帰省している地元の既婚女性

2002年春节期间，作者在江西省石邮村采访当地农民跳傩。
2002年の春節、江西省石邮村で「儺戲」を披露する農民に取材

《人民中国》——我成长的摇篮

冯 进

今年是《人民中国》杂志创刊60周年。写点什么来庆贺一下呢？思来想去，还是写点自己在《人民中国》杂志近30年的成长经历，写点自己在工作实践中积攒下的点滴体会，写点采编部里有意思的事，为后来者留下点念想就足以了吧。

天高任鸟飞

1984年我考入人民中国杂志社，时任总编辑的车慕奇先生和美术摄影部主任翁乃强先生对我进行了严格的业务考核，之后便进入了美术摄影部成为了一名摄影记者。

记得我第一次出差去四川巫山县的小三峡采访，拍摄一组小三峡旅游的稿件。在回来后的看片会上，车慕奇总编辑毫不留情面地指出了我这组稿件的不足，我当时心里很不服气。事后，车慕奇总编辑和李雪琴副总编耐心细致地对我说："要抓住《人民中国》杂志对日的特点，更要发挥我社摄影图片的优势，采访中除了关注旅游，更要关注当地百姓的生活变化，要以小见大，要拍摄出吸引眼球的摄影精品来。"车总编的话虽有些尖刻，但让我思路顿开。

后来我采写的"民窑之旅"，就是在日本东方书店安井正幸先生的启发下推出的，其针对性不言而喻。日本有很多陶艺爱好者，对中国的民窑以及传统的制作工艺有着浓厚的兴趣。为此，我们及时推出了这个栏目，满足了读者的需求。在云南采访"秘境之旅"时，我拍摄了一条中国最古老的窄轨铁路。这

条从昆明开往中越边境河口镇的铁路是早年法国人修建的,因铁路两轨间的距离只有一米宽,所以当地人又称之为米轨铁路。为了深入细致地采访,我忍受着40多度的高温天气,乘坐小火车往返多次拍摄,记录了铁路沿线以及车厢内外百姓的真实生活,感受到了当地民众与这条古老铁路之间的密切关系。这些特色栏目一经推出,就不断有读者来信从日本各地寄来。

有一本日本杂志刊登了一篇题为《巴黎的脸》的专题报道,用精彩的图片和精炼的文字,将法国巴黎古老的城市风貌和巴黎人匆匆的生活脚步展现给读者,读起来既轻松又有很强的视觉感染力。这样的报道思路和表现手法深深启发了我。我们应该将镜头对准那些最基层、最生动、最具时代性的百姓的脸,将一幅幅美丽的画面展示给读者。

回想自己走过的路,从一个毛头小子成长为一名对外传播媒体的资深记者,这些年来,采访完成了许多重大选题和很多专栏、连载的稿件,如"中国古寺巡礼"、"欧亚大陆桥"、"十三亿人的生活革命"、"行摄中国"、"行走在茶马古道"等,每一步、每一个脚印都是踩在《人民中国》杂志这块深厚的沃土上才得以生根的,为此我感到光荣和欣慰。只要有一片蓝天,何愁鸟儿不高飞呢!

热闹的看片会

在人民中国杂志工作的这些年里,能当故事讲的话题很多,其中值得一提的是看片会。

我刊摄影记者早年出差采访,使用的胶卷都是反转片,每次回来,要将拍摄完的胶卷冲洗出来,进行初步的编辑整理,再用幻灯机放映给有关领导审看,俗称看片会。我刊摄影记者最多时有6人,每月都要有多次看片会。届时,社领导和各个业务部门的领导以及业务人员、美术编辑等都会前来观看、审查。大家济济一堂,众口评说,很是热闹。每次审看,还能饱览祖国各地的风土人情、神游一下各地的名山大川,其实也是个增长知识面的机会。所以,总有一些其他部门的热心人员也常来凑个热闹。

别看小小的看片会,这里的学问和技巧可是不少。首先,责编要挑选出放

映图片的大概数量，分门别类编排放好，放映时，要掌控好播放的速度与时间，边播放图片边进行讲解。手口协调一致，否则会弄得手忙脚乱。播放时间长了、短了、内容重复了，"快点吧！重复了啊!照片不实啊！"等各种"非难"之声，会不留情面地从各个角落冒出来，让你紧张得满头冒虚汗，但更多的是对精美图片的赞誉。再就是要练就一身现场直播的本领。在众人面前，要有应变能力，要如同脱口秀一般生动诱人，方能赢得掌声。否则，结结巴巴、罗哩罗嗦地半天说不到正题，那可是丢死人了。当然，拍摄的图片更要精彩动人，图片不行，说得天花乱坠也是白搭。

我刊的老前辈、资深摄影记者狄祥华先生，就有脱口秀般的"说唱"本领，每每有他的看片会，必是爆棚满座，热闹非凡。我们都尊称他为"狄大师"。在昏暗的灯光下，大师挥舞着手臂，口若悬河，挥洒自如，常常引来阵阵笑声。大师在俏皮声中阐释了采访题材的重点与特色，在轻松和谐的气氛中通过了稿件的审核，这就是大师的玄妙之处。当然，这与大师坚实的采访功底是分不开的。大师的这个本领至今仍是我刊摄影记者追崇的目标。

随着数字时代的到来，胶片被取代了，看片会也只能当做故事讲给后人听了。

作者简介

冯进　1984年进入人民中国杂志社，1995年评为主任记者，1996年至2001年担任采编部副主任，2001年至2008年担任采编部主任，在《人民中国》重大改版、转全彩数字印刷及本土化建设的工作中做出了突出贡献，撰写出版了《行走在茶马古道》等图书，多次在摄影大赛中获奖。

『人民中国』——私の成長の原点

馮　進

　『人民中国』誌は、今年で創刊60周年を迎えました。お祝いとして何を書けばよいでしょうか？　いろいろ考えましたが、人民中国雑誌社での30年間にわたる自身の成長過程や仕事を通じて積み重ねた経験、また編集部でのエピソードなどを書き綴り、後輩たちへの仕事のヒントになればいいかなと思いました。

厳しい助言を糧に成長

　1984年、私は人民中国雑誌社に入社し、当時の編集長である車慕奇氏と写真部の翁乃強主任による厳しい選考をクリアして、写真部のカメラマンになることができました。

　初めて取材に向かったところは、四川省巫山県の小三峡で、現地での旅行風景を撮影しました。取材から戻った後、写真批評会で写真チェックを行ったところ、車慕奇編集長は情け容赦なく写真の不出来を指摘し、当時はどうしても納得がいきませんでした。会議終了後、車慕奇編集長と李雪琴副編集長は辛抱強く、かつ噛み砕くように「『人民中国』誌の日本人読者へのアピールポイントをしっかりつかんで、我が社の写真にしかない魅力を十分に引き出す必要がある。取材中は観光分野だけにとらわれず、現地住民の暮らしの変化にもっと注目しなければならない。小さな部分から全体を見抜き、読者の目を引き付ける優れた写真を撮らなければならない」

と教えてくれました。車編集長の話は、非常に辛口でしたが、今後に役立つ啓発が得られました。

その後、私が担当した「焼きものの里」は、日本の東方書店の安井正幸元社長からヒントを頂いて企画したコラムですが、その企画の方向性は言うまでもありません。日本には多くの陶芸愛好家がいますが、中国の民窯および伝統工芸に強い興味を持っています。そこで、我々は直ちにこのコラムを企画し、読者の要望に応えました。雲南で「シリーズ秘境」を取材した時、中国で最古の狭軌鉄道を撮影しました。この雲南省昆明から中国・ベトナム国境にある河口鎮までの鉄道は、20世紀初頭にフランス人が建設したものですが、レールの幅はわずか1㍍しかないので、地元の人々から「メーターゲージ」と呼ばれていました。より詳しくて深みのある取材をするために、40度の高温に耐えながら、列車で何度も往復しながら撮影し、鉄道沿線および車両内外の人々の日常を記録し、地元の人々とこの古い鉄道は緊密な関係で結ばれていることを肌で感じました。この特色あるコラムが登場するやいなや、日本各地の読者から大きな反響があり、絶えず手紙を頂きました。

ある日本の雑誌で「パリの顔」という連載記事が掲載されましたが、素晴らしい写真と洗練された文章で、パリの由緒ある都市風景とパリ市民の慌ただしいライフスタイルを読者に紹介していました。その記事を読むだけで、気晴らしになりましたし、また非常に視覚に訴えるものでした。このような報道の発想と演出方法は大いに参考になりました。我々は、最も大衆的で、最も躍動的で、最も時代を映し出している市民の顔にレンズの焦点を合わせ、最も美しい写真を読者に提供するべきです。

振り返ってみると、新米から海外向けメディアのベテラン記者にまで成長してきたこの数十年間で、私は「中国古寺巡礼」「ユーラシア横断鉄道の旅」「13億の生活革命」「ぶらり旅」「茶馬古道の旅」など、非常に多くの重要なテーマとコラム、連載記事を担当してきました。これら作品の各々は、いわば『人民中国』誌という豊かで肥沃な土壌を踏み行き、その上に残された一歩一歩の足跡です。このことは、私にとって非常に光栄なことであり、また

喜びを感じています。青い空さえあれば、鳥はためらわずに高く飛び立つのではないでしょうか！

大盛況となった写真批評会

　人民中国雑誌社でのこの数十年間について、エピソードが数多くありますが、ここで取り上げたいのは、写真批評会です。

　『人民中国』のカメラマンが、かつて取材する時に使ったフィルムはすべてネガフィルムで、毎回現像した後に前段階の編集・整理をし、さらにスライドで関連部門の責任者に見せる、いわゆる写真批評会を開きます。カメラマンは、多い時には6人もいますが、毎月数回の批評会を行います。そのとき、会社の役員と各部門の責任者および関係職員やアートディレクターらが参加し、審査します。みんな一堂に会し、それぞれが写真への意見を述べ、非常ににぎやかでした。毎回の批評会で、各地の風土や人情を心ゆくまで楽しみ、名山や美しい河川に思いを馳せることができ、実に見聞を広める絶好のチャンスです。そのためでしょうか、他の部門の社員も熱心に批評会に加わりました。

　ちっぽけな写真批評会ですが、成功させるにはさまざまなコツや技術が求められました。まず、責任者は映写したい写真を選択し、種類別にして並べます。映写する時には、スピードと間隔をよく調節し、映写しながら写真の説明をします。てんてこ舞いにならないように、手と口のバランスが取れていなければなりません。映写時間が長すぎたり、短すぎたり、もしくは内容が重複したりすれば、「もっと速く流せ！ 重複してるぞ！ ブレたぞ！」とさまざまな厳しい指摘がなされます。みんながあまりにも情け容赦なくクレームをつけるので、緊張のあまり汗が流れてくるほどでした。しかし、素晴らしい写真には称賛の声が多数上がりました。その他に、写真を紹介する際のプレゼンテーション能力も磨かなければなりません。みんなの前で、アドリブを利かせて、まるでトークショーのように生き生きと興味深く写真を紹介できるなら、拍手がもらえます。しかし、どもったり、たどたどしい語り口

では、場がしらけてしまい、非常に恥ずかしい思いをします。もちろん、撮った写真そのものも素晴らしい出来栄えでなければ、どんなに口が達者でも意味がないのは言うまでもありません。

『人民中国』の大先輩でベテランカメラマンの狄祥華氏は、トークショーを彷彿させるほどの話術の持ち主です。彼が参加する写真批評会は、いつも人気で満員御礼の状態になり、大盛況でした。我々は尊敬の念を込めて、彼を狄名人と呼びました。薄暗い光を浴びて、名人は大きな身振りで、立て板に水のごとくトークで場を盛り上げ、場内は笑い声が絶えませんでした。名人は軽快で機知に富んだ語り口で、取材テーマのポイントと特色を説明し、とてもリラックスして和やかな雰囲気の中、審査をパスしていました。これこそまさに名人芸の妙でした。もちろん、これは彼にしっかりとした取材能力があった上での名人芸であり、名人の腕前は、今でもカメラマンが是が非とも目指すべき立派な目標です。

しかしデジタル時代の到来に伴い、フィルムは使われなくなりました。写真批評会も今や若い人たちに伝えたい昔懐かしい思い出話となりました。

プロフィール

馮進　1984年、人民中国雑誌社に入社。95年に主任記者を担当し、96年から2001年まで編集部副主任を務め、2001年から08年にかけて編集部主任に就いた。『人民中国』誌の大規模なリニューアルやフルカラーデジタルプリントの実現および業務の現地化において際立った役割を果たし、『茶馬古道の旅』などの著作を出版しており、フォトコンテストにおいても多数の授賞を果たしている。

河南禹州神垕镇的陶工在为陶坯上釉，这里是中国著名的钧瓷之乡。
有名な鈞磁の郷である河南省禹州神垕鎮の職人がうわ薬をつけている

云南米轨铁路的小火车行进到山间的戈姑站时，遇上苗族村民在轨道两旁赶集。这在米轨铁路沿线是常见的事情。
雲南のメーターゲージを走る汽車が戈姑駅に到着した時、ちょうどレールの両側で市を開いていたミャオ（苗）族の村人。これは雲南狭軌鉄道の沿線でよく見られる光景だ

进入藏区的茶马古道。
チベット族住居地まで達している茶馬古道

笔者沿着茶马古道从云南进入西藏的盐井。
茶馬古道に沿って、雲南からチベットのツァカロに赴く筆者

人民中国
PEOPLE'S CHINA
60th anniversary
★SINCE 1953

事业发展篇

跨世纪的奇缘

王众一

2013年6月，对我来说注定是个不平常的月份。这个月的下旬，我将迎来50岁生日，从此进入所谓知天命的阶段；而这个月的上旬，我所供职长达近四分之一世纪（24年）的日文版杂志《人民中国》将迎来创刊一甲子。

按照西方的概念，100年一个世纪是最为重要的时间节点，而对于东方人来说，60年一个甲子是一个周而复始的新节点。《人民中国》作为一个跨世纪的跨文化传播媒体，60年从未中断，发行至今，不能不说是一个奇迹。

这一个甲子的后四分之一，我直接参与了编务决策，不论后人如何评价，这份杂志渗入了我的心血，留下了我的印记。同时，这本杂志也深深地影响了我的人生。我与《人民中国》的相遇与融入，不能不说是一段奇缘。

回想起来，缘分真是个神奇的东西。经常有同学或朋友问我，你当初怎么就找到这家杂志社，而且一干就是这么多年呢？我无法回答清楚这个问题。也许冥冥中透着命中注定。

天注定

人民中国杂志社的走廊里挂着一幅黑白照片，经过时我总会多看几眼。那是1963年6月，外文出版社访日团和《人民中国》读者交流的场面，老领导李雪琴还是风华正茂的年龄。彼时正值《人民中国》创刊10周年，由于调整、明确了刊物定位，《人民中国》迎来了第一个发展的黄金时代。代表团在日本逗留了40多天。就在这段时间里，远在沈阳，我出生了。父母当然无论如何也想

不到，他们在经历了3年饥荒之年之后意外地得到的儿子，日后竟与他们时常阅读的杂志产生交集。

1973年我10岁，经历了文革最惨烈的阶段之后，大人们试图从焦虑与疲惫中恢复过来。这时已经实现了中日邦交正常化，日语阅读不再是禁忌。母亲喜欢去外文书店，买回一些日文版《人民中国》、《北京周报》消遣时间。为了不荒废从前在日本留学时学到的语言，这两种刊物成了母亲日语阅读的唯一来源。汉字和假名混搭的语言足以引起一个10岁少年的好奇心——原来这就是日语，电影《地道战》里的鬼子们的语言。旧杂志的封面很快就变成了课本的书皮，引来同学们的羡慕。

1983年，时代已经大变。中日关系进入蜜月期，"世代友好"成为多数人的共识。我正在大二日语专业学习。这时的《人民中国》迎来了第二个发展黄金期，优雅的文字、精美的版面在国内杂志中独树一帜。我开始买杂志阅读。许多有关中国历史、文学的内容成了我的语言辅助教材。如今大量脱口而出的唐诗宋词，就是那个时候从杂志上抄下来死记硬背的，真的很管用！日后我向北京外国语大学日语系主任汪玉林先生建议把《人民中国》作为教辅，就是用我个人心得加以说明的。汪主任赞同我的意见，并归纳成"学外国语，说中国事"，在学生中推荐。这就是"《人民中国》进课堂"的滥觞。

知天命

1993年是《人民中国》的不惑之年，邓小平南巡之后，中国走出迷惘，进入了新的发展阶段。我已经入社4年。

有一个小插曲：1989年8月入社时，办公室老主任王德生听说来了一个一米九的大个子，特制了一个两米一长的大铁床放在简陋的单身公寓里。这件事让我流下眼泪，一生难忘。去年老王病重时，我去医院看他，推他坐轮椅去做胸透。我俯在他耳边说，是你那张铁床让我依恋这个单位，一直干到今天。我看到了他眼中闪烁的泪花。

我所在的翻译部可谓实力雄厚。李树德部长率领大队人马，每月一次来到外文印刷厂捡字车间。校对与核稿就在车间进行，"长条"与"方版"要看足

校次。陈忆青、刘积臣等老同志在铅笔的橡皮上插上大头针，一个字一个字地点着审读，年轻人谁也不敢偷懒。日本专家和我们一块下厂，手把手教我们如何在表述上精益求精。平时翻译部内的标题会，更是提高日语思维能力的重要平台。我们就在这样浓厚的业务氛围中快速成长为青年骨干。

李树德部长还积极支持我们年轻人参与采编活动。负责"导游手册上没有的北京"、"友城故事"等系列栏目，提高了我的社会活动能力和编辑意识。

一次，和丘桓兴副总编辑随车去包头采访日本著名治沙专家远山正瑛。一路上老丘严谨认真，追求细节的工作态度，不仅打动了那位模样颇似甘地的日本治沙专家，也给初出茅庐的我留下了深刻的印象。

1993年6月，《人民中国》创刊40周年庆典在西苑饭店隆重举行，我被指定为这场活动的现场翻译之一，借这个机会好好地温故了一番《人民中国》的历史与传统。

难忘的是，我和安淑渠副总编辑一道，重返新华社国会街国际新闻局旧地，在6月号做了一期《人民中国》创办期回顾的特别报道。老安用浓重的胶东口音，为我做了生动的讲述，令我仿佛穿越时空回到从前，看到中日同仁在康大川的带领下，在简陋的条件下创业的情形。后来，老安又认真地改正了我用日文写的稿子，还标注了改正的理由。这份布满铅笔修改痕迹的原稿，直到最后一次搬家以前一直保存在我的柜子里。

40周年庆典之后，1994年至1995年，我受社里派遣，以访问学者身份赴日本东京大学学习。出发前，杨哲三副总编辑找我谈话的情形我一直记在心里。他没提什么更高的要求，只是像一个长者对孩子说话似地叮嘱我一句："到了东京好好学，生活上有什么困难，就找我大哥杨为夫。"很多年以后，当我看电影《铁人》中王进喜把着车窗挽留年轻的技术人员留下来的画面时，不由得想起了1994年出发前这一幕。我这时才真正理解了老杨的意思。

这一年里，我在日本经历了东方书店老社长安井正幸的去世，也见到了许多曾在北京谋面的热心读者。我的日语以及对日本的认识也有了飞跃性的提高。"虚而往，实而归"，当我学成准备如期回国时，导师看好我的研究能力，出于好心，建议如果我愿意，可以自费留下来。当时许多公费留学生拿的都是

私人护照，转身份并不难，滞留是许多人的选择。可我觉得应该守信用，于是如期回国了。这件小事，使导师从此和我成为终生的朋友。

2003年《人民中国》到了知天命之年。我被任命为主持编务的副社长整整5年了。

此前的2001年，纸质版停刊传闻偃旗息鼓，杂志进行了历史上第一次全彩改版。我想这就是天命。"天与不取，反受其咎"，既然明确要《人民中国》存在下去，我们就必须把它办好。当时启动改版，就是这样进行动员的。改版的初衷是实现文字、图片、设计3条语言线索并重，加大中日交流比重，着力反映当代风貌等等。时代人物做封面就是基于这样的考虑。

改版后加大了社会约稿力度，特别是来自日本的稿子和国内约到的稿子，以洞悉彼此的文化深度形成互动，提高了这一时期杂志的大文化品位。

李顺然先生的文化随笔"那人、那时、那事"，将看似毫无关系的生活细节要素组织在一起，透过细节阐述微言大义，体现着对人的关怀和生活的智慧，成了久盛不衰的专栏。而阿南惟茂大使的夫人阿南史代执笔的连载"北京的水、树、和石头"，其发现甚至令我们中国人都叹为观止。不愧为远东问题专家赖肖尔的弟子，大使夫人史学功底的深厚和田野考察的严谨，令人钦佩。

刘德有先生的稿子从来都是文化底蕴深厚，他的一篇《西太后的窝窝头与目黑的秋刀鱼》，充满了通过文化交流促进中日关系改善的智慧。而我的东大导师刘间文俊回应他的《黄土地与兰花》可谓珠联璧合，令人叫绝。他在文章的结尾写到："我经常对学生说，去中国是否有收获，关键要看你能否交往到值得你尊敬的人"，我觉得，这也正是我和日本打交道时的同样感受。

明治学院大学教授、著名影评家四方田犬彦为深度文化栏目"放谈"写来一篇《幸福的无名时代》，在文中详细地讲述了他和导演陈凯歌的友谊，以及他对中国文化的敬意。这篇文章后来被收入到他的著名影评集《亚洲电影的大众想象力》中，还特别注明此稿首发于《人民中国》。无独有偶，上海电影导演彭小莲，也在同一栏目中发表了投稿文章《小川绅介导演教给我们的》，文中谈到她完成小川导演遗作《满山红柿》的故事，还涉及到对战争和中日关系的认识，很有深度。

加强当代中国的经济报道是新时期的新任务。我为网络版想了一个响亮的广告词："疾走する中国、躍動する13億"，以期调整对当代中国特别是经济社会的关切。同时加大借助外稿解读中国经济的力度。日本贸易振兴会的江原规由先生对中国经济的研究极有造诣，他开辟的经济专栏数据准确，观点独特，有很强的预见性，已经持续了10年，一直受到读者的欢迎。上海世博会期间，他出任日本馆馆长，在百忙之中应邀为我刊和《世博周刊》执笔专栏，我们之间的合作进一步得到扩展。

改版不久，专家原口纯子开始主持专栏"中国杂货店"。这个只有一页的栏目文字不多，每期选择一个中国人司空见惯的生活用品，发现它们在装点日常生活时透出的智慧与美感。在原口的眼中，装鸡蛋的折叠金属笼、替代保温杯的雀巢咖啡瓶、摆放饺子的高粱杆盖帘都美不胜收。她说，用热爱生活的眼光看中国，可爱的东西实在太多。她的独特发现让我们惭愧，也因此得到启发。后来一些新栏目的要素，灵感就来于此。这个栏目每期买来拍摄的道具，还作为抽奖内容寄给读者，结果这一年读者来信大增。

2002年第4季度，为了筹备50周年庆典，我第一次来到东京支局驻站，一住就是3个月。驻站期间与多个读者团体、友好机构、媒体、同业斡旋，为成功举办庆典做了大量前期准备。驻站期间一个经历让我难忘。因岳父去世，要临时回国数日。当我去东京入管局询问手续时，柜台前的中年官员听说我来自《人民中国》，马上改变严肃神情，告诉我他就是我的读者。他热心地指点我办好手续，使行程完全没有受到影响。许多素昧平生的日本人，就这样和你有着看不见的联系！《人民中国》带给我的自豪感油然而生。

转年开春，正当活动有条不紊地推开之时，非典爆发了。突如其来的非典打乱了原有的计划，日本同业东方书店帮助策划的日本大型研讨会"日本中的中国"我们无法直接参加，但研讨会在东京大获成功的消息传来，我们还是备受鼓舞。

9月，《人民中国》日文版创刊暨在日发行50周年纪念庆典在新世纪饭店举行。国新办主任赵启正、国新办副主任兼外文局局长蔡名照出席庆典，对50年来人民中国的成就给与高度评价。50名对《人民中国》发展做出贡献的中日人

士获得褒奖。CCTV大富制作的特别节目展示了《人民中国》50年历程。山梨县的老读者神宫寺敬偕老伴一同出席庆典，并发表动人的感言。大阪读书会的老朋友胜田宏不顾年迈，健步登上领奖台的举动感动所有来宾。来自横须贺的中青年读者献上的奔放舞蹈，更是把庆典活动的气氛推向高潮。

天有情

十年一梦。今年，又一个10年如期而至，跨世纪的《人民中国》即将迎来它的甲子。从2003年到2013年，《人民中国》经历了太多的变化，我也有万千感慨。一言以蔽之，"无边落木萧萧下，不尽长江滚滚来"。

许多知交、读者已经不在，环境发生很大变化，在总编辑的位置上，我已经干了6年，人到中年，鬓发斑白。年轻一代的成长、本土化的实施、新技术的崛起与媒体转型给二次创业带来新希望。

感谢《人民中国》对我的培养和给我的机会，使我在这一时期有机会拓宽视野，在国际传播领域参与更多的活动。

参与国家重点社科项目"中国国家形象的塑造"子课题研究，我完成了"日本国家形象的塑造与形成"研究报告，后来还扩展成书，在相关研究领域产生了一定的影响。

国新办主办的中日媒体人士对话会，我是为数不多连续参与了7次活动的中方代表。日本著名新闻节目主持人田原总一朗先生的职业精神和铮铮风骨给我留下深刻印象；三进总理府，把《人民中国》送到3位在任的日本首相的手上，令我感到这份工作不平常的意义；中日媒体人的讨论与思考，帮助我丰富了对媒体责任的认识和跨文化传播媒体使命的新思维。

回首往事，我把人生最好的时光献给了《人民中国》，对此我从不后悔。因为老天有情，让我结识了许多有胆识、可尊敬的人。尽管有人已经离开了这个世界，但我从他们那里得到了一生受用不尽的宝贵精神财富。臧克家的诗里说，"有的人死了，他还活着"。这些人就一直活在在我心里。

1989年底，翻译老专家村山孚的一篇回忆康大川人生历程的文章，使我有机会进入老总编康大川的世界。这篇文章分上、中、下在《人民中国》1989年

10月号、11月号、12月号上短期连载，题目是《这样走过20世纪》。老康波澜壮阔的一生和难以拒绝的人格魅力令我敬佩不已。后来有机会去家里看望老康，他全无架子，靠在椅子里，放着邓丽君的《甜蜜蜜》的录音，听你和他聊杂志，偶尔用难以听懂的"闽普"开句玩笑。

但其实老康的全部世界并非容易进入，文革时期他经历的诬陷、背叛与各种磨难从未听他谈起。国际台前副总编辑、资深专家李顺然先生在他最近的新书《20世纪人留给21世纪人的故事》中，披露了老康1984年写给他的一段文字："人生理想很多，真理只有一个。这是我的信条，半世纪多来它帮助我冲破了暴风恶浪，战胜了豺狼虎豹。"这段文字帮助我认识了一个更加完整的老康，让我对这位前辈更加敬佩。

老康凭着他的信念和魅力折服了许多日本朋友。他去世后，我曾陪同东方书店福岛正和社长去八宝山凭吊。日本朋友的感动，令我充分感到老康发出的颤流即使在他的身后依然不灭。

另一位老总编车慕奇是抗日名将张自忠将军的女婿，人生经历丰富。我入社时他已经退休，但还一直关心着杂志的发展。全社大会上老车的发言开朗、诚恳，令人难忘。有时在某件事情上他会像孩子一样认真，不知妥协。

记得一次我访日归来，他已经有病在身，十分消瘦，但仍饶有兴趣地叫我来和老同志们座谈，介绍日本的最新情况。他不时打断我的汇报，提出一些他急于弄清楚的问题。从他焦虑的神情，看得出他对未来如何向日本报道中国正在进行着艰苦的思考。

老车在一个雨夜去世，我去家里看望夫人。老车贴在床头墙上的纸条至今历历在目。那是我非常熟悉的陆游的诗："僵卧孤村不自哀，尚思为国戍轮台。夜阑卧听风吹雨，铁马冰河入梦来。"

采编部老主任杨珍是一个不向命运低头，柔中带刚的人。他早年在外印厂做工，靠自学完成本科学业，成为《人民中国》的记者。他对人真诚，乐于助人。我住单身宿舍，洗衣成了问题。他听说后，搞到一张北京洗衣机厂的洗衣机票，帮我解决了这个难题。他喜欢谈戏剧，聊起斯坦尼斯拉夫斯基就停不下来。这样一个乐观、热心的人，却受早年生活环境影响罹患了尿毒症。至今后

悔的是，一起访日时完全没有意识到他身体已经出了问题，他也不向人提起，结果在东京街头的急行军给他造成了过度劳累。

回想起来，和杨珍的共事3年，是我负责编务以来难得的美好时光。他的文笔朴实、生动、幽默，善于针对日本读者策划选题，且思想解放，敢于尝试。《人民中国》创刊35周年的特辑，靠着他的生花妙笔，取得了意想不到的效果，得到国际台资深专家李顺然极高评价。

杨珍过早的离岗、离世，是《人民中国》无可弥补的损失。于我而言，失去了一位可信赖的兄长、挚友。2010年杨珍去世，我填词"行香子"一首示痛惜之情："亲朋哭唤，好友失声。留不住，魂魄离形。竟绝俗尘，驾鹤西行。忆该谐语、感动事、诤友情。心照默契，策划图文。微斯人，谁可堪问？碧月西沉，残缺不轮。祭行云笔、激扬字、文胆魂。"

已经辞世的老读者可以开出长长的名单，其中与一个老读者的相遇特别值得一提。2008年逝世的土本典昭是日本纪录电影史上具有里程碑意义的人物。他拍摄于20世纪70年代的作品《水俣——患者及其世界》成为环保主义电影的先驱。

10年前偶然的机会结识土本导演，他告诉我《人民中国》创刊时期他就已经是忠实读者。20世纪50年代，年轻的土本导演和许多进步电影工作者在日本组织上映新中国电影《白毛女》、《钢铁战士》等，《人民中国》成为他们了解新中国的唯一窗口。

谈得投机，我们很快成了忘年交。"认识了你，我又开始订阅《人民中国》了"，一次去永福町导演家中拜访时，他指着桌上的杂志对我笑道。他家的库房里，整齐地码放着几十本剪报集，几十年来对中国的关注从未间断。

2005年，他在昆明的人类学电影节上向年轻的中国纪录片导演介绍他拍摄环保题材电影的经验。事后我对他说，"你真是一位撒播种子的人"。听到这样的评价，老人的脸上泛起了像孩子一样羞涩的笑容，这笑容深深地、永久地烙在我的脑海。

金田直次郎是我入社时认识的第一个日本专家。甚至在1988年秋天我来单位求职的时候，就在当时的主考官翻译部主任李惠春的办公室里见过他。他用

口音很重的中文向我介绍，这是一个能够学到真本事的单位。

金田在《人民中国》工作了9年，北京亚运会之后回了日本。他第二次来社工作是2010年上海世博会开幕前。我和金田的交集前后各有1年半：1989年我入社后和他共事了一年半，许多工作的启蒙和他关系密切；2010年再次共事一年半后，他在60岁时病倒，回国，成为不归人。

20世纪80年代末到90年代初，物质还很匮乏，但人们没有今天的各种焦虑，向往未来，意气风发。记得那时《人民中国》的年轻人经常在金田的友谊宾馆房间里搞沙龙聚会，天南地北，吹牛侃山。金田热情奔放，改稿认真，还喜欢自己在文中画插图。这和他早年在日中友协放映中国电影时自制蜡版海报的经历颇有关系。

第二次来社工作，金田改变了许多。戒掉了他喜爱的白酒，蓄起了长长的胡须，话也不像从前那么多。看得出生活的磨练对人的改变有多么大。但他对年轻人依旧关爱有加；对工作的拼命精神、对中国的热爱和对未知事物的好奇心始终未减。在他的桌子上有一个布面记事本，里面记满了他来中国的新发现。这个本子我做了扫描保存了下来，作为永久的纪念。

去年6月驻站期间，我和支局年轻的同事们驱车来到金田的老家扫墓，在蒙蒙细雨中，我把从北京带来的白酒洒在了金田的墓前。面对金田90岁的老母亲，我百感交集。金田的灵位处摆放着我制作的遗像剪纸，他的脸上浮着淡淡的微笑，好像在说，"喂，我在天国看着大家呢，好好干啊！"

想起这些已经离开我们的好人，我就会耸身忘掉因紧张而生的疲劳感和因挫折而生的徒劳感，振作起精神投入新的工作。

往大处去想，《人民中国》60年来最宝贵的财富正是在不同历史时期汇聚了一批批这样有信念的人、有胆识的人、热心肠的人、苦干实干的人、乐于助人的人、对业务精益求精的人、热衷于人民友好的人。

我为自己能够和这样有肝胆的人们共事，融入他们的事业，分享他们的精神，尽自己的力量工作而感到自豪。

这份精神，应该在《人民中国》的二次创业中发挥核心价值的作用，薪火相传。

中国的快速发展，中日关系的重大调整，为《人民中国》这个外宣老字号提出了新要求。温故而知新。一个甲子意味着周而复始，万象更新。《诗经·大雅·文王》中说，"周虽旧邦，其命惟新。"迎来一个甲子的《人民中国》，一定会自强不息，再创新辉煌。

作者简介

王众一　1963年6月26日生于沈阳。1989年毕业于吉林大学外语学院日语语言文学专业，获得硕士学位。同年，进入人民中国杂志社。现为《人民中国》总编辑、译审。1994年赴东京大学研修1年。自1998年起至今负责《人民中国》编务。从事国际传播、翻译学、大众文化等多领域的研究。著有《日本韩国国家形象的塑造与形成》，译著有《日本电影100年》等。

二つの世紀に跨る奇縁

王衆一

　2013年の6月は、私にとっては格別の月なのです。この月の下旬に、私は満50歳となり、いわゆる「天命を知る」年を迎えます。そして同じくこの月の上旬には、四半世紀近く（24年間）私が勤務してきた日本語版月刊誌『人民中国』は、創刊満60年、いわば還暦の歳を迎えることになります。

　西洋では、100年を一単位とする世紀の区切りを非常に大事な時間の節目と考えますが、東洋人は、60年一めぐりの還暦を、新たな再出発の重要な節目と見なします。『人民中国』は20世紀と21世紀とを跨ぐ異文化コミュニケーションの広報メディアとして、今日まで60年間休むことなく発行され続けてきました。これはまさに一つの奇跡、といっても過言ではないでしょう。

　その還暦の最後の4分の1の部分にあたる期間、私は直接この雑誌の最終編集を担当してきたのです。後人がこの時期の雑誌をどのように評価するかは別として、この雑誌に私が払った努力と私の個性が溶け込んでいるということ自体は紛れもない事実でしょうし、この雑誌が私の人生に深い影響を与えたということも否定できないことです。私と『人民中国』の出会い、そしてこの雑誌と運命共同体になったいきさつは、まさに奇縁によるものなのです。

　縁というものは本当に不思議なものに思えます。昔の大学の同窓や親友から、当時どのようにしてこの雑誌社にたどり着いたのか、ずっとこの雑誌社にこだわりつづける理由には何か特別のものがあるのか、と問われることが

ままあります。正直なところ、私はそれにははっきりと答えられません。ひょっとすると、それは運命の定めかもしれないのです。

天の定め

　わが社の廊下の壁に、モノクロ写真の入った額がかけてあります。出社、退社のおりにその前を通るときには、無意識のうちにその写真に視線が走ります。1963年6月、外文局訪日団と『人民中国』の愛読者との交流の場面が写っているのです。わが社の李雪琴元副編集長も訪日団の一員です。当時はまだ若く、颯爽として見えます。創刊10周年の『人民中国』は、雑誌の性格を検討し、明確な編集方針を打ち出し、最初の黄金時代を迎えていました。この訪日団が40数日にわたって日本に滞在している期間に、遥か瀋陽で、一人の男の子が産声をあげました。ほかでもなく私です。3年間の飢饉を経て不意に授かったこの男の子が、普段から二人でよく読んでいる雑誌に、成人して後、仕事で関わるようになろうとは、両親ともに決して思ってもみなかったでしょう。

　1973年、私は10歳になっていました。「文革」での最も凄まじい嵐が収まりかけたころ、憂鬱と疲労感から回復しようとする大人たちは動き始めます。当時、国交正常化が実現し、日本語刊行物を読むことはタブーでなくなりました。母はたびたび外文書店に足を運び、昔日本留学時代に覚えたことばを忘れないようにと、日本語版の『人民中国』や『北京週報』を買って読み、暇をつぶします。この2種類だけの刊行物が当時入手できる日本語の読み物でした。漢字と仮名が混じった活字は、10歳の少年の好奇心をかきたてるのに充分でした。これが日本語なのか、映画『地下道戦』に出る「鬼子（クイズ）」どもがしゃべる言葉はこんなものか、と。読み古された雑誌の表紙は教科書のカバーとして再利用されます。小学校では友達がこのカラフルなカバーをうらやましげに見つめたものです。

　1983年、時代に大きな変化が起こりました。中日関係がハネムーン期に入り、「子々孫々仲良く付き合っていく」べきだと多くの人々が考えるようになったのです。この時期の『人民中国』は第2の黄金時代を迎え、その格

調高い表現と見事な写真やレイアウトは、当時の国内の雑誌の中では先駆けて優れていました。大学の日本語学部2年生になった私は、『人民中国』を購入して読み始め、その中国の歴史、文学に関する内容は私の第2テキストになります。いまも暗誦できる古典詩・詞の多くは、そのときせっせとノートして覚えたものです。後日、北京外語大の日本語学部長汪玉林さんに、『人民中国』を第2教科書とするよう提案したさい、自分の経験を添えて説明しました。汪学部長は提案を受け入れ、「外国語を学び、中国事情を説明する」とキャッチフレーズにまとめ、学生たちに勧めたのでした。これが、「『人民中国』を第2テキストに」というキャンペーンの始まりなのです。

天命を知る

1993年、『人民中国』は「不惑」の歳を迎えます。当時、鄧小平の南方視察により、停滞状態にあった中国では新たな出発が始まります。その時、私が『人民中国』に入社してすでに4年が経っていました。

こんなエピソードがありました。1989年8月に入社したときのことです。総務関係の担当部長王徳生さんは、1.9㍍の巨漢新社員がこれから来ると聞いて、2.1㍍もある長いベッドを特注し、独身寮に用意したのです。これは私にとって生涯忘れられない感動となり、当時は思わず涙をこぼしたものです。昨2012年、重態で入院中の王さんを見舞った私は、王さんを車椅子でレントゲン検査室まで乗せていきましたが、私はその途中、「あのベッドのおかげでずっと『人民中国』に勤務し続けてきた」と王さんに耳うちします。王さんの目には涙がにじみ出ていました。

私の所属する翻訳部は実力者の集まりです。李樹徳部長の引率のもとにスタッフ全員が毎月1回「外文印刷所」に出かけ出張校正します。作業場で校正とチェックが行われ、ゲラ刷りを2つの段階に分けて繰り返し直して行きます。先輩株の陳憶青さん、劉積臣さんなどのベテランは、鉛筆の先に付いた消しゴムに虫ピンを刺し込み、そのピンの頭で活字を一字一字「走査」しながらチェックします。厳しい躾を受けた若者たちは、誰一人として手抜き

をする者はいません。日本人専門家も一緒に出張校正し、表現を練りに練ったり、若者を指導したりします。毎月1回行われる「タイトル会議」に出ることにより、日本語らしい表現をどんどん身に着けていけるようにもなりました。このような勉強を重んじる雰囲気の中で、私たち若者は速やかに成長をとげるのでした。

李樹徳部長は、翻訳部の若者たちが編集作業に関わるよう励ましてもくれました。「ガイドブックにない北京」「友好都市物語」などの固定欄の担当を経た私は、取材のための人脈が広がり、編集意識も高まるようになったのです。

砂漠での植樹のため列車で包頭へ向かう日本人砂漠対策専門家遠山正瑛さんを取材するために、当時の副編集長丘桓興さんと同行したことがありました。丘さんの綿密で手落ちのない取材方法と、細部まで聞き漏らさずまいと問いかける真剣な態度は、顔立ちがインドのカンジーによく似ている遠山さんに好感を持たせただけでなく、初めて同行取材に出る私も感銘を覚えたものです。

1993年6月、『人民中国』創刊40周年を祝う記念大会が西苑飯店で盛大に行われ、大会の通訳に指名された私は、『人民中国』の歴史と伝統を復習するいいチャンスに恵まれています。

忘れがたいエピソードがあります。副編集長の安淑渠さんの引率で、新華社国会街旧国際新聞局にあった『人民中国』編集部の旧跡を訪れ、『人民中国』の草創期に関する特別報道に着手しました。安さんは山東省東部の訛りで、臨場感あふれる説明をはじめます。私は、40年前この地にあった編集部で、中日のスタッフが康大川編集長の周りに結束し、非常に厳しい条件のもとで草創期の『人民中国』の編集に励むシーンをこの目で確かめたように感じました。その後、安さんはまた、未熟な日本語による私の原稿を真剣に校正し、校正理由も傍らに丁寧に書き添えてくれました。この校正だらけの原稿は、わが社の最後の引越しがおこなわれるまで、ずっと私のロッカーに保存していたのです。

40周年のセレモニーが終わったあと、1994年から1995年にかけて、私は訪問研究員として派遣され、東京大学で1年間「留学」することになりました。忘れられないのは、出発直前に、副編集長の楊哲三さんが私に話した言

葉です。それは偉い役員からの指示、といったようなものではなく、年長者が後輩に対する極普通のことばでした。「東京に行ったら良く学んできなさい。生活上で困ったことがあれば兄の楊為夫に話せばよろしい」10数年後、映画『鉄人』の一シーンを見たとたん、その言葉を思い出し、楊さんの気持をより深く理解することができたのでした。そのシーンでは、条件の厳しい油田から離れるべく列車に乗った若手の技術者を引き留めるため、主人公の模範労働者王進喜が、窓越しにやさしく話しかけるのでした。

　日本に滞在した1年の間に、当時の東方書店・社長安井正幸さんの死去に遇い、また、かつて北京で出会った多くの愛読者たちと再会しました。私の日本語と日本に対する認識は、この1年でかなり深まります。「心を無にして往き、実を得て帰る」といわれますが、計画通りの勉強を終えて帰国するときがやって来ました。指導教官は私の研究能力を評価し、自費で留まり研究を続ける選択肢もありますよと、好意を込めてアドバイスします。私は当時の多くの国費留学生と同じように、プライベートパスポートを持っていますし、国費留学生の身分を変更することは難しくはありません。当時多くの人が滞在延長を選択したのも事実でした。しかし私は信用を守ることがなによりも大切だと、延長せず帰国することに決めました。些細なことでしたが、以来それにより指導教官とは生涯の友となっています。

　2003年、『人民中国』は「天命を知る」年を迎え、私は編集担当の副社長に任命されて5年目になっていました。

　これより前の2001年、廃刊の噂が消え去ったあと、『人民中国』史上初のオールカラーリニューアルが行われました。これは天命だと思うのです。「天の与うるを取らざればかえってその咎めを受く」といわれます。『人民中国』が生き長らえる運命に恵まれた以上、これを機にさらにりっぱな雑誌に変身させなければと、リニューアル始動の大会でスタッフ一同にアピールしました。当時想定した目標は文字と写真の両立による内容とレイアウトによる視覚的効果の三位一体のグレードアップでした。中日交流の話題を増やし、現代中国の変貌をより多く取り上げる方針も確立されました。ときの人

を表紙人物に取り上げるのもその一環だったのです。

　リニューアル後の変化のひとつは、依頼原稿が大幅に増えたことです。特に両国の作者による原稿は、互いに熟知する比較文化の深みにおいて対話がなされ、その時期の雑誌の知的感覚には大幅なアップが認められました。

　李順然さんのエッセー「あの人、あの頃、あの話」は、互いにまったく関係がないように見える生活の要素をまとめて取り上げ、微細な箇所での発見をもって深みのある道理を説きます。文中の人間性や生活の知恵に富む思いやりにより、人気の衰えを知らないコラムとなっています。阿南惟茂元大使夫人阿南史代さんは、その連載「北京の水と木と石」の中で、私たち中国人も驚くほどの発見をたくさん披露してくれます。さすが極東問題の専門家ライシャワーさんの教え子であり、夫人の歴史学の教養の深さとフィールドワークの厳密さに脱帽せざるを得ません。

　劉徳有さんの文章は常に文化的視角でもってアプローチしてきます。その「西太后の窩窩頭と目黒の秋刀魚」は、文化交流でもって両国関係の改善を促進する智恵に富んでいます。東大時代の指導教官、恩師の刈間文俊さんがそれに答えるかのように「黄色い大地と蘭の花」を寄稿されました。知的な対話のような二人の文章はともに素晴らしいものでした。刈間さんの文章は「よく中国に行く日本人学生に言うのだが、中国にて収穫があるかどうかは、その国で尊敬すべき人に出会えるかどうかにある」と説きます。まさにそのとおり、日本の人々と付き合うときもまったく同感なのです。

　明治学院大学教授、映画評論家四方田犬彦さんは文化エッセーコラム「放談ざっくばらん」に監督陳凱歌さんとの友情と中国文化への敬意をしたためた「幸せな無名時代」を寄稿してきました。この文章は後日、氏の重要な映画評論集『アジア映画の大衆的な想像力』に収められ、しかも、この評論文は最初に『人民中国』に掲載したと特に明記しているのです。同じくこのコラムには、上海の映画監督彭小蓮さんが「小川紳介監督から教わったこと」を寄稿されましたが、小川監督の未完の遺作『満山紅柿』を彼女が引き受けて完成させた話と、戦争や中日関係に対する認識とからなる、すこぶる見識

のある文章でした。

　中国経済の報道の強化はこの時期の新しい課題でした。インターネット版に「疾走する中国、躍動する13億」というキャッチフレーズを考え出し、それをベースに現代中国、特に経済と社会へフォーカスを絞ろうとしました。同時に外部からの寄稿で経済報道の補強を図ります。ジェトロの江原規由さんは中国経済に造詣が深く、氏の手による経済コラムはデータが精確で、視角もユニーク、先見の明に富んでいます。10年間続いた江原さんのコラムは、人気の衰えが見られません。そして、合作の範囲がさらに広まったのは、上海万博のときからです。江原さんは日本館館長を務めたにもかかわらず、多忙な中を時間をさいて『人民中国』や『万博週刊』にコラムを執筆してくださったのです。

　リニューアルしてまもなく、日本人専門家原口純子さんのコラム「中国雑貨店」が始まります。字数の少ないわずか1ページのこのコラムでは、中国人なら新鮮味を感じない暮らしの中の雑貨を取り上げ、筆者が発見した日常生活に溢れる智恵と美を語りかけます。卵専用の買い物かご、湯飲み代わりに再利用するネスカフェの空き瓶、包みおわった餃子を並べて置くコーリャンの茎製マットなどは、原口さんの目にはとても美しく映っているのです。「生活を愛する目で中国を見なら、愛すべきものはたくさんある」と原口さんはよく言うのです。原口さんの発見に頭がさがる思いをすると同時に、大いにヒントを得ます。その後の新規企画にあたっては、原口さんから借りた知恵がすくなくありません。このコラムの写真のために買ってきた道具のかずかずは、後に抽選賞品として愛読者に届け、その年には読者からの手紙が大いに増えました。

　2002年の秋、創刊50周年の記念イベントを準備するため、初めて東京支局に3カ月滞在しました。その間、数多くの読書会、友好団体、メディア、同業者と効果的に意見を交換します。なかなか忘れられないエピソードがあります。妻の父親が急逝したので、しばらく帰国しなければなりません。東京の入管へ手続きの相談に出かけて、『人民中国』の仕事で来日したと説明すると、それまでは表情をひきしめていた中年のスタッフが柔和な表情を見

せ、自分は貴誌の愛読者だったと自己紹介し、手続きを丁寧に分かりやすく説明してくれます。おかげで時間の無駄を省くことができ、順調に帰国できました。多くの見知らぬ日本人はこのように自分とつながっているのです。『人民中国』によるプライドを再認識しました。

　翌年の春、創刊記念準備の作業が順調に進展している最中に、不意に新型肺炎（SARS）がはびこり、これまでの計画の変更を余儀なくされます。東方書店企画のシンポ「日本の中の中国」への参加もかないませんでした。シンポは成功をおさめたとの知らせを北京で聞いときには、大いに励まされたものです。

　9月、『人民中国』日本語版創刊および日本における発行50周年記念セレモニーが新世紀飯店で盛大に催されました。国務院新聞弁公室趙啓正主任、同副主任・外文局蔡名照局長が出席し、『人民中国』の50年来の成果を高く評価しました。50名に及ぶ中日の功労者が褒賞を受け、CCTV大富作制の特別番組では『人民中国』の歩みが紹介されます。山梨県の愛読者神宮寺敬さんは夫人とともに北京にやって来て、会場で感動を呼ぶコメントを発表しています。大阪読書会の勝田弘さんが高齢にもかかわらず、矍鑠としてステージに上がり、褒賞のトロフィーを受けとった瞬間、来場者からさかんな拍手が沸き起こりました。最後に、横須賀から参加した中年・青年愛読者による自由奔放なダンスが披露され、セレモニーはクライマックスに達します。

天に情けあり

　10年は一瞬の夢のよう、といわれますが、今年にいたってさらなる10年がまたまた過ぎ去ったのです。21世紀に邁進した『人民中国』は、まもなく還暦を迎えることになります。2003年から2013年にかけての『人民中国』の変化は大きく、まさに感無量です。一言で言えば「無辺の落木　蕭蕭として下り　不尽の長江　滾滾として来る」という心境でしょう。

　旧知の方々、愛読者で故人となった人も少なくなく、環境全体もかなり変わりました。私は編集長のポストにあって6年勤務しつづけ、鬢に白いもの

が混じり始める中年男子になっています。『人民中国』の若い世代は速やかな成長を見せ、現地化の推進、新技術によるメディアのデジタル化、ネット化などは、これからの再出発に新たな希望をもたらします。

『人民中国』に在って、私はこの10年間に視野をさらに広げ、国際コミュニケーションの世界で活躍するチャンスに恵まれてきました。

社会科学プロジェクト「中国国家イメージ作り」の分科課題に参加し、私が完成させた研究レポート「日本国家イメージ作りの歩み」は、後日、充実・補足を経て一冊の本になり、関係ジャンルにおいて反響も読んでいます。

国務院新聞弁公室と電通の共催による中日ジャーナリスト交流会には、私は中国側メンバーとして7度にわたって出席しました。ベテランジャーナリスト田原総一郎氏の徹底したプロ魂と確乎たる気骨は、私に深い印象を与えたものです。私は中国側の代表たちとともに首相官邸を3度訪れ、3人の現役首相に『人民中国』をそれぞれ手渡し、わが誌の重要な存在価値を再認識します。両国ジャーナリストたちの率直な議論により、メディアの責任、異文化コミュニケーションメディアの使命についての新しい思考が形成されていきました。

私の歩んだ道を振り返って見ると、我が人生最良の歳月は『人民中国』に捧げられています。これに対してはいささかの悔いもありません。天に情けあり、と言われますが、その天が胆力と識見のある多くの尊敬すべき人々に出会うチャンスを惜しげもなく与えてくれたからです。すでに他界した方々も少なくありませんが、彼らから授かった精神的な富は一生涯私に伴うことでしょう。詩人臧克家の詩作に「彼逝けど　尚生きれり」という句があります。こういう人たちは永遠に私の心の中に生きつづけます。

1989年の『人民中国』の10月号、11月号、12月号に、康大川元編集長の波乱に富んだ人生を回顧する記事「20世紀をこう歩いてきた」が短期連載の形で掲載されました。元日本人専門家村山孚さんの手になるものです。入社したばかりの私は、この記事を中国語に翻訳することで、康大川さんの世界に誘い込まれます。その後、康さんの住まいを訪れることもありました。椅子に腰を下ろした康さんは、勿体ぶったところがいささかもありません。

テレサ・テンの歌う「テンミミ」の曲を流しながら、のんびりと私から雑誌の最新事情を聞きとります。ときたま分かりにくい福建弁の北京語で私に冗談を言いかけたのが印象的でした。

康さんの世界を完全に知るのはそう簡単ではありません。「文革」のとき蒙った冤罪、背信等かずかずの苦難の話を、康さんの口から聞いたことは一度もありません。中国国際放送局元副編集長李順然さんの新著『20世紀人が21世紀人に語り伝える物語』の中には、1984年に李さんのために康さんが揮毫した書が披露されています。「人生に理想は多々あれど、真理は只一つ。これを信条として、半世紀このかた暴風豪雨をものともせず、虎や狼のやからに立ち向かい打ち勝った」という内容でした。これを読んで康さんの世界をいくらか全面的に理解し得た私は、この先輩に対する敬意がいっそうつのったように思えました。

不動の信念と個人の魅力で多くの日本人友人を魅了した康さんは、2004年に永眠されました。東方書店の福島正和社長に伴って八宝山革命公墓へ赴き、康さんの墓参りをしたことがありますが、万感の思いにふける福島社長の傍らにあって、私は康さんの英霊からのオーラを感じとった様に思えたのです。

康さんの後任編集長は車慕奇さんです。抗日戦争時代の民族英雄張自忠将軍の婿で、経験豊かな人生の持ち主でした。私が入社したとき、車さんはすでに引退していましたが、雑誌社の発展に変わらぬ関心を寄せています。社員全体大会に響き渡る車さんの朗らかな声と率直な発言は印象的でした。時には妥協を知らない駄々っ子のように議論を交わす姿も目撃します。

病に蝕まれ痩せはじめた車さんですが、引退したベテランたちと一緒に座談会をもよおし、日本の最新事情の説明をと、訪日から帰国したばかりの私を呼びよせました。私の説明中には、たびたび自分の興味ある質問を浴びせてきます。車さんの表情からは、日本に対して中国を説明するための、より効果的な方法探しに腐心する真剣さが伺えとれました。

ある雨の夜、車さんは眠りの中でこの世を去ります。夫人を見舞いに伺うと、車さんのベッドはすでに空いていて、壁には私の良く知っている詩が貼

ってありました。南宋の詩人陸遊の作です。

「孤村に僵臥するとも　自ら哀れまず　　尚ほ思ふ　国の為に輪台を成らんことを　　夜蘭にして　臥して風の雨を吹くを聴けば　　鉄馬　氷河　夢に入り来る」

編集部の元主任楊珍さんは、運命に頭を垂れず、辛抱強く抗争し続けた人でした。若き日の楊さんは外文印刷所で働き、独学で夜間部のカリキュラムを学び、修了しています。真心を込めて人に接し、多くの若者が楊さんから世話を受けているのです。独身寮時代の私が洗濯難に悩んでいるのを見て、当時まだ入手しにくい洗濯機を「コネ」を生かして調達してくれました。おかげで私のキングサイズの服は楽々と洗えるようになります。スタニスラフスキー・システムの話になるとなかなか話しの止まない楊さんは、演劇に造詣の深い人でした。この親切で楽天的な楊さんは、若き日の過酷な生活がたたって、50代で尿毒症に罹ります。私が今尚悔やんでならないのは、ともに訪日したとき、楊さんの病状が進行していることにまったく気づかず、ハードなスケジュールで移動したことです。楊さんは疲れが積もったのでしょう、顔色を悪くしていました。

思えば、楊さんとともに仕事をした3年間は、編集担当になって以来最良の時期でした。楊さんは、わかりやすく、ユーモアたっぷりの記事を書き、思想も開放的で、新しい可能性をいろいろ試みたものです。『人民中国』創刊35周年の記念特集では、楊さんの見事な記事が期待以上の効果をあげてくれました。中国国際放送局の李順然さんは感想文を寄せ、この号を言葉を惜しまず絶賛しています。

楊さんの病による帰休と若いうちの逝去は、『人民中国』にとっては取り返しの付かない損失となり、私にとっては、頼もしい兄と親しい友を永遠に失ったことになります。2010年、楊さんが逝ったその日、私は一詩「行香子」をしたため、尽きぬ哀悼の気持ちを託したのでした。

「親族泣いて呼び好友声を失する　留め得ぬ　魂魄の形を離れるを　なんぞや俗塵を絶ち　鶴を駕って西へ行けり

憶わんや　戯れの言　感動の事　錚友の情　　心照黙契にて　絵と文を画策す　この人逝かば　誰ぞ問うに堪えん　璧月西に傾き　欠けて円からず　祭らん　行雲の筆　激揚の文字　文胆の魂」

　すでに世を去った愛読者のリストはとても長いものになりますが、そのうちの一人との出会いを特に取り上げたく思います。2008年に死去した土本典昭監督です。日本ドキュメンタリー映画の世界におけるマイルストーン的な存在です。1970年代に土本監督が完成させた『水俣——患者とその世界』は、エコロジズム映画の先駆けとして名高いのです。

　10年前に偶然にも土本監督と出会ったとき、監督は、創刊時代から『人民中国』の読者だった、と自己紹介しました。1950年代、若き日の監督は多くの進歩的な映画関係者と『白毛女』『鋼鉄戦士』など中国映画の日本での上映に励んでいました。当時、『人民中国』は、そうした人たちが中国を知る唯一の窓口だったのです。

　すこぶる気が合うせいか、私と土本監督とはまもなく「忘年の交わり」同士となりました。「あなたとの出会いで、私は『人民中国』の購読を再開した」と、東京永福町の住まいを訪れたとき、土本監督は机上の雑誌を指差して口元を綻ばせます。監督の倉庫には中国に関する新聞のスクラップブックが10数冊ずらりと並べてあります。50年来、監督は中国の発展と変貌を見つめ続けていたのです。

　2005年、雲南省昆明市で催された「人類学映像祭」に出席した土本監督は、中国の若いエコ映画監督たちに自らの経験を伝える講座を催しました。「監督は種を蒔く人になりましたね」と成功を祝う私の言葉を聴いて、土本監督は照れくさそうに笑います。その笑顔は私の脳裏に焼きつき、忘れることはありません。

　金田直次郎さんは、私が入社したとき出会った最初の日本人専門家です。1988年に私が就職活動で北京に来たとき、面接を受け持った翻訳部李恵春副部長の部屋で初めて金田さんと出会っています。金田さんは訛りのある中国語で、ここは真の本領を発揮できる数少ない会社だ、とアドバイスしてく

れたものです。

　金田さんは『人民中国』で9年間勤め、北京アジア大会の後に帰国していましたが、2010年上海万博開催の前夜にもどってきました。私が金田さんと一緒に仕事をしたのはそれぞれ1年半ずつです。金田さんは、1990年代の時には、私の啓蒙の師としての存在でした。2010年代の時には、60歳の年にすい臓がんで倒れ、帰国した後に、帰らざる人となります。

　1980年代の末と1990年代の初めごろは、物質的生活が豊かだとはいえませんが、人々はまだ今日のようにストレスを溜めていない時代でした。若者たちは意欲に満ち溢れ、未来に夢を馳せていました。あの頃、わが社の若者たちはよく金田さんの友誼賓館の家に集まってパーティーを開き、四方山話に耽ったものです。金田さんは親切かつ豪放な人で、いつものように下訳原稿を丁寧に直してくれます。友好協会勤務時代に中国映画自主上映のためのかわら版ビラをたびたび描いていた経験からか、イラストを描いてはわが誌の誌面を引き立てていた金田さんが印象的でした。

　2010年にもどって来た金田さんは大きく変わっていました。大好物だった「白酒」をやめ、長いあごひげをはやした上、口数も昔と比べかなり少なくなっていました。おそらくは生活の練磨がもたらした変化でしょう。しかし変わらないのは、若者に対する思いやり、仕事に対する熱誠、中国に対する熱愛、未知に対する好奇心でした。金田さんの机の上に置かれたハードカバーのノートには、仕事の際にメモした見聞でいっぱいになっています。金田さんの死後、私はそれをスキャンニングし、有意義な記念品として保存したのです。

　昨年6月、東京支局滞在の際、支局長をはじめスタッフ一同とともに、降りしきる雨の中を、金田さんの生家へ赴き、お参りをしました。私は、特に北京から持ってきた、金田さん大好物の「二鍋頭（アルコード）」を霊前に捧げそそぎます。90歳の高齢の金田さんの母親を前に、辛さと悔やしさが私の胸に湧きあがります。金田家の仏壇に、私の手作りの切り絵の入った額が置かれてあります。切り絵は、淡々と微笑んでいる金田さんの肖像で、そ

の金田さんは「おい、よくやれよ。わたしは向こうでずっと見守っているからね」と言っている様でした。

　これらの他界したよき人たちを思い出すたびに、緊張による疲労感と挫折による徒労感を一瞬忘れて、奮い立って仕事に励むようになります。

　大所高所から見るならば、還暦を迎える『人民中国』にとってもっとも尊い富は、各時期における雑誌を支えた、多くのこのような信念のある人、胆力のある人、熱心な人、黙々とがんばる人、好んで他人を助ける人、プロフェッショナル魂を誇りとする人、人民友好の促進をライフワークとする人たちなのです。

　こうした立派な人たちとともに仕事をし、彼らの事業に溶け込み、彼らの精神に触れ、自ら担当する仕事に尽力した私の四半世紀の人生を、私は光栄に思うものです。

　この精神は、還暦からさらに飛躍する『人民中国』の中核的な価値として生かされ、受けつがれ、伝えられていくべきではないでしょうか。

　中国の疾走、そして中日関係の大きな調整は、政府広報の老舗『人民中国』に新たな課題をもたらしています。「温故」の目的は「知新」にあり、「創新」のためにこそ「知新」には意味があるのです。リセットして再出発のきっかけとなる還暦を迎え、私の愛する『人民中国』が、「自力更生」の意志で更なる発展を遂げるよう、祈りたいものです。『詩経・大雅・文王』の一句「周は旧邦と雖も、其の命惟れ新たなり」をもって結びとします。

プロフィール

　王衆一　1963年6月26日瀋陽生まれ。89年に吉林大学外国語学院日本語・日本文学科を卒業し、修士号取得。同年、人民中国雑誌社に入社。現在は『人民中国』総編集長、高級翻訳。94年から東京大学で1年研修。98年から『人民中国』の編集担当の役員として現在まで。国際コミュニケーションや翻訳学、大衆文化など多岐にわたる研究をしている。著書に『日本韓国国家のイメージ作り』、訳書に『日本映画史100年（四方田犬彦著）』などがある。

196 /《人民中国》日文版创刊 60 周年纪念文集

金田直次郎的剪纸遗像和他留下的工作笔记。
金田直次郎氏の切り絵肖像画と彼が残した
仕事のメモ帳

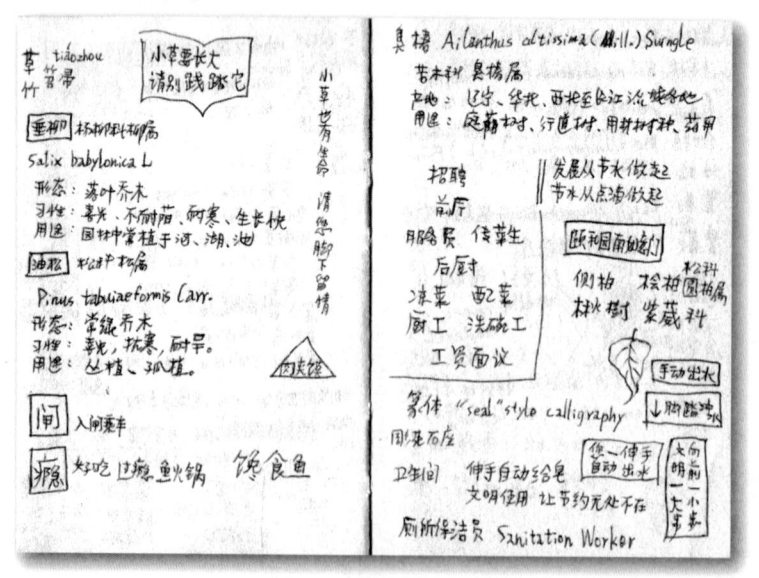

金田直次郎留下的工作笔记，透出一个老专家的职业意识，值得我们好好学习。
金田氏のメモ帳にはベテラン専門家のプロ意識がにじみ出ており、私たちが
見習うべき模範だ

中日媒体人士对话会（中日ジャーナリスト交流会）期间拜会福田康夫首相，向他介绍《人民中国》及"中日邦交正常化35周年"纪念特辑。
中日ジャーナリスト交流会にて、福田康夫首相（当時）と面会し、『人民中国』および「中日国交正常化35周年」の記念特集を紹介している筆者

2012年2月清样之后与参与清样的同事们拍了一张纪念照。
2012年2月、ゲラの最終チェックの作業終了後に撮影した同僚たちとの記念写真

举足轻重的"四个字"

李顺然

600本杂志集体亮相

10年一个时代，10年前的2003年，《人民中国》迎来了创刊50周年。第6期杂志为了纪念这一活动进行了特别策划。将从1953年创刊号开始到2003年第6期为止的600本杂志封面的彩色照片汇集在一起制作成折页，仿佛是点缀在和读者一路走来的《人民中国》杂志中的一幅绚丽精美的画卷。

看着排成排的《人民中国》杂志封面，我对刊名"人民中国"这4个字的设计演变产生了兴趣。

从1953年创刊号到1985年的30多年间，使用的是毛泽东用毛笔书写的"人民中国"。对我这样从创刊开始关注杂志的读者来说，非常怀念这"四个字"。顺便说一句，创刊号被我视为"传家宝"，至今珍藏在我家书架上。

这"四个字"从1986年开始从《人民中国》的封面上消失了，多少有点儿遗憾。从这一年开始，印刷体的"人民中国"和英文的"People's China"以同等大小并列作为刊名。从1995年开始，不知何故英文的"People's China"变大，"人民中国"4个字被缩小排在了英文旁边。乍一看很时尚，但略显孤单。从2002年开始，"人民中国"4个字又逆转为大字，下面添加了缩小的"People's China"，这才感觉踏实了些。

汉字和毛笔

北京奥运会召开的2008年，是《人民中国》封面大改革的一年。"人民中国"4个字从用了20余年的印刷体又恢复到了毛笔体。汉字和毛笔的组合，在全世界范围内也仅仅有比邻而居的中国和日本使用至今。这是两国的宝贵财富，是连接两国民众不可替代的纽带，所以这次改革给我的感觉是辗转之后，好不容易又回到了原点。"人民中国"4个字是中国书法界的大家启功先生所书，体现了启功先生温和稳重的人品，字体圆润而清晰。我觉得这与现在的国家宗旨——和谐非常契合。

装饰在杂志封面上的题字好似店铺的招牌，特别是对于《人民中国》这样拥有60年历史的杂志来说，可谓老字号的招牌。如果经常变化想必不太合适。我希望在北京奥运之年的2008年第一期封面上看到的用毛笔书写的老字号招牌能和《人民中国》一起健康、长寿。

举足轻重的"四个字"

虽然只是"四个字"，但回顾《人民中国》封面上这"四个字"的演变，这段历史的背后，是热爱《人民中国》的一代代社员们倾注全部心血的不懈努力。即便是"四个字"的演变，也决非出于个人喜好，一时脑热随意修改。从中能够感受到为了让读者喜欢《人民中国》，一代代社员付出汗水、绞尽脑汁、趴在稿纸的格子上，写了撕、撕了写，时而面红耳赤拍桌子辩论，最终将一期期《人民中国》送到读者手中的的赤诚之心。我不由得心生敬佩，感动得要流泪。可以说，这就是"人民中国精神"吧，我知道这里有从内心深处痴迷杂志、一心工作、奉献终生的中国人和日本人。我不会忘记他们。谨此送上我最崇高的敬意。

读者就是上帝

有关毛笔书写的汉字刊名，在实行全面改版的2008年第1期《人民中国》杂志的编后记中，王众一总编这样写道："今后还将继续推进改版，新的变化

会不断呈现。"读者就是上帝，改版以及随之出现的新变化，似乎很受读者欢迎。下面就摘录两三段《人民中国》"窗"栏目中的读者反馈。

"看到第一期改版后精彩亮丽的封面我惊呆了。"（名古屋市 原秀郎）、"从北京奥运之年的新年第一期开始改版后，无论页面还是设计都注重留白，更加方便阅读了。"（富山市 泽林正治）、"我的第一印象是改版后的《人民中国》从整体上看变得时尚了。各篇文章的标题也通俗易懂，阅读起来毫不费力。"（成田市 浜口孝昭）。

新老总编的"对话"

提出"将继续推进改版"的人民中国杂志社总编王众一是一个身高1.94米，需要仰视可见的大汉，用我的话说他就是个计算机+推土机的干劲十足的行动派。王总编在接受《对外大传播》杂志的采访时，被问到"最尊敬的人"，他列举了两个人的名字。一位是出生在王总故乡中国东北的抗日民族英雄杨靖宇，另一位就是《人民中国》杂志的第一任总编康大川。老康也是个干劲十足的行动派，而且还是个无论是在反动派的牢狱中，还是在"文化大革命"的辱骂和暴力面前，都坚决不低头的硬汉。

老康一定在天国中距离《人民中国》最近的山上，满心欢喜地眯着眼，眺望着近来《人民中国》杂志的改版情况吧。同时会竖起大拇指，鼓励说："众一，干得不错！继续，再接再厉啊！"竖拇指，是老康表达赞许的习惯。然而，现在看不到了。

翻看《人民中国》，我时常会觉得康大川总编和王众一总编有相似之处。虽然老康和王众一没有并肩共事过，但在我的脑海中，他们二位是《人民中国》历史上的好搭档，被深受读者喜爱的《人民中国》杂志紧紧联系在一起。

康大川的音容笑貌

之所以提起康大川这个名字，是因为只要谈起《人民中国》，就不能不提到康大川。

康大川原名康天顺，但他认为顺天意并不好，于是从天字去掉一笔，从繁

体的顺字去掉九笔，变成了大川。他毕业于日本早稻田大学，曾风风火火地加入抗日战争的行列，新中国成立后就任《人民中国》杂志总编，一干就是30多年，可谓资深新闻工作者。

康大川是个传奇人物，其丰富的人生经历写一两本书都没问题。在此，姑且让我将镜头拉近，聚焦一下某个夜晚的康大川吧。

那是30年前的事。在我的记忆中，那是个初夏或是初秋的夜晚。作家陈舜臣先生和负责《人民中国》在日发行的原东方书店社长安井正幸先生相约去拜访老康。老朋友来访，老康自然亲自下厨，又是炖甲鱼，又是察看一周前秘制的啤酒饮料是否酿好……我有幸参加了这次宴请忝列末席，亲身见闻了他们知音相聚心情大好的畅谈经过，度过了一段幸福时刻。

席间，老康谈到了《人民中国》，下面我就凭记忆将"大川体"的精彩段落再现给大家。虽然用文字还原"大川体"的绝妙之处有相当大的难度。

康：说到底，国与国之间的友好，没有两国国民的友情就好似浮萍。不是我吹牛，《人民中国》自创刊以来，始终将加深两国国民之间的友情视为最高原则、办社宗旨，没有半点儿动摇。唉，就这么一本不起眼儿的小杂志，还是我这么一个古板的人当家，也没做出什么大成绩来，哈哈哈哈……

陈、安井：哪里哪里，你干得已经很出色了。创刊十周年的庆祝晚宴，周恩来和陈毅不是都来出席了吗。你的成绩是大家公认的。《人民中国》的存在价值，你老康功不可没。这是不可否认的事实。

康：不敢当，不敢当，我尽给添乱了。不过，社员是真好啊，不管中国人还是日本人，都为《人民中国》豁出去了。无论多艰苦、多困难，大家都很拼命，真不容易。想想看都有点儿亏欠大家。不过，周总理能来真高兴啊！牢骚埋怨一扫而光啦，哈哈哈哈。

陈、安井：今后继续加油吧，老康！增进国民间的友谊将会越来越重要！

康：是啊，会越来越重要，也会越来越难。而且，没少给安井先生和陈先生添麻烦。安井先生多年以前就为普及《人民中国》，扩大读者群立下汗马功劳，可谓风雨无阻。真的，如果没有安井先生，《人民中国》早就办不下去了，我也就失业了。您可真是大恩人啊。虽然外界对中国人说这说那，但中国人最

大的美德就是感恩。不感恩、"忘恩负义"的家伙一定会被世人唾弃，那是最差劲的人。所以我是不会忘记安井先生和东方书店的恩情的，因为我是中国人。陈先生也没少关照我。堂堂日本大作家，能给中国这么不起眼的小杂志投稿，太难得了。还有，日本的《水浒传》权威驹田信二先生也以连载的形式给我们投稿了。有你们二位执笔，读者也增加了。读者就是上帝啊！我口口声声念叨的"读者就是上帝"、从"读者的视角"出发，说到底都是各位老师教我的啊，哈哈哈哈。

我坐在窗边的末座，倾听着他们推心置腹地畅谈，好似美妙、动听、变化无穷的弦乐四重奏让人心情愉悦。从窗外吹来不知是初夏还是初秋的清爽凉风也让我身心畅快，真是名副其实地耳福之享啊。

漫长的冬季过去，短暂的春天一闪即逝，北京又将迎来泛着新绿的初夏。我翘首企盼《人民中国》第6期，创刊60周年特别号的到来。那一定是比当年拿到创刊50周年特别号更加令人感动的期待。

后记：文中提到了第一代总编康大川和现任总编王众一的相似之处，其实二人还有一个共同爱好，那就是扎着围裙进厨房烹饪。二人的手艺都属上乘，只可惜无缘PK厨艺了。

作者简介

李顺然　1933年出生于日本东京。历任中国国际广播电台日语部主任、东京记者站首席记者、副总编辑。第8、9届全国政协委员、有突出贡献的国家级专家。

たかが「四文字」されど「四文字」

李順然

600冊のオンパレード

　10年一昔というが、10年前の2003年に『人民中国』は創刊50周年を迎え、6月号でこれを記念する特別企画をしたことがあった。1953年の創刊号から2003年6月号までの600冊の表紙のカラー写真を一堂に収め、さながら読者とともに歩んできた『人民中国』誌の歴史を綴る絢爛豪華な絵巻物をみているようだった。

　ずらりと並んだ『人民中国』の表紙を見ながら、誌名の題字の「人民中国」という四文字のレイアウトの変遷に興味を引かれた。

　1953年の創刊号から1985年までの30数年は、毛筆による毛沢東の書体の「人民中国」という「四文字」が使われていた。わたしのような創刊以来の愛読者にとっては、とても懐かしい「四文字」である。ちなみに、創刊号は「家宝」としてわたしの家の本棚に、いまも「祀」られている。

　この「四文字」が『人民中国』の表紙から姿を消したのは、1986年からだ。ちょっと名残り惜しかった。この年から活字体の「人民中国」と英語の「People's China」が、同じくらいの大きさで併記されるようになった。1995年からは、どうしたことか英語の「People's China」が大きくなり、漢字の「人民中国」の「四文字」は、その傍らに小さく記されるようになった。一見スマートかも知れないが、いささか淋しかった。2002年からは逆

転して「人民中国」の「四文字」が大きくなり、その下に小さく「People's China」が添えられるようになる。いくらか安心した。

漢字と毛筆

　北京オリンピックの年、2008年は『人民中国』の表紙の「大改革」の年だった。「人民中国」の「四文字」は20数年ぶりに活字体から毛筆の書体に戻ったのである。漢字と毛筆、これは広い世界でも、お隣り同士の中国と日本だけで、いまも使われている両国の宝物、両国の民衆を結ぶかけがえのない絆、この原点に戻り着いたというか、辿り着いたというか、そんな感じだった。「人民中国」の「四文字」は、中国書道界の大家である啓功さんの書体だそうだが、温和重厚な啓功さんの人柄が滲みでていて、柔らかく、明るい。和諧を国のモットーとしている現在の中国にもぴったりした感じだ。

　雑誌の表紙を飾る題字は店の看板、とりわけ『人民中国』のような60年の歴史を誇る雑誌にとっては、老舗（しにせ）の看板だ。そうしょっちゅう変わってもらっては困るのである。北京オリンピックの年である2008年の1月号の表紙でお目見えした毛筆の老舗の看板が、『人民中国』とともに健康、長寿であることを願っている。

たかが「四文字」されど「四文字」

　たかが「四文字」されど「四文字」、『人民中国』の表紙を飾る「四文字」の変遷をざっと振り返ってみたが、この変遷の歴史の裏には、『人民中国』をこよなく愛する人民中国雑誌社の代々の社員たちの全身全霊を傾けたひたむきな努力が滲んでいる。「四文字」の変遷にしても、決して一時の思いつきやある個人の好みで、こうなったり、ああなったりしたのではあるまい。ここには、読者に愛される『人民中国』を願い、汗を流し、知恵を絞り、原稿用紙の枡目に這いつくばり、書いては破り、破っては書き、時には顔を赤くし、机を叩き激論を交わし、一号一号と『人民中国』を読者のもとに送りだしてきた人民中国雑誌社代々の社員たちの熱い心が感じられ、頭がさがり、

目がしらが熱くなるのだ。「人民中国スピリット」とでもいうのだろうか、この職場にぞっこん惚れ込み、仕事一筋、身を捧げた中国人もいたし日本人もいたことを、わたしは知っている。わたしは忘れない。謹んで最敬礼を贈りたい。

読者は神様

　漢字、そして毛筆による雑誌名の題字などなど、リニュアールに溢れる2008年1月号の『人民中国』の編集後記で、王衆一総編集長は「今後も引き続きリニュアールを進めていきますので、すこしずつ新しい変化が現れるでしょう」と書いているが、読者は神様、リニュアールとそれにともなって現れた新しい変化は、読者の暖かい拍手で迎えられているようだ。『人民中国』の読者の声欄から2、3抜き書きしてみよう。

　「1月号、あまりにも見事にリニュアールされた表紙に目が点になってしまいました」(名古屋市原秀郎)「北京オリンピックの年の新年号から始まったリニュアールによって、ページやレイアウトにゆとりが出て、とても読みやすくなりました」(富山市沢林正治)「リニュアール後の『人民中国』は全体的にスマートになったというのが最初の印象です。各記事の見出しがわかりやすくなり、抵抗感なく記事に入っていくことが出来ます」(成田市浜口孝昭)

新・老編集長の「対話」

　「リニュアールは引き続き進めていく」と語る人民中国誌総編集長の王衆一さんは身長1メートル94の見上げるような巨漢、わたし流にいうならばコンピューター＋ブルドーザーのやる気十分な行動派。王さんは『対外大伝播』という雑誌のインタビューで「もっとも尊敬する人」として二人の名前をあげていた。一人は王さんの故郷中国東北地方が生んだ抗日民族英雄楊靖宇、もう一人は『人民中国』初代編集長康大川だった。康さんもやる気十分な行動派、また反動派の牢屋のなかでも、例の「文化大革命」の罵倒と暴力

の前でも、決して頭をさげない硬骨漢だった。
　康大川さんは、天国の『人民中国』にいちばん近い山の上から、近頃の『人民中国』のリニュアールぶりを眺め、目を細くして喜んでいることだろう。そして「王衆一君、なかなかやってるな。その調子、その調子だよ」と親指を立ててエールを送っていることだろう。親指を立てるのは、なにかを褒めるときの康さんのくせだ。なかなか立てないのだが……。
　『人民中国』のページを捲っていると、ときどき康大川さんと王衆一さんは似ているなあと思うことがある。康さんと王さんは机を並べて仕事をしたことはなかったように思うが、わたしの頭のなかでのお二人は『人民中国』の歴史の流れのなかでの名コンビなのである、読者に愛される『人民中国』という太い絆で結ばれた……。

康大川さんが遺したことば

　康大川という名前が出たが、『人民中国』を語るにあたって康大川さんに触れないわけにはいくまい。
　康大川さんの旧名は康天順、天に順（したが）うをよしとせず、天から1画、順から9画削って大川としたそうだ。日本の早稲田大学卒業、抗日戦争の戦列に馳せ参じ、新中国誕生後は『人民中国』一筋に30数年編集長を務めたベテランジャーナリストである。
　康大川さんはエピソードの多い人で、1冊でも2冊でも本が書ける豊かなキャリアの持ち主だが、ここではレンズを大きく絞ってある夜の康さんにスポットをあててみよう。
　もう30年も前の話だ。初夏か初秋の夜だったように肌が記憶している。作家の陳舜臣さんと『人民中国』の日本での発行元東方書店の社長（当時）安井正幸さんが誘いあって康さんの家を訪れた。老朋友の来訪とあって、康さんはみずから厨房に入ってスッポン料理の包丁を取ったり、1週間も前から秘伝の「ビール」風の飲料の仕込み具合を点検したり……。わたしはちょっとしたご縁があって、この宴の末席をけがしたのだが、知音同士の実に気

持ちのいい楽しい語らいを見聞することができ、至福のひとときを送った。

　この席で『人民中国』にふれた部分の康さんの語り、「大川節」のさわりの幾段かを再録してみよう。「大川節」の名調子を文字に戻すのは至難の業なのだが……。

　康：そもそもだな、国と国との友好ってやつはね、その国民（くにたみ）同士の情がなければ根無し草だよ。えらそうな事を言わせてもらうけど、『人民中国』は創刊以来、いささかもブレることなく、この国民同士の情を深めることを最高の原則、社是としてきたんだ。まあ、ちっぽけな小さな小さな雑誌だし、ボクのような融通のきかない男がボスの椅子に座っているんじゃ、たいしたことも出来なかったけど、ハハハハハハ……

　陳、安井：いやいや、りっぱな仕事をしてきましたよ。創刊10周年の祝賀パーティー、周恩来さんや陳毅さんが出席してくれたじゃないですか。みんなから認められているんですよ、『人民中国』の存在価値は、康さんは功労者です、押しも押されぬ……

　康：と、と、とんでもない。ぼくはじゃまばかりしていて……。でもスタッフがよかったな、中国人も日本人も、みんな『人民中国』一所に命を懸けてくれた。苦しいときも、困ったときも一所懸命やってくれた。本当に有難い。みんなには済まないことだったかも知れないが……。だけど、周恩来さんが来てくれたのは嬉しかったなあ。愚痴も文句も吹っ飛んでしまったハハハハハ

　陳、安井：これからもかんばってください、康さん！　ますます国民の情を深めあうことが大切になっていますからねえ……

　康：その通りだな、ますます重要になっているし、ますます難しくなっている。それにしても、安井さんと陳さんにはお世話になりっぱなしだなあ。安井さんは、大昔から『人民中国』の普及っていうか、読者の拡大に汗を流してくれた、雨の日も、風の日も。本当だよ、安井さんがいなかったら、『人民中国』はとっくの昔に潰れてましたよ、ボクは失業してましたね。大恩人ですよ。中国人のこと、あれこれいう人もいるけれど、中国人の最大の美徳

は恩を忘れないことだ。恩知らず、「忘恩負義」の奴は世間から爪弾きされますよ、最低の人間だな。ぼくは安井さんにも、東方書店にも、足を向けて寝るわけにはいかない、中国人だからな。陳さんにもお世話になった。日本の大作家が中国のちっぽけな小小小の雑誌に原稿を書いてくれる。ありがたいことですよ。そういえば、日本では『水滸伝』の権威の駒井信二さんも連載でいい原稿を書いてくれたな、お二人が執筆してくれたので、読者が増えましたね。「神様」である読者が……。ボクがバカの一つ覚えみたいに口にしている「読者は神様」とか「読者の視線」とかは、ネタを明かせば、みんなこうした先生がたが教えてくれたのさ、ハハハハハハ

窓際の末席のわたしには、知音同士の腹を割った語らいは、美しく、澄んだ、豊かな弦楽四重奏を耳にしているように心よかった。窓から入ってくる初夏だったか、初秋だったかの爽やかな風も心よかった、文字通り耳福のひとときだった……。

長い冬は去り、短い春は駆け抜け、またやってきた北京の新緑の初夏、わたしは首を長くして『人民中国』6月号、創刊60周年特別号の到来を待っている。創刊50周年特別号を手にしたとき以上の感動を期待して……。

追記：初代編集長の康大川さん、現総編集長の王衆一さんは、似ているところがあると書いたが、二人ともエプロンをつけて、厨房に入り、手料理を作るという共通の趣味をもっていた。二人とも腕は上々、腕くらべできないのが残念である。

プロフィール

李順然　1933年東京生まれ。中国国際放送局日本語部部長、東京支局長、副編集長などを歴任、第8、9期中国人民政治協商会議全国委員会委員、国家級専門家。

《人民中国》杂志刊头在不同时期的变化。
『人民中国』誌の表紙題字の変遷

一条连接中日情感的美丽纽带

张 哲

1993年,我从北京市科技情报研究所调入人民中国杂志社,至今整整20年了。在这20年之中,我学到了太多的东西。在这里,我想讲两件小故事。

北山脚下的南山会

"如南山之寿,不骞不崩。"《诗经·小雅》

所谓南山,即指长安(现西安)南部的终南山。终南山因"不骞不崩",常用作喻比长寿。

位于日本本州中部,贯穿新潟、长野、富山、歧阜四县的飞騨山脉,俗称北阿尔卑斯。

那一年,北阿尔卑斯山下、长野县大町市读者北泽久辉写信给我,询问何以南山象征长寿,它位在何处?我查询了手头的资料后复信给他,不成想因此在北阿尔卑斯山脚下有了一个南山会。

以北泽久辉为会长的南山会成员是一群70多岁的高龄者。组会之初,关于会名有种种候选,诸如长寿会、健康会、百寿会等。最后众人一致认同了中日共知而又含蓄典雅的南山会之名。

我接触过许多不同身份的日本高龄者,他们的共同点就是乐观和积极地生活——写书、旅游、摄影、学外语、学乐器、还有在各个领域当志愿人员,以及通过阅读《人民中国》了解当今的中国现状。

日本国土,南北向狭长。从南部的冲绳到北部的北海道,都有《人民中

国》的读者，都有我的好朋友。

中日员工携手合作

2011年，在纪念中国共产党成立90周年之际，《人民中国》精心策划了特辑、专栏"红色之旅"、专文等多种选题，增进日本社会对中国共产党的了解。

在"红色之旅"栏目中，有一篇是介绍党的一大会址。我社前往现场采访的日籍专家写下一段他认为比较有意思的话，"我们一行从嘉兴站乘三轮车前往南湖。三轮车夫老周已经63岁了，退休后他蹬起了三轮车，向游客介绍嘉兴的美丽山水风光。老周得意地说：'嘉兴可是个好地方啊，自古以来就是风水宝地。我们的党也是在南湖的船上诞生的。还有呢，2001年，某某副主席来嘉兴视察，不到两年就当上了国家主席。某某人于2007年7月视察嘉兴，不到一年就进了中央。来到这里就能晋升，是沾了这里的风水啊'。"

前面的部分很亲切朴实，但是后面的说法我觉得用于《人民中国》的报道不太合适。因为，中国领导人的人选，是由全国人民代表大会选举产生；中国共产党中央政治局的人选则由中国共产党中央委员会全体会议选举产生。民间附会的说法不仅不正确，而且有误导日本读者对中国民主选举制度的可能。

我在核稿时，向专家作了解释说明，专家表示充分理解，去掉了民间附会，将采访中更能体现普通老百姓热爱党、热爱革命历史心情的内容补充进来——"老周得意地说：'嘉兴可是个好地方啊，自古以来就是风水宝地。我们的党也是在南湖的船上诞生的。现在啊，中国人没有不知道嘉兴的。修建革命纪念馆，就连我这样的普通工人都很高兴。当时我也为建馆捐了钱呢。呵呵，我捐了10块钱，不在乎钱多钱少，我们每个人都为这块土地感到自豪呢'。"

我在人民中国杂志社的工作过程，也是一个学习、磨砺、提高的过程。《人民中国》多年来形成的认真、细致的工作作风，将每篇报道做到真实可信

的职业操守，锻炼出我在核稿中字斟句酌抠字眼的严谨态度。在此，我要感谢《人民中国》对我的培养，同时也为自己能在帮助日本读者正确了解中国上尽一点微薄之力，而感到一点小小的自豪。

作者简介

张哲　1993年进入人民中国杂志社，担任通联工作期间，被外文局领导评价为中日友好的民间大使；2000年至2004年，连续两任被派驻人民中国东京支局工作；2004年至今，在翻译部主要负责日文核定稿工作。著译有《日本科技政策动向研究》、《从能乐了解日本》、《日本中的中国》、《思维定势的"病"》等。

中日両国民の心を結ぶ美しい絆

張　哲

　北京市科学技術情報研究所から転職し、1993年に人民中国雑誌社に入って、今年でちょうど20年になります。この20年間、私は多くのことを経験し、成長してきましたが、ここでは、2つの小さな出来事について述べさせて頂きたいと思います。

北山の麓にある南山会

　「如南山之寿、不騫不崩（南山の寿（じゅ）の如く、騫（か）けず崩れず）」
『詩経・小雅』
　南山とは、長安（現在の西安）南部に位置する終南山を指します。終南山は、この「不騫不崩」から、よく長寿の象徴として使われます。
　日本の新潟、長野、富山、岐阜の中部4県にまたがり南北に走る飛騨山脈は、俗に北アルプスといわれます。
　ある年、北アルプスの麓にある長野県大町市の愛読者北澤久輝さんから、「南山はどうして長寿を象徴するのか？　いったいどこにある山なのか」というご質問をいただきました。私は手元の資料を調べてから返事をしましたが、これによって、北アルプスの麓で「南山会」が発足したとは思いもよりませんでした。
　南山会は、会長の北澤さんをはじめとした70代の方々がメンバーとなる会です。発足当初、この会の名前について、長寿会や健康会、百寿会などい

ろいろな案が出されましたが、最後には、中日両国で使われる、優雅で含蓄の多い「南山会」という名前にすることで意見が合致したそうです。

　私は、さまざまな方面で活躍する日本の高齢者と多く触れ合いましたが、楽観的で積極的に生活を送っている、というのが彼らの共通点であると感じました。例えば、自分史や旅行記などを書く人もいれば、旅行や写真撮影に夢中になる人、語学や器楽を習う人、各地・各分野でボランティア活動に積極的に参加する人もいます。そして、『人民中国』を購読して中国のいまを知ろうとする人も、たくさんいます。

　日本の南北に細長い国土には、『人民中国』の愛読者も、私の友人も、南の沖縄から北の北海道まで、満遍なくいると言えるでしょう。

漢魂和才で雑誌づくり

　2011年、中国共産党成立90周年を記念するために、『人民中国』誌は特集や連載「赤い旅」、レポートなどの記事を通じて、日本の読者に中国共産党をさまざまな面から紹介しました。

　連載「赤い旅」では、取材に行った日本人スタッフが、第一回党大会の開催場所のレポートの中で、以下のような逸話を紹介していました。

　私たちは嘉興駅から輪タクで南湖に向かった。運転手の周さんは63歳。

　「嘉興はいいところで、古来、風水に恵まれている。党が誕生したのも南湖の遊覧船があったからだ。××は国家副主席だった2001年に嘉興を視察して、2年足らずで国家主席になった。△△は2007年の7月に嘉興に来て、1年足らずで中央に抜擢された。ここに来れば、出世する。それは風水に恵まれているということじゃないかい」

　60歳で工場を退職し、以来、輪タクの運転手をしながら、観光客に嘉興の風光と風水の素晴らしさを説いている、と胸を張る。

　引用部分の前半は、親しみやすく素朴な言葉だが、後半部分は『人民中国』誌に載せるとしたら、あまりふさわしいとは言えないのではないかと、原稿校閲の途中で私は思いました。中国の指導者は、全国人民代表大会の

代表に選出され、中国共産党中央政治局のメンバーは、中国共産党中央委員会全体会議の委員に選出されるからです。この民間の流言は、そのまま載せると、中国の民主選挙制度の面で、日本の読者に誤解を与える可能性があります。

そこで、筆者である日本人同僚に、私はこの危険性を説明しました。彼は私の考えを十分に理解してくれ、その語句を削除し、もっと党を、革命の歴史を、心から愛する一般人の気持ちを表す次のものと取り替えてくれました。

「嘉興はいいところで、古来、風光だけでなく風水にも恵まれている。南湖の遊覧船で党が誕生したことで、今じゃ嘉興を知らない中国人はいないほどだ。革命記念館を建てる時には、私のような普通の労働者も喜んで寄付したものさ。え？ いくら寄付したかって。私は10元だったが、多いか少ないかじゃない。みんながこの街に誇りを持っているということだよ……」

人民中国雑誌社で長年にわたって仕事をすることは、勉強であり、鍛錬であり、技量をあげるための過程でした。『人民中国』は長年、真面目で念の入った、真実の信頼できる記事を書くという社風を培ってきており、この社風が、翻訳や校閲に対して、一字一句推敲を重ねるという私の厳格な態度を養ってきたということができると思います。この機会を利用し、社の育成・指導に感謝を捧げたいと思います。そして、日本の愛読者が正しく中国事情を理解するために微力を尽くしたことは、私がささやかな誇りとするところでもあります。

プロフィール

張哲　1993年、『人民中国』に入社。読者係としての仕事ぶりにより、外文局の指導部に「中日友好の民間大使」との評価を受ける。2000年から04年まで、連続2期支局長として東京支局に駐在。04年から、日本語部で主に日本語原稿校閲を担当。著書と訳書に『日本科学技術政策についての研究』『日本で能を鑑賞』『日本の中の中国』『マンネリ思考を変えれば仕事はうまくいく！』などがある。

作者在驻日期间拍摄的东京千鸟渊樱花。
日本にいた頃に撮影した東京・千鳥ヶ淵の桜

我与《人民中国》之缘

郝慧琴

我最近一次访日是在2010年11月，赴人民中国杂志社东京支局研修两个月。

那年对中日两国是不平凡的一年。4月，青海省玉树县发生大地震，日本政府为灾区提供紧急无偿援助1亿日元；5月，上海世博会期间，来访的日本游客达53.4万人次，居亚洲境外游客数量的第2位；7月，日本政府放宽了中国的个人旅游签证发放条件，访日的中国游客人数剧增；但9月发生了中日钓鱼岛撞船事件。也正是在这一年，中国的国内生产总值（GDP）首次超过日本，跃居世界第2位。

我此次是时隔10年的再次访日学习。10年前，在研究生2年级时，我曾赴横滨国立大学留学1年。这次与上次不同，是工作研修，因而关注点不同，收获也不一样。在东京支局的安排下，我拜访了神奈川新闻社、共同社、日经BP社等日本媒体。通过交流，我了解了日本媒体的组织结构、工作流程和经营状况，开阔了眼界。

在研修即将结束之际，我还完成了对孙中山先生的好友梅屋庄吉的曾孙女小坂文乃女士的专访。2011年，正值孙中山领导的辛亥革命100周年，小坂女士关于她的曾祖父与孙中山先生的交往出版了一本很受欢迎的书。在临回国前一周，我独自拿着相机完成了对小坂女士的专访。虽然采访时间很有限，但这次采访体验让我印象深刻，为自己两个月的日本研修增添了难忘的一笔。

10年前赴日留学，我主要泡在了图书馆里。而这两个月的四处走访，让我既惊叹于日本的自然之美，也更为日本的文化魅力所吸引。新年各家挂在门前

的稻草绳装饰物、日本的新年习俗、神社与寺庙在日本人日常生活中的不同用途、日本遍地都有的宗教建筑和精致的庭院景观……激起了我想要了解更多日本文化的热情。

我是2001年7月进入人民中国杂志社的。那年，小泉纯一郎首相参观了卢沟桥抗日战争纪念馆，对日本发动的侵华战争表示反省和道歉；在上海APEC领导人非正式会议期间，江泽民国家主席会见了小泉首相。

有时回头看看，真是感觉时间犹如飞梭。按照现在的退休年龄规定，我在《人民中国》的职业生涯，今年刚好过了一半。

我是上大学后开始学日语的。填报大学志愿时，可能是出于对日本文化的某种亲近感，选择了日语专业。中学时代，我曾十分迷恋山口百惠主演的"红色系列"剧，是个"山口百惠迷"，并且可能因眼睛细长，曾有朋友说我长得像山口百惠，当时心中窃喜了一阵。那时，我就暗想如果有机会就要学习日语。

1992年，我大学毕业。那年，邓小平发表了著名的南巡讲话，加速了中国改革开放的步伐。当时，包含对日关系在内，中国各方面都充满了生机活力。

大学毕业后我做了5年日语导游，之后考入北京师范大学攻读日本语言文化专业研究生，二年级赴日留学一年期间，结识了一位在横滨国立大学研修的中国外文局的前辈。当时，我面临找工作，便向这位前辈问起外文局是否有适合我的工作。前辈可能对我的日语水平还算满意，就让我写了一份简历，推荐到人民中国杂志社。我回国后赶紧前往应聘，在通过笔试、面试后，我成为了人民中国杂志社的正式员工。

当时，我感觉人民中国杂志社社长沈文玉、总编辑王众一、翻译部主任李树德，以及办公室副主任佟素强等领导和同事，都待人和蔼可亲，而且专业对口，于是很快就安下心来工作。

入社后的头几年，我的工作每年变化很大。第一年主要工作是翻译，从小就热衷于学习的我，觉得真是找对了工作，因为在日本专家的帮助下可以不断提升日语水平。第二年我开始承担翻译部主任助理的工作；第三年成为翻译部副主任；第四年就开始独立主持翻译部工作。

从一名普通的业务人员迅速走上管理岗位，我一方面觉得自己很幸运，能得到更多的锻炼机会；另一方面不免有些忐忑，总觉得业务基础还没有打牢，就开始从事管理工作，心里很不踏实。其实，这12年来，我一直是怀揣着这种不安在工作的。但也正是因为这种不安的存在，促使我一直在不断努力进取，业务上不放弃。值得庆幸的是，在领导和周围同事的支持下，部门的工作比较顺利，我个人的业务也始终在不断提升。

来社12年，经历了《人民中国》12年的变化。首先是翻译部，我刚来时，有很多有经验的前辈在。所以，虽然我经验不足，但在工作上并没有感觉到多少困难，因为前辈们一直在扶持我。特别是那些经验丰富的日本专家，有他们在业务上把关，让我的工作做起来很顺手。

但四五年后，前辈们逐一离开，部门也陆续地进来新人，在新人眼中，我竟然成为了前辈。在这种情况下，我只有不断地努力，在业务上不断学习，同时在管理方面想方设法能发挥年轻人每个人的长处，激发每个人的工作积极性，使他们能尽快熟悉工作，承担起重任。如今，当年我参与招聘工作招入翻译部的年轻人已经成长起来了，有的已经在社内担当重要的管理工作，有的赴东京支局发挥着重要作用。

我们的杂志在这12年间也有了很大的变化。2005年，《人民中国》为初步实现杂志本土化，提升杂志质量，缩短杂志制作周期，使内容更具时效性，部分印刷转移到了日本。2008年，版面设计也开始请日方设计公司来完成。在这个过程中，负责杂志稿件翻译、后期编辑、清样等工作的翻译部，在设计、印刷等方面，一直与相关的日本公司保持着密切的配合。我有幸亲身经历了这些变化，亲眼看到我们的杂志不断成长，并为此与同仁们共同努力着。

入社以来，我结交了许多日本专家。原朝日新闻社的资深记者、北京特派员、评论员，常驻中国近10年，对中国情况甚至有时胜于我们年轻人的横堀克己先生；对北京十分喜爱、至今仍作为自由撰稿人生活在北京的小林小百合女士；待人诚恳、一直致力于自己喜爱的体育方面报道工作的坪井信人先生；对杂志编辑工作和翻译工作情有独钟的原绚子女士；始终活跃在中日翻译界、将许多中国年轻人喜爱的小说译为日文，并致力于推广的泉京鹿女士；以及现

在与我一起工作的北海道新闻社资深记者、北京特派员、评论员——岛影均先生；"中国电影通"井上俊彦先生；喜欢在中国各地旅游的福井百合子女士；勤奋的高桥弘次先生等。他们都为把《人民中国》做成一本让读者易读、爱读的杂志，付出了自己的贡献。我在与他们的交往中，也不断加深了对日本人和日本文化的了解，不断提高自己的日语水平。

在《人民中国》工作12年，我越来越热爱自己的工作。尽管中日关系总是起起伏伏，但在我身边兢兢业业工作的中国同事、热爱中国的日本专家，还有《人民中国》长年的读者们，让我以自己的工作为荣，并深感一种责任感。我希望和他们一起，能为促进中日两国人民相互理解贡献自己的一份力量。

作者简介

郝慧琴　1970年出生。1992年中国人民警官大学日语系本科毕业，2001年北京师范大学日本语言文化专业研究生毕业，2001年开始在人民中国杂志社翻译部工作至今。

私と『人民中国』の縁

郝慧琴

　私の直近の訪日は2010年11月から2カ月にわたる『人民中国』東京支局での研修でした。

　2010年、中日両国間に多くのことが発生しました。4月に、青海省玉樹地区で大地震が発生、日本政府は被災地に約1億円の緊急無償援助を提供し、5月に、上海万博の日本人入場者数が53万4000人に達し、アジアの来場客で2位を占め、7月には、日本政府が中国人の個人観光ビザ発給条件を緩和し、日本への中国人観光客が激増しました。しかし、9月に釣魚島中日船舶衝突事件が発生しました。またこの年に、中国は国内総生産（GDP）で日本を追い抜き、世界第2位に躍進しました。

　私の訪日は大学院2年生の時以来10年ぶりでした。その時は横浜国立大学での1年間の留学でしたが、今回は、ビジネスとしての研修でしたので、注目したことも違い、得たものも当然違いました。支局の手配で、神奈川新聞社、共同通信社、日経BP社などのメディアを訪問し、交流を通じて、日本メディアの組織・構造や制作のプロセス、営業状況などについて勉強し、視野を広げることができました。

　研修の終わりがけに、孫文の友人だった梅屋庄吉の曾孫に当たる小坂文乃さんにインタビューすることができました（2011年5月号に掲載）。翌2011年は孫文が指導した辛亥革命からちょうど100周年で、小坂さんは曽祖父と孫文との友情について1冊の本を出版し、好評を博していました。帰国1週

間前、私はカメラを携え、小坂さんにお会いしました。インタビューの時間は限られていましたが、このインタビューは印象深く、2カ月の研修の忘れがたい記憶として心に刻まれています。

横浜に留学した当時は、主に図書館で論文を書くための資料を調べていましたが、今回は、日本各地を訪ね歩き、自然の美しさに驚かされただけでなく、奥深い日本文化にも改めて魅了されました。新年に各家の玄関に飾る門松や、初詣を体験し、神社とお寺の使い分けに感心しました。また各地でさまざまな宗教建築を見学し、精緻な日本庭園で日本の伝統美に触れ、これまで以上に、日本文化をより広く、深く勉強したいという意欲が湧いてきました。

私が『人民中国』に入社したのは2001年7月でした。その年、小泉純一郎首相（当時）が訪中し、日本の中国に対する侵略の歴史に反省と謝罪を表明し、また、上海で開かれたAPEC（アジア太平洋経済協力会議）非公式首脳会議開催中には、江沢民国家主席（当時）が小泉首相と会見しました。

時々、振り返ってみて、時間がたつのは速いものだと、しみじみと感じています。現行の定年退職の規定によれば、『人民中国』での勤務は、今年でちょうど半分を過ぎ、残り半分になりました。

日本語は大学に入ってから、勉強し始めました。受験前に、志望大学や学科を書き込む際に、日本語を選んだのは、当時日本に一種の親近感があったからだと思います。実は、中学校時代に、山口百恵の赤いシリーズの連続ドラマを夢中で見ていたのです。山口百恵のファンでした。私は目が細く長いせいか、光栄なことに山口百恵に似ていると友達に言われたこともあります。そのころから、チャンスがあったら、日本語を勉強したいとひそかに思っていました。

大学を卒業した1992年は、中国の改革開放を加速させた鄧小平の南巡談話があった年で、対日関係を含め活気に満ちていました。

大学卒業後の5年間、日本語ガイドを務め、さらに日本語を勉強したいと思って、北京師範大学の修士課程で日本語言文化を専攻しました。院生2年

目に、横浜国立大学へ留学するチャンスに恵まれ、そこで外文局のひとりの先輩と知り合いました。ちょうど私が就職活動を始めようとしたころで、その先輩に外文局に私にできる仕事はあるのかと尋ねました。私の日本語能力に合格点をつけてくれたらしく、人民中国雑誌社に推薦していただきました。帰国してからさっそく『人民中国』を訪ね、筆記試験を受け、正社員として採用されました。

『人民中国』を最初に訪ねた時に大変良い印象を受けました。当時の沈文玉社長、王衆一編集長、翻訳部の李樹徳主任、人事担当の佟素強副主任はじめ、どなたも優しく対応してくださり、日本語を活かせる仕事だと知ったからです。迷わずに就職を決意しました。

入社後の数年間、私の仕事は実に変化に富んでいました。1年目は主に中国語を日本語に翻訳し、その後、日本人専家が手直しし、雑誌に載せるという仕事でした。子どものときから、勉強が好きだった私にとって、この仕事は絶対自分に向いていると思いました。というのは日本人専家から毎日のように教えていただき、日本語レベルを絶えず向上できると思ったからです。しかし、業務の都合で、2年目には翻訳部の主任助理、3年目は翻訳部副主任、4年目から翻訳部の仕事全体を管理する主任になりました。

幸運に恵まれ、能力を鍛えるチャンスだと思う半面、不安もありました。というのは翻訳業務の基礎がまだしっかりと固まっていないと感じていた段階でしたので、管理の仕事に自信が持てなかったからでした。実を言うと、この12年間、ずっとこのような不安を抱えながら仕事をしてきました。しかし、このような不安を感じていたからこそ、翻訳も、チェックも、管理の仕事も大過なく続けて来ることができたのだと思います。幸い、幹部や部員から支持され、順調に仕事に取り組んで来られ、また、業務能力も絶えず向上してきたと自負しています。

入社して今までに、さまざまな変化を経験してきました。入社当初は、翻訳や編集のベテランがいらっしゃったため、まだ若くて経験不足だった私はそれほど難しさなどを感じませんでした。また日本語能力でも、編集でも経

験が豊富な日本人専家がおられ、仕事は順調でした。

　しかし、4、5年後、先輩たちが相次いで退職し、それとともに、新しい顔ぶれが入社してきました。かれらから見れば、私は先輩に違いありません。そうした状況に置かれ、私は自分自身の仕事に加えて、いかに若い人たちのそれぞれの長所を生かし、より速く仕事に慣れ、戦力になってもらえるように、一生懸命知恵を絞りました。当時、私が採用にかかわり、翻訳部に入った人たちは今は大きく成長し、重要な管理の仕事に携わっている人も、東京支局で立派に役割を果たしている人もいます。

　この間、『人民中国』にも大きな変化がありました。2005年、誌面の質向上を目指し、制作周期を短縮し、内容をよりタイムリーにするために、印刷の一部を日本に移しました。2008年、レイアウトも日本のデザイン会社に委託しました。この過程で、取材部門が執筆した原稿の翻訳、紙面構成と編集、校了などを担当する翻訳部として、レイアウトや印刷などに関して、関連する日本の会社と綿密な協議を重ねました。幸いなことに、私は自らでこれらの変化を経験し、自らの目でわれわれの雑誌が絶えず成長・変化することを見守ると共に、同僚と一緒に努力してきました。

　入社以来、多くの日本人専家と仕事をしてきました。元朝日新聞社のベテラン記者、北京特派員、論説委員を経て、『人民中国』に来られて10年近くになられ、時には私たちよりも中国事情に詳しい横堀克己さん。北京を非常に愛し、今でも北京に暮らしておられるフリーライターの小林さゆりさん。自分が熱中したスポーツ関係の報道を一貫して志している坪井信人さん。雑誌編集や翻訳に造詣が深い原絢子さん。ずっと翻訳の分野で活躍し、多くの中国人青年が好む小説を翻訳し、その普及に力を注ぎ続けている泉京鹿さん。現在、在籍しておられる元北海道新聞社のベテラン記者、北京特派員、論説委員の島影均さん。「中国映画通」の井上俊彦さん。中国各地を旅行している福井ゆり子さん。勤勉な高橋弘次さん。この他にもお名前を挙げれば限りない多くの専家の皆さんにお世話になって来ました。皆さんは『人民中国』の日本語をより読みやすく、読者ニーズに応えるために心血を注ぎ、今も貢

献していただいております。彼らとの日常的な交流から、日本人や日本文化に対する理解を深め、日本語能力の鍛錬にもヒントを得ています。

　『人民中国』での12年間を経て、私はますます自分の仕事を愛するようになって来ました。中日関係は紆余曲折があり、時にはギクシャクしますが、長年『人民中国』を愛読してくださっている読者の皆さま、私の身の回りで尽力していただいている日本人専家、勤勉に働いている中国人の同僚のお陰で、私は自分が選んだ仕事に誇りと責任を心から感じています。これからも、中日両国人民のより一層の相互理解を促進する一助になることを願って、微力を尽くしたいと考えています。

プロフィール

　郝慧琴　1970年、山西省太原市生まれ。92年、中国人民警官大学日本語科卒業。2001年、北京師範大学修士課程修了（日本言語文化専攻）。01年から人民中国雑誌社翻訳部に勤務。

2011年元旦,作者赴日研修期间在日本迎新年,第一次看到日本舞狮。
2011年日本へ研修に行って迎えた正月。初めて獅子舞とご対面。

从读者到社员，我和《人民中国》一起成长

钱海澎

2001年，我在吉林大学外语学院的阅览室里第一次看到《人民中国》。在日语读物匮乏的当时，印刷精美、资讯丰富的《人民中国》一下吸引了我的眼球。此后，只要没有课，我都会到阅览室去翻阅它，从第一页读到最后一页，常常意犹未尽。尤其是刊登出的新词，悉数被我抄录在自己的单词本中，如获至宝。

机缘巧合的是，3年后我竟然加入了《人民中国》这个熟悉又陌生的团队，并且直接参与了新词的编写。直到今天，9年过去了，我仍旧执着地投入其中，参与策划了两次改版，希望这个栏目可以成为日语学生了解《人民中国》的窗口。

能够做自己喜欢的事，将兴趣和工作结合在一起，是《人民中国》给予我的幸运。而在这9年间，我收获的远远不止这些。

兢兢业业的前辈

刚入社时，翻译部尚有4位临近退休的老前辈。他们不擅长使用电脑，更不会用互联网查找资料。但部里的各种工具书被他们运用得格外自如，核定稿的严谨和准确都让我佩服得五体投地。从他们身上，我第一次对"经验"肃然起敬，认识到什么是宝剑锋从磨砺出，他们的"火眼金睛"让我对翻译、校阅的每个环节不敢有丝毫懈怠。

我永远记得前辈们在黄色、柔和的台灯光束下，手持放大镜，翻看泛黄

的百科全书的身影。在我心中，那是一种钻研精神的象征，是激励我不断前进的动力。

让人生50年变100年

2004年12月，我和两位同事赴日研修。当时正赶上元旦，年近七旬的读者正奈史女士邀请我们去她家体验日本的新年。为了赶来车站接我们，她在大雪天里小跑了10分钟。回家后，她又不停歇地为我们做饭、准备洗澡水、铺被子，丝毫不显疲累。正奈史女士说，在她小时候，常听人说人生50年，当时觉得为什么这么短暂，难道不可以使生命延长吗？于是，从那时起，她用比别人多一倍的精力努力学习、工作，还一直没有间断培养自己的爱好——花道。别人休息了，她仍旧在忙碌，这样下来每天就比别人多做了一倍的事，人生50年就成了人生100年。从她的脸上，我能看到岁月的痕迹，但那种由内而外的活力，则让我感受到了一颗年轻的心。此后，我时常会在清晨回想起她的话，振奋精神，开始一天的生活。

耐心敬业的专家

我至今仍保留着许多日本专家帮我修改过的翻译稿。当时，稿纸上满篇的红字曾让我羞愧、难眠，但今日翻看，心中涌起的是感激和感动。正是他们的耐心付出，换来了我的成长。2005年，我第一次参与《我与中国》栏目的采访，由于采访对象是日本人，我便决定直接用日文成稿。因经验不足，我几乎是把录音中对方说的话毫无取舍地挪用在了文章里，逻辑很混乱。负责改稿的小林小百合女士没有指责我，而是写了一份采访的基本方法和注意事项给我，并对我说："我的老师告诉我，十分素材三分文章。资料丰富了，文章才会饱满，才有取舍的余地。"此后，我无论是采访还是编译，总会做好充分的准备，精挑细选合适的内容。

都说翻译是相对枯燥的工作，而9年的乐此不疲是因为有前辈精神的鼓舞、读者的支持和专家的悉心指导。他们让我坚定信念、乐观积极地面对困难，迎接挑战。我入社时，《人民中国》刚刚过完50岁生日。如今，我将

见证她60岁的生日。我相信，我还会和《人民中国》一起走得更久，期待我们新的成长。

作者简介

钱海澎　1979年6月出生于黑龙江省哈尔滨市。2004年毕业于吉林大学外国语学院日语语言文学专业，获得硕士学位。同年7月入社，现任翻译部副主任。

一読者から社員に 『人民中国』と共に成長

銭海澎

　2001年、吉林大学（吉林省長春市）外国語学院の閲覧室で初めて『人民中国』と出会いました。日本語の読み物が乏しかった当時、印刷が美しく、情報豊富な『人民中国』にたちまち魅了されました。その後、授業がなければ、必ず閲覧室で『人民中国』を読み、最初から最後まで、どんなに読んでも読み飽きない感じでした。とりわけ「新語」欄に出てくる言葉は、大切な宝を得たかのように、すべて私の単語帳に書き写しました。

　それから3年後、縁あって、人民中国雑誌社に入社しました。よく知っているようで、実は何も知らないこの団体に加わり、直接「新語」欄の編集を担当しました。今はもう9年になりますが、依然としてこの編集に関わっており、2回の「新語」欄のリニューアルにも参加しています。このコラムが日本語専攻の学生が『人民中国』を理解する窓口になってほしいと願っています。

　自分の好きなことを行い、趣味と仕事を兼ねることができるのは、『人民中国』で私が手にした幸せです。しかし、この9年間で、私はより多くのものを手に入れました。

働く姿勢を教えてくれた先輩たち

　入社したばかりの頃、翻訳部には退職寸前の先輩が4人いました。皆コンピューターが苦手で、インターネットを利用して資料を調べることはほとんどできませんでしたが、部内の各種の辞書や年鑑、百科事典などを自由自在

に使いこなし、翻訳原稿をチェックするその厳しさと深さ、そして正しさにびっくりすると同時に、心からの尊敬の念を抱きました。彼らの仕事ぶりを見て、初めて「経験」に対する敬意を感じ、「亀の甲より年の劫」という言葉の意味するところを初めて知りました。また彼らは間違いを見抜く眼力の持ち主なので、翻訳や校正などすべての段階で、いささかもゆるがせにしてはいけないと自戒しました。

先輩たちが電気スタンドの柔らかな黄色い光を浴びながら、拡大鏡を手にして、黄ばんだ百科事典のページをめくる姿を永遠に忘れることができません。それは、私の心のなかで研鑽精神の象徴であり、絶えず前進してゆくための原動力となっています。

人生50年を100年に

2004年12月、新入社員の2人といっしょに日本へ研修に行きました。ちょうどお正月の前だったので、70歳くらいの読者・正奈史（まさ なふみ）女史の招きで、日本の新年を体験することができました。その日はあいにくの大雪でしたが、彼女は10分ほど走って駅まで迎えに来てくれました。家に着くと、ご飯を作ったり、お風呂を用意したり、布団を敷いてくれたりして、いつも私たちのために動き回っていました。正奈史女史はこう言いました。「小さい頃、『人生50年』という言葉を聞き、何で人生ってそんなに短いんだろう。長くできないのかなと思っていました。だから、その時から、何をやるにも人の2倍の精力を傾け、勉強や仕事に努力し、そしてまた、自分の趣味である華道の稽古を続けてきました」

みんなが休んでいる時でも、彼女はいろんなことに忙しく、毎日人の2倍の仕事をこなしてきたので、人生50年を100年にすることができたのです。彼女の顔には歳月の跡がくっきりと刻まれていましたが、内面から発する活力は、まだまだ若い彼女の心を感じさせました。その後、私は朝起きるたびに彼女の話を思い出し、奮い立って新しい一日を始めるようになりました。

真面目で根気よい専門家

　私は今でも日本人専門家が直してくれた翻訳原稿をたくさん保存しています。かつては訂正で真っ赤になった自分の原稿を見て、恥ずかしさの余り眠れない日々を送ったものですが、今もう一度読み返してみると、心の中に感動が湧き上がってくるのを感じます。彼らの真面目で根気よい指導があったからこそ、私は今日まで成長することができたのです。2005年、初めて「私と中国」欄の取材に参加しました。取材対象は日本人でしたので、直接日本語で原稿を書き上げることにしました。しかし、経験不足のため、録音したインタビューをそのまま原稿に起こしてしまい、まとまりのない文章になっていました。リライトをしてくれた小林さゆりさんは、そんな私のことをとがめもせず、取材の基礎と注意事項を紙に書いて、私に渡してくれました。そして、「10の資料があったら、文章に使用するのはそのうち3分だけ、資料がたくさんあってこそ、充実した原稿が書け、取捨選択の余地もあると、私も先生から教わりました」と、忠告してくれました。その後、取材の時にも、編集・翻訳の時にも、私はいつもしっかりと準備し、心を込めて必要な内容を選ぶように心がけています。

　翻訳は単調で面白みの少ない仕事だとよく言われますが、9年間も疲れ知らず楽しんでやってこられたのは、先輩の励まし、読者の支持と専門家の熱心な指導があったからです。彼らが私の信念を固め、楽観的、積極的に困難に直面させ、チャレンジを喜んで受け入れさせてくれました。入社した時、『人民中国』は創刊50周年を迎えたばかりでしたが、今では60歳の誕生日を迎えようとしています。私は『人民中国』がわれわれと共に、もっと遠くまで歩み続けることを信じており、新たな成長を遂げることを期待しています。

プロフィール

　銭海澎　1979年6月黒龍江省ハルビン市生まれ。2004年吉林大学外国語学院日本語・日本文学科を卒業し、修士号を取得。同年7月入社。現在は翻訳部副部長を務める。

读者正奈史准备的散寿司饭。
読者の正奈史女史が作ってくれたちらし寿司

用新媒体传递正能量

于 文

10年前，仿佛一夜之间，家家有了电脑，人人成了网民。10年后的今天，又仿佛在一个白昼与黑夜的交替后，人们手中的按键式移动电话几乎完全被平板智能手机取代。新技术的时代更迭总是悄无声息又轰轰烈烈，新媒体的发展又是那么地突如其来。互联网时代给人以震撼，独占鳌头的人们享受着新媒体的便利，追逐着新技术带来的财富。于是，有人说，书刊报纸即将成为历史，电子阅读的时代已经到来。

在日本，电子时代的到来与这些新技术的发源地——欧美国家几乎同步，然而纸质媒体退出主流舞台的步伐却要慢得多。年轻的"手指族"用互联网和手机编织自己的世界，而早已习惯了早餐前读报纸、电车上看杂志的"大叔"与陪伴他多年的纸媒依旧不离不弃。这可能是日本人特有的一种爱屋及乌，阅读多年的报刊杂志也许已经成了为他讲故事、带他看世界的一位亲人。于是，他把情感的记忆交给这个亲人收藏。

《人民中国》杂志就是这样一位"家里人"，她在千千万万日本读者的心里，她把60年中国的故事讲给读者，把读者对中国的喜怒哀乐收藏其中。

在我留学日本的时候曾受到许多日本人的帮助，一种将心比心的朴素情感驱使着我思考能为他们做些什么。让日本人更多的了解中国，让他们爱上中国，便成为我的一个人生目标。

2004年，我来到人民中国杂志社工作，向日本介绍中国成为己任。2005年，当我在东京六本木森大厦的展望台上，与前来参观"和平友好、共创繁

荣"图片展的观众交流的时候,我第一次知道,有那么多的日本人提起中国,还停留在穿着灰、绿色制服的中国人骑着自行车,如潮水般涌过天安门广场时的印象。这个在我的记忆中早已模糊的画面,却在只有几千公里外的另一个国度里被当做为当代中国的代表形象。好在手里的《人民中国》杂志能让他们眼见为实,这也是我第一次切身感到说明中国的意义之大,使命之重,《人民中国》作为传播载体的必要。

我在东京驻站的3年多里,读者对于《人民中国》这本杂志的热情、信任和期待令我无数次地感动。一次读书会活动,就像是读者们的一个节日。老读者喜欢讲过去的故事,也喜欢听现在的事情。那些满头白发的老人手捧着杂志,就像是捧着一个宝盒子,里边装满了记忆和对中国无尽的感情。

2013年,一个短期出差,我回到了阔别3年的日本。尽管东京的城市面貌看不出变化,但是地铁里人们手中的书刊几乎被手机取代。指掌之间,电视台的新闻节目在那里滚动播放,它就像一扇门,穿越其中便能漫步于互联网连接起来的世界。《人民中国》杂志再也不是日本了解中国的唯一途径,光缆会将这一分钟发生的事情在下一分钟告诉全世界的人。遗憾的是,信息传得太快,难免缺失;海量信息,难辨真假,若是再有了渲染和炒作,传递到日本的哪里还是真实的中国呀?

托新媒体的福,日本百姓脑海中灰绿色自行车大潮的中国印象已经成了历史。可就在短短的几个月,一群打砸抢烧的暴徒和贫困无助的农民成了新的"中国画面"。就在世界第二经济大国地位被中国取代,几十年稳坐亚洲经济第一宝座的心态还来不及调整的时候;就在彼岸的邻居日益发展,莫名感到不安和威胁的时候,这些"中国画面"通过新媒体被无限放大,深入日本人心。大多数人被这些"眼见为实"蒙蔽了,接踵而来的就是民众感情的恶化,相互不信任的恶果在中日两国政治、经济、人员往来的每一个领域里蔓延。

越是这样,越是《人民中国》承担起向日本说明中国,消除误解,增进民众理解互信的重任的时刻。60年来,《人民中国》记录了中日两国关系的

发展历史，推动了两国友好交流。如今，科技的发展给了《人民中国》更多的载体和渠道，向日本说明中国的手段更为丰富和先进。在中日关系进入调整时期，日本更需要来自中国的真实的声音，我们更需要向日本传递和平友好、共同发展的"正能量"。这是《人民中国》的使命，60年来从未改变，未来也不会改变。

作者简介

　　于文　1982年2月生，2004年毕业于中国人民大学日语专业，同年进入人民中国杂志社工作。现任网络部负责人。

マルチメディアで中国を伝えよう

于　文

　今から10年ほど前、パソコンが各家庭で急速に普及し、人々の情報源は雑誌やテレビからインターネットへと変化してきた。そして10年後の今日、瞬く間にスマートフォンがキー操作の携帯電話に取って代わった。ニューテクの時代はいつも予期せぬ時に凄まじい勢いで到来し、ニューメディアの発展も同様に突然訪れる。私たちの生活は、インターネットにより大きな変化を遂げている。時代の最先端に立つ人々はニューメディアの利便性と面白さを享受しながら、新しい技術によってもたらされる恩恵を追い求めている。それゆえ、本や新聞などの印刷物が過去の産物となり、電子書籍の時代がすでに到来したと考える人も少なくない。

　日本にデジタル時代が到来した時期は、その発祥地である欧米諸国とあまり変わらないが、新聞や雑誌などの伝統的な紙の印刷物が表舞台から姿を消していくペースは、それほど速いわけではない。「手指族（携帯やインターネットを使いこなして日常生活を送る若者たち）」は、インターネットと携帯電話に自分の世界を見いだしており、これに対して朝食前の新聞と電車内での読書が生活の一部となっている中年男性たちは、長年の付き合いである紙の印刷物との縁を切ることが容易ではない。これは日本人特有の愛着なのかもしれないが、長年愛読している新聞や雑誌は、彼らに語りかけて、世界の様子を知らせてくれる、いわば「家族」

のような存在だ。それゆえ、これらの伝統的な印刷物に対する思い入れも強い。

『人民中国』は、その「家族」の一人だ。本誌は60年間にわたって、日本にいる多くの読者の心の中で共に過ごし、中国の出来事を語り伝え、中国に対する彼らの喜怒哀楽を大切に収めてきた。

日本での留学時代、私は大勢の日本人のお世話になった。彼らに恩返しをしたいという素朴な感情に促されて、日本の方々にどうすれば貢献できるのか常に考えている。日本人に中国のことをもっと理解してもらって、中国を愛してもらうこと、これが私の人生の目標となった。

2004年、私は人民中国雑誌社に入社した。日本人に中国を紹介することが私の仕事となった。2005年、東京にある六本木ヒルズの展望台で、「ともに築こう平和と繁栄」写真展が開かれた。スタッフとして、私は来場者と交流したところ、非常に多くの日本人が、中国と言えば、緑色や灰色の人民服に身を包んだ中国人が自転車に乗り、数え切れないほどの自転車が海の波のように天安門広場の前を通過している光景をイメージしていることに初めて気づいた。私自身も記憶があいまいなこの遠い昔の光景が、数千キロから離れた日本では、今の中国の姿だと誤解されていたのだ。その時、ちょうど手元にあった『人民中国』を彼らに見せて、発展しつつある現在の中国を紹介することができた。中国について、日本人がまだ知らないことはたくさんあり、誤解されていることもある。私は、中国を紹介することの意義やその使命の重み、そして情報伝達手段としての『人民中国』の重要性を初めて身をもって実感した。

私は人民中国雑誌社の東京支局に3年ほど駐在した。読者たちが示す本誌への熱意、信頼や期待に何度も感動させられた。読者たちにとって、読書会のイベントは、まるで祭りのようだった。読者の中には年配の方が多く、彼らは昔の思い出を語ったり、最近のニュースを聞いたりしながら楽しく過ごしていた。白髪の御老人が雑誌を手に取る姿は、まるで宝箱を手にしているかのようだ。『人民中国』は、読者たちの長年にわたる思いや尽きない中国

への感情で満ちている。

　2013年、短期の出張で3年ぶりに日本を訪れた。東京の様子はあまり変わっていなかったが、地下鉄の車内で人々が手にしていたのは、本ではなく携帯電話だった。今では屋外でも、携帯電話でテレビのニュース番組を見ることができ、掌ほどの小さなスクリーンという「扉」を突き抜けてインターネットで繋がっている世界を巡ることができる。人民中国は、もはや中国を知るための唯一の情報源ではなくなった。目の前の出来事が光ケーブルに乗って、1分もたたないうちに世界中へ広がる。残念なのは、速度が余りにも速いため、伝達に伴う弊害は避けられない。膨大な情報の各々の真偽を見分けるのは容易ではなく、さらに注目を引くために誇張したり、大げさに情報を取り上げたりするなら、日本に伝わる中国の情報はどれほどの信憑性があるものだろう。

　マルチメディアのおかげで、緑色や灰色の人民服と自転車が中国だというイメージは日本人の間でも次第に過去のものとなりつつある。しかし、わずか数カ月の間に、暴徒と化した群集と貧困にあえぐ農民が、中国の新たなイメージとなった。世界第2位の経済大国の地位が中国に取って代わり、数十年間続いたアジアNo.1経済国の座から降りて、中国に追いつかれたという事実を日本が受け入れる心の準備がまだできていない中、隣国の急速な発展ぶりを見て、得体の知れない不安と恐怖を感じている時に、中国のマイナス印象を根付かせるニュースや画面がニューメディアを通して広く報道され、大勢の人々が目にしたものに騙されたあげく、お互いの国民感情が悪化する一方だ。互いの不信感は政治、経済、人的交流といった分野に広がり、悪い影響をもたらした。

　両国関係が難しくなった時こそ、人民中国は一メディアとして、日本に中国を紹介する役割を担い、誤解を解消して互いの理解を促進し、両国関係を回復させるために貢献すべきだ。60年間、『人民中国』は両国関係の発展史を記録しながら、両国間の友好交流を推し進めてきた。現在では科学技術の進歩により、『人民中国』は先進的で多種多様な情報発信手段を用いて、中

国を日本に紹介できるようになった。中日関係の改善に向けて、日本は中国からの信頼できる確かな情報を入手すべきであり、中国は平和と友好に加えて、共同発展という「正能量」（プラスパワー）を日本に送るべきだ。これは『人民中国』の使命であり、これまでの60年間と同様に将来も決して変わることはない。

プロフィール

于文　1982年2月生まれ。2004年人民中国雑誌社に入社。現在はインターネットセンター部責任者を担当。

作者在东京向日本民众介绍《人民中国》。
東京で一般市民に『人民中国』を紹介する筆者

北京与东京
两个地方两次成长

单 涛

2006年，我结束在日本的学业回到北京，进入人民中国杂志社工作。和在日本打工不同，这是我的第一份正式工作。那时的我既好奇又紧张，还有点儿胆怯。未来能够成为出色的记者是我最大的愿望。

入社初期，我的职责是通联工作。说实话，这还是我头一次听到"通联"这个词。通联工作在不同行业、不同领域中，有着不尽相同的作用与意义。对于《人民中国》这样的媒体来说，通联工作是联系广大读者的桥梁与纽带。

在北京，书信和邮件是我与读者交流的主要途径，从中了解读者的需求和感受。虽然，读者来信的内容大多与杂志的栏目、文章有关，但许多读者会在信中谈一些诸如自己对中国的看法、来中国旅游的感受，甚至是自家发生的事情。在我看来，读者能够如此敞开心扉，说明他们对《人民中国》有着深厚的感情。我有责任去维系《人民中国》与读者的感情。

曾经有一位日本的老读者来信表示希望购买50套当年的生肖纪念邮票。但由于早已过了预售期且数目较大，购买起来存在一定困难。后经多方联系，我通过邮票总公司为其代购了所需邮票。还有一对日本的读者夫妇来北京自助旅游，由于对地理情况不是很熟悉，因此打来电话寻求帮助。当天，我利用中午休息时间，将他们顺利送到目的地。

这些小事看似无关紧要，但如果尽心去做也会让杂志在读者心中树立起良

好形象，而这些努力也让我和许多读者成为了好朋友。我曾帮助过一位家住静冈的老读者，老人家一直对此事心存感激，甚至表示希望成为我在日本的妈妈。我前往东京支局工作后，有一次她坐长途车3个小时来东京看我，还带来了换季的棉背心和不少当地的土特产，让我感动不已。

2010年，社里决定派我去东京支局任驻外记者，我想都没想就应承下来。这对我来说，是实现理想的机遇，也是一次挑战，因为所有事情都是未曾经历过的，要从零开始。

不去不知道，一去吓一跳。没想到东京支局的日常业务竟然涉及社里每个环节的工作，但常驻人员只有2个，工作强度可想而知。幸好我有个好搭档——支局长贾秋雅，他教会了我很多东西。

我和小贾有个共识，在支局工作除了吃苦和敬业外，最重要的是团结，否则什么事也做不成。在经历2011年那场地震后，我更加坚定了这个想法。

2011年3月11日，日本发生里氏9级强烈地震，高达近40米的海啸瞬间将城市和村庄夷为平地，无数人失去了家园甚至生命。强烈余震、核电危机，让本已严重的灾情雪上加霜。

地震发生时，我在东京支局的办公室，小贾和本土雇员光部爱在新潟采访，他们离重灾区很近。东京的震感十分强烈，书架上的杂志开始散落，电视也几乎翻倒。座机和手机通讯已完全中断，直到晚上我才和小贾取得了联系。当时，只盼望他们能顺利回到东京。

13日，小贾他们返回东京不久，社里召开紧急编务会议，讨论地震报道方案。作为一线记者，我们担负起前方采编任务，全力配合社里完成报道。

虽然交通不畅、存在核辐射的危险，我们仍然多方联系、挖掘线索，采访使领馆救援工作组成员和受灾地区华人；奔走于东京都内的车站、超市，记录震后日本社会的变化；借助新华社、中央电视台等兄弟媒体的力量，邀约前方图片……我们动用一切资源和线索，利用有限的时间争分夺秒行动起来。

16日，在编辑顾问横堀克己先生、本土雇员光部爱女士的协助下，我们顺

利完成了前方报道任务，第一时间将稿件发回国内。

　　北京与东京，通联工作和驻日记者，《人民中国》带给我不同的工作经历和人生阅历。迎来60华诞的《人民中国》像老师一样，培养我的才干，锻炼我的能力。我对她心存感激，也充满期待，愿她能继续迎来下一轮甲子。我会为之而努力。

作者简介

　　单涛　1979年9月生于北京。毕业于日本千叶敬爱大学。2006年进入人民中国杂志社工作，先后担任翻译部翻译、东京支局记者、网络部编辑职务。

北京と東京
2つの場所での2回の成長

単　濤

　2006年、日本での留学生活を終えて北京に帰り、人民中国雑誌社に入社しました。日本でやっていたアルバイトとは異なり、初めての正式の職なので、好奇心を持ちつつも緊張し、さらに言えば少し怖気づいていました。将来、素晴らしい記者になるというのが、私の最大の望みでした。

　入社したばかりの時、「通聯」と呼ばれる仕事を担当しました。正直言って、「通聯」という言葉はこの時初めて聞きました。「通聯」は業種と分野によって、その役割と意味が異なりますが、『人民中国』のようなメディア分野では、雑誌と読者を結びつける役割を果たす人のことで、日本語でいう読者係です。

　北京では、日本の読者とのコミュニケーションの主なルートは手紙と電子メールで、それを利用して読者のニーズと考えをつかむ必要があります。読者からの手紙はほとんどが雑誌の記事の内容に関わるものですが、その中には、中国についての読者自身の見解や自らの中国旅行の体験、自宅で起きた出来事に触れるものも数多くありました。私は、読者がここまで心の扉を開いてくれるのは、『人民中国』に深い愛情を持っているからだと思います。こうした『人民中国』と読者の間の感情を守る責任をひしひしと感じました。

　ある日本の年配の読者から、その年の十二支記念切手を50セット買いたいという手紙を受け取ったことがあります。販売期間はすでに過ぎていたよ

えに、数も多かったので、そうやすやすと手に入るものではありませんでした。いろんなところに問い合わせた結果、ようやく切手コレクションを扱う会社を通じて希望の切手を入手できました。また、ある読者夫婦が日本からフリー旅行で北京にやってきた時、北京の地理に詳しくないため、電話で助けを求めてきたことがありました。その日のお昼休みに私は彼らを目的地まで無事送り届けました。

　すべてささやかなことですが、心を尽くして行ったために読者の心に雑誌の良いイメージを植えつけることができましたし、多くの読者と友だちになることができました。静岡のある年配の読者を助けたことがありますが、彼女は私にずっと感謝の気持ちを持ち続け、日本のお母さんになりたいとまで言ってくれました。東京支局に派遣された後に、その読者はバスで3時間かけてわざわざ会いにやって来て、綿入りのチョッキとたくさんの手土産を私にくれて、とても感動しました。

　2010年、駐日記者として東京支局への派遣を打診され、私は二つ返事で引き受けました。私にとって、これは理想を実現するチャンスであり、チャレンジでもありました。すべてのことが初めての経験で、ゼロから始めなければならなかったからです。

　行ってみるまで分からなかったのですが、行ってみて驚きました。東京支局の日常業務は、本社の様々な部門に関わっているのに、駐在員はたった二人。仕事の多さは言うまでもありません。幸い、私は相棒に恵まれました。それは、支局長の賈秋雅さんで、彼がいろいろなことを教えてくれました。

　賈さんとは共通認識がありました。それは、支局では、勤勉さと仕事を愛すること以外に、最も大切なのは団結だということです。駐在員の団結なくしては、何もできません。2011年の大震災を経験してから、その認識は一段と深まりました。

　2011年3月11日、日本はマグニチュード9の大地震に襲われ、高さ40㍍の津波があっという間に町や村々を呑み込み、数えきれないほどの人が家財

や命を失いました。さらに強烈な余震や原発事故によって、もともと深刻だった被害がさらに深まりました。

　地震発生時、私は東京支局の事務所におり、賈さんと現地社員の光部愛さんは取材のため、震源地に近い新潟にいました。東京でも揺れはとても大きく、雑誌が本棚から次々と落ち、テレビももう少しで倒れるところでした。固定電話と携帯電話は通じなくなり、夜になってやっと賈さんと連絡が取れました。その日は彼らが無事に東京に戻ってくることばかり願っていました。

　13日、賈さんらが東京に戻ってすぐ、緊急編集会議が本社で開かれ、地震報道プランが立てられました。現地記者として、取材と原稿作成の責任を負い、全力で本社の報道に協力しました。

　まだ交通も回復しておらず、さらに放射能の危険もある中で、各方面に連絡して取材の糸口を探ったり、領事館救援チームのメンバーや被災地区の在日中国人に取材したり、東京都内の駅やスーパーを駆け回り、地震後の日本社会の変化を記録したり、新華社や中央テレビなどの中国駐日メディアの力を借りて、現場の写真を探したり、限られた時間内であらゆる資料と手段を利用して動きました。

　16日、編集顧問の横堀克己さんと光部さんの協力で取材と執筆を終え、すぐさま原稿を中国に送りました。

　北京と東京、「通聯」担当と駐日記者。『人民中国』によって私はさまざまな仕事を経験し、さまざまな人生経験を積みました。60周年誕生日を迎えた『人民中国』は、先生のように私の才能を育成し、私の能力を鍛えてくれました。『人民中国』に感謝を捧げ、さらなる60周年を迎えることを期待します。そして、そのために、私も努力を重ねてゆきたいと思っています。

プロフィール

　単濤　1979年9月、北京生まれ。千葉県の敬愛大学を卒業後、2006年に人民中国雑誌社に入社。翻訳部、東京支局、インターネット部スタッフを歴任。

3·11日本大地震后，贾秋雅（右）和光部爱（左）在东京支局坚持工作。
2011年3月11日の大震災後も、賈さん（右）と光部さん（左）は東京支局で仕事を続けた

我，翻译，《人民中国》

秦 晶

翻译，到底是一件枯燥的事情，还是有趣的事情？可以说是见仁见智。在我看来，翻译是一件非常有趣的事情。因为，能够在不同语言之间自由徜徉，了解、感受不同的文化，是多么幸福啊。

我从小就对语言非常感兴趣，最喜欢的课就是语文课，后来，又喜欢上了英语。考高中之前，只因听一位老师说北京有所外语学校专门学外语，我便不假思索地立刻决定报考这所外语学校。于是，从高中一年级开始我走进了外语学校的大门，从此与外语结下了一辈子的缘分。

虽说后来的6年时间里，我一直在学习日语和英语，但与翻译结缘却是从我毕业之后走进人民中国杂志社开始的。读书期间，我久闻《人民中国》的大名，一直十分向往到那里去工作，用所学的外语做出一点名堂来。这个愿望终于在我大学毕业5个月后得以实现了。

然而，理想与现实之间毕竟存在着差距。成为《人民中国》的一名翻译后，我才发现，仅仅学会外语并不等于能够熟练运用它。想要把一种语言准确、流畅、传神地译成另一种语言，达到信达雅的标准，需要长期、大量的实践锻炼和经验积累。对于我这样一个初出茅庐的年轻人，不是轻易就能做到的。但是，正是《人民中国》这个平台给我提供了足够大的空间，让我在翻译领域里获得了许多前辈和专家们最优秀的指点和引导，完成了最地道的翻译实践，打下了扎实的翻译基础。

记得刚进入翻译部的时候，我觉得自己简直就是个外行，社里从上到下

每位领导和同事都是专家，包括像林晔、孙亦文这些只比我先来一年的年轻人。社领导杨哲三还是旅日华侨，日语更是呱呱叫。一篇中译日的稿子拿过来，自己翻译得磕磕绊绊，可拿给翻译部那几位前辈修改后就变得十分顺畅。我对自己说，这些前辈就是我努力的目标。当时，翻译部的李惠春、陈忆青、刘积臣、李树德、大常（常玉光）和小常（常俊池）、牛桂兰、王翠玉，还有社里许多前辈们以及金田、横山、韩美津等日本专家都给了我许多的鼓励、支持和指点，杨哲三副总编更是对我的成长十分关注。在他们的关爱下，我努力钻研业务，在中译日方面下功夫学习、实践，同时尽量扩大自己的知识面，以适应《人民中国》涵盖的政治、经济、文化、旅游等丰富多彩的内容。此外，为了加强翻译实践，我还在业余时间翻译一些文学作品，以积累各种文体的翻译经验。

入社一两年后，日本专家韩美津女士准备翻译出版一本关于现代中国书画家的名人录，我有幸参与了这项工作。第一次做人物简介这样类似辞书的翻译，对我是一个不小的挑战。我们花了很多时间对每一位书画家的介绍进行信息最大化而译文最简化的翻译调整，力争用比较小的篇幅突出体现该人物的特点。该书翻译出版后，韩美津女士非常满意，我自己也有了小小的成就感。

大学毕业后，我在《人民中国》度过了4年的时光。那段日子可以说是非常愉快，非常充实，非常有收获，不仅奠定了我以后几十年的翻译基础，而且让我彻底爱上了翻译这个职业。这期间我还获得了外文局的翻译比赛二等奖。

4年后，因工作需要，我离开了《人民中国》，前往中国驻外使领馆工作，之后又在外交人员服务局、外资企业、民营企业、甚至在国外的公司工作过许多年。但无论我在什么样的工作岗位上，我的工作始终万变不离其宗，翻译一直是我工作的重点。当然除了笔译之外还增加了口译工作，这更让我的翻译实践得以极大的丰富。

2011年1月，在离开《人民中国》20多年之后，为了我热爱的翻译事业，也为了我念念不忘的那4年愉快的好时光，我又重新回到了人民中国杂志社，

继续在翻译部从事我的老本行。20多年过去了，斗转星移，沧海桑田。我惊喜地发现这里的办公条件比从前先进多了，杂志内容更加丰富了，印刷也比原来更精致了。更让我没想到的是，20年前一同共事的一些老同志依然活跃在第一线上，他们对我的归来都非常高兴，大家感慨万千。我一直认为，我的翻译生涯是从在《人民中国》工作开始的，真心地感谢她给了我一个精彩的人生舞台。

今年，《人民中国》迎来了创刊60周年，这对我来说也是非常有意义的一年。我愿意，也希望能与《人民中国》，与我最喜爱的翻译工作在今后的岁月里共同前进。

作者简介

秦晶 1963年出生。1985年从北京联合大学外语师范学院日语系毕业后进入人民中国杂志社翻译部任职，1989年被派驻中国驻大阪总领事馆工作，其后在中国驻日本大使馆、《日本经济新闻》北京支局、NHK中国总局、三井海上火灾保险株式会社等工作。2011年1月重返人民中国杂志社。

『人民中国』から翻訳の道へ

秦 晶

　翻訳とは、無味乾燥なものなのか、それとも楽しいものなのか、人はそれぞれ異なる見解を持っているが、私にとって、翻訳は非常に楽しいものだ。なぜなら、異なる言語を自由に使いこなし、その言語に含まれている異なる文化を存分に味わうことができるからだ。それはなんて楽しいことだろう。

　子どもの頃から言語に興味があり、学校での大好きな科目は国語だった。中学校に入ってからは英語も好きになった。そして高校入試が迫っていた頃、北京に外国語専門学校があると聞いて、迷わずその学校の入学試験を受けた。こうして、高校1年から外国語との縁が始まった。

　その後の6年間、私は日本語と英語を専攻していた。とはいえ、翻訳を始めたのは、大学を卒業後、『人民中国』社に入社してからのことだった。学生時代に『人民中国』という日本語情報誌について聞いたことがあったので、大学卒業後、そこに入社できればとずっと願っていた。この6年間で勉強した日本語を活かして中日文化交流のために貢献できればと思っていたからだ。大学を卒業してから5カ月後、ついにこの願いが叶った。

　ところが、理想と現実の差は大きかった。『人民中国』社で翻訳の仕事についてから、外国語を習得することと語学に堪能であるということは似て非なるものだと初めて分かった。ある言語を的確かつ自然で滑らかな他言語へ

訳すること、つまり「信、達、雅（原文に忠実であること、流暢で分かりやすいこと、美しく格調高いこと）」という境地に達するためには、長年かけて実地訓練を重ねて経験を積み上げるしかない。当時学校を出たばかりの私にとって、簡単にたどり着ける目標ではなかった。しかし、『人民中国』という舞台で、申し分のない環境が提供された。翻訳分野で活躍している多くの先輩や専門家たちから、これまでで最も優れた指導と助言を受け、最も本格的な翻訳の実地訓練が施された。そのおかげで、しっかりとした翻訳の基礎を築くことができた。

　翻訳部に配属されてからしばらく、自分の経験のなさを痛感させられる日々が続いた。社内では上役から同僚まで、誰もがみな専門家で、私より1年前に入社した林曄さん、孫亦文さんなどの若い仲間に対してさえもそのように感じた。楊哲三副編集長は、日本から戻ってきた華僑なので、日本語が堪能だった。日本語にまだ訳していない中国語原稿を受け取って、私がどんなに頑張って訳しても、自然で滑らかな日本語にはならなかったが、翻訳部の先輩たちに手を加えてもらうと、より自然な日本語になった。それで、先輩たちのレベルに達すことを今の自分の目標にしようと心に決めた。当時の翻訳部の李恵春部長、陳憶青副部長、劉積臣さん、李樹徳さん、常玉光さんと常俊池さん（二人は「大常」と「小常」という愛称で呼ばれていた）、牛桂蘭さん、王翠玉さんなどや、さらに金田さん、横山さん、韓美津さんなど日本人の専門家ならびに社内の他の先輩たちは、いつも私を励まし、指導し、支えてくれた。楊哲三副編集長は特に、私の成長を見守ってくれた。彼らの温かい心配りを受けながら、私は自分自身の翻訳力に磨きをかけるよう常に励み、とりわけ中日翻訳の勉強に打ち込み、実践と工夫を重ねた。また、政治、経済、文化、観光、社会生活など、多岐にわたる雑誌の内容に適応するため、できる限り広く深く知識を蓄えるように努めた。さらに、翻訳の幅を広げるため、休日や勤務時間外を活用して文学作品や新聞記事の翻訳にもチャレンジしてみた。

入社して1、2年後、専門家である韓美津さんは、現代中国書画家の名人録を翻訳・出版するために準備を始めた。幸運なことに私もその作業チームに加わることができた。人物プロフィールのような資料を翻訳するのは初めてだったので、私にとっては大きなチャレンジだった。私たちは、より簡潔な翻訳となるよう最善を尽くしながらも、各々の書道家・画家についての情報を最大限に盛り込むことができるように努力し、より短い文章で人物一人ひとりの特徴が際立つように心掛けた。この本が出版された後、韓さんは作品の出来栄えにとても満足していた。私も小さな達成感を味わえたことを今でも覚えている。

　大学卒業後の4年間、私は『人民中国』社で非常に楽しく、実りの多い充実した日々を過ごした。私にとって、その後数十年間にわたる翻訳業務の基礎を築いただけでなく、翻訳を生涯の職業とすることにもつながった。またその間に、外文局主催による翻訳コンテストで2等賞を受賞したこともあった。

　4年後、仕事の関係で『人民中国』社を離れ、在日本中国大使館や領事館へ転任した。さらにその後、北京の外交人員服務局、日本企業、中国の民間企業など、さまざまな会社や事務局に勤めた。いずれの職場でも主に翻訳を、或いは翻訳と通訳の両方に携わった。翻訳や通訳は、まさに私にとって生涯の職業となっている。

　『人民中国』社を離れて20年以上もたった2011年、まるでこれまでの人生の道のりをユーターンするかのように、私は再び『人民中国』社に戻ってきた。やはり私は、ここで翻訳することが大好きで、また20年前の楽しい日々が忘れられないからなのだろうか。とにかく懐かしいこの場所で再び翻訳と関連業務に従事することになった。20年もの歳月の間にいろいろなことが変化していた。社内では、設備から雑誌の内容、印刷まで、すべてが20年前とは比べものにならないほど新しく、より優れたものとなっていた。しかし、思いがけずうれしかったのは、総編集長の王衆一やカメラマンの魯忠民、馮進ら、20年前に一緒に働いた仲間たちが今でも取材や雑誌編集の

最前線で活躍していることだった。彼らも、私が『人民中国』社に戻ることを非常に喜んでくれた。
　私は、『人民中国』から翻訳の道を歩み始めたのだといつも思っている。今年で『人民中国』は創刊60周年を迎える。私は、これからも翻訳一筋、『人民中国』とともにまい進していきたいと思う。

　プロフィール
　　秦晶　1963年生まれ。85年北京連合大学外国語師範学院日本語学部卒業後、人民中国社に翻訳部員として入社。89年から在大阪中国総領事館、在日本国中国大使館、日本経済新聞北京支局、NHK中国総局、三井海上火災保険株式会社などに勤務。2011年1月に人民中国社に再入社。

1989年，作者（前排左4）和《人民中国》翻译部同仁在日本专家家中聚会。
1989年、『人民中国』翻訳部の皆さまと日本人専門家の家で勉強会を行っている筆者（前列左から4人目）

我与《人民中国》

小林小百合

　　翻开《人民中国》，一段令人怀念的青涩记忆涌上心头。之前，我曾在日本的日中关系团体工作过，后来缘分使然，我于2000年9月加入人民中国杂志社，一干就是5年。我当时作为"日本专家"就职于翻译部，工作内容是将稿件从中文翻译成日文，或者将中国人翻译的日文稿修改成更地道的日语。

　　老实讲，入社之前我的中文水平很一般。虽然，我在学生时代曾在北京大学短期留学过，工作之后也上过夜校学中文，甚至通过了人民中国杂志社的翻译考试被录取了，但我仍然记得第一天上班时的情景——心情紧张、不安，举止僵硬，心里一直嘀咕："自己真的能胜任吗？"

　　作为新员工，我有过几次难以启齿的失败经历。有一次，我把中文的"茶壶"按照日语的意思直译成"装茶叶的壶"，被负责核稿的中国同事及时改掉了。因为在我的脑海中，误以为茶壶就是日本童谣中的茶叶罐，而正确的日文表达应该是"急须"（日语对中文"茶壶"的正确翻译）。这原本是查一下字典就可以解决的简单问题，我却被自己想当然的判断给误导了。

　　还有时候，我为一些从普通字典上查不到的专业术语和俗称所苦恼，例如"二进院"和"三进院"。它们代表的是中国传统大宅院的建筑规格，有两个庭院的叫做二进院，有三个庭院的叫做三进院。这么专业的术语，如果字典上查不到，那么，对我这个外国人来说可真是一头雾水了。我只好一边请教身边的中国同事，一边翻译。估计我是当时翻译部里提问最多、最让人烦的日本人吧。

翻译这项工作，不仅仅是单纯的语言转换，还需要广泛涉猎对象国的历史、文化、政治、经济和社会生活等方方面面。通过在《人民中国》工作，我多角度地了解了中国，从社内外相关人士那里学到了各种知识，这些对我而言都是无上宝贵的财富。现在，无论我做自由撰稿人，还是翻译，那些宝贵的经验仍旧让我受益匪浅。

算上工作时间，我在北京已经生活了12年。北京的春天黄沙肆虐，天空好似罩了一层黄色的幕布，柳絮漫天飞舞；夏天，人们在胡同里的槐树树荫下谈笑风生；秋天，黄色的银杏树叶装点着大街小巷；干燥的冬季，一下雪就能真真切切体会出中文"瑞雪"这个词的含义。我亲身感受到了生机勃勃的四季更迭和人们的日常生活，留下了丰富的回忆。虽然，我的中国经历大多是在北京，但将中文翻译成日文时，我会将自己体验到的有限感受融入其中，希望能为准确传递出原文中（或者字里行间流露出的）鲜活的语言表达和细腻的情感发挥一点作用。

人生之路还很漫长，我想对由浅入深教给我翻译技巧的《人民中国》表达深深的谢意，同时，也会珍惜这些教诲，专心走好今后的每一步。

作者简介

小林小百合　自由撰稿人、翻译。出生于长野县。从2000年9月起，担任人民中国杂志社日本专家，5年后离社从事自由职业。现为日本的各大媒体撰写中国社会、文化、生活类相关文章。

私と『人民中国』

小林　さゆり

　『人民中国』を開くと、懐かしくホロ苦い思い出で胸がいっぱいになる。以前、日本で日中関係団体に勤めていた私は、ご縁があって2000年9月から丸5年間、北京の人民中国雑誌社に勤務した。「日本人文教専家」として翻訳部に身を置いて、雑誌記事の中国語から日本語への翻訳やこなれた日本語に直すリライトの仕事などに当たったのだ。

　それまでの中国語レベルといえば、学生時代に北京大学に短期留学したり、社会人になってから夜間の語学学校に通ったりしたものの、正直なところ頼りなかった。人民中国には翻訳試験を受けて採用されたが、「自分に本当にできるだろうか？」と不安と緊張でガチガチになりながら初出勤した日を今でも思い出す。

　新米スタッフだったころの気恥ずかしい失敗談はいくつもある。ある時は、中国語の「茶壺」を日本語の意味のままに「茶葉を入れる壷」と訳してしまい、同僚の中国のベテランチェッカーにすかさず直された。私の頭の中では日本の童謡「ずいずいずっころばし」に出てくる茶壺のイメージが強かったのだが、中国語の意味は正しくは「急須」である。辞書を引けば簡単にわかることだったが、日本と中国は同じ漢字文化圏だという幻想に惑わされてしまったのだ。

　またある時は、普通の辞書には出ていない専門用語や通称などにも悩まされた。例えば「二進院」「三進院」は中国の伝統的な大邸宅を表す言葉で、中庭が2つあるものが二進院、3つのものが三進院と呼ばれている。そうし

た特殊な用語は（インターネットがようやく普及し出した当時）辞書になければ外国人にはお手上げで、隣席の中国人スタッフに度々質問しながら訳していった。そのころの翻訳部の中で、私は一番うるさくて手間のかかる日本人だったことだろう。

しかし、フリーランスのライターや翻訳者として活動する今では、こうした貴重な体験の1つひとつが私の血となり肉となったことを実感している。翻訳という仕事は、単に言葉を変換するだけでなく、言葉の背景にあるその国の歴史や文化、政治、経済、人々の暮らしなどを幅広く知らなければ実際にはできないことだ。人民中国に勤務して、仕事を通じて中国を多角的に理解できたこと、翻訳部をはじめとする雑誌社内外の関係者にいろいろとお教えいただいたことは、私のかけがえのない宝物となっている。

勤務時代を含め北京に12年余り滞在しているが、それもまた大切な体験である。春には一面、黄色いカーテンで覆われるかのような黄砂が吹き荒れ、柳の綿毛の柳絮が風に舞い飛ぶ。夏になれば横町のエンジュの木陰で人々が談笑し、秋にはイチョウの黄葉が街を彩る。乾燥した冬の北京に雪が降ると、中国語の「瑞雪」（めでたい雪）という言葉が体感できた。ダイナミックに移り変わる季節の景色や人々の日常の暮らしを肌で知り、豊かにイメージできるようになったのだ。あくまでも北京の経験でしかないが、中国語を翻訳する際にはこうした実体験を生かして、原文に描かれた（または行間からにじみ出る）生きた表現やニュアンスが伝えられたら、と願っている。

まだまだ道半ばだが、翻訳のイロハから奥深さまでを教えてくれた人民中国に深く感謝するとともに、その教えを大切にしてこれからも精進していきたいと思う。

プロフィール

　小林さゆり　フリーランスライター、翻訳者。長野県生まれ。2000年9月から5年間、北京の人民中国雑誌社に日本人文教専家として勤めたのち、フリーランスに。中国の社会や文化、暮らしなどについて、日本の各種メディアに執筆している。

2004年9月，作者（左二）和翻译部的李树德主任（左一 已故）以及同事合影留念。
翻訳部の李樹德部長（左端、故人）とスタッフとともに（2004年9月）

采访报导两次大水灾

孙战科

在职时，我曾采访报导过两次抗洪救灾。1982年秋，当黄河上游发生大水灾的时刻，领导便把这一重大的报道任务交给了我。在我完成这次报道之后的10年，淮河、太湖、苏北又发生了更大的水灾，尽管我已忙于出版社的重任，社领导还是想起了我。

虽然时间紧迫、任务艰巨，但我乐于受命。在战争时期，我就十分敬佩在战场上出生入死报道战事的记者，我也曾在敌后武工队坚持通讯报道立过功。同时，我亲身体会到在大灾大难面前，中国人民会更显英雄本色，更能迸发出强大的生命力。把这一切写出来，最能体现我们的理想、信念和意志。一位日本老读者看了我写的黄河抗洪的报道之后来信道："中国有句俗话，能定黄河者得天下，中国共产党真是当之无愧。"当时中国正值改革开放刚开始，这位日本老人竟为一篇报道发出如此的赞叹，由此可见，那篇抗洪的报道对他产生了何等的震撼力。

从那以后，中国又发生过多次大水灾，各新闻媒体都各施所长，全方位、多侧面地报道，内容十分生动、感人。在《人民中国》迎来创刊60周年的时刻，我非常高兴地把我两次采访抗洪抢险的经历、心得写出来，以资纪念。

将黄河抗洪当成战役故事写

1982年秋天，一向干旱的黄河上游18万平方公里的地区，猛然间下了200毫米以上的暴雨，几十亿立方米的洪水一下子涌进了黄河，这不仅给正在兴建

的青海省龙羊峡水电站，以及下游几个水电站的安全造成危险，而且威胁着兰州市、河套地区、陕西、山西、河南、山东数以亿计的人民群众的生命财产安全。在这样巨大的灾难面前，沿河抗洪大军紧急行动、顽强阻击，终于化险为夷。这是一次出色的胜仗，我把它作为一次巨大的战役故事来写。此文的题目是《降伏特大黄汛目击记》，文中的小标题是：《形势万万火急》、《决战龙羊峡》、《保卫刘家峡》、《苦战兰州》、《保住塞上江南》、《抗洪胜利的启示》。

既然是作为战役来写，就要把"战场形势"交代清楚。文章开头我不厌其烦地以一连串的数字交代了洪水形成的原因和它对各个河段构成的巨大危险。这些情况写得越细、越准，越能让读者的心悬起来，对下面的情况越想知道。

随后，就要把总指挥的战略思想和战术方法在恰当的地方作适当的体现。在龙羊峡，如果只是为了电站工程安全，只要把修起的围堰炸掉就可以了。但这样一来，就会把巨大的灾难转嫁给下游地区。所以，中央决定，他们不仅不能炸掉围堰，而且要千方百计地保住，用它拦住几十亿立方米的洪水，为下游抗洪争取时间，提供条件，这样龙羊峡的决战就有了决定全局的意义了。

新华社的老记者华山同志报道淮海战役时写过：因为当时敌我兵力相当，每个参战人员都有一个心愿，为了给我军争取到哪怕一点点优势，都心甘情愿地要献出自己的一切聪明才智，终于创造了我军60万消灭敌人55万的战绩。在黄河抗洪战斗中，我又看到了战争时期那种万众一心、英勇战斗的精神。在决战龙羊峡中，当时任电力部长的李鹏同志和总工程师陆佑楣同志（后为三峡工程总指挥），把他们的指挥部安在河中心的大坝上，以示与抗洪大军共存亡，与大坝共存亡的决心。在刘家峡，甘肃省省长李登瀛和兰州军区炮兵司令铁峰都像战士一样参加劳动。在兰州，有一处堤坝出现险情，一批群众自发地进行抢堵。在宁夏，有一处堤坝溃决，一个老工程师想了个引水回河的办法，直接向副总理余秋里提建议。还有一处，河水猛涨，值班的一位军事干部主张立即决堤分洪，但一位老工程师认为是桥洞堵了，只要疏通水就会回落，那个军事干部不予采纳，两人吵了起来，老工程师声色俱厉地说："你不懂，我懂，出了问题我负责！"上一级领导同意了老工程师的意见，终于使形势转危为安。

写到这里，我引了毛主席1958年写过的话："中国劳动人民还有过去那一副奴隶相么？没有了，他们做了主人了。"

这些故事，有的是自己采访到的，有的是从报刊上看到的，写进报道，自然就成了激动人心、气势磅礴的颂歌。《人民中国》杂志的老发行人安井先生曾多次说过："只要能感动中国人的事，同样可以感动日本人，因为人心是相通的。"

与我们心灵相通的读者，自然也会像我们一样最想了解战地实情，这也是我们记者以事实讲话的重要手段。在交代情况、叙述故事的同时，我还尽可能地显示"目击"的功力。决战龙羊峡，几乎都是用见闻的手法写成的。在路上就感到了战斗的气氛，在战地亲眼看到、亲身体会到形势的紧迫、环境的险恶，在这种情景下再叙述亲耳听到的动人故事，就会更加真实感人。使我最满意的还是在兰州防洪指挥部的一次见闻。那是一个晚上，采访了一天本该休息了，我为了增加"目击"的内容还是恳求陪同的同志领我到指挥部看看，不料这一看收获出奇地好，文中就增加了这样一段目击的速写：

走进市防汛指挥部，就像进了一个正在指挥激战的司令部。一排五部电话，铃声此起彼伏，就像部队参谋似的工作人员，不时地接着电话，又不时地向一个头发灰白的老者报告：

"马滩又告急！"

"雁滩又请求支援！"

"刘家堡决口。"

"洪水贴上大铁桥桥面。"

初秋的雨夜，海拔1700米的兰州，温度已降到10摄氏度。可老者依然浑身燥热，鬓角渗出汗珠。他一边在一幅巨幅的地图面前查看，一边回答工作人员，用的也是军事术语：

"命令后续部队，立即增援马滩、雁滩！"

"命令抢险队，跑步奔向刘家堡！"

"告诉水文站，严密监视铁桥，有情况立即向我报告！"

其实那天晚上，那位老者（兰州市副市长窦明凯）向我介绍的情况很多，但我觉得几个打来的电话和他斩钉截铁的回答，便把兰州苦战的程度和指挥部的作用生动地表现出来了。这样的情景不到现场是不可能看到的。

多场面多角度综合报道特大水灾

1991年的大水灾同黄河抗洪就完全不一样了。人民同样在抗洪，中央同样在决策，但因为面积太大，洪水太凶，大江南北许多地方一片汪洋，上亿人口陷入了巨大的灾难中。在灾区采访的12天，我天天都在思索：这次该如何向日本读者报道呢？

出发之前，我就尽可能地找了一些有关报道。出京之后，我先后到了上海、苏州、无锡、扬州和安徽等地采访，所到之处都要收集当地的报纸，常常凌晨三点就起来翻阅，经过采访、读报，便较快地了解了大水灾的全貌。这时，我才明白这次大水灾与黄河抗洪有本质相同的方面，同样是一次辉煌的胜利。遭遇这么大的灾难，人员伤亡很少，灾区的主要厂矿安然无恙，穿过灾区的铁路干线一路畅通。洪水一退，工农业生产迅速恢复，成千上万的灾民没有饿死的，没有疫情流行，没有自行逃荒的。

不仅如此，当时的无锡市长王宏民还对我讲过这样激动人心的话："大灾，使我们受到了惨重的损失，但也使我们焕发了许多宝贵的精神。多少年来，政令从来没有这么畅通，政府一声令下，千军万马齐应；团结协作从来没有这么好，太湖几十年的排水纠纷，中央一个命令就解决了；人心从来没有这么齐，大堤一开口子人们一齐往下跳；舍己为人的风格从来没有这么高；党群关系、军民关系也从来没有这么好。如果我们能把这些精神坚持下去，不仅人与人的关系会融洽，生产建设也会突飞猛进。"

这可以说是奇迹中的奇迹，在中华民族发展史上也将是光辉的一页，对这样的奇迹，仅用一些故事，或只作为局部报道，是无法全面显示它气壮山河的声势和传奇千古的意义的。经过反复思索，我决定用多场面、多角度综合报道的方法写。总标题是：《1991年特大洪灾见闻记》，小标题是《与洪水斗，把命都拼上了》——写安徽省洪泽湖、巢湖和江苏的扬州抗洪获胜的情景；《为保

大家，小家不要了》——写淮河两岸人民从抗洪转行洪，舍小家保大家的情景；《上海炸坝送走太湖水》——写上海人为解太湖之危甘愿牺牲的情景；《七百万的灾民大转移》——写泛滥的洪水扑来，安徽江苏灾民奋起抗洪的情景；《不能饿死一个灾民》——写灾区政府千方百计关怀灾民的情景；《决不让逃荒的悲剧重演》——写素有逃荒历史的安徽省凤阳县安排灾民生计的情景；《大灾留下的启示》——写无锡市灾后总结教训，努力自救和江泽民同志"人无远虑、必有近忧"的论断。报道范围涉及淮河两岸、大江南北，描述内容可以说囊括了这次水灾的全过程和其在不同地点、不同时间的不同特点。这样的报道文字较长，但因这奇迹太感人了，加上我们有汇集国内报刊报道精华的优势，只要精心编写，与我们感情相通的读者同样会感兴趣的。《人民中国》的特辑经常刊出万字的长文，每次都是读者来信关注的焦点。

在具体写作中，我认为把灾情如实报道，不仅可以引人入胜，而且可为后来的救灾增添感人的份量。于是，我在文章的开头作了这样地叙述：

在灾区采访的17天，我们经常是在泪水中度过的。往年，每到夏季就绿得耀眼的淮河两岸，已经是一片汪洋，一座座村庄泡在水中，有的房子只露了一个屋顶。

坚守在村里的人们只能住在高层的楼上。转移到河堤或高岗上的居民则搭了些七拼八凑的小棚子，上面搭盖着油毡或塑料布。只有二三平方米的空间挤满了人，棚子里被烈日烤得呆不住人，特别是小孩子受不了，只好泡在水里，只露出一个小脑袋。

水中，到处漂浮着麦草，漂浮着死猪、死羊、死鸡。鸭子、鹅，本来是不怕水的，但是在汪洋大水中仍然也有许多它们的尸体。

水中的树上，爬满了各种各样的蛇，有的还爬到了堤上，钻进了灾民的棚子里。

这是一场多么可怕的灾难啊，我们在连日奔波中老在想：灾区的人们是怎样承受了这一切？

以下的各个段落是以回答这个问题展开的波澜壮阔的画面。在描述人民群众奋勇抗灾的同时，我还着意写出了中央决策与全民呼应的情景，写出了各级

政府、各级党组织和广大干部在生死关头发挥作用的情景，并且特别着意写了在洪水淹没区灾民大转移后各个"流亡村政府"的独特作用。在旧中国，为什么一发水灾就要死几十万人，我们的邻国，至今难绝此景，而我们遇上这么大的水灾却是另一番景象，不把其中的原因写出来，既是我们记者违背了忠于事实的天职，也必会有负于读者的期望。

作者简介

　　孙战科　1929年8月生于山东省莱州市。《人民中国》高级记者，曾于1953年在《人民中国》创刊号上发表文章。他还善于绘画，在日本东京举办过画展。

2度の大水害の取材と報道

孫戦科

　私は在職中に2度、水害防御・救助現場の取材・報道を行った。1982年の秋に黄河上流で大水害が発生した際、社の上層部はこの大切な取材を私に命じた。私がこの取材任務を果たして10年後に、淮河、太湖、江蘇省北部でさらに大きな水害が発生した。当時私はすでに出版部門で重任を負っていたものの、社の上層部はやはり私を思い出した。

　急な上に、任務も厳しいものだったが、私はこれを快諾した。戦争が行われていた時、戦場で命がけの報道を続けた記者を尊敬しており、私自身、かつて武装工作隊で通信・報道活動を続け、手柄をあげたこともある。それと同時に、大災害を目前にした中国人民は、英雄的な本領と強大な生命力をさらに発揮するということを、身をもって感じ取っていた。このすべてを書きあげることは、私たちの理想、信念、意思を最もよく具現することにつながるのではないかと思ったのだ。日本の長年のある読者は、私の黄河洪水防御ルポを読んだ後、「中国には、黄河を定め能（た）う者は天下を得る、ということわざがありますが、中国共産党はまさにそれです」と感想を寄せた。当時、中国は改革開放のスタートを切ったばかりの時だったが、この読者が1篇のルポにこのような賛辞を寄せたということは、この洪水報道のインパクトがいかに大きなものであったかを物語っているだろう。

　それ以後も中国では大きな水害が幾度も発生し、各メディアはそれぞれ自社の長所を発揮して、さまざまな角度からこれを報道したが、どの記事も臨

場感にあふれ、感動的なものだった。『人民中国』創刊60周年を迎えるにあたり、私の2度にわたる洪水報道の経験やこれによって得たものを綴り、記念とすることができることをとても嬉しく思う。

洪水との戦い

　1982年の秋、普段はカラカラに乾いている黄河上流18万平方キロの地域に、200ミリを超える豪雨が襲った。数十億立方㍍の水が黄河に一挙に流れ込み、建造中の青海省龍羊峡水力発電所や下流の幾つかの水力発電所の安全を脅かし、さらに、蘭州市、河套地区、陝西省、山西省、河南省、山東省の1億にものぼる人民の生命・財産をも脅かした。この大災害を目前に、黄河沿岸地域の洪水防御軍は緊急行動をとり、これに頑強に立ち向かい、危険を取り除いた。これは鮮やかな勝利といえ、私はこれを大戦役に見立てて経過を書き綴った。その記事の総タイトルは、「天候異変と中国に起きた大洪水　黄河上流の大洪水」で、見出しは「設計基準を上回る大洪水」「龍羊峡を死守するたたかい」「劉家峡水力発電所の防衛戦」「洪水は地上2㍍に」「水を黄河に追いかえせ！」「ついに試練にうちかった」というものだった。

　戦役に模して書く以上、「戦場の情勢」をまずはっきりさせておく必要がある。そのため、文章の冒頭で数字を掲げて洪水の原因と各地域にもたらされた脅威を詳細に述べた。これらを詳細に書けば書くほど、読者は次に起こったことについて知りたくなるものなのだ。

　次に、総指揮を執る際の戦略的思考と戦術を、最適な場所で適切に表現しなくてはならない。例えば龍羊峡では、発電所を守るだけならば、造られている堰の壁を爆破してしまえば、それで済む。しかし、それでは災害を下流地区に転嫁することになってしまう。そのため、中央では、堰は爆破せず是が非でも守り通し、数十億立方㍍の洪水をせき止め、下流地域に洪水防御準備を整える時間を稼がせるよう決定を下した。そのため、龍羊峡での決戦が全局にわたる決定的な意味を持つことになった。

　新華社の古参記者である華山同志は、かつて「淮海戦役」（1948～49年、

中国共産党の人民解放軍と国民党軍の戦い）を報道した際、当時、敵味方の兵力は均衡しており、参戦者の誰もが、我こそわが軍のために僅少の優勢をもたらさんと、自らの才知を喜んで捧げ、そのためにわが軍は60万でもって55万の敵を消滅させる戦績をあげた、と書いている。黄河との戦いの中に、私は戦争時代の人々が一丸となり英雄的に奮戦する精神を垣間見た。「龍羊峡決戦」では、当時の電力部部長の李鵬氏と技師長の陸佑楣氏（後の三峡工事総指揮者）が、指揮本部を川の中央にあるダムの上に置き、このダムと洪水防御部隊と生死を共にする覚悟を見せた。劉家峡では、甘粛省の李登瀛省長と蘭州軍区の鉄峰砲兵司令官が一般兵士同様に労働に参加した。蘭州のダムに決壊しそうな箇所が発生すると、人々は自発的に一丸となってそれをふさぎ、決壊を防いだ。寧夏では、ダムに決壊箇所が出た時、1人のベテラン技師が溢れた水を川に戻す方法を考案し、余秋里副総理に直接提案した。別の箇所では川の水位が猛烈に増えた時、当直の一幹部が、堤防を1カ所開いて、水を分流させるという案を主張したが、ある1人のベテラン技師が、それは橋の穴がふさがったためであり、その穴が通ればすぐ水が引くと主張し、2人の間で激論が戦わされた。ベテラン技師は「あなたには分からないかもしれないが、私ははっきり分かっている。問題が起これば私がその責任を負う」とまで言い切った。上官がベテラン技師の提案を認め、彼の言う通りにした結果、案の定危機を避けることができた。ここで、私は1958年に毛主席の述べた言葉を引用しておこう。

「中国の労働人民にまだ過去のような奴隷の姿が残っているだろうか。残ってはいない。彼らはすでに主人となったのである」

　これらのエピソードには、自ら取材したものもあれば、刊行物で読んだものもある。記事にこうしたエピソードを盛り込むことによって、読者を興奮させ、高まる雰囲気が行間からも感じ取れるようになる。『人民中国』誌の昔からの発行人である安井正幸氏は、次のことを繰り返して述べている。

「中国人を感動させる事柄であれば、同じく日本人をも感動させる。人の心は相通じているからだ」

私たちと心の通じる読者は、私たちと同様に「戦地」の実情を切実に知ろうとする。これがまた、私たち記者が事実を存分に拾い上げて記事にする理由である。状況を紹介し、事実を述べると同時に、私はできるだけ「目撃」の力を引き立たせるようにした。「龍羊峡決戦」記事のほとんどは、見聞の手法を駆使して書き上げたものだ。目的地到着までは戦闘的な雰囲気を感じ取り、「戦地」では緊迫した情勢と厳しい環境を自らの目と体で味わい、さらにこのような状況のもとで直接聞いた事実を述べたならば、それは真実となって読者の心を打つのである。私が最も満足しているのは、蘭州の洪水指揮本部での見聞を記した記事である。ある夜、一日中取材に駆け回った後、本来は休むべきだったが、さらに「目撃」の内容を増やそうと、付き添いの人に頼んで、指揮本部に連れていってもらった。そこでの収穫は思ったよりも多く、記事に以下のような情景を書き加えることができた。

　蘭州市の洪水防止指揮部をたずねたところ、そこは激戦を指揮している司令部のようであった。1列にならんだ5台の電話がひっきりなしに鳴りつづけ、部隊の参謀にも似た係り員が、受話器をとっては白髪のまじった年輩の指揮者に報告している。

「馬灘が急を告げています！」

「雁灘が支援を求めています！」

「劉家堡が決壊しました」

「洪水の水位が大鉄橋すれすれになりました」

　初秋の雨の夜、標高1700㍍の蘭州は気温が10度にまでさがっていた。だが、年輩の指揮者のひたいからは汗の玉がにじんでいる。彼は大きな地図のまえに立って、係り員にてきぱきと、指示していた。用語はすべて軍事用語であった。

「後続部隊に命ずる、ただちに馬灘、雁灘に増援部隊を派遣せよ！」

「応急部隊に命ずる、劉家堡に急行せよ」

「水利部門に、鉄橋を厳重に監視せよと伝えよ。何かあったら、すぐに報告するんだ！」

実はその日、私はこの年輩の指揮者、つまり蘭州市の竇明凱副市長から多くの状況紹介を聞いていたが、先ほどの電話や年配者の断固とした命令の様子の描写のほうが、蘭州の苦戦の様子と指揮本部が果たしている役割を生き生きと表現できる。このような情景は現場でなくてはまず見られないものと言える。

大洪水を多角的に報道

1991年の大水害は先ほどの黄河の洪水とはかなり異なっていた。同じように人々が洪水と戦い、中央が同じく策定・決定を行ったものだが、1991年は被災面積が大き過ぎ、洪水が凄まじ過ぎたと言える。長江流域のおびただしい地域が一面冠水し、1億を超える人々がこの大災難の被害者となった。被災地取材の12日間、この様子をいかに日本の読者に伝えるかについて、考え続けた。

出発前に、出来る限りの関連報道を収集しておき、北京を後にしてからは、上海、蘇州、無錫、揚州、安徽などの地で取材を行い、行く先々で地元紙を集め、しばしば早朝3時ごろに起き出してはこれらの新聞に目を通した。取材と新聞閲読によって、大水害の全貌を掌握できたが、この時になって初めて今回の大水害も黄河の時と本質的には同じであり、どちらも同じように洪水に対して偉大な勝利を収めたものであることを知った。今回の洪水ではこのような大水害に見舞われながらも、死傷者は極めて少なく、被災地の主要工場、鉱山は無事であり、被災地を通る鉄道幹線もストップしなかった。洪水が引くと、工業・農業生産は速やかに回復し、おびただしい被災者が出たにもかかわらず、餓死者はなく、疫病も流行せず、土地を捨てた人も出なかった。

それだけでなく、私は当時の無錫市の王宏民市長から、次のような多いに奮い立つ言葉を聞くことができた。

「大災害は私たちにひどい損害を与えましたが、私たちに多くの貴重な精神を高揚させました。何年ものあいだ、政令がこんなにすっと通って、政府

の命令一下、千軍万馬が足並みをそろえたことはありません。協力団結が、こんなにうまくいったのもはじめてです。何十年も紛糾していた太湖の排水問題が、中央の命令1つですぐに解決したのですから。人心がこんなに1つになったこともはじめてです。堤防に少しでもひびが入ると皆いっせいにとび下りました。自分を捨てて人を助ける精神も、こんなに高かったことはこれまでありません。党と民衆の関係、軍と民の関係がこんなに良かったのもはじめてです。もし私たちがこういう精神をずっと持ち続けて行けるなら、人と人との間が和やかになる上に、生産や建設も飛躍的に上昇するでしょう」

　これらは奇跡中の奇跡で、中華民族発展史上における輝かしい1ページである。このような奇跡を、たった1つのエピソードで、あるいは単にその一部を報道するだけでは、今回の水害に際しての人々の山河をも揺るがす気勢と、千古にも伝わるべき意義を全面的に反映することはできない。私は思考に思考を重ね、さまざまな場面と角度から総合的に報道する手法をとることに決めた。特集の総タイトルは「『水無情　人有情』大水害　救援と復興の記録」で、以下7つの内容を紹介した。パート1は「命をかけて洪水と闘う」で、安徽省の洪沢湖、巣湖、江蘇省の揚州で洪水との戦いに打ち勝った情景。パート2は「自分のことは後まわし」で、淮河両岸の人々が洪水の防御から洪水の引水へと転じ、自らの家を犠牲にして、多くの人の安全を守った情景。パート3は「犠牲を引き受けた上海市」で、太湖の危機を取り除くために上海人が損失に甘んじる情景。パート4は「700万被災者の大移転」で、押し寄せる洪水に対し、安徽、江蘇省の被災者たちの奮起の情景。パート5は「1人の餓死者も出すな」で、被災地政府が八方手を尽くして被災者を守る情景。パート6は「昔の悲劇を繰り返すな」で、災害時に多くの人が土地を捨て他郷に去っていった過去を持つ安徽省鳳陽県において、被災者の暮らしを守ろうとする情景。パート7は「大災害が残した教訓」で、無錫市の水害後に総括を行って教訓を汲み取ろうという自らを救う努力と、江沢民総書記の「遠きおもんぱかりなくば必ず近き憂いあり」という論断を述べた。報

道範囲は淮河両岸、長江南北に及び、今回の水害の全過程と、異なる地点、異なる時間でのそれぞれの特徴を述べた。このような報道は文章は長いものの、この奇跡が極めて感動的であり、加えて国内刊行物における報道の精華を1つに集めることができる利点を持っているため、入念・精緻に編集しさえすれば、私たちと心が通じ合う読者は必ず興味を持つはずだ。『人民中国』の特集はしばしば1万字に及ぶ長文となっているが、これらの記事はいずれも読者から寄せられるたよりで注目の的となっていることが、その証となるかもしれない。

　記事執筆にあたっては、被災状況を如実に報道することは、人々の興味を引くばかりか、その後に記す救助活動に対する感動を増幅させることになる。したがって、私は記事を以下のように書き始めた。

　現地での17日間、私たちオニの取材班は毎日泣いた。例年、真夏の緑が輝く淮河両岸は、見渡すかぎり泥水の海で、あちこちに村落が水中に孤立し、わずかに屋根だけ見える家もある。

　村を守る人員だけ高い建物に残り、一般の人は堤防や丘の上に避難し、あり合わせの材料で、やっと体が入るだけの2、3平方㍍の小屋を作ったが、照りつける太陽の下ではフライパンで焼かれるようでいたたまれない。子どもたちは首まで水につかって、やっと暑さをしのいでいた。

　その水には、わらや草にまじって、死んだ豚や羊や鶏がいたるところに浮いている。アヒルやガチョウまで沢山死んでいた。

　水中に残った立木には、いろいろなヘビが群がり。堤防に上ってきたヘビは、避難小屋の中にもぐり込んできた。

　ほんとうに恐ろしい災難だ、被災した人たちはどうやってこれを切り抜けるのだろう。現場での日々、私たちの頭の中にあったのはそればかりだった。

　これに続く段落が、この問題に回答を与えるために展開する壮大な場面となった。私は災害に対する人民の奮戦を記述すると同時に、中央の策略決定と、これに対する全民呼応の情景の描写にも力を入れた。各クラス

の政府、党組織と多くの幹部が生死存亡の瀬戸際で要となる役割を発揮する情景も記し、冠水した土地の被災者の大移転の後の「避難村政府」の独特の役割も書き入れた。中国もかつては水害が発生する度に少なくとも数十万人が犠牲となっており、今日でもこういう光景が見られる隣国もあるのに、大水害に見舞われた私たちがまったく異なる情景を繰り広げることのできる理由はどこにあるのか。その理由を記述しなければ、事実に忠実であるという記者の天職にもとるものであり、読者の期待にも背くことになると私は考えたのだ。

プロフィール

孫戦科　1929年8月山東省莱州市生まれ。人民中国雑誌社高級記者。53年の『人民中国』創刊号から記事を執筆。絵画に長じ、東京で個展を開いたこともある。

作者在被洪水冲过的农家采访。
洪水に見舞われた農家で取材中の筆者

作者绘画的龙羊峡水电站。
筆者の手書きによる龍羊峡水力発電所

我的师长　我的摇篮

周卫军

我经常和别人说起我做杂志已经17年，没从事过别的职业。从记者、编辑、主编助理、编辑部主任到执行主编一路走来，其中最重要的缘起就是在《人民中国》工作的4年。它是我的第一份工作，我人生的许多第一次都是在这里实现的。

第一次写稿

到《人民中国》面试是在1996年，那时杂志社的楼道里还能看到对外宣传的标语口号。负责面试我的是采编部主任李世清，他那时刚50出头，一双眼睛很有神。他温和地和我聊天，让我紧张的情绪慢慢放松下来。当我说起在北京大学历史系读书结识了一些日本留学生时，他突然打断了我的话头，略显兴奋地说："你就写写你身边的日本留学生吧，算是考试，这屋子冷，你可以回家写完拿过来。"

我回家写了一整天，直到自己满意为止，最后又工工整整地抄了一遍送到社里。大家看了都比较满意，当时的副总编辑丘桓兴说："写得不错，最后写的那段还很有感情。"我顺利地成为《人民中国》采编部的一员，更让我没有想到的是这篇《我身边的日本留学生》后来居然发表在杂志上。发完稿件后需要采编部的领导审稿，我拿到被修改的稿件，上面用铅笔密密麻麻地改了很多地方，我现在都不知道是李世清主任，还是当时的副主任杨珍（他已经离开我们好几年了）操刀的，编辑部称之为"磨稿子"。我后来在别的杂志做管理后，

对这种"磨稿子"的方法才有了切身体会，对于一个新编辑的成长来说，这种琢磨的方式太有必要了。

第一次采访

我到社里的时候，年轻人还很缺，所以需要很快承担重任。刚工作不久，我就接到一项艰巨的任务，要完成一年的连载文章《珠三角经济圈巡礼》。正好外文局组织一个记者团去珠三角地区，李世清主任亲自带我随团采访，那也是我第一次坐飞机，用于采访的相机现在看来也相当简陋——是佳能傻瓜相机。显然是为了训练我，李主任时时注意培养我作为一个记者的专业素质。在东莞采访一位渔业养殖户，他连珠炮式地向对方提了很多问题，让我体会到作为一名具有专业素质的记者那份特殊的自豪感。

作为一名职业记者和编辑，绝不能只在书斋里和文字上做功夫，没有与社会方方面面人士打交道的本事绝对不行。刚走出校门的我身上还带有学生的稚气，这也是李主任希望我能快速改变的。在深圳采访时，在霓虹闪烁的街头我突然迷失了方向，一眨眼间就与记者团队伍失去联系。几经周折，领队终于找到我，李主任很急，他生气地说："像你这样，永远去不了日本！"（后来我才知道，因为《人民中国》在日本有记者站，有机会派记者到日本去采访。在日本采访的节奏非常快，慢一点都跟不上。没想到的是，我到《人民中国》两年后就被派到日本采访了，在深圳走丢这段经历算是给我提个醒，当然那都是后话了。）当时内心虽然有些委屈，但我知道主任是为了我好。我们后来一直有联系，直到今天，每年的春节我都要去看看他。我对他的称呼也从"主任"变成"老李"，他永远是我职业生涯中最重要的一位师长。

第一次出国

1998年，我到《人民中国》两年了，已经成长为一个比较有经验的记者，用李主任的话说，已经出师了。有一天，社里的行政人员急着找我要照片和一些个人材料，让我有些莫名其妙。很快就传来消息，我和几位同事将一起被派去日本采访。这样的机会对于像我这种才来社里两年的年轻人来说，真

是难得。

到日本的交通方式很特别，从天津坐"燕京"号经过3天2夜到达神户港：第一天在渤海湾经历了近10级左右的大风浪；第二天经过朝鲜海峡时，船上的电视播出韩国的综艺节目，画面里艺人的时尚打扮让当时还没有经历"韩流"的我觉得很新奇；第三天船穿行濑户内海时风平浪静，几位到日本闯世界的中国留学生在船经过濑户大桥的时候，手挽手大声呼喊着，他们在拥抱一个陌生的新世界。在那一刻，我也有几分莫名的冲动：一个崭新的新世界似乎也在向我敞开大门。

果然，我后来离开《人民中国》在外面的世界闯荡，凭借着在社里规范的职业训练和积攒的采访经验，办了12年人文地理杂志，采访的国家将近30个。但第一次去日本的经历对我有别样的意义，我至今还记得同行的伙伴：众一、老王、小薛和小佟，还有当时的驻日记者唐晖，虽然大家如今早已天各一方，各奔东西了。

今年《人民中国》60岁了，正好过了一个甲子。世界风云际会，沧海桑田，早已找不到当年的面貌。无数的人来了又走，脚步匆匆，甚至来不及留下回忆。我很幸运，《人民中国》给与我的不仅是物质财富，还有精神营养。我有4年如婴儿成长般的美好时光留在这里，尽管不长，却无法忘怀。

《人民中国》是我的摇篮，在我的记忆中轻轻摇动。

作者简介

周卫军　1996年从北京大学历史学系毕业后，在《人民中国》采编部做记者、编辑，2000年在《互联网周刊》做主编助理，2001年到2003年任《文明》杂志社编辑部主任，2003年到现在任《中国科学探险》杂志执行主编，目前还担任中国科学探险协会常务理事和北京仁爱慈善基金会理事。

私の教師　私のゆりかご

周衛軍

　私の職業について人から尋ねられると、雑誌編集一筋17年で、それ以外の仕事はこれまでにしたことがないというのが私の決まり文句だ。記者から編集者、編集長補佐、編集部主任そして編集長まで、ずっと編集業界の道を歩んでおり、その歩みが始まる重要なきっかけとなったのは、『人民中国』で過ごした4年間だ。『人民中国』は、私の編集人生のスタートであり、私の人生において多くの「初めて」を経験した職場だ。

初めての執筆

　私が『人民中国』で面接を受けた1996年当時、社内の廊下には対外伝播のスローガンが掲げられていた。私の面接を担当したのは、当時の編集部主任である李世清氏だった。その頃の彼は、年恰好が50才くらいで、目がキラキラと輝いていた。彼は物腰が柔らかく、優しく接してくれたので、私も徐々に緊張を和らげることができた。そして私が、北京大学の歴史学部に在籍していた時に、日本人留学生たちと知り合ったことについて話すと、彼は私の話を遮り、興奮しながら私に「その日本人留学生たちについて何か書いてみてください。いわゆる入社試験だ。この部屋は寒いから、今日は帰って、家で原稿を仕上げてから後日私に見せてください」と言った。

　私は家に帰ると、自分が納得のいく原稿を書き上げるまで丸一日を費やし、最後にもう一度清書してから雑誌社へ送付した。雑誌社のみんなが、私

の書いた原稿に及第点を付けてくれた。当時副編集長だった丘桓興氏は、「よく書けている。結末の部分は非常に心がこもっている」と評価してくれた。こうして私は、首尾よく『人民中国』編集部の一員となることができた。そして思いがけなかったことに、私が書いた「私が身近に見た日本人留学生」が、後日本誌に掲載されることになったのだ。原稿が完成した後、編集部の責任者がチェックするが、私が手にした原稿は修正を加えられたものだった。原稿の多くの箇所が鉛筆で訂正され、所狭しと紙面いっぱいに書き加えられていた。修正を施したのが、李世清主任なのか、当時副主任だった楊珍氏（何年も前に故人となった）なのか、今も定かではないが、このような修正を編集部では、「磨稿子（リライト）」と呼ばれていた。後に私は別の雑誌社で管理職に就いた後、この「磨稿子」を実際に行ってみたが、新米の編集者を成長させる上で、こうした方法で訓練を施してあげるのはとても大切なことだ、と実感した。

初めての取材

　私が入社したばかりの頃、若い職員が不足していたので、早い段階でさまざまな仕事を担う必要があった。入社してまもなく、私は一年間にわたる長編連載記事である「珠江デルタ経済圏を訪ねる」を担当するという大きな仕事を任された。ちょうどその頃、外文局で記者団による珠江デルタでの取材活動が企画され、李世清主任は自ら記者団に同行して取材に連れて行った。それは私にとって初めての飛行機の旅でもあった。持参した取材用のカメラはキャノンのコンパクトカメラで、今からしてみればかなり粗末なものだった。この機会に私を訓練するため、李主任は、いつも私が記者としての資質を磨けるように、注意を払ってくれた。広東省の東莞で、水産養殖業者を取材した時、彼は矢継ぎ早にたくさんの質問をし、プロの記者が醸し出す独特の優越感を私にも味合わせてくれた。

　プロの記者および編集者として、ただ書斎で文字と格闘する訳にはいかない。社会のさまざまな分野で活躍している人々との交流は必要不可欠だ。学

校を卒業したばかりの私は、まだ学生気分が抜けていなかった。李主任も私にもっとしっかりしてほしいと思っていたことだろう。広東省深圳を取材していた時、私はネオン街で急に迷子になり、瞬く間に記者団とはぐれてしまい、連絡もつかなくなってしまった。あらゆる手を尽くして、ようやく記者団の団長が私を見つけてくれた。李主任は、かなり気を揉んでいたので、怒りながら「そんなことでは、いつまでたっても日本には行けないぞ」と私に言った。(後で知ったのだが、『人民中国』は日本に支局があり、取材のために日本へ記者を派遣することもある。日本での取材は非常に忙しく、のろのろしているなら置いて行かれてしまう。思いもよらなかったのは、私も入社2年後に日本への取材を命じられた。深圳で迷子になってしまった経験は、私にとって大きな教訓だった。もちろんそれは後になってみての話だが)そう言われた時、私は心の中でいくらかやりきれない思いもあったが、李主任は、私のことを思って言ってくれたこともちろん理解していた。私の彼に対する呼び名も「主任」から「李さん」に変わり、彼はいつまでも私の仕事人生における最も大切な教師だ。

初めての海外

　1998年、『人民中国』に入社して2年が経過し、私も記者としての経験を十分に積むことができ、李主任からも「もう一人前だな」と言ってもらえた。ある日のこと、社内の事務員が、私の写真と私の個人情報を急いで提出するよう求めてきたので、一体なぜなのかと思ったが、情報はすぐに伝わってきた。私と同僚数人が、日本へ取材に行くように辞令を受けたのだった。このような機会は、入社してわずか2年しかたっていない私のような若者からすれば、信じられない話だ。
　日本までの移動手段も非常にユニークで、天津から定期貨客船「燕京」号に乗り、3日2晩の船旅を経て神戸港に到着した。船旅の初日、渤海湾で風速20㍍以上の暴風に遭遇した。2日目に朝鮮海峡を通過していた時、韓国のバラエティ番組が船上のテレビで放映されていた。当時、私はまだ「韓流」

になじみがなかったので、タレントたちのファッションにとても斬新さを感じた。3日目になると、船は波の穏やかな瀬戸内海を突き進んでいた。日本という新たな世界に今、まさに羽ばたこうとしている中国人留学生たちは、船が瀬戸大橋に差し掛かったときに、手をつないで大声を上げていた。彼らはきっと見知らぬ新たな世界を肌で感じていたのだろう。その時、私も言葉では言い表せない衝動に駆られた。未知の世界への大きな扉が、今まさに私にも開かれようとしていたからだ。

やはり、『人民中国』を離れて外の世界に飛び込んだ後も、これまでに受けた社内訓練や積み重ねた取材経験を頼りに、人文地理の雑誌制作に12年間携わり、約30カ国を取材で訪れた。しかし、初めて日本を訪れた時の経験は、私にとって格別なものだ。当時、共に日本を訪れた旅行仲間である王衆一さん、王波海さん、薛建華さん、佟素強さん、そして当時、日本駐在の記者だった唐暉氏のことを今でも懐かしく覚えている。今では、みんなそれぞれ異なる分野で活躍している。

『人民中国』は今年で60歳になり、まさに一甲子を迎えた。世界情勢は目まぐるしく変化し、昔の姿はもはや見られない。数え切れないくらいの人々がやってきては、立ち去り、その移り変わりはすばやく、記憶が追いつかないほどだ。『人民中国』から富や財産だけでなく精神的な糧も与えられたのは、本当に幸いなことだ。まさに子どもから大人への成長を遂げたとも言える、この4年間の素晴らしい日々を『人民中国』で過ごした。決して長き日々ではないが永遠に忘れることはないだろう。

『人民中国』は私のゆりかごであり、今も私の記憶の中でゆらゆらと揺れている。

プロフィール

周衛軍　1996年北京大学歴史学部を卒業後、『人民中国』編集部で、記者、編集者を経て、2000年に『互聯網週刊』の編集長補佐を担当し、01年から03年まで、『文明』雑誌社編集部主任を務め、03年から『中国科学探検』誌の編集長に就き、現在に至る。さらに中国科学探険協会常務理事と北京仁愛慈善基金会理事も務めている。

"网"事如歌——记忆中的点点滴滴

王丹丹

岁月悠悠，转眼之间，我在人民中国杂志社网络部已经工作10年了。随风而逝的日子像一首美妙的乐曲，在我的记忆深处奏响。

10年间，有许多帮助过我的师长和同事，其中对我影响最大的，是牛桂兰老师。牛老师性格爽朗、直率，思路敏捷，非常热爱工作。在我的印象中，她几乎从未休过年假。记得我刚来社里，在图片部做美编时，牛老师是图片部主任。一开始，我业务不熟练，自己也很着急。于是，牛老师在酷热的盛夏，多次带我骑车去李玉鸿（人民中国杂志社经验丰富的退休美编）家里请教。后来，网络部成立，牛老师成为了该部门的主任。网络部每一步的发展壮大，认真、执着的牛老师都付出了辛勤的汗水。牛老师事事追求完美，就连我们的工作总结，她也要字斟句酌，修改到满意为止。在工作中，牛老师对我的要求十分严格，有时候我觉得真有点受不了。但是现在想起来，我的每一分成长和进步都离不开牛老师的鞭策和鼓励。在这里，我要深深地感谢牛老师。

小时候，我最喜欢看的日本动画片是《花仙子》，还用中文发音认真记下日文歌词。印象最深的日本电视剧是《排球女将》，那时就很向往，如果有一天能去女主角小鹿纯子的故乡北海道看看就好了。

2007年，我终于梦想成真。在这一年里，我参加了两次赴日研修：第一次是年初的青年员工培训，我对日本社会和日本文化有了初步的印象和了解；第二次是业务研修，体验日本人的工作方式和业务氛围，考察日本同业媒体在杂志选题策划、版式设计、网络运作及电子杂志等方面的成功经验。

我十分珍惜这两次在日研修的宝贵机会。在日期间，我积极参与研修期间的各项活动和学习：向同业调研，整理了杂志设计及网络发行、电子杂志制作方面近万字的笔记及调研分析，参与多项采访任务。空余时间，我还去书店搜寻到许多有用的杂志资料。

在日本，我孜孜不倦地寻找着设计灵感。要想做出贴近日本读者欣赏习惯的设计，首先要了解日本人独特的审美意识和审美情趣。在我看来，从日本的建筑、料理、花道到店铺橱窗里的陈设，都贯穿着不对称的均衡之美的设计理念、少而精的简约风格。在色彩方面，日本以素雅为美，为了不破坏京都的古城感觉，竟然让麦当劳在这里的户外标志由全球通用的红色改成了棕色。

清水寺古木建筑的古朴典雅；龙安寺枯山水的灵动和禅意；药师寺的唐风古韵；川越"小江南"般的清新婉约；北海道原野的缤纷绚丽；成人节上女孩子们华美的服饰……美丽的景色和独特的人文气息，田园牧歌般深深地留在了我的记忆里。

更让我欣喜的是，遇到了许多难忘的日本读者朋友：在正奈史老师家品尝正宗的日本料理，和她一起敲响新年的钟声；80高龄的热心读者小林泰先生，驱车5个小时带我们体验日本农家生活；与太极拳协会的小池先生一起聊选题……

两次赴日研修的经历，让我在近距离对日本的观察中了解到，中日两国友好交流的弥足珍贵，两国人民在"真善美"的追求上是一致的。虽然，由于两国文化背景不同，在一些问题的看法会产生歧义和误解，但我相信只要加强沟通，中日两国人民就会相互亲近。《人民中国》的使命正是一点一滴地搭起中日两国人民相互理解的桥梁，我为自己能在《人民中国》工作，能为中日友好尽力而骄傲。

时光荏苒，我在网络部经历的桩桩往事，如同随风而动的风铃，给我的人生带来声声清脆甜美的音符。而我在网络部积累的经验和得到的锻炼，将伴随我继续成长，走向新的征程。

作者简介

王丹丹　1972年7月出生。1993年进入人民中国杂志社图片部，担任美术编辑，2004年调入网络部担任美术编辑。

美しい音楽のような思い出の数々

王丹丹

　月日の経つのは速いもので、私が『人民中国』のインターネット部で仕事を始めてもう10年が経ちます。過ぎ去った日々は美しい楽曲のように、私の記憶の深いところでずっと鳴り響いています。

　10年間、多くの先輩や同僚に助けられてきました。その中でも一番多く助けられたのが、牛桂蘭さんです。牛さんはさっぱりとした性格で、頭の回転が速く、とても仕事熱心でした。私の印象では、彼女はほとんど休暇をとったことがありません。私は入社したての頃、写真部でレイアウトを担当しましたが、牛さんは写真部の主任でした。最初はまったく不慣れなために、自分でもとても焦っていました。そのため、牛さんは酷暑の折に何度も私を李玉鴻さん（人民中国を退職した経験豊富なデザイナー）の家に連れて行ってくれ、彼に教えてもらえるよう取り計らってくれました。後にインターネット部が成立し、牛さんはその部門の主任となりました。インターネット部がここまで大きくなったのも、牛さんの真面目で熱心な取り組みがあったからこそと言えましょう。牛さんは何をやるにも完璧を求める人で、私の業務報告さえも、一字一句検討し、満足するまで書き直しさせたほどです。仕事の中で牛さんの私への要求はとても厳しく、本当に耐えられないと思ったこともあります。でも、今思い返してみれば、私の成長や進歩は、牛さんの愛のムチと励ましがあったからこそだと思います。この場を借りて牛さんに深い感謝を捧げます。

小さい頃、日本のアニメ『花の子ルンルン』が私の一番のお気に入りで、日本語の歌詞を中国語の発音で一生懸命覚えたものです。一番印象的だった日本のドラマは『燃えろアタック』で、主人公の小鹿ジュンの故郷である北海道をいつか見てみたいと思いました。

2007年、私の夢は実現しました。この年に、私は日本での研修に2度参加したのです。1回目は年初に行われた若手職員のための研修で、日本社会と日本文化について基本的な印象や理解を得ることができました。2回目は業務研修で、日本人の仕事の仕方や雰囲気を体験し、日本の同業メディアの雑誌のテーマ選択計画やページレイアウト、ホームページ運営や電子マガジンなどの成功体験を学ぶためのものでした。

私はこの2度の日本での研修という貴重なチャンスを大いに生かしました。日本に居る間、研修中のさまざまな活動や学習に参加し、同業の調査・研究、雑誌デザインやホームページや電子マガジンの製作について、1万字近いメモをとり調査・研究分析を行い、さまざまな取材もこなしました。空いた時間があれば、役立つ雑誌や資料を探しに本屋に行きました。

日本では、デザインのインスピレーションを飽きもせず探し求めました。日本の読者に親しみのあるデザインに近づけるため、まず日本人独特の美意識や美的感覚を理解しようとしました。日本の建築や料理、華道、店舗のショーウィンドーなどには、みな非対称の均衡の美というデザイン理念と、余分なものを切り捨てたシンプルな雰囲気が貫いていると感じました。色彩の方面では、日本では質素で気品があるものが美しいとされるようで、京都の古都の雰囲気を壊さないために、ここのマクドナルドのマークには全世界共通の赤でなく、褐色が使われていました。

清水寺の木造建築の素朴さ、竜安寺の枯山水の生き生きとした禅の精神の表現、薬師寺の唐風の古めかしい塔、川越の江南のような清らかな美しさ、そして北海道の原野のさまざまなものが入り乱れるあでやかさ、成人の日を迎えた女性の華麗な衣装……。美しい景色と独特な文化、そして牧歌的な風景が、私の記憶に深く刻み込まれています。

さらに私を喜ばせたのは、多くの忘れ難い日本の読者との出会いでした。正奈史さんの家で本場の日本料理をごちそうになり、一緒に除夜の鐘を聞いたこと。80を超える高齢の熱心な読者である小林泰さんが、5時間車を走らせ、私たちに日本の農家での生活を体験させてくれたこと。太極拳協会の小池氏とは一緒にテーマ選択についてのおしゃべりをしました。

　2度の日本での研修の経験で、日本を間近に観察し、中日両国の友好交流がとても貴重であり、両国の人々が「真・善・美」を追求することでは一致していることを知りました。両国の文化背景が異なるため、一部の問題に対する見方では差異があり、誤解を生むこともありますが、しっかりコミュニケーションをとれば、中日両国人民は親しくなれることを私は信じています。『人民中国』の使命とは、まさに中日両国の人々の相互理解の橋を少しずつ築きあげていくことだと思います。私は『人民中国』で仕事をし、中日友好に力を尽くすことができることを誇りに思っています。

　時は流れ、私がインターネット部で経験した一つひとつの出来事は、風に揺られて鳴る風鈴のように、私の人生に澄んだ甘い音色をもたらしました。インターネット部で得た経験や訓練は、私が成長し続け、新しい道程を歩み始めるための糧となることでしょう。

プロフィール

　王丹丹　1972年7月生まれ。93年人民中国雑誌社写真部に入り、レイアウトを担当。2004年にインターネット部のデザイン担当に。

作者（左一）在热心读者正奈史女士（右一）的带领下，体验敲钟、祈福等日本传统的过年习俗。
熱心な読者である正奈史さん（右端）に連れられ、除夜の鐘を鳴らし幸福を祈るなどの、日本の伝統的な年越しの風習を体験する筆者（左端）

作者（右）在观察日本街头。
日本の街頭を観察している筆者（右端）

作者（右）在日本便利店感受日本商品的种类及价格。
日本のコンビニで商品の種類とその価格について調べる筆者（右）

六年与六十年

尹 莉

2013年，是我来到人民中国杂志社第6个年头，恰逢《人民中国》日文版创刊60周年。年轻的我，虽然只经历了杂志光辉历程的十分之一，这也足以让我感到深深地自豪与骄傲，更让我联想到了自己与《人民中国》杂志社由来已久的缘分。

第一次见到《人民中国》杂志是在图书馆，那时刚从学校毕业不久，对日语文章有着如饥似渴的学习欲望。当时，由于对枯燥的小说感到单调乏味，于是就走进图书馆的外文期刊室，看看有没有图文并茂的日文杂志可看。此时，醒目的《人民中国》杂志一下子就吸引了我，红色的刊头，简洁的封面设计，忍不住想要翻开看个仔细。打开后发现，里面写的都是我所熟悉的内容，是按照日本人的阅读习惯用地道的日语介绍中国的一本杂志。对于一心想做翻译的我来说，《人民中国》成了我业余时间的密友。这是与《人民中国》杂志初次相识的感受，至今记忆犹新。

2008年，我来到了人民中国杂志社工作，在事业部负责我社与日本科学协会、中国青年报社共同举办的"感知日本"征文大赛。通过这次征文大赛，我结识了很多日语专业的老师和学生朋友，我向他们详细地介绍了《人民中国》的历史、现在和未来。在与他们的交流中，我了解了他们的建议、想法和需求，同时希望师生们在接触、了解这本杂志之后，让周围更多的朋友知道《人民中国》杂志，特别是日语专业的学生们毕业后，能继续阅读这本杂志，更好地向日本友人介绍中国。

2010年初，甘肃省一位女士打来电话，询问我们新一期杂志什么时候能出版，她的父亲病重，想在"走"之前看一眼最新一期的《人民中国》。为了了却这位老人的心愿，我们立即用快递发出了最新一期杂志。一周后，这位女士再次打来电

话表示感谢："老人临终前看到了你们快递来的《人民中国》杂志，他很高兴，安详地走了。"她在电话中说，父亲是《人民中国》的老读者，从创刊至今的所有杂志，都一直都完好无损地收藏着，经常拿出来一边翻看，一边怀念自己的青春岁月。虽然作为儿女不太懂日语、也不了解《人民中国》杂志的内容，但是为了怀念老父亲，她会一直订阅下去。这件事对我的触动很大，如此执着和忠诚的读者肯定还有很多很多，我觉得我们全体工作人员平时辛苦地工作都是值得的，自己能在《人民中国》工作也是一件很有意义的事情。

2010年5月，我调到总编室担任业务秘书工作，这项工作需要了解熟悉杂志的整个业务流程、沟通协调好各部门的工作衔接，确保杂志按时出版。由于当时正在准备人民大学视觉传播专业的硕士毕业论文，我就以熟悉工作为契机，把《人民中国》从创刊号以来的杂志，全部浏览了一遍。还向王众一总编辑请教杂志的编辑理念、走过的历程，请韩卫国老师给我讲《人民中国》过去的故事，跟穆文杰学习杂志设计的相关知识……在大家的热心帮助下，论文最终顺利通过，我也对杂志的历史渊源有了更加深入的了解。

从时间上衡量，我进社以来的6年，只是《人民中国》60年发展历程中的十分之一。从人生感悟方面来讲，这6年让我看到了《人民中国》的事业蒸蒸日上、吸引读者的那种深厚文化底蕴，这是许多杂志无法比拟的。我们杂志的历史很长，但我们的观念并不保守，我们一直在孜孜不倦地创新，为中日两国人民之间架起了一座沟通的桥梁。

创刊60周年之际，我们迎来了杂志的企业化改革，相信有着创新精神的《人民中国》一定能够尽快适应市场的需要、焕发出新的活力。我作为《人民中国》的一分子，愿意用我人生中的一个又一个六年，陪伴着她一直走下去，为她的健康发展添砖加瓦，贡献自己的青春和力量。

作者简介

尹莉　1975年出生。2008年入社，负责第二届"感知日本"征文大赛的组织协调工作。2010年5月至今，担任总编室业务秘书工作。

私の６年と『人民中国』の60年

尹　莉

　2013年、私の人民中国雑誌社での勤務も６年目に入りました。折しも今年、日本語版は創刊60周年を迎えました。まだ若輩者である私の経験は、当社の輝かしい60年間の歩みと比べるならわずか10分の1ですが、それでも私は、当社で過ごしたこれまでの日々に心からの誇りを感じています。さらに私は、『人民中国』との縁を感じた過去のエピソードを思い出しました。

　図書館で『人民中国』誌を初めて見かけました。その頃はまだ学校を卒業したばかりで、日本語を勉強したいという飢えにも似た強い欲求を感じていました。当時の私は、単調で面白くない小説に飽き飽きさせられていたので、何か挿絵が多くて内容も面白い日本語の雑誌がないだろうかと思い、図書館に向かいました。そして人目を引く『人民中国』誌が目に留まり、引き込まれるように手に取りました。赤色の表紙タイトルに簡潔な表紙デザインを見てたまらなくなり、すぐに雑誌を読み始めました。読み始めてしばらくしてから、雑誌の内容はすべて私もよく知っているもので、これは生の日本語で日本人向けに中国を紹介する雑誌だということに気づきました。ずっと翻訳を志していた私にとって、『人民中国』誌は大切な余暇の友となりました。これこそ、『人民中国』誌に初めて出会った時の思い出で、今でも記憶に新しいです。

　2008年、私は人民中国雑誌社に入社し、事業部で当社と日本科学協会、中国青年報の共催による「感知日本」作文コンクールの業務を担当しました。

今回の作文コンクールを通じて、多くの日本語専攻の教師や学生たちと知り合いました。私は、彼らに『人民中国』誌の歴史、現在と未来を詳しく紹介しました。彼らとの交流を通して、彼らからのアドバイスを受け、彼らの考え方やニーズを知ることができました。同時に彼らがこの雑誌に親しみ、より多くの友人たちに『人民中国』誌を勧めてほしいと思いました。特に日本語専攻の学生たちは、卒業後も雑誌を読み続けて、日本の友人たちに中国をよりよく紹介できるようになってもらいたいです。

　2010年初旬、甘粛省に住む女性が電話で、雑誌の新刊がいつ発行されるのかと問い合わせてきました。彼女の話によると、彼女の父は重病を患っており、世を去る前にせめて『人民中国』誌の最新号に目を通したいと話していたそうです。いまわの際にあるご老人の願いを何としてもかなえるため、私たちは直ちに最新号を速達で送付しました。それから1週間後、この女性から再度電話があり、感謝を表されてから、「父は臨終前に、皆さんが送ってくださった『人民中国』誌を見て大変喜び、安らかに逝きました」と話されました。さらに、亡くなられた彼女の父は、昔から『人民中国』誌の愛読者で、創刊号から最近号まですべての号を欠かすことなく所蔵されており、よく取り出して眺めては、懐かしい青春時代の思い出に浸っておられたそうです。彼女は日本語があまりできないので、雑誌の内容を理解できませんが、亡くなった父をしのぶためにこれからも予約購読を続けると話しておられました。この出来事に私はとても心が打たれました。このご老人のように熱心に支持してくださる読者は、きっとまだまだ大勢おられると思います。人民中国雑誌社の職員全員が払う日ごろの努力は、すべて大いに価値があり、私自身もこの会社で非常に意義ある仕事に就くことができていると実感しています。

　2010年5月、私は編集室で業務秘書を担当することになりました、この業務では、雑誌に関するすべての業務工程を熟知し、各部門との意思疎通を図りながら、業務の調整を行い、毎号の雑誌が期日に必ず発売されるように見届けなければなりません。ちょうどその頃、私は中国人民大学ビジュアルコ

ミュニケーション科の修士課程の卒業論文を準備していましたし、編集室の仕事にもっと精通する機会にもなるので、『人民中国』誌を創刊号からすべての号を読破しました。そして、王衆一総編集長から雑誌編集の理念やこれまでの経験を教えていただきました。韓衛国さんから、『人民中国』誌の過去の話を聞いたり、穆文杰さんに雑誌レイアウトを学んだりしました。皆さんが熱心に助けてくださったおかげで、論文を無事に完成させることができましたし、雑誌の歴史的なルーツについて一層理解を深めることができました。

　時間の点から見れば、私の人民中国雑誌社入社後の6年間は、雑誌の60年の歩みと比べるならわずか10分の1の年月です。人生経験の点から見れば、この6年間は、『人民中国』誌の日々の発展を目の当たりにし、読者を引きつける深みある文化の真髄を体験できた素晴らしい日々でした。これは他の雑誌ではまず味わえない貴重な経験だったと思います。私たちの雑誌には長い歴史がありますが、決して保守的ではなく、これまで常に斬新で創造的なアイデアを取り入れながら、中日両国間の交流の架け橋となってきました。

　『人民中国』日本語版創刊60周年に際し、雑誌の企業化への改革を向かえています。長い歴史がある『人民中国』誌が、市場の需要に速やかに適応し、新たな活力と輝きを放ちながら発展していくと信じています。私も『人民中国』誌の一員として、これからの6年間またその後の6年間も引き続き人生を共に歩み続けて、当社の健全な発展に微力ながらも最善を尽くしていきたいと願っています。

プロフィール

　尹莉　1975年生まれ。2008年、人民中国雑誌社に入社後、第2回「感知日本」作文コンクールのコーディネート業務を担当した。10年5月より編集室業務秘書を担当。

一路走过这八年

程 刚

岁月总是在不经意间流去，60年一个甲子，说起《人民中国》——这本伴随着新中国一步步走来的老外宣刊物，60年的经历足够波澜壮阔。

在《人民中国》的历史中，作为一名普通的员工，我在其中短短的8年如沧海一粟。但对于我个人的一生来讲，可以说将自己生命中最具活力、最有热情、最宝贵的青春时光献给了《人民中国》，献给了中日友好事业，每每想到此，心中还会有一丝安慰。

2005年，我大学毕业，来到人民中国杂志社办公室工作。从办事员开始，面对着办公室纷繁复杂的工作职责和工作内容，我只有一步步跟着前辈学，依葫芦画瓢，慢慢了解整体情况和各个具体工作；然后在领导的培养和同事的帮助下，能够逐步胜任部分工作，也有了一些小小的成就感；再到独自处理一些工作，日积月累地慢慢攒下经验，脱去了毛躁，换来了认真，丢掉了依赖，锻炼出独立，摆脱了迷茫，收获了自信。这一切，都是在《人民中国》这个大家庭获得的。

人总是要成长，会有各种各样的问题需要你去解决。在工作进入到常态化，新鲜感失去后，年轻人总是会失去兴趣，没有耐心，出现不满。特别是在一个你天天忙得不知东南西北之后，却出不了一丝成绩，得不到一点点成就感的岗位，愈加觉得不该如此。转身看向身边同时进社的业务人员，或已写完了许多稿件，成了业务新星；或已担任某项重要工作的领头人，甚至委以重任出国研修。你会觉得，似乎有那么一些不公。仅仅是分工的不同，结果却相差如

此悬殊。

　　我相信，很多中途退出，转投他处的年轻人，大多数会有相同的感受。我也会有这样的情绪波动。但是从另一角度讲，不同的工作会有不同的体验、不同的收获。当初既然选择这个职业就要承受这些问题，更何况《人民中国》悠久的历史、独特的地位、良好的工作氛围、轻松的人事关系、领导培养年轻人的决心，这一系列原因，让我选择坚持下来。

　　如果决定了，就坚持到底。在办公室磨砺了4年之后，社领导和部主任支持我报名参加了中直机关扶贫支教队。如果说人生有几个转折的话，这就是我的一个重大转折。在一年的支教挂职中，我最大的收获是信心和淡定。那是对自己工作能力的信心，是面对各种困难的淡定。一年挂职之后，我又面临新的挑战，由于工作需要，我被调往财务部门工作，在一个崭新的领域里开始了一段新的征途。与8年前刚参加工作时候的不同，经过这些年的成长，我已经学会了理解工作、学习业务、提高能力与水平，这些都与这8年的工作经历与单位培养分不开。

　　如今，《人民中国》面临企业化改革的压力，也要经受市场竞争的考验。这如同一个刚刚踏入社会的青年，需要学习、需要改变，更需要勇气去迎接挑战。我们每个年轻人的命运也同《人民中国》紧紧联结在一起，经风雨，行天下，闯出属于自己的一片天地。

作者简介

　　程刚　生于1981年10月，2005年毕业于中国青年政治学院经济系，同年进入人民中国杂志社办公室工作，助理经济师。2009年到河北省西柏坡进行支教工作，任支教队队长、团支部书记。2010年回到人民中国杂志社从事财务工作。2012年任办公室副主任。

共に歩んだ8年間

程　剛

　歳月はあっという間に流れていきます。60年を一甲子とも言いますが、『人民中国』と言えば、新中国と共に歩んできた歴史ある刊行物であり、その60年間の歩みは目覚しいものでした。

　『人民中国』の歴史において、一社員である私が過ごした8年間は、本当に取るに足りないものです。しかし、私は自分の人生において、活力と情熱に最も溢れている青春時代を『人民中国』と中日友好事業に捧げています。このことを考えるたびに、いつでも心に安らぎを感じています。

　2005年に大学を卒業して、『人民中国』に入社しました。事務室の一社員として、さまざまな複雑な仕事に携わる時には、ひたすら先輩たちの手本から地道に学び、次第に業務全体の状況や実務の一つひとつに精通できるようになりました。そして、上司からの指導や同僚たちの助けの下で、徐々に業務の一部を担当できるようになり、わずかではありますが、達成感も感じました。その後、自分ひとりで業務をこなしていくうちに、日々経験を積み重ねることができ、落ち着きのない態度を改めて真面目さを培い、依頼心を捨て去って、独立心を育むことができ、迷いをなくし、自信を得ることができました。これらすべては『人民中国』の大家族に育てていただいたおかげです。

　人は誰でも成長しています。いろいろな困難に直面したなら、自分で解決しなければなりません。ひとたび仕事に慣れて、新鮮味を失ってしまうな

ら、若者たちは、たいてい興味を失ってしまい、忍耐力が欠けているので不満を漏らします。特に、非常に忙しく働いているにもかかわらず、あまり達成感が感じられない部署であれば、なおのこと、その状況に甘んじていてはなりません。周りを見るならば、同期入社した社員の中には、数多くの記事を書いて部門のホープになったり、ある重要なプロジェクトの責任者になったり、さらには重要な仕事を任されて海外研修に行く人もいます。ただ職種が違うというだけで、その後の境遇が雲泥の差になるという現実に、不公平さを感じるかもしれません。

　中途半端に仕事を投げ出して、ほかの場所に居場所を見出そうとする若者のほとんどが、同様に自分の境遇について不満や不公平さを感じているにちがいありません。私にも気持ちが落ち着かない時がありました。しかし、問題を別の角度から見るべきです。職種によって、体験できることはそれぞれ違いますし、得られる成果や報いも異なります。仕事を選んだ時点で、このことをわきまえているべきです。さらに、『人民中国』は、長い歴史や独特な地位を有しているだけでなく、職場の良い雰囲気や心地よい人間関係そして若手育成に対する上司の熱意など、優れた環境に恵まれているからこそ私はここで働き続けています。

　もし、一旦決定したのなら、あきらめず最後までやりぬくべきです。事務室で4年間鍛えられた後、政府直属の団体である「中国青年ボランティア支教団」に応募しました。もし、人生でいつかの転機が訪れるとするならば、支教団への参加は、私にとって重要な転換点となりました。教育ボランティアとして働いた1年間で、私にとっての最大の収穫は、自信と落ち着きを手にしたことでした。それは自分の仕事に対する自信や困難に対処する上で必要な落ち着きのことです。1年間のボランティアを終えた後、私は新たな挑戦を迎えました。人事異動で経理部門への異動が命じられ、未知の分野で新たな道を歩み始めています。新入社員だった8年前の私と今はもはや違います。この8年間を通じて、仕事に精通し、業務を学び、能力や仕事の水準を向上させることができました。これは、まさに8年間で積み重ねた経験と社

内教育のおかげです。

　現在、『人民中国』は企業化改革の圧力がかかっており、市場競争という試練に直面しています。これに対処するには、社会人になったばかりの若者のように、学習や変化が日々求められ、さらに勇気を持って試練に立ち向かわなければなりません。私たち若い社員の命運と『人民中国』の命運は、緊密に結びついており、これからも苦楽を共にしながら見聞を広め、新たな境地を切り開いていきたいと思います。

プロフィール

　程剛　1981年10月生まれ。2005年、中国青年政治学院経済学部を卒業。同年『人民中国』に入社。事務員、経理マネージャー補佐を担当。09年、河北省西柏坡の教育ボランティアとして「中国青年ボランティア支教団」の隊長や共產主義青年団支部書記を務めた。10年、『人民中国』に戻り、経理業務に従事。12年から総務課副主任を担当。

作者挂职锻炼期间在农村调研。
支教団への参加期間中に、農村で研究・調査を行っている筆者

成长的路上有你,《人民中国》

段非平

转眼间,我来社已经7年,回想刚入社时的样子,自觉成长了不少。一个人的成长,仅仅依靠自己的努力是不够的,还需要很多其他因素,比如良好的发展平台、前辈和同事的帮助等。这些,《人民中国》都提供给了我。是《人民中国》加快了我成长的步伐。

为青年人提供成长快车道

在人才强社的战略下,人民中国杂志社的领导一直十分注重对年轻人的培养,并为年轻人的快速成长创造条件,提供各种平台和机遇,赴日研修就是其中之一。

来《人民中国》刚刚一年,我就有幸被派往日本进行为期1个月的研修。虽然我的专业是日语,但此前从未去过日本。因此,研修对于我来说,无疑是一个难得的好机会,可以近距离地感受、体验、了解读者所在的国家。

如果没有真正踏上日本的土地,我对日本的了解还仅停留在书本上,是赴日研修让我对日本文化、日本社会有了更深入的理解和认识;如果没有参观东方、内山等书店,我不会知道原来日本介绍中国的书刊如此丰富,我们的竞争压力如此之大,内容没有特色的话,就只能被淹没在同类杂志的汪洋之中;如果不是面对面地与日本读者、业内同行交流,我也无法直接了解他们对杂志的意见和建议,并拓宽自己的社交面,与致力于中日友好的人士建立联系,积累人脉。

2012年，我又一次被派往东京支局研修。与之前的体验式研修不同，此次是工作式研修，即作为一名支局工作人员，参与支局的各项工作。这次研修，我的收获更大，真正体验了采编译合一的工作模式，在业务能力上得到了锻炼。

亦师亦友的日本专家

除了社领导为我们提供的良好平台，前辈、日籍专家们也在日常的工作中给了我很大的帮助。让我最为感动的是接触最多的井上俊彦老师。

井上老师平时的工作很忙，不仅有大量翻译的工作，还要负责网络专栏的采写。但即便如此，为了能帮助我们日文编辑提高日文水平，他还是做了很多额外的工作。

我的日文听说能力一直很弱。为了帮我提高，井上先生利用个人的休息时间，在家录制了音频文件，让我听写。他还让我就某个话题用日文阐述2分钟，然后逐句修改，并告诉我同样的话怎样表述更符合日本人的习惯。在词汇积累上也是如此，当我们就某一问题或某一词汇的用法请教井上先生时，他不仅当场为我们解答，第二天还会把与此词相关的用法整理出来发给我们。

井上先生为我们做的一切都很令人感动，让我觉得他并不是仅仅把我当同事去看待，而是把我当个朋友去帮助。而我也在心中，把他视为尊敬的老师和朋友。

成长为一名优秀对外传播工作者的路还很长，路途中也肯定会有很多困难，但是我不会畏惧，因为成长的路上有你，《人民中国》。

作者简介

段非平　1983年4月出生，2005年6月入社，现就职于网络中心，任网络编辑一职。

成長の道にはあなたがそばにいる

段非平

　人民中国雑誌社に入ってすでに7年目になりました。会社に入ったばかりの頃の自分を振り返ると、今の私はずいぶん成長したと思います。人が成長するためには、自分の努力のほかにさまざまな要素が必要です。例えばよい環境、先輩や同僚たちの指導やサポートなどです。こうしたものは、すべて『人民中国』が私に提供してくれました。『人民中国』の皆さんと一緒に仕事することで、私は成長の歩みを速めることができたと思います。

若者により良い成長環境

　「人材強社（人材で会社を発展させる）」という戦略のもと、人民中国雑誌社のリーダーたちは一貫して若いスタッフの育成を重視しています。若いスタッフがより良く、より早く成長できるよう、たくさんのプラットホームやチャンスを提供しています。東京支局での研修もその1つです。

　『人民中国』に入って1年後、幸運なことに私は日本に派遣され、1カ月間の研修を受けることができました。大学では日本語を専攻したものの、一度も日本に行ったことがなかった私にとって、この研修は、読者の皆さまのいる国を身近に感じ、体験し、理解する得がたいチャンスとなりました。

　実際に日本の土を踏まなかったら、私の日本に対する理解は教科書の知識レベルにとどまっていたことでしょう。日本で東方書店、内山書店を見学しなかったら、日本で販売されている中国関連の書籍と雑誌がどれほど豊富

なことか、私たちが直面する競争がどれほど厳しいか分からなかったでしょう。私は、『人民中国』が際立った特色を持たなければ、同類の雑誌群に埋もれるしかないことを実感しました。また、この時に日本の読者の皆さまやマスコミ同業者の方々と交流しなかったら、皆さまの雑誌に対する貴重な意見やアドバイスを直接うかがうこともなく、中日友好に携わる方々と知り合い、人間関係を広げることもできなかったはずです。

　それから5年後の2012年、私は再度東京支局に派遣されました。前回の研修は体験がメインでしたが、今回は東京支局スタッフの一員として、支局のさまざまな仕事に直接参与しました。この研修を通じて、取材・編集・翻訳を総合的に行う作業モデルを実際に体験し、自らの業務能力を向上させ、より大きな収穫を得ることができました。

私の師友

　会社から提供された良好なプラットホームのほか、先輩、日本人専門家たちも、仕事の面で直接私を助けてくれました。その中でも、特に触れたいのは同じインターネットセンターで仕事をしている日本人専門家の井上俊彦さんです。

　井上さんは、大量の翻訳のほか、インターネット・サイトのコラムも担当するなど忙しい中、私たちの日本語レベルアップのために努力してくれています。

　私は日本語のヒアリングや会話能力に弱点があるのですが、それを改善するため、井上さんは自分の時間を割き、自ら録音して書き取り教材を作ってくれました。また、会話能力を強化するため、私が与えられた話題について日本語で2分間述べ、彼が一字一句直してくれた上で、どのように表現すればもっと日本語らしいかと教えてくれるレッスンの時間を設けてくれました。ある時、単語の使い方について彼に質問したことがありましたが、その場でうまく説明してくれただけでなく、翌日その単語に関する他の使い方を整理したメモをくれました。

井上さんは、私たちのことを1人の同僚としてだけでなく、1人の友人として助けてくれます。私は心の中で、彼を尊敬する師友と見ています。

　このように、職場環境や同僚、日本人専門家の協力などに恵まれた私ですが、立派な対外宣伝スタッフになるまでの道のりはまだ長く、その途上ではたくさんの難題に直面しなければなりません。でも、私はこれらを乗り越える自信があります。なぜなら、私の成長の道にはいつも『人民中国』、あなたがそばにいるから。

プロフィール

　段非平　1983年4月生まれ、2005年6月『人民中国』に入社。現在、インターネットセンターでネット編集者として勤務。

在日本研修期间，作者访问了神奈川新闻社，与日本同行一起交流业务。
研修中に神奈川新聞社を訪ね、日本のマスコミ同業者の仕事ぶりを見学する筆者（中央）

我眼中的日本

张 虎

由于工作性质的关系，我去日本的次数并不多，但是作为我刊唯一的对象国，我深知只有真正了解了这个国家，才能更好地开展工作。因此，我利用去日本研修和出差的机会，通过网络、书籍、电视等各种途径，用自己的眼睛去认识日本，用自己的身心去感受日本。

日本的普通百姓

日本社会流传一句话："管好自己，不给社会添麻烦。"每个人都是这么一个信念，所以整个社会公民素质很高。在电车里，到处都贴着禁止接打电话的标语，同时还注明了在老、幼、病、残、孕专座要关闭手机的电源。在公共场合，人们很少接打电话，大部分人使用手机收发短信、邮件或打游戏，即使接听电话，也都是用手捂着嘴，用周围的人几乎听不到的声音讲话。在繁华的新宿、涉谷等人流量极高的地方，大家都遵守交通规则，互相礼让。

日本的街头，除了24小时店门口，几乎找不到垃圾箱，可是街上非常干净，没有人会随地吐痰、乱扔垃圾。日本的垃圾回收很严格，普通百姓都配合得非常认真，他们把家中的垃圾都分门别类地整理好，再分别放进回收的垃圾筒。

在日本，我除了感受到其国民普遍较高的素质以及生活中严格的秩序性，更让我感动的，则是发生在身边的一些小事。记得有一次在箱根的时候，我们遇到了一对日本老夫妇，当他们知道我们来自中国时，非常兴奋地

和我们聊了起来。在聊天的过程中，他们说了两句深深印在我脑海中的话，一句是"从现在开始，中日两国会亲密友好"，另一句是"中国人帮了日本人很多，教了日本人很多东西"。这些话都是普普通通的日本百姓心中所想的，不但表现了他们对中国人民友好的一面，也表明日本百姓对中日两国的友好也是非常渴望的。

职业规范和敬业精神

东京的公交车和出租车司机，多是50岁以上的老人，他们穿着笔挺的制服，戴着有徽章的大盖帽，感觉很正规，让你一看上去，就觉得这个行业很规范。

后来发生的两件小事，更是让我见识到了日本人的职业规范和敬业精神。我们在去国会的时候迷路了，正好看到路口有一个警察在值班，同事就上前去向他问路，那个警察在回答我们的过程中，眼睛一直盯着路口，头一下都没转过来。另外一件事是在我们去关西的时候，在奈良站我看到了这样一幕，因为奈良站没有设电梯，有一个妇女推着婴儿车，无法经过楼梯去电车站台，车站的工作人员立刻过来，让那名妇女抱着小孩，他拎起婴儿车把她送到电车站台。这些虽然都是一些小事，可是足以以小见大，值得我们去学习和借鉴，加强自身职业规范的培养和敬业精神的提高。

支局的同事工作很辛苦

在北京的时候，常常听说支局的同事工作很辛苦，可是那种感觉也只是在概念中的。真正和他们生活、工作在一起的时候，对这种辛苦才有了深刻的体会。他们每天都早出晚归，常常是一个地方的活动结束了，立即就要赶到另一个地方去参加活动，有时连午饭都顾不上吃。晚上回来还要整理材料，撰写稿件等，常常工作到深夜。

《人民中国》走过了60年的光辉历程，已经是联系日本人民和中国人民的纽带中不可或缺的一环，也是未来中日交流中越来越重要的一个平台。我们一定要努力让这个品牌更加发扬光大，让越来越多的日本人通过《人民中国》进

一步了解中国，了解中国的文化、历史、社会、经济等国家和社会生活的各个方面，促进中日友好。

最后，衷心祝愿《人民中国》60岁生日快乐，《人民中国》明天的事业更加辉煌灿烂！

作者简介

张虎　1982年4月出生，2005年7月毕业于中国青年政治学院经济学专业，进入人民中国杂志社工作，现任办公室副主任。

私の目から見た日本

張　虎

　担当している仕事の関係から、私が訪日する機会はあまりありませんが、日本は『人民中国』の唯一の対象国であるため、この国のことを本当によく理解しなければ、よりよい仕事ができないということはよく分かっています。そのため、研修や出張のチャンス、ネット、書籍、テレビなどさまざまな手段で、自分の目で日本を見て、自分の体と心をもって日本を感じようと心がけています。

日本の一般の人々

　「きちんと自己管理をし、他人に迷惑をかけない」とは、日本でよく言われる言葉だそうです。一人ひとりがみなその意識を持っているため、社会全体のマナーはとても高くなります。電車の中には、携帯電話通話禁止のマークが貼られており、優先席付近では携帯の電源を切るようにと書かれています。公共の場で電話をする人は少なく、ほとんどの人はショートメッセージでやりとりをしたり、ゲームをしたりしており、電話に出ても、手で口を隠しながら、周りの人の邪魔にならない小さな声で話すようにしています。にぎやかな新宿、渋谷のような人ごみの中でも、みんながちゃんと交通ルールを守って、譲り合います。
　日本の街中には、コンビニの付近以外、ごみ箱はほとんど見られませんが、道路は非常にきれいで、所かまわずに痰を吐いたりごみを投げ捨てたりする

人はいません。日本では、ごみの回収ルールはとても厳しく、一般市民も積極的にそれに協力し、自宅のごみをちゃんと分類して、まとめてからそれぞれのごみ収集所に出すようにしています。

　日本滞在中、しばしば日本国民の優れたマナーと日常生活での秩序の良さを感じましたが、身の回りの小さな出来事がより私を感動させました。箱根を訪ねた時、お年寄りの夫婦2人と出会いました。私たちが中国から来ていることを知ると、2人は親切に話しかけてくれました。「日中はこれからも友好関係を続けますよ」「日本人は中国人にいろいろ助けられましたし、たくさんのことを教えてもらいました」という言葉がとても印象深かったです。これは普通の日本国民が思っていることで、中国人への優しさだけでなく、日本国民の中日友好への切望を示した言葉でもあります。

日本人の真面目な職業意識

　東京の路線バスやタクシー運転手は、50歳以上の男性が多いようです。彼らはぱりっとした制服と着て、徽章とつばのついた帽子をかぶり、この業界が非常に規範化しているという印象を受けます。

　後に起きた2つの事件により、私は日本人の真面目な職業意識を伺い知ることになりました。私たちは国会に向かう途中で迷子になり、交差点で1人の警官が交通整理をしているのを見て、道を訪ねたのですが、彼は答える際にもずっと交差点の見張りを続けていました。もう1つは、関西を訪ねた時のことです。エスカレーターが設置されていない奈良駅で、ベビーカーを押していたため、ホームまでの階段を上ることのできない女性を見かけた駅職員が、すぐさま駆けつけてきて、その女性に赤ちゃんを抱かせて、自分はベビーカーを持ってホームまで送り届けました。どちらも小さな出来事に過ぎませんが、私にとっては大きな意味がありました。彼らから学び、手本とし、自分の職業意識を強化したいと思いました。

忙しい支局の生活

　北京にいる時から、支局の同僚の仕事は大変だとよく聞いていましたが、それは想像上のものでしかありませんでした。実際に一緒に生活したり仕事をしたりしてから、初めてその大変さを身にしみて理解しました。支局の同僚たちはほぼ毎日朝早くから夜遅くまで仕事に熱中し、1つの取材を終えたらまた1つの取材に駆けつけなければならず、昼ごはんを食べる暇すらない時もしばしばありました。夜、支局に帰っても、さらに資料を整理したり、原稿を書いたりして、深夜まで働くことも珍しくありません。

　『人民中国』は輝かしい60年を歩んできて、日本国民と中国人民をつなぐ懸け橋として、不可欠な一部となっており、今後の中日交流において、ますます重要性が高まるプラットホームでもあります。この「ブランド」力を大いに発揚し、より多くの日本国民が『人民中国』を通じて中国の文化、歴史、社会、経済など国家や社会生活の各方面をより良く理解できるように、そして中日友好がより深まるように努力したいと思います。

　最後に、心から『人民中国』の60歳の誕生日を祝い、『人民中国』がさらなる明るい未来を迎えることを祈っています。

プロフィール

　張虎　1982年4月生まれ、2005年7月中国青年政治学院経済学部を卒業。同年人民中国雑誌社に入社。10年5月から11年5月まで、山西省左権県へ出向、麻田鎮党委員会副書記を務めた。現在は人民中国雑誌社総務課副主任を担当。

2006年，在东京举办的全日本太极拳大赛会场，笔者（左一）和研修人员及东京支局同事在宣传推广《人民中国》。
2006年、東京で行われた全日本武術太極拳選手権大会の会場で、研修仲間と東京支局の同僚と共に『人民中国』誌をPRする筆者（左端）

走向全媒体的《人民中国》

陈 奔

在参加工作之前,"对外传播"对于我来说既神秘又陌生,脑海里浮现的是,一群专家天天集中在一起研究对外传播策略的画面。直到2011年6月,我进入人民中国杂志社工作,才真正对对外传播工作有了真实的认识和感受。

《人民中国》是中国对日传播的主要媒体之一。作为一本杂志,创刊已经60年的她,可谓历史漫长,在促进中日两国人民相互了解上发挥了重要的作用。随着人类社会进入21世纪,互联网技术迅速发展,《人民中国》传统的纸质版杂志,在报道的时效性和信息量上,无法同网络传播的快速和海量相比。为了将中国日新月异的发展信息更多、更快地传递给日本读者,《人民中国》成立了网络部,发展起了网络版。经过10多年的努力,如今《人民中国》的网络版除了发布每日最新消息以外,还开辟了涉及中国政治、经济、文化、旅游、中日交流等内容的栏目。在《人民中国》的网站上可以看到当前中国社会的方方面面,也能查找到想要了解的服务信息。可以说,《人民中国》的网络版与纸质版相辅相成、相得益彰,让传统的《人民中国》增添了现代的活力和崭新的功能。

我在来《人民中国》工作之前,曾在澳大利亚生活、学习了4年。身处海外,我深深地感觉到在大多数西方人脑海中,中国是既熟悉又陌生的东方巨龙,掺杂着对中国经济快速发展的认可和对政治体制的陌生与不了解,既畏惧中国的日益强大,又带有根深蒂固的偏见,这一切矛盾的认识都源于对中国的了解不够。我觉得,历史上与中国交往密切、同处东亚、文化相近的日本,也

会存在这样的问题吧？

　　自从成为《人民中国》网络部的一员后，我就开始为消除日本民众对中国的误解，增进中日两国人民相互了解，和周围的同事们一起努力。

　　让我感到欣喜的是，《人民中国》紧跟互联网技术的发展潮流，探索、开发着更多新的对日传播途径。如今，《人民中国》的网络传播涵盖了7种方式：网站、电子杂志、手机网、iPad版、Twitter、网络广播、语音项目。其中,《人民中国》Twitter的粉丝数量不断增加，许多日本读者在Twitter发表了自己对杂志的意见和评价，而且很多都是年轻读者。这无疑让读者在阅读《人民中国》时有了更多的选择，增加了日本民众了解中国的手段，也为我的锻炼成长创造了更加广阔的空间。

　　我现在参与制作的《人民中国》iPad版，就是方便日本读者在任何能连接到互联网的地方，可用iPad看到最新一期的《人民中国》杂志。此外,《人民中国》杂志开发出能够点读的语音功能；浓缩报道精华的《人民中国》电子杂志也在推广中。可以说，新技术的应用，让多年以纸质杂志为主体的《人民中国》，在迎来一个甲子之后，走向了以网络为基础，集文字、图片、音频、视频等为一体的全媒体时代。作为《人民中国》的一名员工，我为她在质上的飞跃感到自豪，同时，也深感自己的责任重大。

　　我是当前《人民中国》最新的一批员工之一，为了胜任自己的工作岗位，需要向前辈学习的地方有很多。我希望在不久的将来，能够像诸多前辈一样，成为一名合格、甚至优秀的对外传播工作者，在推动《人民中国》向前发展，帮助日本读者了解一个真实的中国，促进中日两国人民相近相亲方面做出自己的贡献。

作者简介

　　陈奔　1985年1月23日生，2011年6月加入人民中国杂志社，现在网络部工作。

マルチメディアを目指す『人民中国』

陳　奔

　この仕事に就く前、「対外報道」という業務は、私にとって神秘的であると同時になじみのないものであり、対外報道と聞いて脳裏に浮かんだのは、専門家の一団が日々、共に対外報道の戦略を練っている図だった。2011年6月、私は人民中国雑誌社に入社し、真の対外報道を理解し、経験することができた。

　『人民中国』は、中国を日本に紹介する主要なメディアの一つだ。創刊60年の歴史を誇るこの雑誌は、中日両国民間の相互理解を促進する上で重要な役割を果たしている。

　人類社会が21世紀を迎え、インターネット技術の急速な発達により、昔ながらの紙面に印刷された『人民中国』は、ニュースの適時性や情報量において、インターネットにかなわなくなった。日進月歩の発展を遂げる中国の情報をより多く、より速く日本の読者に届けるため、社内でインターネット部が設立され、『人民中国』のウェブサイトが開設された。

　10年以上の努力を経て、『人民中国』のウェブサイトでは、毎日更新されている最新情報に加えて、中国の政治、経済、文化、観光、中日交流などのトピックも掲載されるようになった。『人民中国』のウェブサイトを通じて、中国の現代社会を多面的に見ることができ、入手したい情報を検索して探し出すこともできる。『人民中国』のウェブサイトと『人民中国』誌は、互いに補い合うことによって互いの価値を引き出し合う間柄であり、『人民中国』

に現代的な活力と斬新さを増し加えている。

　『人民中国』に入社する前、私はオーストラリアに4年ほど留学していた。海外に来て、私はヨーロッパ人の大多数が、中国の名前はよく知ってはいるが、得体の知れない東方の巨大な龍というイメージを持っており、急速な経済発展を遂げていることは認めるが、中国の政治体制への親近感や理解に乏しく、中国が日に日に国力を増強していることに恐れを感じていながらも、根強い偏見も抱いていることに深く気づかされた。このような矛盾した理解はすべて、中国に対する理解不足に起因している。歴史上、中国との関係が深く、同じアジアの国で、文化もよく似た日本もきっと同じような問題に直面しているのではないだろうか？

　『人民中国』インターネット部の一員となってから、私は中国に対する日本人の誤解を解き、中日両国民の相互理解を促進するために、同僚たちと共に力を尽くしている。

　私にとってうれしかったのは、『人民中国』とインターネット技術の発達のトレンドがしっかりと結びついており、より多くの日本向けの情報伝達手段が研究され、開発されていることだ。現在、『人民中国』はウェブサイト、デジタル版、携帯サイト、iPad版、Twitter、ネットラジオ、音声版の7つの方法でインターネットを利用したニュース配信をしている。中でも、『人民中国』のTwitterのフォロワーは、1000人を突破し、多くの日本の読者がTwitterで雑誌への意見や感想を述べている。その多くは、年若い読者たちだ。これは紛れも無く、『人民中国』を読む際に読者はより多くの選択肢を持つことができ、日本人が中国を理解する手段が増加したことを物語っており、また私自身の訓練と成長にも、より大きな伸びしろを与えてくれた。

　私は今、『人民中国』のiPad版の制作に携わっている。日本の読者に、Wifiがあるところならどこでも、ネットに接続してiPadで『人民中国』の最新号を読んでいただけたらと思っている。また、点字による音声機能がついた『人民中国』も開発されている。精選されたニュースが凝縮されている『人民中国』のデジタル版も今、売り出し中だ。新たな技術の応用によって、こ

れまで長年にわたり紙誌が主体だった『人民中国』も一甲子である60年を迎えて、インターネットをベースに、記事や写真、オーディオ、動画などが一体となったマルチメディアの時代に突入した。『人民中国』の一社員として、私は『人民中国』が本質的に目覚しく発展したことに誇りを覚えている。同時に自分自身が受け持つ責任の大きさも深く感じている。

　私は、『人民中国』の最も新しい社員の一人であり、自分の部署で職務を全うするために先輩たちから学べることはまだまだ多い。近い将来に、私も多くの先輩たちのように、資格を備えかつ優秀な対外報道担当者になりたい。『人民中国』の発展を促進し、日本の読者が中国の真の姿を理解できるように助け、中日両国民間の友好関係を促進するためにこれからも貢献していきたい。

プロフィール

　陳奔　1985年1月23日生まれ。2011年6月に人民中国雑誌社に入社し、インターネット部に勤める。

作者正在编辑《人民中国》iPad版。
『人民中国』iPad版を編集している筆者

我编板报的春夏秋冬

蔡劲蓉

　　土地总是春耕秋收，人生也是春华秋实。我承担社宣传板报工作后，已经历了几个春夏秋冬，各种滋味在心头，但也收获着成长的喜悦。

　　作为办公室一名普通的工作人员，我干的是琐碎事，写的是小文章，与那些拼搏在对日传播最前沿的同事们相比，虽然工作内容不同，但为外宣事业奋斗的激情是一样的，也正是这份燃烧的激情让我总想靠近再靠近我们的外宣事业。我自从编板报后，开始了与外宣事业的亲密接触。

　　我们的板报是通过图文并茂的形式向大家展示我社最新的活动情况。只要全社有重大的外宣活动或项目，我们都会及时跟进。板报风格多变，形式多样，既有反映当前重大热点问题或项目的中日邦交正常化40周年研讨会、世博专题报道展等；还有我社自主举办的日籍本土雇员来华研修、地方外宣干部访日团等；更有响应党的重大活动的建党90周年主题展；还有每年常规的访日团、研修团的各项成果；当然也少不了展示我社职工精神风貌的元宵节猜灯谜、蓬莱长岛工会职工活动展等。

　　2011年有一期展示的是我社东京支局日籍雇员光部爱女士来北京研修，板报一展出就吸引了大家眼球。有人说，原来那几天跟我们一起做工间操的那个漂亮女孩是日籍本土雇员啊，难怪普通话有口音，我还以为是南方人呢。有人说，第一张照片就是她跟陆副局长合影，肯定有来头。也有人说，海外本土雇员来华研修，有新意，有创意，《人民中国》探索这种人才培训模式，值得借鉴。大家在观看板报的同时，不仅视觉上得到了满足，也能有些收获，有些感

悟。光部女士研修回日本后写了一篇文章《倾听北京的声音》，写得生动精彩，我们大家读了都很感动，也很受启发。

2012年是中日邦交正常化40周年，中日关系却面临着严峻的考验。7月份，由国务院新闻办公室和中国驻日本大使馆主办、中国外文局策划、人民中国杂志社和人民画报社实施的"美丽中国 美丽日本"纪念中日邦交正常化40周年图片展，在位于日本东京都内的日中友好会馆隆重开幕。我社全力以赴做好画册和图片展等各项工作，我们作为管理人员也通力配合，做好一切后勤保障服务。这样好的宣传主题，怎么能错过呢？活动一结束，我与办公室的同志们一起收集照片，寻找素材，群策群力进行构思设计，力求全面生动再现当时在日展会的盛况。这期板报较好地再现了当时的情景，也让社里无缘赴日参展的同事们，尽可能地感受现场的氛围。

我们的板报并非都是严肃的业务话题。社领导强调要营造单位的文化氛围，注重培养集体凝聚力，每年都会通过党团和工会组织大家去各地学习、采访。2012年的蓬莱长岛之行，我跟办公室的同事挑选了一些较有特色的照片做成板报展出。在挑选过程中，我们经常被各式各样的欢乐场景、生动画面逗得笑语满堂，仿佛回到了当时情景。这期的板报风格以生动为主，通过将大家形态各异的开心一刻展示出来，再配以生动的文字说明，用大家鲜明活泼的形象，来定格当时的快乐场景，营造一种浓厚的文化氛围，展示我社的和谐与团结。

板报虽小，但折射出《人民中国》在发展过程中取得的一定成就，更是我社员工辛勤劳动的剪影。如今，《人民中国》日文版已走过了60年的历程，虽说我刚陪她走了3个春夏秋冬，但我希望在今后的岁月里能够继续跟随她一同前行。

作者简介

蔡劲蓉　1980年5月出生，籍贯湖南，辽宁大学硕士，现就职于人民中国杂志社办公室管理岗位。

壁新聞で社業、活動を周知

蔡勁蓉

　土地に種をまく春があり、収穫の秋があるように、人生も花咲く春と実りの秋があります。

　私は外文局職員、社員向けの壁新聞作りを担当して、3年になり、さまざまな思いが去来しますが、壁新聞の充実を誇りに思い、喜びを感じています。

　総務系事務室の一社員として、私がしているのは細かなことで、文章を書くことがあっても短いもので、対日報道の最前線で仕事をしている同僚に比べると、当然、仕事の内容も違いますが、対外報道に奮闘する情熱では負けてはいません。対外報道事業の核心に一歩でも近づこうという気持ちでいっぱいです。壁新聞作りを通じて、対外報道事業により深く関わるようになってきました。

　壁新聞は写真と文章で社員らに人民中国雑誌社の最新の活動を知らせています。重要な活動、プロジェクトをカバーするのはもちろんですが、いち早く掲示することが求められます。壁新聞は内容もレイアウトも多種多様で、焦点の中日国交正常化40周年のシンポジウム、上海万博特集、また東京支局の日本人スタッフの研修、中国の各地方対外報道幹部の訪日団、研修団の成果も掲示しました。このほか、社内レクリエーションの元宵節のなぞなぞ遊びや労働組合の活動も知らせます。

　2011年、東京支局の日本人スタッフ光部愛さんが北京で研修した際には

壁新聞で大特集を組みました。数日間、いっしょに仕事やラジオ体操もしていた日本人女性の中国語がなまっているように聞こえ、南方の中国人かと思ったという人もいたほどでした。また壁新聞で彼女が陸彩栄外文局副局長と並んでいる写真を見て、ある社員は「きっと相当偉い人に違いない」。海外の現地スタッフが中国で研修するのは新味があり、独創的だと評価され、『人民中国』の研修方法は外文局内でモデルケースになりました。多くの人は壁新聞を視覚的に楽しむだけでなく、それなりの収穫と感想を持ったことでしょう。光部さんは研修を終えて帰国後に、「耳をすまして聴いた北京」（2011年10月号）で活き活きとした文章で報告し、われわれは大いに感動し、啓発されました。

昨年は国交正常化40周年でしたが、中日関係は深刻な試練にさらされました。7月、国務院新聞弁公室と駐日中国大使館の主催、外文局の企画、人民中国雑誌社、人民画報社の運営で「美しい中国　美しい日本」と題して40周年写真展が東京の日中友好会館で開催されました。会社は写真集制作と写真展に全力を注ぎ、われわれもマネジメントを担当し、裏方の仕事をこなしました。このようなテーマは決して逸してはいけません。イベント終了後、私は事務室の同僚と共に写真を整理し、取材し、みんなの知恵を出し合って、壁新聞でこの写真展の盛況ぶりを伝える構想を練りました。壁新聞で再現した光景を見た外文局内の同僚たちは写真展会場の盛り上がりを感じたと思います。

壁新聞は堅苦しい話題ばかり取り上げるわけではありません。社幹部の文化的な職場環境を整え、チームワークを強めるという方針に基づいて、毎年、中国共産党、共産主義青年団と労働組合の共催で各地に出かけて研修と取材を行っています。昨年は山東省の蓬莱長島ツアーに出掛け、私は同僚と協力して、壁新聞でその模様を撮影した写真を展示しました。写真選びをしている時、さまざまな楽しい情景を思い出し、活き活きとした映像を見ていると、笑い声が沸き起こりました。この時の壁新聞ではスナップ写真に写し取られた参加者のわだかまりのない気持ちがよく現れ、社員一同の融和と団結の気

分がほとばしり出たと自負しています。

　壁新聞作りには苦も楽もあります。苦しいことと言えば、材料探しと、伝える角度です。特に、私が参加していない業務活動を取り上げる場合は難しく、何度も担当した同僚や幹部に聞いて正確な情報を伝える努力をしています。一方、楽しいことと言えば、新しい壁新聞を掲示するたびに、大勢の同僚が立ち止まって見て、笑い声が聞こえ、感想を聞かせてもらうと、私は心からこの人たちが私の読者なのだと、思います。こうした読者の感想や批評に私はそっと耳を傾け、もっと素晴らしい壁新聞を作ろうと考えています。

　壁新聞作りはささやかな仕事ですが、『人民中国』が発展する過程でそれなりの役割を果たし、社員の社業に対する貢献の影絵のようなものでしょう。

　『人民中国』はこれまで60年の歴史を刻んできました。私はわずか3年の社歴しかありませんが、これからいつまでも一緒に歩み続けたいと思います。

プロフィール

　蔡勁蓉　1980年5月生まれ。本籍湖南省。遼寧大学修士。総務課で勤務。

东京支局日籍工作人员光部爱在京的研修生活。
東京支局の日本人スタッフ光部愛さんが北京での研修生活を記録した壁新聞

"美丽中国 美丽日本"纪念中日邦交正常化40周年主题图片展览暨同名画册首发仪式在东京成功举行。
中日国交正常化40周年を記念する「美しい中国　美しい日本」写真展および同名写真集の発行式が東京で成功裏に行われた。その盛況ぶりを再現した壁新聞

我与《人民中国》共成长

徐丽娜

2008年8月1日，我踏入人民中国杂志社的大门，加入到了这个温暖的大家庭里，成为事业部的一员。如果说《人民中国》是一棵枝叶茂盛的大树，那我就是枝干上长出的新芽。如今，我已和这棵大树共同经历了5年，也成长了5年。

5年里，我从最初对事业部工作的一片茫然，到初见客户时的紧张、羞涩，再到可以面对面坦然地和客户谈合作，每一步的变化都让我感到成长的力量。

记得我去参加一次日中经济论坛，一位日本朋友对我说"我每期都看《人民中国》，我认为它是中国对日本宣传最权威的媒体"时，我第一次感到一种深深的荣誉感和责任感。在当天的晚宴中，我们聊了很多，并且后来得到了他给我的第一份合同。我现在仍能清晰地记得我整个晚上心情都很难平静。我知道，我兴奋的不是成功签署合同，而是客户对《人民中国》的信赖，对我自己的认可。我想，这也是一种成长，懂得担当，懂得责任，懂得收获。

渐渐地，我喜欢上了我的工作。因为每一次的活动中，我都能接触到不同的人，他们身上都有我学习的地方。这让我每一天都在进步，每一天都在认真地体会着工作带给我的酸甜苦辣，而我也深深地感谢这些经历带给我的成长。我一直觉得是那位日本朋友给了我工作后的第一份自信，直至后来，我们成为忘年之交。每年的元旦，我都会期待他从日本给我寄来的写满祝福的贺卡，字里行间我感受到的是一位异国他乡70多岁的长者对一个年轻人的鼓励，对《人民中国》的热爱，对中日友好的期盼。而我也总是在第一时间把对他的祝福寄

送出去。直至2011年的3.11日本大地震之后，我便再也没有收到他的消息……每次看到那一张张贺卡，我心里都会有说不出的感恩。山川先生，您还好吗？祝您一切平安。

5年里，我努力追寻着自己的小梦想，也见证着《人民中国》的大梦想。

5年来，《人民中国》的成长更是有目共睹：第一次在青岛成功举办的"人民中国中日经济论坛"；网络部与事业部合作制作的第一个地方专题上线了；"美丽中国 美丽日本"图片展在东京成功举办，得到日方的赞许，《人民中国》在日本越来越有影响力了……5年来，很多新来的年轻同事结婚了，他们的宝宝也相继出生，《人民中国》这个大家庭人丁越来越兴旺。

2013年6月，在即将迎来《人民中国》60岁生日的时刻，我默默地许下自己的愿望：祝愿《人民中国》生日快乐！祝愿我能继续和《人民中国》一起快乐成长！

作者简介

　　徐丽娜　1984年3月出生，2008年8月至今，在人民中国杂志社事业部工作。

『人民中国』と共に成長

徐麗娜

　2008年8月1日、私は人民中国雑誌社という温かい大家族の一員になり、事業部に配属された。人民中国雑誌社を生い茂った木に例えるなら、私はこの木から出たばかりの新芽だった。今では、この大木と共に歩み始めてすでに5年が経過し、私も成長することができた。

　この5年間を振り返ってみると、事業部の仕事が何も分からないまま、初めて取引先に会って緊張と気後れを感じた新入りの頃から面と向かって落ち着いて取引先と商談している現在まで、私は日々経験した一つひとつの小さな進歩や変化から成長の力を実感することができた。

　初めて日中経済フォーラムに参加した時、ある日本人の友人が「『人民中国』を毎号読んでいます。『人民中国』は、中国を日本に紹介する上で最も権威あるメディアです」と語った時、私の心は、今までに感じたことのない栄誉感と責任感に満たされた。当日の晩餐会では、その友人と引き続き会話を楽しむことができ、その後、彼は私に契約書を手渡してくださった。喜びに心を躍らせたあの日の晩のことを今でもはっきりと覚えている。興奮をもたらしたのは契約の成立ではなく、顧客が表した『人民中国』への信頼感、そして彼が私に共感してくれたことだ。役割をわきまえ、責任を自覚し、自らの働きから成果を得ることなども成長の一部だと私は思っている。

　知らず知らずのうちに、私はこの仕事にのめり込んでいった。毎回の仕事を通じて、さまざまな人に出会ったが、どの人からも学ぶべきところがあっ

た。彼らから学び続けることは、私が日々進歩を遂げる上で大いに役に立った。もちろん、仕事を通じてさまざまな苦楽も味わったが、こうした経験によって成長することができたことに感謝している。

　あの日本人の友人のおかげで、私は初めて自分の仕事に自信を持つことができたと思っている。その後、私たちは世代を越えた交友関係で結ばれた。毎年正月になると、私は日本にいる彼からの祝福の言葉で満ちた年賀状を心待ちにしていた。その温かな文面からは、異国に住む70歳を越えたお年寄りからの若者への励ましや『人民中国』への愛着そして中日友好への期待がひしひしと感じられた。私も毎年新年を迎えると真っ先にお祝いと祝福を込めたメッセージを日本にいる彼に送っていた。しかし、2011年3月11日に日本で大地震が発生した後、彼からの便りは途絶えてしまった。これまでに彼が送ってくれた1枚1枚の年賀状を見て、私は言葉にならないほどの大きな感謝で胸がいっぱいになった。山川さんは元気にしているのだろうか？彼の無事と多幸をこれからもずっと祈っている。

　この5年間、私は自分の小さな夢を一所懸命に追い続けてきた。そして『人民中国』の大きな夢を見ることができた。

　この5年間における『人民中国』の成長は顕著なものだ。青島で、「人民中国中日経済フォーラム」の開催に初めて成功し、インターネット部と事業部の協力により、中国の地方を紹介するページをウェブ上に開設することができ、東京では、「美しい中国　美しい日本」写真展の開催を成功させて、日本の方々から称賛を頂けたことなど、『人民中国』は日本でも徐々に影響力を及ぼしている。この5年間で、多くの若い後輩たちが結婚して、彼らに子供ができた。『人民中国』は、次第ににぎやかな大家族になってきている。

　2013年6月、人民中国は60歳の誕生日を迎える。その時、私は心の中で「『人民中国』、お誕生日おめでとう。これからも『人民中国』と共に楽しく成長していけますように」とお祝いを述べることだろう。

プロフィール

　徐麗娜　1984年3月生まれ。2008年8月から人民中国雑誌社事業部で勤務。

山川先生送给作者的新年礼物。
山川氏が筆者に贈った新年のプレゼント

和泉女士与"我的职业"

王 焱

2009年7月,我来到人民中国杂志社工作,成为采编部里最新的一员,每期负责筛选新闻消息和书讯。

当年9月,日籍专家和泉日实子女士提交了《中国职业(私の仕事)》连载的选题。她认为,杂志上应该有一个介绍中国普通人工作情况的版块。由于是日本人,采访可能会有障碍,所以编委会决定让我这个新人去协助和泉女士。

和泉女士当时在翻译部工作,我对她并不是很熟悉。不过,我很赞同她的看法。虽然当今媒体发展迅速,纵然远在日本,打开电视或者登录网络,就可以随时了解到中国政治、经济的最新动态,但很少有渠道能让日本民众了解时下中国各行各业普通人的生活境况。传递普通中国人在职场上的精神面貌,可以更好拉近日本读者与中国民众。此外,新兴的职业本身也可以以小见大地反映出中国社会的进步和特色。

选题虽然好,但对于缺少新闻理论知识和采访实践经验的我来说,与其说是协助和泉女士,不如说是在向她学习求教。

从策划阶段开始,和泉女士就会经常找我商量。每次,她都会将最新的策划方案打印出来,交给我一份,咨询我的意见。然后,我以和泉女士的方案为基础,写成中文的策划文案,去征求采编部两位主任的意见。经过几次修改,最终由编委会通过选题。

记得有一次,和泉女士提议采访在地铁站台工作的乘车文明引导员。她上

下班要在阜成门站换乘地铁，对乘车文明引导员非常感兴趣。而且，对方已经同意接受她的采访。

对此，我曾有过疑问，每天上下班我也能看到乘车文明引导员，这么不起眼的职业，有什么值得写的？读者会感兴趣吗？和泉女士解释道，他们不是地铁站员，却举着旗帜协助乘客上下车，这是日本所没有的职业，带有中国的特色。岗位虽然平凡，却也是北京庞大的公共交通运作系统的一个组成部分。

到了采访的日子，和泉女士负责拍照，我负责提问和写稿。问题提纲是由和泉女士设计的。虽然每次根据采访对象不同会有细节的增减改动，但大体上有4个问题：

1. 这个工作是要做些什么？
2. 怎样做才能获得这份工作？
3. 有哪些区别于其他工作的特殊性？
4. 这份工作能带来怎样的收入与发展？

这看似简单的4个问题，就成了《职业》内容的基本构架。我曾对第4条有疑虑，收入属于个人隐私，是否方便采访，但和泉女士坚持要问。她说，对大多数人来说，工作的目的是为了获得收入，换取更好的生活条件。收入是了解一个行业所处经济地位的一个很好参照。把收入写进去，会让文章更加真实，便于读者了解所介绍的职业。我被说服了，此后的每期采访都要问一问该职业的收入状况，这也成为了这个栏目的一个小特色。

采访后，我很快就完成了一篇稿子。刊载于《人民中国》2010年第1期上，这是我在杂志上发表的第一篇署名报道。

就这样，和泉女士带着我一起又完成了宠物美容师、美甲师、送水工3期连载，并渐渐让我除负责文字工作之外，也尝试拍照和约访，锻炼我独立操作的能力。遗憾的是，我们合作的时间非常短暂，2010年春，和泉女士就回日本去了。从第5期起，我开始一个人做《中国职业》栏目。

和泉女士归国后，我无论是采访还是写作，都会围绕和泉女士设计的这4个问题展开。每当采访对象过多地谈起与职业无关的话题时，我就用这4个问题将谈话带回主题；每当我整理采访笔记感觉头绪繁杂，不知从何下手时，也

是从这4个问题入手构思框架。

截止到2013年4期，《中国职业（私の仕事）》栏目已经在《人民中国》上连载了36期。3年多来，日本读者看到了中国36个行业形形色色的劳动者——街头巷尾的售报人、投身农村建设的大学生村官、崭露头角的女漫画家、在日本组装发动机的中国技术工人……在写作风格上，我也进行了一些新的尝试。但不管怎样，在我心里，和泉女士不仅是《中国职业（私の仕事）》这个栏目的奠基者，更是我在《人民中国》这份职业的领路人。

作者简介

　　王焱　1982年7月出生，2008年3月取得日本东北大学国际文化学硕士学位。2009年7月进入采编部工作。现担任《中国职业》、《媒体聚焦》、《书讯》等栏目编辑。

和泉日実子さんと「私の仕事」

王　焱

　2009年7月、私は人民中国雑誌社に入社し、編集部の一員になりました。「交流＆イベント」「新刊ガイド」の編集を担当してきました。

　同年の9月、日本人専門家の和泉日実子さんは、「私の仕事」というテーマの新連載のアイデアを編集委員会に提出しました。和泉さんは、中国の一般市民がどんな仕事に就いているのかを紹介する記事は、読者にとって興味深いと考えたそうです。社内では、外国人（日本人）である和泉さんが一人で取材するならば、何かと不都合が生じるかもしれないという意見があったので、編集委員会は、新人の私に和泉さんの取材サポートをするよう割り当てました。

　当時、私は、翻訳部で働いていた和泉さんのことを、あまりよく知りませんでした。しかし、私は和泉さんの意見に賛同していました。メディアが発達している今、海の向こう側の日本にいたとしても、テレビまたはインターネットで、いつでも中国の政治や経済の最新情報を入手できます。しかし一方で、日本の一般市民が、さまざまな職業に就いている中国の一般市民の暮らしぶりを知るための情報経路は限られています。一般市民がそれぞれの職場で頑張っている姿を日本読者に伝えるなら、彼らの中国人に対する親近感がさらに増し加わり、互いの距離を縮めることができますし、また近年、中国で登場している新種のビジネスを紹介することにより、社会の小さな部分から、現代中国の発展と特色を示すこともできるでしょう。

連載記事のアイデアは良いものでしたが、報道理論について知識が浅く、取材経験も乏しかった私からすれば、和泉さんのサポートをしたというより、むしろ和泉さんから取材のノウハウを学んだといった方が正確かもしれません。

　企画段階から、和泉さんはよく相談に来てくれました。いつも最新の企画草案をプリントアウトして私に手渡し、私の意見を聞いてくれました。それから、私は和泉さんの作成した草案を基に、中国語の企画書を書いて、編集部の二人の主任に意見を求めました。そして企画書の内容に何度も調整が加えられた後に、「私の仕事」の企画書は編集委員会で承認を受けました。

　ある日、和泉さんは地下鉄駅の「乗車文明引導員（ホーム整理員）」への取材を提案しました。通勤の際に、和泉さんはいつも阜成門駅で乗り換えるので、駅で働いている「乗車文明引導員」に強い興味を持っていたそうです。そして、インタビュー対象者からも取材の許可をもらえました。

　しかし、私はこのテーマに違和感を覚えました。地味で見た目がぱっとしない「乗車文明引導員」をわざわざ取り上げる値うちがありますか？　読者はこの仕事に興味がありますか？　しかし和泉さんは、地下鉄の駅員ではない「乗車文明引導員」が、小旗を振りながら、乗客の乗り降りを助けている姿は、日本にはない中国の特色ある風景で、目立たない職種ですが、巨大的な北京の公共交通システムを支える業務であり、非常に意義があると感じていたそうです。

　取材の日になると、和泉さんが写真撮影を担当して、私が対象者をインタビューしました。インタビューの内容は、和泉さんが準備しました。インタビューの相手によって、質問を調整することがありますが、質問の内容は大体以下の4つのパートで構成されていました。

　1、この仕事では、何をしますか？
　2、どのようにして、この仕事に就くことができましたか？
　3、他の仕事にはない独特なところは何ですか？
　4、この仕事の収入や将来の発展性はいかがですか？

見たところ簡単な4つの問題ですが、これによって「私の仕事」の骨組みが完成しました。しかし、私は4つ目の質問に違和感を覚えました。収入はプライバシーですから、インタビューで質問しても良いのでしょうか。和泉さんはあくまでもこの質問の必要性を主張しました。一般の労働者にとって、働く目的は、やはり収入を得て、より良い生活を送ることです。収入状況もその職種がどのような経済的地位に置かれているかを把握するための良い参考材料になります。収入状況を明確にすれば、内容の真実性が高まり、読者はより詳しくその仕事を理解することができます。和泉さんの説明は私にとって非常に説得力のあるものでした。その後は、どの仕事のインタビューをする時でも、必ず収入状況を尋ねています。この点も「私の仕事」の一つの特色となりました。

　「乗車文明引導員」のインタビューをしてから、間もなく記事が完成して、『人民中国』2010年1月号に掲載されました。『人民中国』に私の名前が付された記事が載ったのは、これが初めてでした。

　このように、和泉さんの指導の下、私はペット美容師、ネイリストと飲料水配達員という3号分の連載を担当しました。記事を書く以外に、写真撮影やインタビュー対象者との連絡などを私に経験させて下さり、私が一人でも業務を遂行できるように育ててくれました。残念だったのは、私たちが一緒に働くことができた期間が非常に短く、この企画が始まってまだ間もない2010年春、和泉さんは日本へ帰国したことです。5月号から、私一人で「私の仕事」の連載を担当してきました。

　和泉さんが帰国した後も、私は引き続き和泉さんが準備した4つの質問を活用して、インタビューと原稿作成を行ってきました。インタビューの対象者の話が自分自身の職業から逸れていく時、私はこの4つの質問を用いて、相手の話を本題に戻します。インタビューのメモを整理していて、なかなか内容がまとまらない時は、この4つの質問を考慮しながら原稿の構想を練ります。

　『人民中国』2013年4月号で、「私の仕事」は36回目を迎えました。街角

にいる新聞販売員、農村発展に尽力する「大学卒業生の村官」、努力の末に頭角を現わした女性漫画家、日本の工場で働いている中国人技術者など、この3年余りの間に、合計36種もの職業とそれぞれの分野で活躍している労働者の状況を紹介することができました。原稿を執筆する際には、何か新しいことに挑戦するように努力しています。しかし、私が今こうして長期連載の記事を担当することができているのは、「私の仕事」の基礎を築き、当時まだ新人記者だった私に手ほどきをしてくださった和泉さんのおかげだと思っています。

プロフィール

　王焱　1982年7月北京生まれ。2008年3月仙台市の東北大学大学院で国際文化修士号を取得。今年で入社5年目を迎え、現在は「私の仕事」「media　watch」「新刊ガイド」などの記事を担当。

2013年，作者（右）回到阔别4年的仙台，就震后重建采访日本东北大学国际文化研究课的教授们。
2013年、4年ぶりに仙台へ戻り、震災後の再建について東北大学国際文化研究課の教授たちに取材している筆者（右端）

人民中国
PEOPLE'S CHINA
60th anniversary
★SINCE 1953

友好交流篇

值得信赖的中国信息源

横堀克己

第一次接触到日文版的中国杂志《人民中国》，大约是在半个世纪以前，那时我还是一名大学生。我当时是大学社团"中国研究会"的一员，通过《人民中国》，我第一次接触到了原生态的中国。

当时，中日两国邦交尚未正常化，日本政府继续实施"敌视中国政策"。隔着"竹幕"看中国，那是谜一样的国度。可靠的信息很少，我们的中国研究要在摸索中进行。

在此期间，《人民中国》通过讲述中国老百姓的故事、刊登生动的照片，甚至是中国人看的小说，介绍了正在进行社会主义建设的中国。

那时的中国非常贫穷。文章主人公的服装都很朴素，食物也很匮乏。然而，从人们的表情中可以读出投身建设新中国的热情和决心。

"中国研究会"的成员们，对和日本同处于发展中的邻邦——中国没有往来，感到很不可思议，认为应尽快恢复邦交。我们不仅在大学中巡讲，也去各个地区和职场，让那里的人们了解中国的实情，呼吁恢复邦交的必要性。每次出行，总是不忘带上《人民中国》。

大学毕业以后，我成为了一名报社记者，被派遣到香港大学留学。留学期间，中日两国恢复了邦交。我学生时代的梦想实现了。

之后，我曾两度任职北京特派员，总共10年时间，我作为评论员谈论中国问题。那时，中国开始实施改革开放政策，从中国获取的信息量迅速增加，与过去不可同日而语。

然而，虽然信息在数量上有所增加，质量却良莠不齐。作为特派员，在北京生活的7年里，我不敢想象能够完整地传递真实的中国。因为，身为一名外国记者的生活、采访等活动常常受到制约。在这种情况下，《人民中国》给了我报道的线索。

2001年，我从报社退休了，但还想进一步加深对中国的了解。机缘巧合，我成为了《人民中国》的外国专家，开始在北京生活。在担任特派员期间，我是从"外部"看中国，而这一次我是在中国报道机构的"体制内"看中国。

我的主要工作是对中国年轻记者的报道进行翻译、修改中国翻译的底稿、策划选题，偶尔也会自己采访，撰写文章。让我无法忘记的是，中日邦交正常化30周年的2002年，第9期《人民中国》上刊登了《这一夜，开创了新的历史——再现毛泽东与田中角荣的会谈》这样一篇报道。

最终确定中日邦交正常化是在1972年9月27日晚，在中南海毛主席的书房中，毛泽东主席和田中角荣首相举行了会谈。除二人以外，参加会谈的还有周恩来总理、外交部部长姬鹏飞、中日友好协会会长廖承志、日本外相大平正芳、官房长官二阶堂进，以及中方翻译人员林丽韫、王效贤、唐闻生3位女士。新华社记者、摄影师也一同出席。

日方外务省的翻译人员和记录人员都没有出席此次会谈。因此，日本没有关于此次会谈的官方记录。会谈的内容也只是二阶堂长官在会谈结束后，对随行记者团所做的简要说明。日本媒体以此为依据，报道了此次会谈的内容。

然而，这并非是准确的。真实的谈判是怎样的？可惜参加会谈的要人都已经去世了。我向中方的两名翻译人员发出了采访邀请。

如果我还是一名外国报社记者的话，可能会被拒绝，但身为《人民中国》的专家，应该可以说是圈内人了。于是，林丽韫和王效贤两位女士都愉快地接受了我的采访。

采访结束后，我发现真实的会谈内容同当时日本媒体所报道的差别很大。《人民中国》的这篇报道后来被很多研究中国的书籍所引用，这令我喜出望外。

2010年，我回国以后，继续担任《人民中国》的编辑顾问，参与《人民中国》杂志的制作。虽然不能确保每期杂志都是让人满意的，但是《人民中国》的许多报道是日本媒体没有刊登过的。这些报道的内容不是来自主观推测或无法确认，而是负责任的、值得信赖的信息。当下的日本，有关中国的不实消息泛滥，因此，《人民中国》不失其存在的意义。

作者简介

横堀克己　71岁，出生于东京，毕业于东京大学。曾在朝日新闻社工作，后任《人民中国》外国专家，获中国国家友谊奖。现任日中未来会的共同代表，并任《人民中国》编辑顾问。

信頼できる中国情報の発信源

横堀　克己

　日本語で書かれた中国の雑誌である『人民中国』と初めて出合ったのは、かれこれ半世紀前、大学生のころであった。大学のサークルの一つ、「中国研究会」に所属していた私は、『人民中国』を通じて、中国からもたらされる「生」の中国事情に初めて触れた。

　当時、日中間には国交はなく、時の日本政府は「中国敵視政策」を続けていた。中国は「竹のカーテン」の向こうにあって、謎めいた国であった。信頼できる情報は少なく、中国研究は手探り状態で進めなければならなかった。

　そんな中、『人民中国』は、社会主義建設に邁進する中国の姿を伝えてきた。それも、実際に中国で生きている人々のストーリーを通じ、また、生き生きとした写真を通じ、さらには中国の人々が読んでいる小説を通じて……。

　当時の中国はまだ非常に貧しかった。登場する人々の服装も粗末で、食べ物も乏しい様子が伝わってきた。しかし、人々の表情からは、新しい国づくりに打ち込む熱意と決意が読み取れた。

　私たち「中国研究会」のメンバーは、発展する隣国である中国と国交がないのはおかしい、速やかに国交回復すべきだと、大学の中だけでなく、地域や職場に出かけて、中国の実情を知らせ、国交回復の必要性を訴えた。その時にいつも持って行ったのが『人民中国』である。

　大学卒業後、私は新聞記者になった。派遣されて香港大学に留学中に、日

本と中国は国交を正常化した。学生時代以来の夢がかなった。

　その後、2度にわたって北京の特派員を務め、通算10年間、論説委員として中国問題を論じた。そのころには、中国は改革開放政策に転じ、中国から情報量は、以前とは比べ物にならないほど増えた。

　しかし、量は増えても質は十分ではなかった。特派員として北京に滞在した7年間、十分に中国の真の姿を伝え切ることができたとはとても思えない。それは外国人記者だったために警戒され、移動や居住も自由でなかったという制約があったことにもよるだろう。そうした状況下で、『人民中国』は取材の手がかりを与えてくれた。

　2001年、私は新聞社を定年退職した。「もう少し深く、中国を知りたい」と思った。縁あって、『人民中国』の外国人専門家として北京で暮らすことになった。特派員時代はいわば「外側」から中国を見てきたが、今度は中国の報道機関の中で「内側」から中国を見ることになった。

　中国の若い記者たちが書いてくる記事の翻訳や点検、企画に加え、たまには自分で取材、執筆することもあった。忘れられないのは、日中国交正常化30周年記念の2002年9月号の『人民中国』に「その夜、新たな歴史がひらかれた　毛—田中会談を再現する」との記事が書けたことである。

　日中国交正常化が最終的に確定したのは、1972年9月27日の夜、中南海の毛沢東主席の書斎で行われた毛主席と田中角栄首相との会談である。二人のほか会談に参加したのは、中国側は周恩来総理、姫鵬飛外相、廖承志中日友好協会会長、日本側は大平正芳外相、二階堂進官房長官だった。それに中国側通訳である林麗韞女史、王效賢女史の二人、中国外交部の通訳の唐聞生女史、新華社の記者、カメラマンが同席していた。

　日本側は外務省の通訳も記録員もこの会談に同席していていない。従って日本にはこの会談の公式記録はない。会談の中身は、終了後、二階堂長官から随行記者団にブリーフィングされただけで、これをもとに日本のメディアはこの会談内容を報じた。

　しかしこれは正確とは思えなかった。本当はどういうやりとりがあっ

か。だが会談に参加したすべての要人はすでに亡くなっている。私は中国側の通訳の二人に取材を申し込んだ。

外国人新聞記者の身分だったらおそらく断られただろう。しかし『人民中国』の専門家という、いわば内輪の人間だったからだろう。林麗韞女史も王效賢女史も快く取材に応じてくれた。

その結果明らかになった会談の中身は、当時、日本のメディアが伝えたものとはずいぶん異なっていた。その『人民中国』の記事が、中国に関する研究書にも引用され、多少ともお役に立ったのは望外の喜びである。

2010年に帰国した後も、私は引き続き『人民中国』の編集顧問として『人民中国』の誌面づくりにかかわっている。毎号、必ずしも満足できる誌面ができているわけではないが、『人民中国』には、日本のメディアには載っていない情報がかなり多く載っている。それは、推測や未確認のものではなく、責任のある、信頼できる情報である。いい加減な中国情報が氾濫する中で、『人民中国』の存在意義は依然、失われていない。

プロフィール

　横堀克己　1942年東京生まれ。東京大学卒、朝日新聞社勤務を経て『人民中国』の外国人専門家。今は『人民中国』編集顧問。中国国家友誼賞受賞。日中未来の会共同代表。

2010年7月,中国外文局局长周明伟(右二)向横堀克己先生(左二)颁发"人民中国杂志社高级顾问"聘书。
2010年7月、周明偉中国外文局局長（右から2人目）から「人民中国雑誌社高級顧問」の招聘状を授与された筆者（左から2人目）

寄望于唯一的官方日文杂志

岛影均

3年前,我作为"外国专家"受聘来到中国外文局下属的人民中国杂志社工作。整个外文局共拥有13个语种的74名"专家",其中日本人11名,《人民中国》现有6名在册。

在《人民中国》,中国记者负责采访和撰写中文稿件,再由日语专业的本科生或研究生进行翻译。"专家"除了修改这些日语译文外,也会直接翻译中文稿。

然后进入编辑阶段,首先是提炼标题。笔者在北海道新闻社工作了近40年,其中5年时间就职于整理部。当时的主要工作是判断稿件价值、提炼标题、设计版式这三项,从未想到这段经历会在北京派上用场。

"专家"有时也会前往中国各地采访,用日文直接写稿。2011年4月,我与外文局其他"外国专家"一同走访了2008年发生大地震的四川省汶川地区。而此前不久,日本刚刚遭遇了东日本大地震,所以汶川之行给我留下了深刻印象。担任北海道新闻评论员期间,我曾去过刚刚经历了阪神淡路大地震的神户,这次是我第二次前往地震灾区采访,又一次感受到了大自然强大的破坏力和人类力量的微弱。

话说回来,笔者最早接触《人民中国》是在1965年考入东京外国语大学汉语专业后不久。其实,我是抱着极其功利的动机选择学习汉语的,心想"只要会英语和汉语,就不至于没饭吃",对于现代中国完全是一无所知。当时,《人民中国》的纸质很差,照片也几乎都是黑白的,却非常适合"入门级"了解中

国。不管怎么说，超低的定价还是充满吸引力的。

之后，我又断断续续地订阅过《人民中国》，大约4年前，在札幌与王众一总编的重逢促成了我走上现在的"专家"岗位。1988年至1992年间，我作为《北海道新闻》特派员常驻北京时曾与王总编打过多次交道。当时，《北海道新闻》连载报道并最终整理出版了《虾夷锦的舶来之路》，我在采访的过程中也得到了《人民中国》的帮助。

言归正传，与其说是"专家"，莫如说自己是一名回国后仍然继续阅读《人民中国》的读者，从我的角度来看，即便日中关系的政治背景今后还会迎来各种变数，用日语向日本读者展示"中国全貌"的职责重要性是不会改变的。

日中关系全然不是"一衣带水"的关系。"同文同种"的观点更是无知。笔者的一贯主张是：日中是比邻而居的"异邦"，首要问题是重新认识各种文化、传统、语言、习惯、礼仪等各方面的"差异"。从这个意义而言，作为中国唯一的官方日文杂志，《人民中国》用日语向日本人介绍"中国全貌"的重要性将会与日俱增。《人民中国》或许也将跳出纸质杂志的局限，通过网络等渠道不断向日本传递讯息。刊载的文章必须是绝非机械翻译可以完成的"华丽日语译文"。

最后，我想缅怀一位老友——已故的金田直次郎先生（2012年2月4日去世，享年60岁）。他既是我在《人民中国》的"专家"同事，也是与我有着20多年交情的朋友。他在离开北京的前一天，曾在病床上喃喃自语："真想亲眼见证《人民中国》创刊60周年啊。"

作者简介

岛影均　1946年生于北海道旭川市。1971年从东京外国语大学毕业后，进入北海道新闻社。从1989年开始担任驻北京记者，历时3年半。2010年退休后，担任《人民中国》杂志社的日本专家。

唯一の公的な日本語雑誌に期待

島影　均

　中国外文局傘下の人民中国雑誌社「外国専家」として招聘され、勤務してほぼ３年になります。「専家」は外文局全体で13言語74人、このうち日本人は11人で、『人民中国』には現在6人在籍しています。

　『人民中国』では中国人記者が取材し、執筆した中国語原稿を大学や大学院で日本語を専攻した翻訳部員が翻訳します。「専家」はその日本語訳のチェックするほか、直接、中国語原稿を翻訳します。

　次に編集の段階では、まず見出しです。筆者は40年近く、北海道新聞社に勤務し、そのうち5年間は整理部に所属しました。原稿のバリュー判断、見出し作り、レイアウトの３点セットが主な仕事でしたが、その経験が北京で役に立つとは思っても見ませんでした。

　「専家」は中国各地を取材し、日本語で原稿を執筆することもあります。2011年４月には、2008年に大地震に見舞われた四川省・汶川地区を外文局の他の「外国専家」とともに訪問しました。その少し前に、東日本大震災が起きたばかりで、印象は強烈でした。地震被災地の取材は北海道新聞論説委員時代に阪神淡路大震災直後の神戸を訪ねて以来の経験でしたが、大自然の破壊力と人為の虚しさを改めて思い知らされました。

　ところで、筆者が『人民中国』と出合ったのは1965年に東京外国語大学中国語科に入学した直後でした。「英語と中国語ができれば食いっぱぐれはないだろう」という極めて打算的な動機で中国語を専攻することにしました

が、現代中国は知らないことだらけでした。当時の『人民中国』は紙質が悪く、白黒写真がほとんどでしたが、「中国入門」にはぴったりでした。何と言っても驚くほどの安さが魅力でした。

その後、断続的に定期購読していましたが、4年ほど前、札幌で王衆一編集長と再会したことが縁で、いま「専家」を務めています。王編集長とは北海道新聞の特派員として北京に駐在していた1988年から1992年にかけて、時々お会いしていました。また当時、北海道新聞が連載し、1冊の本にまとめて出版した『蝦夷錦の来た道』関連の取材でも、『人民中国』にお世話になりました。

さて、「専家」というより、帰国後も読者の一人として『人民中国』を読み続ける立場から言えば、日中関係の政治的な背景はこれからも有為転変を繰り返すとしても、「トータルの中国」を日本語で日本の読者の伝える役割の重要性は不変だと思います。

日中関係は「一衣帯水」では全くありません。まして「同文同種」というのは無知に等しい。日中は隣り合う「外国」同士であり、それぞれの文化・伝統・言語・習慣・マナーはじめあらゆる点で「異種」だということを再認識することが先決だというのが筆者の持論です。そうした意味で、中国唯一の公的な日本語雑誌である『人民中国』が「トータルの中国」を日本語で日本人に伝える重要性は、これからますます増してくると思います。『人民中国』は紙の雑誌にとどまらず、ネットでも日本に向けて発信し続けていくでしょう。その記事は機械翻訳では決してできない「華麗な日本語訳」でなければなりません。

最後に、『人民中国』の「専家」の同僚でもあり、20数年の友人でもあった故金田直次郎さん（2012年2月4日逝去、享年60）が、北京を去る前日の病床で「人民中国60周年を見届けたかった」と、つぶやいたひと言をここに留めておきたいと思います。

プロフィール

　島影均　1946年北海道旭川市生まれ。71年、東京外国語大学卒業後、北海道新聞社に入社。89年から3年半、北京駐在記者。2010年退社後、『人民中国』の日本人専門家として北京で勤務。

2011年春，为采写汶川地震3周年纪念特辑，作者来到四川省白鹿镇。图中是在地震中幸免于难的白鹿中学。校舍前是一排雕塑，述说着"那一天的恐怖"。

四川汶川大地震3周年で取材した奇跡的に倒壊を免れた中学校。校舎前に設置されている「あの日の恐怖」を物語る彫像群（四川・白鹿、2011年春）

促进相互了解的启示

井上俊彦

时光飞逝，我来北京已经整整3年了。身为一名长年在日本杂志界工作的人员，在中国同中日两国的工作人员一起共同制作日文媒体，是件非常新鲜的事，这其中也包括中日文化差异所带来的冲击。从采访、编辑到校对，制作杂志的流程同我在日本所熟悉的流程有很大区别，甚至有很多看起来不太合理的地方。说实话，有时我也会有这样的感慨："这样做，竟然可以完成杂志！"虽然一般情况下，我会尽可能地用中国人的思维方式去理解，但决定在中国长期工作之后，立即发生了一些个人方面的文化摩擦。

一开始尽管有些不习惯，但我会在心里告诫自己："在中国就是这样的"，尽可能地全盘接受，可还是不免造成一些心理压力。对比在日本的工作经验，就算是大声嚷着："这样做，难道不是错的吗？"，也还是得不到同事们的理解。于是，我就把自己的想法一点点地体现在每次的工作中，以此获得了大家的认同，精神也终于得到了放松。

令我感到不可思议的是，现在我竟然将一些中国式的优点吸收到了自己的工作中。我想那些曾经在中国工作过的人一定能够有相同的体会。当我意识到步入50岁以后，在从事了25年之久的工作中仍然能有新发现，仍然能够学到新东西后，无论日常工作还是在北京的生活都变得更加快乐了。

下班后，我会和中国同事一起到处寻找美食、去各处游玩。而且，通过采访，我结识了其他媒体和其他地方的记者朋友。通过微博，我又和不同职业和不同年龄段的人建立了友谊。我渐渐理解了他们的想法和关心的话题。通过了

解身边的人、事和社会动态，我能够读懂新闻了，也更有自信地在翻译和编辑过程中选择合适的词汇了。

通过这些经验的积累，从来到北京后的第二年开始，我逐渐培养自己在中国电影鉴赏方面的兴趣，在《人民中国》网站上开辟了以电影为媒介，感受当代中国的专栏《在北京观看最新电影》。并且当这个目标实现后，我对鉴赏中国电影这件事更加认真投入，兴趣也越来越浓厚。

都说想要从事国际性的工作，相互了解是非常重要的。从以往的经验中，我总结出：首先要学会凝神倾听，然后通过语言和行动让对方了解自己。而且我觉得不应把自己所谓的正确，即"真相只有一个"强加给对方，也应倾听对方的"真相"，做事要肯花时间。如果能保持这样的姿态，各种工作就会开展得更顺利。我觉得《人民中国》就是一本充满启发性智慧，教人如何促进相互了解的综合杂志。例如，同样是经济报道，如果把日本报刊的文章和本刊的文章进行对比的话，一定会有新的发现。希望各位读者今后能继续阅读《人民中国》。

作者简介

井上俊彦　1956年生于日本北海道。1975年毕业于法政大学社会学部社会学专业。曾就职于电视信息杂志，后从事自由职业。上世纪90年代前期开始对中文电影和亚文化产生浓厚兴趣，2009年来中国居住。2010年开始担任人民中国杂志社日本专家。

相互理解を促進するヒント

井上　俊彦

　早いもので、北京に来てから丸3年になりますが、長年日本の雑誌業界で仕事をしてきた者として、中国で、中日両国のスタッフとともに、日本語のメディアを作るという作業は、非常に新鮮でした。いや、カルチャー・ショックでさえありました。取材から編集、校閲まで、雑誌作りの進め方が日本で慣れ親しんだものとはかなり違い、不合理に見えることも多かったのです。正直、「これでよく雑誌が完成するもんだ」と感じる部分さえありました。一般的なことがらについては、それなりの中国理解を持っていたつもりでしたが、中国で仕事をすることになるといきなり個人的文化摩擦が生じてしまったのです。

　当初は、違和感を抱えながらも「中国ではこうなんだ」と、全面的に受け入れようとしましたが、どうしてもストレスがたまります。日本での経験に照らして「これは違うんじゃないですか」と声高に叫んでみても、なかなか仕事仲間を納得させることはできませんでした。そこで、一つひとつの仕事に少しずつ自分のやり方を反映させ、それを通じて理解してもらうようにしたところ、ようやく精神的にも落ち着けるようになりました。

　そうすると不思議なもので、今度は中国式の良い点を自分の仕事に取り入れられるようになりました。中国で仕事の経験がある方にはきっとご理解いただけると思います。50代になって、四半世紀もやってきた仕事にまだまだ発見があり、勉強ができるんだということに気づくと、日常の仕事も北京

での生活もより楽しめるようになりました。

こうして、仕事を離れても中国人スタッフと一緒に食べ歩きをしたり、遊びに行ったりするようになりました。また取材を通じて、他のメディアや他の地域の記者との親交ができ、さらには微博（中国版ツイッター）を通じて職場や世代を超えた知り合いができるようになりました。彼らの考え方や関心のある話題も理解できるようになり、目の前の人、目の前の事物から社会の動きを感じ、それをもとにニュースを読み解けるようになると、翻訳や編集でも適切な言葉を選択する自信が出てきました。

こうした経験を下敷きに、北京に来た翌年からは中国映画鑑賞という趣味を発展させ、映画を媒介にして中国の現在を感じようというコラム、『最新映画を北京で見る』を人民中国インターネットに連載するようになりました。そして、コラムを書くという目標ができると、今度は趣味の中国映画鑑賞もより真剣になり、興味深さも増したのです。

国際間で仕事をするには「相互理解」が大切だと言われますが、経験を通じて、それにはまずよく目を凝らし耳を傾けること、言葉と行動によって相手に自分を理解してもらうことだと感じるようになりました。「真実は一つ」と自分の正しさを押し付けるだけではなく、相手の「真実」にも耳を傾け、時間をかけて物事を進める姿勢を持てば、いろいろなことがもっとスムーズに行くのでは、というのが今私が感じていることです。『人民中国』は、そうした相互理解を促進するヒントが詰まった総合誌です。例えば同じ経済関係の記事でも、日本の新聞・雑誌の報道と本誌の記事を読み比べていただけば、きっと新たな発見があるはずです。ぜひ、今後ともご愛読ください。

プロフィール

井上俊彦　1956年北海道生まれ、75年法政大学社会学部社会学科卒業。テレビ情報誌勤務を経てフリーライターに。90年代前半から中国語圏の映画やサブカルチャーへの関心を強め、2009年より中国在住。10年より人民中国雑誌社の日本人専門家。

作者日常工作主要是对稿件进行翻译或润色。
日常的な業務としてはデスクでのパソコンを使っての翻訳や原稿チェックが多い

《人民中国》，我对北京的思念

泉京鹿

3年前，在北京生活了16年的我回到日本，16年和《人民中国》创刊60年相比还不到其三分之一，但我时常会花时间回顾这段不算短暂的岁月。那些留学、在广告代理公司工作、做杂志采编统筹、撰稿人以及接触了文艺翻译工作之后开始翻译中国文学的日子……

我第一次踏上北京的土地是在1991年。此后每年都会来北京，从1994年开始常住，刚好见证了1992年邓小平南巡讲话之后，改革开放、经济高速增长，以及直到现在的中国发展的巨变。当时高层建筑还很少，现在全部修建了立交桥的三环路和四环路也只不过是比较宽的马路，印象中天高云淡，到处都有好景致。然而，一拐入后街，看到的全是尚未铺上柏油的土路，胡同里清一色的灰色建筑，但有很多绿色，喧嚣声中充满了生活气息。我觉得那时的街道很可爱、空气很清新，而我自己能在北京生活本身也是幸福的。宛如陷入了对北京的爱恋中，久久不愿离去。

时光匆匆走过了16年，2010年夏天我决定离开北京的时候，身份是《人民中国》的专家。包括北京举办奥运会的2008年在内，我在《人民中国》翻译部工作了4年时间，从事翻译、校对和文章改写等，也和中国员工一起采写过文章。

到《人民中国》工作之前，我翻译的首部作品虽是纪实文学类，但主要的是中国当代的小说。因此，我一度觉得翻译工作基本上是一个人的事，我曾连续4年左右过着近乎自我封闭式的生活，有时会忽然发现，已经好几天没与人

打交道了。在出版了5本翻译作品之后，我开始了在《人民中国》的翻译工作，那时手里还有几本准备在日本出版的作品等待翻译。

对于当时的我来说，《人民中国》的翻译工作让我大开眼界。不仅因为其包含了政治、经济、文化、风俗、少数民族等丰富多彩的内容，而且我在整个翻译流程中学到了很多东西。

比如，对于日本人而言，作为职业和工作的翻译，通常是将外语翻译成母语，也就是日语，但在中国也有不少人从事着与之相反的将作为母语的汉语翻译成外语的工作。实际上，我自己在刚刚开始翻译工作的时候，也没有专业的学习经历，完全是出于"母语的语言能力和热情"才步入这个行业的。和要求当场作出判断的口译不同，笔译时，汉语能力不足的部分，可以通过查字典、查资料、请教他人来确认弥补。想要尽可能将中文原汁原味地翻译成日语，需要具备相当高的母语水平。从完成度来看，译成外语无疑比译成母语难度更高。在我看来，《人民中国》的员工就是每天在挑战难度极高的"将母语翻译成外语的工作"。

当然，有时候翻出来的日语会出现日本人读起来不太自然或者不够流畅的问题。这时，进行润色就是我们日本专家的工作。在中国员工中，既有在日中两国邦交正常化之前学习过日语的老前辈，也有刚刚从大学日语专业毕业的年轻人。虽然他们经验不同，但我很敬佩他们日复一日地在坚持。那其中有不能简单用水平高低或质量优劣来衡量的乐趣。我感觉在这里，自己实现了作为翻译的自我完善。不管怎么说，这不是孤军奋战，而是让我体验到了团结协作的翻译的乐趣。

我在《人民中国》的4年间，学到的东西还远远不止这些。在工作的第4年，我和在东京做职员的男友结婚了。因为我不想离开北京，所以结婚之前我们约定好要过两地分居的生活。但因为此后的怀孕、生产，我最终还是回到了东京。不过，我在北京一直坚持到怀孕7个月，在离开北京前的1个月我还在《人民中国》工作。在人民中国杂志社里，在我之前，比我年轻的员工接连怀孕、生产。我觉得围绕在她们周围的气氛是那么温暖、令人欣慰，所以当自己也意外地和她们站在同一个行列的时候，我有一种说不出的安心。

工作的时候，被周围的人们关心呵护着，尽管让我有一丝歉意，但还是很享受。有时候上下班的地铁里很拥挤，领导便会关照我，让我可以自由选择上下班时间或者在家工作，减少身体的负担。由此给他们造成的工作压力让我感到很愧疚，但也幸亏处于这样的环境中，让身为高龄产妇的我能够平安地度过这段孕期时光。

我在《人民中国》印象最深的报道，是我从策划阶段就参与，和年轻人一起完成的2010年第2期的特辑《现在中国读什么》。当时在日本，对于中国人读什么书，以及日本书在中国的阅读情况还远远未知。我从自身的兴趣出发策划了这期特辑，受到了读者的好评，让我非常欣慰。

此外，为在2007年12期报道《准备申遗的"中国南方喀斯特"奇观》，而游览了四川、贵州、云南的喀斯特地貌地区也让我记忆犹新。我们在没有铺柏油路的山路上，头部撞击着汽车顶棚，颠簸了几个小时后，终于到达了位于深山里的喀斯特地貌小村庄。那里的空气、绿树、流水以及村民的笑脸让我感受到了一种近乎眩晕的美。此后，该地区申遗成功，我从心底希望那里的美丽恒久不变。

还有，四川汶川发生大地震的时候。由于杂志不能像报纸和电视那样及时传递最新信息，为了制作适合月刊的特辑，大家团结一致连续几天加班到很晚，那段日子也让我难忘。虽然，当时身在四川的《人民中国》摄影记者不断地发回当地的图片，但更多的员工身处距离四川遥远的北京，每个人都拼命地想要为灾区做点什么。两个月后，我去四川采访。虽然没能进入到重灾区，但我感受到了人们为了成都的重建，在余震不断中积极努力的正能量。此后，当我经历日本3·11大地震时，也时常会想起那时的情景。（采写文章《支援灾区重建的四川省成都市的骄傲》刊登在2008年10月《人民中国》网络版）。

回首在北京的生活，我还很难忘人民中国杂志社所在的外文局大楼周边的气氛。随着经济高速发展，特别在奥运会举办前夕，北京城进行大规模的开发改造，我所贪恋的美好景色，有些渐渐失去了，令人惋惜。从白石桥穿过中关村到北京大学的马路两侧，那些为人行道和自行车道提供阴凉树荫的美丽树木，因扩建马路需要全部被砍伐时，我真的很难过。

曾在1921年到访北京的日本著名作家芥川龙之介曾经说过："是谁把这森林说成是城市？"言语中流露出的绿意葱茏的北京，至少在上世纪90年代初以前还依稀可辨，但从90年代后半期开始，这些绿色就急速消失了。

　　然而，在《人民中国》所在的西城区百万庄大街附近，还有一条尚存这种感觉的小街道。只要走在这条小路上，我便能回忆起自己在北京生活的日子，也能知道为什么自己久久不愿离开。

　　回国生产之后，我又几次来北京。每次带着幼女的"燕归巢"之行都是短暂而匆忙的，但我尽可能地要回人民中国杂志社看一看。当然，那里有曾和我一起共事的同事，有不曾变化的风景，但更多的理由或许是我想重温对北京的思念。

作者简介

　　泉京鹿　1994年到北京大学留学。曾在博报堂北京办事处工作，后成为自由职业者。在北京生活了近16年，先后做过采访协调、口译、撰稿人、笔译和《人民中国》的专家。自2009年起，在朝日新闻特别半月刊GLOBE的"来自世界书店"栏目中连载推荐"北京的畅销书"，并担任菲瑞斯女学院大学的兼职讲师。

『人民中国』、私の北京の思い出

泉　京鹿

　60年という『人民中国』の歴史に比べればその3分の1にも満たないが、3年前に16年に及ぶ北京生活から日本に帰国して、その短くない歳月を、たびたび時間をかけて振り返ることがある。留学生時代、広告代理店勤務時代、テレビ、雑誌のコーディネーター、ライターを経て、文芸翻訳という仕事に出会って中国文学の翻訳にいそしんだ日々……。
　わたしが初めて北京の地を踏んだのは学生時代、1991年のことだった。それから毎年のように北京を訪れ、94年から長期滞在するようになったが、それは折しも92年の鄧小平の南巡講話を経て、改革開放、経済成長が加速、現在に至るまでの中国の発展の劇的な変化が目に見えるように動き出した頃のことだ。まだ高層ビルも少なく、現在はすべて立体交差となった市内の三環路、四環路もとにかくただ広いだけの大通りで、どこもかしこも見晴らしがよく、青い空がとても高く感じられた。それでいて、一歩裏通りに入るとまだ舗装されていない道があり、そこかしこにある、いわゆる胡同は、灰色なのに緑豊かで、生活の音やにおいがあふれていた。そんな街並や空気がとても愛おしく感じられて、自分が北京にいることそのものがとにかく幸せだった。そんなふうに、まるで北京と恋に落ちてしまったように、北京から離れられなくなっていた。
　それから16年の月日が流れ、2010年の夏に北京を離れることになったとき、わたしの中国での肩書きは『人民中国』の「専家」というものだった。

北京オリンピックの開かれた2008年を挟んで約4年間、『人民中国』の翻訳部で翻訳、校正、リライトなどに携わった。中国人スタッフと取材に行って、記事を書くこともあった。
　『人民中国』での仕事を始める前、自分自身の翻訳者としてのデビュー作はノンフィクション作品だったが、主に中国の現代小説の翻訳をしていた。そのため、それまでの私は翻訳という作業は基本的に一人でやるものだと思っていて、気が付いたら何日も人と会うこともなく、引きこもりに近いような孤独な作業を4年ほど続けていた。5冊ほど翻訳作品が出版されたあと、さらに日本で出版の決まっていたいくつかの作品の翻訳も抱えたまま、新たに『人民中国』での翻訳も始めることになった。
　そんな私にとって『人民中国』の翻訳作業は、まさに「目からうろこ」の日々だった。政治、経済、文化、風土、少数民族など多岐にわたる内容の興味深さはもちろん、誌面になるまでの翻訳工程の中で多くのものを学んだ。
　例えば、日本人にとって職業、仕事としての翻訳といえば、一般には外国語を母国語である日本語にすることであるが、中国ではその逆にも少なからぬ人が携わっている。母国語である中国語の外国語への翻訳だ。実はわたし自身、翻訳という仕事を始めた時には専門的な学習経験はなく、「母国語力と情熱」に頼ってこの世界に飛び込んだ。現場での判断を要求される通訳と違って、翻訳では中国語力の足りない部分を、辞書をひいたり、人に聞いたり、資料にあたったり、時間をかけて調べることで補うことが可能だ。それをできるだけ原文の意味、ニュアンスを損なわないまま日本語の文章にするには、母国語とはいえある程度の日本語力が必要になる。外国語を翻訳するより、外国語に翻訳するほうが、完成度からいえばかなり難易度の高い作業になることは間違いないだろう。『人民中国』の中国人スタッフは、わたしから見れば非常に難易度の高いその「母国語から外国語への翻訳作業」に日々挑んでいる。
　当然、翻訳されたその日本語は、日本人が読めばいくらか不自然な表現や、なめらかな文章とは言い難いものが出来上がることもある。それをチェ

ックするのがわたしたち日本人「専家」の仕事であった。中国人のスタッフの中には、日中国交回復前に日本語を学んだというベテランもいれば、大学の日本語学科を卒業したばかりの若者もいる。当然、その経験による違いもあるが、日々その翻訳に感心させられた。単にレベルの上下、優劣では語れない面白さがあった。自分が翻訳者として足りなかったものを、ここで教えられた気がした。何より、孤独な作業ではなく、共同作業としての翻訳の楽しさというものを経験することができた。

『人民中国』での4年間で教えられたのは、それだけではない。『人民中国』で働いて4年目のときに、わたしは東京在住の会社員と結婚した。北京を離れたくなかったため、東京と北京での別居生活前提という結婚である。結果的には、妊娠、出産のためにやがて東京に戻ることにはなったが、妊娠7カ月まで北京にいて、北京を離れる1カ月前まで『人民中国』の仕事を続けた。『人民中国』編集部では、わたしの前にもわたしよりずっと若いスタッフが相次いで妊娠、出産していた。彼女たちを取り囲む雰囲気が優しくて、ほほえましく思っていたので、思いがけず自分もその立場になったときにはなんともいえない安心感があった。一緒に働いている人々に、温かく、優しく労わられながら仕事をするのは、申し訳ないと思いながらも、やはりありがたかった。通勤の地下鉄の混雑がすさまじかったこともあり、フレックス勤務や在宅勤務と組みあわせ、身体に負担にならないよう便宜もはかってもらった。その分、他の人にしわ寄せがいってしまうのは申し訳ない気持ちでいっぱいだったが、高齢出産の不安を抱えながらも、無事に過ごすことができたのは、この環境に負うところが大きかったと思う。

『人民中国』で一番思い出に残っている記事は、企画段階から任され、若いスタッフと一緒に完成させた2010年2月号「今中国で何が読まれているか」という特集だ。中国人がどんな本を読んでいるのか、日本の本がどんなふうに読まれているのかといったことが、日本ではまだまだ知られているとは言い難い。わたし自身の興味からこのような特集が形となり、また読者にも好評だったと聞いて、嬉しく思っている。

他に思い出深いのは、2007年12月号に「世界遺産登録を目指す『中国南方カルスト』の奇観」という記事が残った四川・貴州・雲南のカルスト地域への旅だ。何時間も未舗装の山道に揺られてバスの天井に頭をぶつけながらたどり着いた山奥のカルスト地域の小さな村は、空気、緑、水、人々の笑顔……何もかもが眩しいほど美しかった。その後この地域は世界自然遺産に登録されたが、あの美しさがいまも変わらずにあることを心から願う。
　そして、四川汶川大地震が発生したとき。新聞やテレビのように最新のニュースを伝えることはできないが、月刊誌ならではの誌面づくりのためにスタッフが一丸となって、何日も夜遅くまで残って記事を作り続けた日々は、忘れられない。たまたま当時四川省にいた『人民中国』のカメラマンが少なからぬ写真を撮っていたということはあったが、多くのスタッフは四川から遠く離れた北京で、誰もが被災地の気持ちに寄り添いたくて、必死だった。2カ月後、取材で四川省を訪れた。被害の激しい地域には入ることができなかったが、余震の続く成都での復興への人々の取り組み、ポジティブなエネルギーに触れたことは、その後日本で東日本大震災を経験し、折に触れて思い出した（2008年10月号「成都　被災地を支える四川省成都の矜持」として記事を執筆）。
　北京のことを振り返ったとき、もう一つ思い出すのは、『人民中国』編集部のある中国外文局の建物周辺の雰囲気だ。急速な経済発展、オリンピック開催に至るまでの大規模な開発、インフラ整備が進んだ北京では、わたしが恋した景色も、残念ながら少しずつ削り取られていくように失われていった。北京西部の白石橋から中関村を抜けて北京大学のある海淀に至る大通りの、歩道にも自転車道路にも気持ちのいい木陰をつくっていた道の両側と真ん中にあった立派な並木が、道路拡張のためにすべて切り倒され、取り払われたときは本当に悲しかった。
　1921年に北京を訪れた芥川龍之介が「誰だ、この森林を都会だなどと言ふのは？」という言葉をもらした緑豊かな北京は、少なくとも90年代の初めまではまだいくらかその面影を残していたといえるかもしれないが、90

年代後半以降、急速に失われていった。

　しかし、『人民中国』のある西城区百万荘付近には、まだわずかながらその面影の残る小さな通りが残っていた。そこを歩いているだけで、自分が北京にいること、長い間北京を離れられなかった理由を、かみしめるように実感できた。

　その後、帰国して出産してからも何度か北京には足を運んでいる。毎回、幼い娘をつれての「帰燕」で短い期間の慌ただしい滞在だが、できるだけ「人民中国」に足を運ぶようにしている。もちろん、そこにかつて一緒に仕事をした仲間がいてくれるからであり、変わらぬ風景があるからでもあるが、そこに行くことで、自分の北京への思いを確かめたいからかもしれない。

プロフィール

　泉京鹿　1994年より北京大学に留学。博報堂北京事務所勤務を経て、フリーランスに。取材コーディネーター、通訳、ライター、翻訳者、中国国営雑誌社の専門家として約16年間北京で暮らす。2003年より、主に中国のベストセラーを翻訳、現代中国人作家とその作品を日本に紹介、またその作品から中国社会を読み解くことに取り組んでいる。

　訳書に『ニュウニュウ』（周国平・著／ＰＨＰ）、『衛慧みたいにクレイジー』『ブッダと結婚』（衛慧・著／講談社）、『水の彼方〜Double Mono〜』（田原・著／講談社）、『悲しみは逆流して河になる』（郭敬明・著／講談社）、『兄弟』（余華・著／文藝春秋、文春文庫）、『水煮三国志』『水煮西遊記』（成君憶・著／日本能率協会マネジメントセンター）等。『水煮三国志』は『立志編・劉備式―人を動かす！マネージメントの教科書』『昇龍編・孔明式―売れる！マーケティングの教科書』（学研）として漫画化された。

　09年より朝日新聞GLOBE「世界の書店から」で「北京のベストセラー」を連載中。

　フェリス女学院大学非常勤講師。

夏季绿树成荫的外文局后街的冬日景色。这里保留着20年前，我第一次走在北京街道上的回忆。
冬のものだが、夏は緑の木陰が心地よい『人民中国』のある外文局裏の通り。今から20年近く前、初めて北京を歩いたころの面影が残っている。

我从《人民中国》看中国

原绚子

2002年夏天,我结束了在中国为期一年的汉语学习生活,开始在北京工作。就在此时,我和《人民中国》相识了。当时,她就摆放在我工作的日资旅馆的前台,对中国传统文化和民俗感兴趣的我,一下子被上面日本媒体无法深入的细节报道所吸引。此后,我每个月都期待读到新杂志。

机缘巧合的是,不久我成为了《人民中国》的一名日籍员工,从事了4年多的翻译和编辑工作。

2004年秋天,我开始在人民中国杂志社工作。当时进了很多新员工,全社热情高涨地准备依靠年轻力量进行杂志的改版,经验尚浅的我提出的建议也被积极采纳了。同时,前辈们的指导帮我进一步了解了中国特有的现象和文化,让我在翻译过程中受益匪浅。我感觉自己在《人民中国》工作的这段时间加深了对中国的了解。而且,通过《人民中国》的各种报道选题,我也认识到了中国社会的多样性和复杂性,懂得了片面看待中国的严重性。

说到在《人民中国》的往事,除了做杂志,社员旅行以及参加上级机构外文局组织的各项活动也让我很难忘。我和《人民中国》的社员们一起去了庐山、西安和延安等地。通过参加这些活动,我近距离地感受到了中国人的思维方式和行为方式。印象最深的是,相对日本年轻人隔代交流难的现象,中国年轻人的隔代交流却很顺畅。然而在当今"今日的日本问题就是明日的中国问题"这一趋势下,中国的年轻人或许也会和日本年轻人一样,面临与不同时代的人们难以交流的问题。不仅如此,我还觉得两国年轻人的气质越

发惊人地相似。

3年前，我回到了日本，强烈地感到日本人对中国的了解实在是少得可怜。现在在日本，公寓里住着中国邻居，公司里和中国同事并肩工作，走在大街上听到中国话，这已经是司空见惯的事了。然而，普通日本人对中国的关注仍旧很少，或者容易被媒体的报道所左右。就像前面所说，中国社会复杂多样，并且由于正处于发展阶段，如果强行用日本的"标准"来衡量的话，一定存在许多误区。因此，从中国的视角，及时传递中国的政治、经济、文化、社会等各个领域信息的《人民中国》，对于帮助日本人了解中国具有非常重大的意义。

最后，我真诚地恭贺《人民中国》创刊60年，衷心希望《人民中国》今后能继续服务日本读者，展现更多中国人民的真实生活。

作者简介

原绚子　2001—2010年居住在北京，从2004年9月到2008年11月在《人民中国》从事翻译、编辑工作。现在在东京从事中日法律方面的翻译。

『人民中国』から中国を見る

原　絢子

　わたしが『人民中国』と出会ったのは、1年間の語学留学を終えて北京で働き始めた2002年の夏のことでした。当時、職場のあった日系ホテルのフロントに『人民中国』が置いてあり、中国の伝統文化や民俗に興味があったわたしは、日本のメディアではなかなか分け入ることができない奥地まで入って細部を伝える記事に興味をひかれ、毎月楽しみにしていました。
　そして縁があって、日本人スタッフとして4年余り、『人民中国』の翻訳・編集に携わることとなりました。
　わたしが人民中国雑誌社での勤務を始めた04年の秋は、多くの新入社員を採用し、若い力を大いに活用して誌面づくりを革新していこうという意気込みに溢れていて、経験が浅いわたしの意見も積極的に取り入れてくれました。また、ベテランの社員からの助言は、中国特有の事象、文化を理解するのに大いに役立ち、それらを適切な日本語へ訳出するうえで大変参考になりました。わたしの中国理解は、『人民中国』での勤務により、一段と深まったものと思います。また、『人民中国』で取り上げる各種テーマを通じて、中国社会の多様性、複雑性を知り、中国を一面的に捉えることの危うさを学びました。
　『人民中国』での思い出と言いますと、雑誌づくりはもちろんなのですが、社員旅行や、上部組織である外文局の各種活動へ参加させていただいたことが忘れられません。廬山、西安、延安等、『人民中国』の社員の皆さんとは

いろいろなところへ一緒に行きました。こうした活動への参加を通して、中国の人々の考え方、行動様式を直接に感じました。特に印象深かったのは、日本の若者は異世代コミュニケーションが苦手なのに対し、中国の若者は異世代とのコミュニケーションを苦にしないということでした。しかし、「今日の日本の問題は、明日の中国の問題」という状況にある今、中国の若者も日本の若者と同じように、異世代とのコミュニケーションが苦手になっていくかもしれません。これに限らず、日中の若者の気質は、驚くほど似てきているように感じます。

わたしは3年前に帰国しましたが、日本へ帰ってきて強く思うのは、日本人は中国のことをあまりにも知らなすぎるということです。今の日本は、マンションのお隣さんは中国人で、職場では中国人同僚と机を並べ、街に出れば中国語が聞こえてくるのが当たり前になっています。それにもかかわらず、一般の日本人は中国への関心が薄いか、もしくはマスコミの報道に煽られがちです。先にも述べたように、中国の社会は実に多様で複雑であるうえ、現在発展の過程にあり、日本の「ものさし」をおしつけては見えてこない部分もたくさんあります。こうしたなか、中国側の視点から、政治、経済、文化、社会等様々な分野の情報をリアルタイムで発信する『人民中国』は、日本人の中国理解を促進するうえで、存在意義が非常に大きいものと思います。

最後になりましたが、創刊60周年、誠におめでとうございます。『人民中国』がこれからも、日本の読者のほうへ目を向けながら、中国人民のありのままの姿を映し出すメディアであることを心より願っております。

プロフィール

原絢子　2001年から10年まで北京に在住し、04年9月から08年11月までの4年余り、人民中国雑誌社にて翻訳・編集業務に携わる。現在は東京にて中日法律翻訳に従事。

与《人民中国》相识的日子

西园寺一晃

1958年1月，我跟随父母移居中国。那一年我读初三。我对中国完全没有认识，至今仍清晰地记得初次踏上这片广袤土地时的震惊。

那时，中日两国邦交尚未正常化，自然没有飞机通航。我们首先通过香港到达深圳，然后再乘火车到广州。

1月份的东京还很寒冷，香港却很热，广州甚至开放着夏季才有的大丽花，让我很是吃惊。在香港，有人请我们吃了烤蟒蛇、龙虎斗（用蛇肉和猫肉做的炖菜），我感受到了强烈的文化冲击。更让我惊叹的是中国的广阔。从广州到北京又是火车之旅。我第一次乘坐有上下铺的包厢，而且到北京花了3天时间，对我而言也是第一次长途体验。透过车窗看外面的景色，怎么看也看不够。连绵不绝的旱田、悠然吃草的水牛、还有散落在田间的小土包，听人说那是坟墓。因为当时著名的长江上还没有桥，据说要用轮船载火车才能渡江。于是，我终于明白为何要花费3天时间了。我根本无法想象，水流湍急的滔滔长江，轮船怎样才可以准确地到岸。但当我看到轮船与码头实现完美对接的时候，不由赞叹不已。青翠的南方景象不知何时变成了黄土地，在广州还能看到上半身赤裸的农民，不知不觉间映入眼帘的却是穿着厚厚棉衣的人们。

第三天，我们到达北京。北京还是一片彻骨的寒冷。我的北京生活就这样开始了，一切都是那么新鲜。一天，廖承志先生来到我家。我以为他有事和父亲谈，没想到他招手说："小一、小彬，过来一下。"因为我叫一晃，弟弟叫彬弘，所以他这样亲切地称呼我们。

廖承志先生的手里拿着几本杂志，递给我们说："读读看，会对中国有更多的了解。"那是写着"人民中国"4个字的薄薄的杂志。这是我和《人民中国》的初次相识。我从中拿了一本，至今仍清晰地记得在封面上方印有红底白字的大大的"人民中国"。下方也是红底白字，写着"创刊号 1 1953"。正中央是图片，以毛主席为首的国家领导人并排站在天安门城楼上。他们中有朱德元帅、刘少奇副主席和周恩来总理……毛主席站在正中央，面带微笑，从带着红领巾的少先队员手中接过花束。爸爸告诉我，这是中华人民共和国成立当天拍的照片。我由此知道1953年创刊的《人民中国》，是在新中国成立4年之后诞生的。

自此，我和《人民中国》结下了不解之缘。对我而言，《人民中国》就是教科书。每期都好似"百宝箱"一样，从里面一个接着一个跳出我所不了解的信息。我贪婪地汲取着这些营养。但很遗憾，当时我对中国一点儿都不了解。我是从《人民中国》上知道"辛亥革命"的。也是从那里了解"抗日战争"和"社会主义"的。当然，杂志中不仅仅是内容偏硬的政治、经济报道。我最感兴趣的是美丽的中国山河。庐山和黄山的照片看起来就像水墨画一样，辽阔的内蒙古草原宛若无边无际的绿色绒毯，这都是我在日本从未看到过的景象。享受过纸面上的旅行乐趣后，我想有一天一定要游遍全中国。

《人民中国》让我成为了旅游爱好者。我在北京居住的10年间以及直到邦交正常化的几年内，走遍了中国各地。当时还有很多地区尚未"开放"，外国人可去的地方有很大局限。我去过的很多地方，都是从周总理或"邓妈妈"（当时对邓颖超夫人的称呼）那里得到特别许可才得以实现的。旅途中我一定会带上《人民中国》的剪报，这在当时是最佳的导游手册。我从北方的东三省走到南方的云南省、海南岛，又横穿中西部，走遍了四川、甘肃、青海、贵州以及新疆维吾尔自治区，是《人民中国》带我游览了中国各地。

当时的中国还很贫穷，但无论走到哪里，都有朴素、亲切的人们。虽然我是从侵略国日本来的，但没有遭受过辱骂，没有被扔过石子，大家都笑脸相迎。我去以露天煤矿闻名的抚顺时，见到了一位丈夫被日军杀害的老妇人。我做好心理准备等着被她怒视、责备，但老妇人亲切地拥抱我，平静地说："你

是我们的朋友，日本人民是我们的朋友。我们要好好相处。不要再发生悲剧了。"旅行不仅仅是欣赏美丽的风景，还有很多美好的相遇。这些相遇成为了我的财富。正是《人民中国》赠予我这些财富。

几十年过去了，正所谓光阴如梭。世界在变化，日本和中国也在变化。日本有了很大的发展，中国现在也正在取得惊人的进步。中国成为了世界排名第二的经济大国，日本位居第三。我想这两个亚洲的经济大国应该合作、共存。我的脑海中清晰地印着周恩来总理对我说过的话："从历史的角度看，中日相争则亚洲必乱。只有友好相处，亚洲才能安定繁荣。"

遗憾的是，日中关系依然不够成熟。相争则互伤。这两个国家是历史、文化、政治体制截然不同的国度。有差异必然有矛盾，但因为一点儿差异、一个矛盾就毁掉一切实乃愚人之举。我们应以冷静的态度立足大局求大同而存小异，这样才能实现两国和两国人民的共同利益。我希望《人民中国》能够继续为日本人民传递真实的中国。

祝愿《人民中国》杂志作为中日两国的桥梁，发展蒸蒸日上。

作者简介

西园寺一晃　1942年生于东京。1966年毕业于北京大学经济学系政治经济学专业。1971年至2002年供职于朝日新闻社。现任日本工学院大学孔子学院院长、东京都日中友好协会副会长、北京大学客座教授、中国传媒大学客座教授等。

『人民中国』に出会った日

西園寺　一晃

　私が両親に連れられて中国に移住したのは1958年1月である。私が中学3年生の時だった。中国という国に対する知識が全くないまま、巨大な大陸に足を踏み入れた衝撃は今でもはっきりと覚えている。

　国交未回復の時代で、当然日本との間に航空路線がないので、まず香港に行き、列車に乗り香港側の羅湖という町で降り、歩いて境界線を渡り大陸側の深圳にたどり着いた。そこでまた列車に乗り広州まで行った。

　1月だったので東京は寒かったが、香港は暑く、広州には夏の花ダリアが咲いていたのにはびっくりした。香港でご馳走になったニシキヘビのステーキ、「竜虎闘」（ヘビと猫肉の鍋）には強烈なカルチャーショックを受けた。もっと驚いたのは中国の広さだった。広州から北京までは、また列車の旅だった。個室の2段ベッドの汽車は初めてだったし、北京まで3日かかるというのも、私にとっては初体験だった。車窓から見る中国の景色は、いくら見ても飽きなかった。どこまでも続く畑、悠々と草を食む水牛、畑に点在する土盛りはお墓だと教えてもらった。どうして3日もかかるのかはやがてわかった。あの有名な揚子江には橋が無いというのだ。どうやって向こう岸まで渡るかといえば、列車を艀に積んで運ぶという。想像すらしないことだった。巨河揚子江の滔滔とした流れは結構流速があるようだ。どうやって正確に向こう岸の線路に繋ぐのだろうと不思議だったが、見事ドッキングに成功したのを見て舌を巻いた。青々とした風景は何時しか黄色の大地に変わり、

広州では上半身裸の農民がいたのに、何時の間にか分厚い綿入れのような服を着た人々が目に入るようになった。

3日目に北京に着いた。北京は酷寒の地だった。まさに骨に染み込むような寒さだった。こうして私の北京生活が始まったのだが、何もかもが新鮮だった。ある日、廖承志先生が家にやってきた。父と何か相談事かなと思っていたら、「ちょっと、カズちゃん、アキちゃんこっちにおいで」と手招きした。私がかずてる、弟があきひろというので、親しくこう呼んでくれた。

廖承志先生は手に数冊の雑誌を持っていた。「これ読んでごらん。少しは中国のことがわかるよ」と私に手渡してくれた。「人民中国」と書かれた薄い雑誌だった。これが私と『人民中国』の初出会いとなった。そのうちの１冊を手に取った。今でもはっきりと覚えているが、表紙の上段には赤地に白抜きで大きく「人民中国」とあった。下段も赤地に白抜きで「創刊號　1953」とあり、真ん中は写真で、天安門上に毛沢東主席はじめ、そうそうたる指導者が並んで写っていた。朱徳元帥、劉少奇副主席、周恩来総理…。毛主席が真ん中にいて、にこやかに赤いネッカチーフを首に巻いた少年先鋒隊の子供から花束を受けている写真だった。父が中華人民共和国成立時の写真だと教えてくれた。「人中」は1953年創刊だから、新中国成立4年後の創刊なのだと知った。

私と「人中」の付き合いが始まった。私にとって人中は教科書だった。毎号まるで「玉手箱」のように、次から次へと私の知らない情報が飛び出してきた。私はそれらを貪欲に吸収した。恥ずかしい限りだが、当時の私は中国について何も知らなかった。「辛亥革命」も人中で知った。「抗日戦争」も「社会主義」も然りだ。もちろん政治や経済といったカタい記事ばかりではなかった。一番興味を持ったのは美しい中国の山河だった。廬山や黄山の写真は、まるで水墨画を見ているようだったし、果てしない緑の絨毯が広がる内蒙古の草原も、日本では見ることのできない光景だった。誌上で旅行を楽しんだ私は、いつか必ず中国各地を巡りたいと思うように

なった。

　私が旅行好きになったのは「人中」のおかげである。北京滞在中の10年とその後の国交正常化までの数年、私は中国各地を巡り歩いた。まだ「開放」されていない地域がたくさんあり、外国人の行けるところは大きく制限されていた時代である。私が廻った多くは、周恩来総理や「鄧媽々」（デンマーマ・鄧穎超夫人を当時そう呼んでいた）の特別許可を頂いての旅行だった。旅には必ず「人中」の切り抜きを携えた。当時としては最高の旅行案内書であった。北は東北三省から南は雲南省、海南島まで。中西部は四川省、甘粛省、青海省、貴州省から新疆ウイグル自治区まで、「人中」が私を中国各地に連れて行ってくれた。

　当時の中国はまだまだ貧しかった。しかしどこに行っても素朴な、やさしい人たちがいた。かつて侵略された日本から来た私であるが、罵声を浴びせられたり、石を投げられたりという事はまったくなく、みんな笑顔で迎えてくれた。露天掘り炭鉱で有名な撫順に行ったとき、日本軍に夫を殺された老婦人に会った。私は睨みつけられ、詰られるのを覚悟していた。でもその老婦人は私をやさしく抱いてくれた。そして「あなたは友人よ、日本人民は私たちの朋友。仲良くしないと。もう悲劇はまっぴらよ」と静かに言った。旅は単に美しい風景を堪能するだけではない。そこにはたくさんの出会いが待っていた。それが私の財産になっている。この出会いをプレゼントしてくれたのは人中だ。

　あれから数十年が過ぎた。まさに光陰矢の如し。世界が変わり、日本も中国も変わった。日本はその後大きく発展し、中国は今まさに驚異的発展を遂げつつある。中国は世界第2の経済大国になり、日本は第3の経済大国である。アジアのこの両経済大国は協力、共存すべきだ。周恩来総理が私に語ってくれた言葉がはっきりと脳裏に焼き付いている。「歴史的に見ると、中日が相争えばアジアは乱れる。仲良くすればアジアは平穏で繁栄する」。

　残念ながら日中関係は依然として成熟しない。相争えば互いに傷つく。歴

史も、文化も、政治体制も違う国である。違いがあり、矛盾があるのは当然だ。でも1つの違い、1つの矛盾のためにすべてを壊すなどは愚かである。冷静な態度で大局に立つ、小異を残して大同に就くことこそ両国と両国国民の利益に叶う。人中は中国の真実を伝え続けて欲しい。

　両国の懸け橋としての、『人民中国』誌のますますの発展を祈る。

プロフィール

　西園寺一晃　1942年東京生まれ。66年に北京大学経済学部政治経済科卒業。71年から2002年まで朝日新聞社に勤務。現在は日本工学院大学孔子学院院長、東京都日中友好協会副会長、北京大学客員教授、中国伝媒大学客員教授などを務めている。

我与《人民中国》的相遇与相交

神宫寺敬

我曾应邀为《人民中国》创刊35周年的纪念特辑写过文章，刊登于1988年第6期杂志上，题目是《人民中国创刊35周年纪念 我与人民中国》。我在文章中这样写道：

"有的相遇可以改变人的一生。我在二战后曾参加过工人运动，第一次接触到《毛泽东选集》是1952年，那是一个我从未接触过的世界。通过阅读、学习，我的思想也发生了变化，想要了解在出色的领导人领导下的新中国。就这样，我遇到了《人民中国》。我兴致勃勃地阅读这本杂志，并向其他人推荐。1966年，人民中国杂志社邀请了10名在日本热情推广杂志的读者来到中国，我也作为成员之一开始了为期55天的访问活动。

这次访问给我留下了深刻的印象。那时中日还未恢复邦交，我们经由香港，辗转3天才到达北京机场。在机场，《人民中国》的全体工作人员及家属手拿花束迎接我们，令我们十分感动。

通过这55天的旅程，我们切身体会到中国人民也渴望日中友好。

我不会忘记经过从这一年开始的动乱年代发展至今的《人民中国》，不会忘记凝聚在杂志中的编辑部工作人员的辛劳以及对日本人民的友情。正是由于与《人民中国》的相遇，日中友好成为了我的人生奋斗目标，也使我的家人与我一起发生了改变。（略）1986年4月，在我与人民中国杂志社相遇的20年后，我和妻子来到北京。与66年那次来访时一样，我们和《人民中国》的工作人员一起登上了万里长城。从山顶附近回望来时的路，开满杏花的细长陡峭的坡道

延伸到山下，就像我所了解到的《人民中国》在过去20年间，不，应该是她自创刊以来的33年间走过的路一样。而向上望去，道路仍旧延续，我的人生路也是如此。我与《人民中国》的工作人员约定，10年后，还要再次与大家一起攀登长城、回首走过的足迹。这种心情直到今天也未曾改变，反而愈加强烈。"

读了纪念《人民中国》创刊35周年特辑中菅沼久美女士的文章，我感动于文中所描绘的创刊时期的艰难历程。横川次郎先生曾说过，希望在庆祝《人民中国》创刊60周年的特辑中，能够再次刊登创办《人民中国》的人们的文章。1961年，横川夫妇从四川成都回到北京，担任《人民中国》的专家。他们的文章，使我仿佛亲眼看到了《人民中国》草创初期的艰难。在这篇文章里出现了菅沼不二男、池田亮一、川越敏孝、戎家实等日本专家，还可以了解到池田夫人与菅沼夫人是姊妹，同时也是作家坛一雄的妹妹等一些当时的情况。创刊时的总编康大川先生，从日本早稻田大学毕业后就参加了抗日战争。历经苦难后，为《人民中国》的创刊做出了巨大贡献。还有当时的副总编安淑渠女士，她的日语被横川先生评为最出色的日语。

读过这篇文章后，能很好地了解到《人民中国》是怎样经由一群期盼中日友好的人士通过艰苦努力创办、发展起来，直至迎来60周年的。我也想对他们道一声辛苦了。

回到前面的话题。1966年，"发展《人民中国》读者有功之臣访华团"一行10人结束了为期55天的在中国各地的访问旅程。在深圳依依惜别时，当时的《人民中国》社长对我们说道："希望大家能每月一次给我们杂志提出建议。"

我与社长定下了10年后再次来访的约定，幸运的是约定最终实现，得以与社长再次会面。

社长将我介绍给社员后，还这样说道："神宫寺先生每个月至少给我们来一次信，这些信堆起来大概都有这么高！真是一位遵守承诺的人！"

人与人之间信守约定便可以加深互信，友好也能由此而生。"诚信是万事之母"。不论个人还是国家，守约都是保持友好关系的重要一环。

我与中国国际广播电台的交往始于1952年，日语部的播音员来山梨电视台进行为期6个月的研修时，就作为我家中的一员和我们一起生活。

后来由于机缘，我也在1992年1月至7月，1994年12月至6月，分别接待了《人民中国》的金丹实与祁焱。6个月的时间里，她们像我的女儿一般，住在我家，与我的家人同吃一锅饭。直到今天她们还称呼我们"大爷、大婶"，每年10月我们到北京来访时，她们都要与我们欢聚一堂。这两人在电视台，除了学习播音，更加注重研究新闻报道，学习用文字处理机进行简单编辑。后来我得知她们学到的知识对《人民中国》很有帮助，真是非常高兴。

如前面所提到的，我与中国国际广播电台交往已久。如果说国际广播电台是用电波在中日两国间架起桥梁，那么《人民中国》则是用杂志构建起了友好之桥，各具特色，都向日本人民传递了有关中国的信息。特别是为了使近期遇冷的日中关系回暖，他们都做出了巨大贡献。

我与《人民中国》一直保持着长期而稳定的交流，也十分期待每年10月访问贵社。

贵社的王众一总编曾这样对我说："神宫寺先生，如果送给《人民中国》礼物的话，最令人高兴的礼物莫过于帮助我们增加杂志的读者。"

眼下这个时期，《人民中国》更要为日本读者写出引人入胜的文章，我们这些老读者也要努力增加更多的新读者。

最后祝贺《人民中国》创刊60周年，也祝愿贵社今后能取得更大的发展。

作者简介

神宫寺敬　93岁，共同电设株式会社社长。1961年加入山梨县日中友好协会，现任该协会理事长、日本中国友好协会干事与日中友好会馆监察。

私と『人民中国』

神宮寺　敬

　『人民中国』1988年6月号に、「特集人民中国創刊35周年記念　私と人民中国」に応募し、掲載された。私は次のように書いた。
　人の出会いにはその人の人生を変えるような出会いがある。私は戦後労働運動に入り、活動していた。『毛沢東選集』に出会ったのは、1952年のことであった。私の知らない世界があった。私は読み、学ぶ、そして変わっていった。この立派な指導者に導かれた新しい中国を知りたいと思った。そして『人民中国』に出会った。私は楽しく読み、他人にもすすめた。66年『人民中国』は日本で読者を拡大した者10名を中国に招待してくれ、私もその一人として55日間、中国を訪ねることになった。
　この旅行の印象は強烈であった。国交のないそのころ、香港廻りで3日もかかり、北京空港に着いた。空港には社員とその家族全員が花束で歓迎してくれ、感激した。
　それから55日間の旅行で、中国人民も日中友好を望んでいることを肌で知った。
　その年から始まった動乱の年月を経て、今日を迎えた『人民中国』を私は決して忘れない。この雑誌に秘められた編集部の皆さんの苦労と日本人民に対する友情をいつまでも忘れない。この出会いを機に、日中友好は私の人生そのものと決め、家族と共に歩むことになった。（中略）私と『人民中国』との出会いから20年過ぎた1986年4月、私と妻は北京を訪れた。あの時と

同じように、『人民中国』の皆さんと万里の長城に登った。山頂近くから登ってきた道をふり返った。あんずの花が咲く山肌の細い急な坂道が下まで続いていた。それはこの20年いや33年間『人民中国』がたどってきた道とも思えた。上を見れば更に道は続く、私の道も続く、10年たったらもう一度『人民中国』の皆さんと万里の長城に登りあとをふり返って見たい。と結んでいる。この気持ちは今でも変わりないばかりか、ますます強くなってゆく。

更に『人民中国』創刊35周年記念特集で、菅沼久美さんの創刊のころの苦労された文章に心をうたれ、横川次郎さんの『人民中国』を築いた人々の文章は、創刊60周年の特集にも再度載せたい文で、1961年横川夫婦が四川省成都から北京に戻り『人民中国』の「専家」として書いた記事は、『人民中国』の生まれる苦労が見えるような感じがする。そこに出てくる菅沼不二男氏、池田亮一氏、川越敏孝氏、戎家実氏、また池田夫人と菅沼夫人が姉妹で、作家壇一雄氏の妹であったなど当時の様子を知ることができる。創刊時の編集長康大川氏は日本の早稲田卒業後、抗日戦争に参加、苦難の後、『人民中国』の創刊に大きな役割を果たしたという。また当時副編集長、安淑渠さんは日本語が一番うまかったと、横川氏は評価している。

これを読むと『人民中国』が日中友好を願う人達によって苦労の後生まれ発展し、今60周年を迎えるまでの道筋がよくわかり、ご苦労様でしたと申し上げたい。

話は戻るが1966年「人民中国拡大訪中団」10名は55日の中国各地の見学が終わり、深圳で別れを惜しんだ、『人民中国』の社長は「皆さん1カ月に1度、本誌についての意見のお便りをください」と話された。

私は10年後訪れてみたいと約束し幸い訪ねることができ、社長と再会できた。

社長は社員に私を紹介したあと神宮寺さんからは、月1回以上の便りをいただいた、その高さはこのくらいになりますと、約束を守った人だとはなしてくれた。

人と人は約束を守ることか、互いの信頼を深め、そこに友好が始まる。「信

は親」個人でも国家間でも、友好を続けるにはお互い約束を守ることが大切だと思っている。

　私は1952年から中国国際放送局との交流があり、日本語部のアナの研修生が実技はテレビ山梨で、6カ月間学ぶ、生活は私の家で家族の一員として暮らすことになっている。

　事情があり、『人民中国』から1992年1月から7月まで金丹実さん、1994年12月から6月まで祁焱さんを引き受け、6カ月間、私の家で同じ釜の飯を食べ、娘として生活した。今でも私たちを「おじさん、おばさん」と呼ぶ、毎年10月に北京を訪ねる私たちと会うのを楽しみにしている。二人はテレビ局では放送を学ぶより、新聞報道関係を研修し、ワープロ初期の編集を学ぶ、『人民中国』のためになったことを後で知り、よかったとよろこんでいる。

　先に述べたように、私と中国国際放送局CRIとの交流も長く、CRIは、電波による日中の「懸け橋」、『人民中国』は、雑誌による友好の「懸け橋」とそれぞれの持ち味を生かし、中国を知るための情報をつたえてくれる。

　特に最近の冷えた日中関係を暖めるために果たす役割は大きい。

　私と『人民中国』との交流は長く続き、毎年10月には貴社を訪ねるのを楽しみにしている。

　貴社の総編集長王衆一氏は私に「神宮寺さん、『人民中国』への『おみやげ』は物ではなく、『人民中国』の読者を拡大してくださることが一番のうれしい『おみやげ』です」と話された。

　『人民中国』は日本人が読みたくなるような記事を、愛読者は一人でも多く愛読者を増やす努力を、これが大切な時ではないだろうか。

　『人民中国』創刊60周年のお祝いと今後の発展を願い、私の稿を終わる。

プロフィール

　神宮寺敬　93歳。1961年山梨県日中友好協会入会。現在、同協会理事長。共同電設株式会社社長。日本中国友好協会幹事。日中友好会館監査。

1966年4月，与发展《人民中国》读者有功之臣访华团在人民中国杂志社前合影留念。
1966年4月、人民中国雑誌社の前で撮影した『人民中国』拡大訪中団との記念写真

《人民中国》员工热烈欢迎来华访问的日本代表团。
訪中の日本人代表団を熱烈に迎えてくれた『人民中国』の社員たち

我与《人民中国》
——寄语创刊60周年

远藤了一

《人民中国》记录、报道了中国悠久的历史以及今日的发展，如果将其比作一棵树，树龄已有60年。我对贵刊编辑人员为杂志付出的辛勤努力表示敬意，同时希望和两国的友好人士一起将《人民中国》培育成为百龄大树。

大和市的市民外交

我所居住的大和市位于日本的海洋门户横滨、藤泽以及首都东京附近，这里有大和地区日中友好协会。它不仅与其他地方日中友好协会合作开展市民交流活动，还通过大和市国际化协会主办的市民活动，诸如国际交流会、国际事务讲座和外语讲座等，创造更多和市民交流的机会。

今年的例行活动之一就是在当地的奥赛画廊咖啡厅和许多中国朋友一起欢度了2013年的春节。近来，在日、中、韩三国，影响国民感情的正确认识历史的问题不断提起，许多市民提出了旨在面向未来、维护地区稳定、和平共存、共同繁荣的共识主张。

今年3月17日，在大和火车站东侧的步行广场上，召开了由国际化协会主办的第八届国际交流节。大和市有22万多人口，登记在册的外国人有5500人，其中最多的是中国人，有1097人，秘鲁人782人、韩国人775人、菲律宾人697人。市内，比邻而居的日本人和外国人交流着彼此的文化，形成了自然而然地加深国际间相互了解，建立深度信任关系的平台。在这里，有民族

舞蹈表演和音乐演奏，各种摊位增添了热闹气氛。该市的国际交流节宣布提倡和平、健康的市民生活，依靠广大市民的辛勤耕耘，使萌发于这片土地上的、编织未来之梦的同心结正在深度和广度上得到培育，发展壮大。

在中国指导稻米栽培实用技术

大和日中友好协会的顾问小林泰先生和我同期进入友好协会，我们通过工作加深了与中国的联系，在国内外结交了很多名人朋友。他往来于日中间，不断开展文化技术交流，和人民中国杂志社以及北京周报社的各位同仁友情深厚，开展了丰富多彩的友好活动。前年以来，他在自家实施的大面积稻米栽培技术在中国获得高度评价，在哈尔滨以北的黑龙江的广阔农场地区，实现了日式稻米栽培的实验。他曾一个人奔赴黑龙江，和当地研究所的工作人员长期共同生活，成功地完成了育苗和移植，他们培育出的稻穗很漂亮，并顺利收获。这正是日中两国人民和平相处、相互理解和友好交流的纽带。

在中国指导日语教学

近年，日本在日语表达方面出现了缩略语泛滥的现象，让人大伤脑筋。制造这些缩略语的是拥有强大包容力的年轻人。让我惊叹的是，从中国来的留学生、研修生以及在日企工作的中国员工的日语表达很优美，让人越发感觉心灵充实。回首1996年，协会邀请北京周报社记者贺雪鸿举行了交流谈话会，她的日语发音和日语表达准确而优美。那次会议的主题是"千年和百年 公派日本留学生100周年的思考"。演讲结束后，我问贺记者是怎样学习日语的，我记得她的回答是基本上自学。而且，为了不出错，还会根据需要录音、反复回放，练习听写。然而，我感受到了这要付出很艰辛的努力才能有如此效果。通过这次交流，我们也想学习汉语会话，于是向富泽笃纮会长申请开办汉语教室，在会长的关怀下，我们将富泽事务所的大厅作为了汉语教室。对此，中国国际图书贸易总公司的王松林先生，以及人民中国杂志社东京支局的唐晖与张哲先生，在教科书的选择和分发上先后给予了我们很大帮助。

在本协会中，有很多人在中国从事过日本文化和日语的教学工作。石井勋

顾问在高中执教期间，收到来自中国的进行日语教学指导的邀请，远赴中国历史悠久的四川省成都市，实施对日语专业学生的日语教学。归国后，还和中国学生、教师继续保持交往。从高中教师岗位退休后，他继续担任大学讲师，为日中友好活动的推广尽心尽力。

本协会的副会长飨庭繁先生和其夫人都是会员，他夫人在尚未到达退休年龄便主动提出卸任，到中国进行日语教学。我从副会长那里了解到夫人变更大学工作地的消息。在我的记忆中，曾在访问人民中国杂志社时，见到过夫人和贺雪鸿女士，她们的亲切笑脸让我难以忘怀。

还有现任神奈川县日中友好协会常务理事——从多角度支持日中友好交流活动的吉田浩治先生，他作为三井化学常务执行官员担任中国总代表以来，在上海复旦大学执教并开展研究工作，往返于日中两国间，工作繁忙。但其工科机械类的专业背景使其富有宽容精神，为培育日中年轻一代并促进他们之间的交流做出了巨大贡献。

这些日本的优秀人才将在中国继续教授美丽的日语。

作者简介

远藤了一　大和地区日中友好协会会长。

私と『人民中国』
——創立60周年に寄せて

遠藤　了一

　中国の生きてきた悠久の歩みと現在の動向を記述・広報して樹齢60年、紙面に溢れるスタッフの皆さまの献身的なご努力に敬意を表わします。今後100年の現代記録史として日中の皆さまと共に『人民中国』を大樹に育ててまいりましょう。

神奈川県大和市近郊での昨今

　私の居住地、大和市は日本の海の玄関口横浜、藤沢ならびに首都東京に近く、当地に大和地区日中友好協会はあり、地域日中友好協会と連携し市民交流の輪を広げてまいりました。これに加え大和市国際化協会主催の市民活動の一端としての、国際交流の集い、国際理解講座、外国語講座などを通じ広く市民の皆さまと交流の機会を育んでまいりました。

　今年も恒例行事の一つとして2013年春節の集いを、地元の画廊喫茶オルセーにて、多数の中国の皆さまと楽しく過ごしました。しかし昨今は日本・中国・韓国の3国間では国民感情を基軸とする正しい歴史認識が問われつつ、未来志向の安定した共存共栄の指針が多くの市民から寄せられております。

　今年3月17日には大和駅東プロムナードで、国際化協会主催の第8回国際交流フェスティバルが開催されました。大和市の人口は22万人余りですが、住民登録している外国人は5500人、最も多い中国1097人、ペルー782人、韓国775

人、フィリッピン697人です。市内、近隣に在住する日本人、外国人が相互の文化に触れつつ交流し、自然のうちに国際理解を深め信頼育成の場とするものです。ステージでは民族舞踊、音楽演奏が展開され、ブースもにぎわいを見せました。平和と健康な市民生活を宣言する当市の国際交流フェスティバル、ここで萌芽する未来への夢の絆が深く、広く、大きく育つ大地を耕すのも市民。

大和地区日中友好協会の皆さまの活躍
中国で米作実技指導

　大和日中友好協会顧問の小林泰さんは、小生と同期ながら現役の勤務中心から仕事を通じ中国との関わりが深い方で、国内外に著名な友人も多く、日中間を往復しつつ、文化技術交流を重ねられ、人民中国雑誌社、北京週報社の皆さまとも懇親を深められ、多彩な友好活動を展開されております。一昨年来は、実家での広大な米作農業の技術と力量が中国で高く評価され、中国東北部ハルビン以北の黒龍江省に赴き、長期にわたり現地で研究所の皆さまとの共同生活を経て、育苗、移植に成功し見事に成育した稲穂の写真はすばらしく、収穫も完了し一段落され帰国されました。これこそ日中市民の平和と相互理解・友好交流の絆。

中国での教育指導

　近年の日本では日本語・言葉の内に、各種の受容体機能が旺盛に動く若手を中心に略語表現が汎用され戸惑うこともある時代。私が驚嘆したのは中国から留学生、研修生をはじめ、日本企業に就職されている中国出身の皆さまの日本語表現が美しく、心豊かに感じられる機会が多いことだった。ここで思い返すと、1996年、北京週報社の賀雪鴻さんをお招きし交流談話会を行った、記者の日本語発音、表現も正確で美しかった、その時のタイトルは「千年と百年　―政府留学生日本は派遣百周年に思う―」でした。講演終了後に賀記者に日本語をどの様に学習されたのかをお聞きすると、殆どは自習と言われた覚えがあります、また、間違いがないように、

必要に応じテープ録音し、繰り返し、記録を書くを持続されたと。しかし大変な努力の積み重ねの重さを感じ入りました。また私たちも中国語会話を習いたく中国語教室開設ご相談を冨沢篤紘会長に申し上げた結果、会長のご厚志により冨沢事務所の広間を中国語教室として使用させていただくことになりました。この折に中国国際図書貿易総公司の王松林さん、人民中国雑誌社東京支局に勤務された張哲さん、唐暉東京支局長には教科書の選定、配布などで多大のご支援を頂きました。

　ここで本会の皆さまで、中国での日本文化・日本語教育に携わって来られた方々も少なくなく、石井勲顧問は高等学校教諭時代に中国における日本語教育指導の要請を受託され、中国の歴史深き古都、四川省成都に赴き日本語学科学生の日本語教育を行い帰国されました、帰国後も受講生、講師との親交を深められております、教諭職を定年退任後は大学での講師を務められつつ日中友好活動の普及にもご尽力いただいております。

　本会にご夫妻で加盟いただく、饗庭繁副会長の奥様は、教諭職の定年前に教育職を依頼退任され、中国にて日本語教育を持続されております。大学の勤務地変更もある様子をご主人饗庭繁様から伺っております。10年前後前に人民中国雑誌社の皆さまを表敬訪問した折に奥様と賀雪鴻さんの明るい笑顔が残されております。

　さらに現在は神奈川県日中友好協会常任理事として、多角的な観点から日中友好交流活動を支援頂く吉田浩治理事は三井化学常務執行とし役員として中国総代表を勤められて以来、中国復旦大学にて研究・教鞭をとられ、日中両国間をお往復する多忙な内にありますが、本来工業科学機械技術を専門とされる力量は寛容に富み、若い日中世代の育成と交流に大きく寄与しております。

　これらの日本の優秀な皆さまが中国では、あの美しい日本語の講師も勤められてきたのですね。

プロフィール
　遠藤了一　神奈川県大和地区日中友好協会会長

2005年5月，时任人民中国杂志社副社长王众一在访日期间，向大和地区的《人民中国》读者开办讲座。
2005年5月、日本訪問時に大和地区に住む『人民中国』の読者を対象に講座を開いている人民中国雑誌社の王衆一副社長（当時）

大和地区日中友好协会举办的联欢活动。
大和地区日中友好協会が主催した交歓活動

友好交流带来的奇遇
——《人民中国》架起友谊的桥梁

峰村洋

想必很多人都是满怀兴奋地期待着"中日邦交正常化40周年纪念活动"。据说，当初计划实施的活动超过了500个，可是大多数活动都因为"钓鱼岛"这个外交问题而延期或中止了。前人构筑起来的两国文化交流和体育交流的大厦就这样坍塌了。

如今想来，去年8月在北京奥林匹克体育中心举行的"中日友好交流城市初中生乒乓球友谊赛"可谓系列纪念活动中最后一个成功举办成的活动。

由于出发前两周紧急决定由我作为长野市日中友好协会理事长北岛良一的代理前往中国，于是，我幸运地获得了担任大赛长野市（和友好城市石家庄市是一组）代表队随员的机会。

全部83支代表队被分成5个阵营进行比赛。由长野市和石家庄市组成的代表队在有17个队参加的第二阵营获得了冠军。

我们长野代表队在入驻北京前两天访问了友好城市石家庄市。我们在正规的中国乒乓球训练基地——正定国家训练基地进行了练习，目的是提高技术和加强队员之间的配合。

在训练基地里，年轻的中国女学生李钰婧主动提出担任我们的日语翻译，工作起来非常投入。她是天津外国语大学研究生院日语专业的学生，当时正在老家石家庄市过暑假。

今年第1期的《人民中国》上也刊登了她的作文，作文讲述了她第一次做

口译的感人故事。原来，这篇作文是"笹川杯作文大赛2012·感知日本"活动中两篇一等奖文章中的一篇。该作文大赛是中华全国青年联合会举办的2012年"中日国民交流友好年"活动的一个组成部分，目的是通过构筑未来的青少年间的友好交流，加深两国人民的相互了解和友好感情。

作文征集来自中国52所大学和社会各界，评选工作由人民中国杂志社、日本科学协会、中国青年报社共同担纲。获得一等奖的两人将会在今年7月赴日本进行为期8天的访问，访问的内容包括与日本学生进行交流和体验日本社会。此前在乒乓球大赛上我们的球队夺冠，而她也获得了作文大赛的冠军，真可谓双喜临门，令人不胜欢喜。想想看，这可真是两个偶然——而且是尤为可喜可贺的偶然——相遇在一起啊！

说起我与《人民中国》的缘分，以前我曾经订阅过好几年，但后来有10多年没有读过。不过，到了2011年8月，"长野县《人民中国》读者会"成立，我又成了《人民中国》的读者。为了寻找两个月一次的读书会的题目，我浏览了第1期的目录，目光停留在《日语作文大赛评比结果》上，开始阅读作文。

当我看到文中有"峰村先生"的字样时，吃了一惊。虽然页面上刊登了作者李钰婧女士的头像照片，可我从没想过那会是我认识的人。我好像做梦一般看完了全文。"怎么会有这样的巧合呢？"我愣了好一会儿，心中无比兴奋，那天晚上一直到凌晨3点多才睡着。我真没想到"你好！"和"谢谢！"的简单交流竟然能够成为她写作的动力。

她的文章写的是"长野市—石家庄市"代表队去北京之前会面的场面。她完全不知道这支代表队会获胜，这恐怕连神灵也无从得知。她还对架起友好桥梁的《人民中国》表达了感谢。天哪，这样的巧合简直不可思议！这样的缘分或许就叫"奇遇"吧！

我烦请《人民中国》东京支局贾局长向北京的编辑部询问了李钰婧女士的邮箱地址和电话号码，连忙给她发邮件，汇报了乒乓球队获胜的消息，并祝贺她作文大赛夺冠。我无法想象她收到邮件时惊喜的表情。后来，我们一直互通邮件，保持了友好的交流。

我还想到一段极其有缘的轶事。

我从2010年9月开始，在青岛市的山东科技大学教授了一年日语。当时，学生中有一位叫做李常清的好青年。我和他一起登山，一起聚餐，留下了许多美好的回忆。在课堂以外，他还积极参加学生会的活动，而且表现出了想要学习日本细微的生活习惯的想法。他还获得过青岛市大学生辩论大赛第二名。长野县高中退休教师组成的访华团（18人）访问科技大学时，他负责接待，各项工作十分尽心尽力。

2012年5月，我们夫妇俩再度访问大学时，曾经建议他参加《人民中国》上刊登的作文大赛。所以，我才没有错过第1期的报道。

李常清君现在在济南市的山东大学研究生院攻读日语。今年1月，我收到了他寄来的贺年邮件，上面写着"今年9月我有可能去日本。现在正在为选拔考试做准备。可选的大学中也有信州大学。"我看到这封邮件后，感到他也在热切地盼望着在长野与我们重逢。我也把李钰婧女士获得一等奖的作文寄给了他。后来，他给我回了好几封邮件。

今年是象征着财富积聚的蛇年。我的钱包没什么变化，不过有比金钱更加贵重的幸运双双降临，对我来说，精神百倍的新的一年开始了。这都是因为《人民中国》带来的奇缘为我们搭建了一座巨大而崇高的友谊之桥。

作者简介

峰村洋　曾在长野县立高中担任语文教师38年。2003年退休后，在中国的沈阳药科大学（4年）和山东科技大学（1年）担任日语教师。现在担任清泉女子学院专科大学兼职讲师、长野县《人民中国》读者会事务局长、长野市日中友好协会理事。

奇遇の友好交流
―― 『人民中国』が橋渡し

峰村　洋

　「日中国交40周年記念行事」に対しては、多くの人たちがわくわくして待ち望んでいたはずだ。当初計画されていた行事の数は、500件を超えようとのことだった。しかし、そのほとんどが「釣魚島」の外交問題をきっかけに、延期または中止となったと聞く。これは、先人たちが築いてきた両国の文化交流やスポーツ交流の積み木を大きく崩してしまったことになる。
　今思えば、昨年の８月に北京オリンピック記念会場で実施された「日中友好都市中学生卓球交歓大会」はぎりぎりセーフの記念行事となったのだ。
　私は、幸運にもこの大会に、長野市（友好都市の石家荘市とペア）チーム随行員としての機会を得た。急遽、団長の北島良一長野市日中友好協会理事長の代理で行くことに決まったのは、出発２週間前のことだったからだ。
　全83チームが５つのブロックに分かれ、試合が始まった。長野市と石家荘市から選ばれた男女２人ずつのチームは快進撃を続け、17チーム参加の第２ブロックで優勝を遂げたのである。
　我々長野市チームは北京入りに先立ち、友好都市である石家荘市を２日前に訪問した。本場中国卓球の「正定国家訓練基地」で練習させていただき、技術はもとよりパートナーシップを深めようとの意図からだ。
　その訓練基地で、若い中国人女性李鈺婧さんが日本語通訳を買って出て献身的な働きをしてくださった。彼女は天津外国語大学院の日本語専攻の学生

だそうで、郷里の石家荘市には夏休みで帰省中とのことだった。

　彼女にとっても初めての通訳が感動的な出来事だったという作文が今年の『人民中国』1月号に載った。何と「笹川杯　作文コンクール2012—感知日本」で優勝賞作品2点の一つに選ばれたのだ。このコンクールは、中華全国青年連合会2012年「中日国民交流友好年」活動の一環として行われたもので、特に未来を築く青少年間の友好交流により両国人民の相互理解と友好感情を深めることを目指しているとのこと。

　作文は、全国52の大学と社会の各界から応募があり、審査は人民中国雑誌社、日本科学協会、中国青年報社の共同で行われたそうだ。優勝賞を得た2人は、今年7月、8日間に渡って日本へ招かれ、学生との交流や社会見学を行うという。卓球大会の「冠軍（優勝）」に加えて、彼女の頭上にも優勝の冠が輝いたのは、正に「双喜」であり、喜びこの上もない。

　思えば、偶然—それも飛び切りおめでたい偶然—が重なったものだ。

　私と『人民中国』について触れるなら、以前は何年か購読していたものの、既に10年以上離れた存在になっていた。それが、2011年8月「長野県『人民中国』読者会」設立を機に読者としての縁が復活することになった。2か月に一度行われる読書会のテーマを捜して、1月号の目次に目をやっていた際この「日本語作文コンクール審査結果」が目に留まり、作文を読み始めた。

　文中「峰村さん」の字が目に飛び込んできたには驚く。筆者李钰婧さんの顔写真も載ってはいたが、まさかそれが面識のある方とは思いもよらなかった。夢うつつのうちに全文に目を通して行く。「この偶然はどこから来たのだろう」としばし呆然とし、おおいに興奮を覚え、その夜は午前3時過ぎまで寝付かれなかった。"你好!"と「ありがとう！」のやり取りが彼女の作文の原動力になったとは…。

　彼女の記事内容は、「長野市—石家荘市」チームが北京へ行く前日での出会い場面。このチームが優勝するとは彼女は、いや仏様さえ知る由もない。友好の橋渡しをしてくれた『人民中国』にも感謝。それはそれは、怖いほどの偶然。こういう縁を「奇遇」と言うのだろうか。

　『人民中国』東京支局長賈さんの手を煩わせて、李钰婧さんのメールアド

レスや電話番号を北京の編集部に問い合わせてもらった。早速卓球優勝の報告と、作文優勝のお祝いメールを発した。彼女の驚きぶりと喜びの様は想像できない。その後も友好のメール交換が続いている。

　ところで、まだ思い当たる縁深いエピソードが残っている。

　私は、2010年9月から1年間、青島市にある「山東科技大学」で日本語を1年間教えた。その時の学生に、李常清君という好青年がいる。彼とは、一緒に山登りをしたり、会食したりと思い出が深い。授業以外でも、学生会の活動に関わったり、日本の細やかな生活習慣を学ぼうという姿勢を見せてくれた。青島市内の大学生弁論大会で2位になったこともある。長野県の高校教員退職者を中心とした訪中団（18人）が彼の科技大学を訪問した際は、その受け入れに尽力してくれたものだ。

　私たち夫婦が2012年5月、大学を再訪した折、『人民中国』で見つけた「作文コンクール」への応募を彼に勧めてみた。そんなことがあって例の1月号の記事を見逃さなかったのだ。

　その李常清君は、現在、済南市にある山東大学大学院で日本語を専攻している。この正月、彼から年賀のメールが届いた。「今年9月に日本へ行けるかもしれない。今選考試験に向け準備中。選択できる大学の一つに信州大学もある。」と。私はそれを見て、長野での再会を彼も切望しているんだと感じた。李鈺婧さんが優勝賞を獲った作文記事を彼にも送ってやった。その後彼からのメールが何度か来た。

　今年は巳年。私の財布の中は相変わらずだが、それ以上に貴重な幸運が重なり、元気百倍の1年がスタートした。これも『人民中国』がもたらした偶然の縁が大きく気高い橋をかけてくれたからだ。

プロフィール

　峰村洋　長野県立高校で国語教師を38年間勤める。2003年退職後、中国の「瀋陽薬科大学」（4年間）と「山東科技大学」（1年間）で、日本語教師を務める。現在、清泉女学院短期大学非常勤講師。「長野県『人民中国』読者会」事務局長、長野市日中友好協会理事。

中国是我心中向往的国家
——庆祝《人民中国》创刊60周年

大野邦弘

我自学生时代起就开始学习书法和水墨画。书画这一文化源自中国，因此，中国就成为了我心中向往的国度。

1979年，我终于得到去中国的机会——作为大正大学访华团成员访问了中国。

访华团由大学教授和学生共25人组成，两周期间访问了北京、西安、洛阳、开封、郑州等城市。大正大学是佛教院校，故日程安排上主要是参观佛教遗迹，最令我感兴趣的则是造访洛阳的龙门石窟。石窟内雕刻了数量众多的佛像，造像铭文均是北魏楷书的杰作。我当时的那股兴奋劲儿至今记忆犹新。

另外，代表团一行在北京探访了道教寺院白云观。当时，一些中国年轻人住在观内，我们还与他们一起打了乒乓球。

其后，中国对日本人开放了个人旅行。于是，我得以多次与中国朋友一起访问北京。

再有，我因教授水墨画，也曾带着学生一起访问了桂林、山东、北京等地，与中国书画老师愉快地交流。

通过多次访问，我加深了与中国书画家间的友情，遂决定待儿子中学毕业后，让他到北京市第55中学留学。那是1990年，当时我儿子住在一座老四合院的一间房子里，代为监护人的是文物出版社的苏士澍先生。

苏士澍先生还是我书画方面的好朋友，我们之间往来亲密，就像一家人一样。

《人民中国》东京支局成立

1986年，外文局在日本设立了中国三刊（《人民中国》、《北京周报》、《中国画报》）东京办事处，于明新（《人民中国》东京支局长）、林国本（《北京周报》东京支局长）、刘璈（中国国际图书贸易总公司东京事务所长）3人就任。

1989年，《人民中国》第二任支局长李惠春女士到任后，加深了与饭能市的密切联系。

饭能市的西野长治先生（曾任三刊读者会首任会长）是《人民中国》的老读者，1977年、1978年曾经两次应"《人民中国》读者友好之翼"邀请访华。当时，李惠春女士是接待陪同人员，提出了在饭能市设立读者会的意向。

两年后的1990年，"饭能市中国三刊读者会"成立了。

饭能市中国三刊读者会成立

1990年8月5日，西野长治先生期待已久的三刊读者会成立大会召开。除了西野会长，我作为副会长也参与策划了成立读者会的相关工作。

饭能市的小山诚三市长、熊谷市的小林一夫市长、法政大学太田胜洪先生出席了读者会成立大会，《人民中国》东京支局长李惠春、中国国际图书贸易总公司东京事务所长刘璈、《北京周报》东京支局长林国本到会，与会者85人，可谓规模盛大。由此开始，饭能市出现了一个致力于"草根交流"的日中友好读者会。

是年，也是我儿子赴华留学之年，我更加积极地参与三刊读者会的活动。我们以召开"日中友好、了解中国"的学习会、讲演会和访问中国、扩大三刊读者数量为由，每年邀请三刊的东京支局长召开三五次会议。

当年年底，三刊读者会发行了会刊《你好》第1期。

1991年，读者会组织了由23人组成的首个访华团，在人民中国杂志社社员

的陪同下游历了北京、洛阳、西安，并拜访了人民中国杂志社。

同年7月，在李惠春女士的安排下，中国驻日媒体记者一行访问了饭能市，参观了当地的相关设施之后，召开了联欢会。

记得当时中国方面的来访者有林国本（北京周报）、李惠春（人民中国）、于青（人民日报）、王健（中国新闻社）、施万玲（光明日报）、林晓利（上海文汇报）、陈鄂生（北京日报）、艾智（中国青年报）、姜波（中国经济日报）、张富生（中国国际广播电台）以及同行者共19人。

当时，中国长江发生洪灾，三刊读者会向中国驻日大使馆送交了慰问金。

此后，我们与《人民中国》东京支局的交流越来越深厚。

与中国交流的见证

1992年11月11日，在我担任副住持的竹寺举行了"牛头明王"铜像开光典礼。

这座牛头明王铜像，是在以中国书画界巨匠启功、董寿平先生为首的中国友好人士赞助下，在中国铸造而成的，是我与苏士澍先生书画交流的见证。铜像台座上的铭文和东渡纪念碑铭文分别由中国佛教协会会长赵朴初和中国书法家协会名誉主席启功挥毫题写，是本寺至高无上的荣誉。

当天，以启功先生为首的7名中方人士光临典礼现场，李惠春女士也出席了典礼并撰文报道了这一盛况。中国大使馆文化部的石军先生（现任东京中国文化中心主任）等100多人出席了这场盛大的铜像开光典礼。

翌年夏，在饭能市的西武饭能PEPE展厅举办了"大野宣白（邦弘）苏士澍书画展"，作为日中书画交流的见证，众多人士临场观看。

1998年，中国发生洪灾之际，以三刊读者会会员为主的75人捐善款17.3万日元，由西野会长和我送交到中国大使馆。

接过西野会长的接力棒

2000年底，本会召开年度总会之际，我接替精心培育"读者会"达10年之久的西野会长，继任读者会会长，并继续开展日中友好活动。2002年，人

民中国杂志社副社长王众一来日期间，三刊读者会组织了一次中国学习会，观赏了电影《和你在一起》，倾听王副社长畅谈以"动荡岁月的中国电影"为题的讲座。

2003年，原《人民中国》东京支局长唐晖先生撰写的《滞日写录——中国人特派员看到的日本》一书出版，我看到由自己题写书名的封面，心中激动不已。

2003年，我与三刊读者会村本副会长、广濑事务局长应邀出席《人民中国》创刊50周年庆典，在典礼现场收到了《人民中国》颁发的感谢信。

2004年9月，《人民中国》访日团于明新社长、李富根副社长以及其他4名团员在张哲支局长，以及后任林崇珍的陪同下来饭能访问，在本寺住了一夜，我以古琴演奏和竹寺素斋款待。同年第12期《人民中国》以《心灵的交往之旅》为题，用3页的篇幅详细地介绍了当时的情景。

2007年，徐耀庭社长以及3名团员在林崇珍支局长、于文记者的陪同下来访，拜访了饭能市长，并与本会会员亲切交流。

2010年，为纪念"饭能市中国三刊读者会"成立20周年，本会6名干部拜访了人民中国杂志社，受到了徐耀庭社长和历任东京支局长的欢迎。

2012年，在日中邦交正常化40周年之际，中国国务院新闻办公室举办了"感知中国in日本"的一系列相关庆祝活动，出版了画册《美丽中国 美丽日本》并在东京日中友好会馆举办了摄影展。7月5日，我应邀出席了摄影展开幕式。该画册的第5部分，刊载了日中双方71人写的贺词，我也有幸名列其中。

同年9月，为纪念读者会创立22周年，在饭能市民活动中心举办了"22年的历程展"，会场上展出了与中国旅行、庆祝活动、友好交流等相关的图片，更有饭能市的泽边市长、徐社长、王总编发来的贺词为展会锦上添花。

另外，作为我个人"与中国的书画交流"，即中国著名书画家赠与的40件作品也一并展出。饭能市市长、贾秋雅支局长、吴亦为记者、李惠春原支局长等众多来宾亲临开幕式现场，场面盛大，气氛热烈。

同时，为纪念创会22年，三刊读者会发行了共计103页的纪念刊《与中国交流22年的历程》。

今年，"饭能市中国三刊读者会"迎来了第23个年头。中国古语云："饮水不忘掘井人"，我由衷地感谢首任会长西野先生等诸位前辈。

现在，《人民中国》迎来了创刊60周年，我送上深深地祝福，同时向人民中国杂志社给予本会的大力支持表示衷心的感谢。今后，我希望进一步巩固日中交流的纽带，子子孙孙友好下去。

衷心祝贺《人民中国》日益发展、日益繁荣。

作者简介

大野邦弘　1946年12月1日出生。自大学时代起，分别跟随中村素堂先生、饭田东篱先生学习书法和水墨画。1979年起，访问中国各地，尤其受益于启功、董寿平二位大师。曾任竹寺副住持（天台宗）、竹心书画院院长、日中文化交流协会会员、饭能市中国三刊读者会会长、饭能市文化协会会长、饭能市美术家协会会长。

慶祝 『人民中国』創刊60周年
―― 中国はあこがれの国

大野　邦弘

　私は、学生時代から書道と水墨画を学んでいましたので、その文化の源流の中国は、あこがれの国でした。
　1979年、その中国訪問の時がやってきたのです。大正大学訪中団の一員に加えていただき参加できたのです。
　大学の教授と学生の25名の団で、北京、西安、洛陽、開封、鄭州を巡る2週間の旅でした。仏教系の大学でしたので、仏教遺跡を中心とした日程でしたが、私は、洛陽の龍門石窟を訪ねるのを一番楽しみにしていました。石窟内には、数多くの仏像が刻されており、その造像銘は、北魏の楷書の傑作です。その時の興奮は今でも思い出されます。
　また北京で、道教の寺院白雲観を探してたどり着き、道観内は紅衛兵の駐屯地でした。そして若い兵隊さんと卓球を楽しんだのも思い出されます。
　その後、個人の旅行が開放され、中国の友人と北京を度々訪れるようになりました。
　また地元で、水墨画の指導をしていましたので生徒とともに、桂林、山東省、北京など訪問し、書画の先生と交流し、楽しみました。
　何回もの訪問により、書画家との交流が深まり、私の息子が、中学校卒業後北京五十五中学に留学することになったのです。1990年のことで、住居は、古い四合院の中の一室でした。その時親代わりに引き受けてくださった

のが、文物出版社の蘇士澍先生でした。

　蘇士澍先生とは、書画の共通の友人として、家族同様のおつき合いとなったのです。

人民中国東京支局設置

　1986年に、三誌の支局が東京に置かれ、于明新（人民中国東京支局長）、林国本（北京周報東京支局長）、劉璬（中国国際図書貿易総公司東京事務所長）が就任されたのです。

　そして、1989年に、人民中国第2代支局長に李恵春さんが着任され、飯能市との深いつながりが始まりました。

　飯能市の西野長治氏（のち三誌の会初代会長）は、『人民中国』の古くからの読者で、1977年、78年と「人民中国読者友好の翼」で招待され、その時の随員が李恵春さんであったことから、飯能市において読者の会の設立に向ったのでした。

　そして1990年に「読者の会」が創立されたのです。

飯能市中国三誌読者の会発足

　1990年8月5日、西野さん念願の三誌読者の会の発会式が開催されました。

　もちろん会長は、西野長治さん、そして、私も副会長として参画いたしました。

　発会式には、飯能市長小山誠三氏、熊谷市長小林一夫氏、法政大学太田勝洪先生が臨席していただき、人民中国東京支局長李恵春さん、中国国際図書貿易総公司東京事務所長劉璬氏、北京周報東京支局長林国本氏が参席くださされ、参加者85名を数え、盛大に挙行されました。これにより飯能市に草の根交流の日中友好の会ができたのです。

　この年、息子が北京に留学したこともあって、この三誌読者の会に積極的に参加することとなりました。この三誌読者の会は「日中友好、中国理解」のための学習会、講演会、中国訪問、三誌読者の普及を目的とし、東京の支

局長さんを招き、年3から5回開催しております。

　この年の年末には、会報「你好」第1号が発行されました。

　1991年には、第1回訪中団として、23名で、北京、洛陽、西安を、人中社のご案内で訪問しました。

　その年の7月には、東京支局長李恵春さんのお手配により、飯能へ、中国報道関係の方々が訪れました。飯能市の施設を見学し、その後交流親睦会が開催されました。

　その時の中国側の出席者は林国本（北京周報）、李恵春（人民中国）、于青（人民日報）、王健（中国新聞）、施萬玲（光明日報）、林暁利（上海文匯報）、陳鄂生（北京日報）、艾智（中国青年報）、姜波（中国経済日報）、張富生（北京放送）等同伴者を含めて19名の方々でした。

　この時には、中国長江大洪水の見舞金を中国大使館へお届けいたしました。

　これ以来、人民中国東京支局との交流が深まったのです。

中国との交流の証

　1992年11月11日、私が副住職の竹寺で「牛頭明王」銅像の、開光式典が行われました。

　これは、私と蘇士澍氏との書画交流の証として、中国の書画界の巨匠、啓功、董寿平先生をはじめ、中国人民有志のご協賛をいただき、中国で製造された銅像で、台座銘を趙樸初（中国仏教協会会長）、東渡記念碑を啓功（中国書法家協会名誉主席の揮毫をいただきましたことは、最高の名誉でした。

　当日は、啓功老師をはじめ、中国から7名の来臨をいただき、人民中国東京支局長李恵春さんも出席いただきました（この記事は『人民中国』誌に掲載していただきました）。

　中国大使館からは、文化部石軍氏（現東京中国文化センター所長）ほか、百数十名の出席をいただき盛大に開催されました。

　翌1993年夏には、飯能市の西武飯能ペペホールにおいて「大野宜白（邦弘）蘇士澍書画展」を開催し、日中の書画交流の証として多くの方々に来場

していただきました。

1998年の中国大水害の折、会員はじめ75名、17万3000円の義援金を集め、西野会長と2人で中国大使館を訪れお渡しいたしました。

西野会長からバトンを引きつぐ

2000年の総会にて、10年間「読者の会」を育てていただいた西野会長から会長を引きつぎ活動を継続いたしました。その中で2002年には、副社長王衆一先生来日の折、中国学習会を開催し、「激動する時代の中の中国映画」と題して『北京バイオリン』のビデオ映画を観賞し、お話を伺いました。

2003年、人中社東京支局長（1997～1999年）であった唐暉氏が「滞日写録」－中国人特派員が見た日本を出版され、題字揮毫の以来があり、表紙を飾ることができ大変感激いたしました。

2003年、『人民中国』創刊50周年祝賀式典に招かれ、村本副会長、広瀬事務局長と共に出席し、会場で感謝状をいただきました。

2004年9月には、人中社訪日団于明新社長、李富根副社長ほか4名が東京支局長張哲さん、後継者林崇珍さんの案内で来飯され、私の寺で1泊、境内で琴の演奏、精進料理で歓迎いたしました。この時の様子が『人民中国』12月号に「心と心が触れ合った旅」として3ページにわたり大きく掲載されました。

2007年には、徐耀庭社長ほか3名が林崇珍支局長、于文記者の案内で来飯され、市長を訪問し、その後会員との交流親睦を深めました。

2010年は「飯能市中国三誌読者の会」創立20周年を記念し、役員6名にて人民中国雑誌社を表敬訪問し、徐耀庭社長をはじめ、東京支局長をされた方々の歓迎を受けました。

2012年は、日中国交正常化40周年の年にあたり、中国国務院新聞弁公室は「感知中国in日本」と題した一連のイベントを開催され、その中で「美しい中国、美しい日本」の写真集が出版され、その写真展が東京日中友好会館において開催され、7月5日オープニングが行われ出席いたしました。

この写真集の第5部では、日中双方より71名の方々のメッセージが掲載されており、その一人として私も紹介されました。
　この年の9月読者の会創立22年を記念し、飯能市民活動センターにおいて、「22年のあゆみ展」を開催いたしました。会場には、中国旅行、行事、交流などの写真を展示し、沢辺飯能市長、徐社長、王総編集長からお祝いのメッセージが飾られ花を添えました。
　また、私の「中国との書画交流」として、中国の著名書画家から贈られた40点あまりの作品も展示しました。
　オープニングには、飯能市長をはじめ、賈秋雅支局長、呉亦為記者、李恵春元支局長をはじめ大勢のご来場をいただき盛大に開催することができました。
　そして、22年を記念して『中国との交流22年のあゆみ』（103ページ）の記念誌発行もいたしました。
　「飯能市中国三誌読者の会」は、本年23年目を迎えました。「水を飲むときは井戸を掘った人を忘れてはいけない」という古い中国の言葉があります。初代西野会長をはじめ、諸先輩に深く感謝申し上げる次第です。
　そして、ここに、『人民中国』創刊60周年を迎え、お祝いいたすとともに、当読者の会に絶大なるご支援をいただきましたことを深く感謝申し上げます。これからも日中交流の絆を一層強くし、子々孫々までの友好を続けていきたいと思います。
　『人民中国』のますますのご発展とご繁栄をお祈り申し上げます。

プロフィール
　大野邦弘　1946年12月1日生まれ。大学時代より、書は中村素堂、水墨画を飯田東籬に指導を受ける。79年から中国各地を訪問、特に啓功・董寿平師から益を受く。竹寺副住職（天台宗）、竹心書画院院長、日中文化交流協会会員、飯能市中国三誌読者の会会長、飯能市文化協会会長、飯能美術家協会会長。

1992年11月11日，启功先生（左）光临竹寺"牛头明王"铜像开光典礼。
1992年11月11日に竹寺で行われた「牛頭明王」銅像の開光式典に出席した啓功氏(左)

2003年9月20日，作者（左一）应邀参加《人民中国》创刊50周年庆典。
2003年9月20日、『人民中国』創刊50周年祝賀式典に招かれた際の記念写真（左端が筆者）

2010年9月，纪念"饭能市中国三刊读者会"创立20周年之际，该会6名干部拜访人民中国杂志社。
2010年9月「飯能市中国三誌読者の会」創立20周年を記念し、6名の役員が人民中国雑誌社を表敬訪問

过去、现在和未来
——《人民中国》和读者同行

朝浩之

我记得第一次看到《人民中国》是在1971年。上个世纪60年代后期，大学斗争（日本的学生运动，主要是私立大学反对学费上涨的斗争——译者注）达到顶峰，在硝烟尚未散尽之际，我步入了大学校门，所做的第一件事就是和三个高中同学去寻找社会科学类的社团。我们加入的是二战前创办的历史悠久的中国研究会。该会当时已经确定了当年的研究课题，那就是"中苏论战"。在活动室的书架上摆放着《无产阶级文化大革命资料汇编》、《中共党史资料集》等数量庞大的书籍和杂志，其中就有该会定期订阅的《人民中国》和《北京周报》（我也曾看到《中国画报》，但不确定是否是定期订阅）。

加入社会科学社团，是身为"政治青年"的我们迫于当时环境的有意之选，但加入中国研究会纯属偶然。这也是我在整个大学期间，拼命寻找不受独裁党派影响的社团的最终结果。第二年，我们将"文化大革命"列为年度研究课题进行讨论。于是，我被现代中国深深吸引。在此过程中，《人民中国》和《北京周报》成为我了解当代中国的重要信息来源。

从大学退学后，为了从混乱的生活状态中振作起来，我开始登山健体。我觉得身体强壮了，头脑也需要丰富，便尝试此前不太关注的汉语学习，开始到中国研究所附属汉语研修学校上晚课。后来到东方书店工作，就是因为认识了同在那里教课和学习的该书店员工。

如果不是和中国研究会相识，我也许不会成为《人民中国》的读者。如果

没有到东方书店一直做和中国相关的工作，我也不会被现代中国，甚至数千年前的历史、思想和文学的无穷魅力所折服。

去年秋天，我正努力编写"NHK特别节目 中国文明之谜"的同名书籍《中国文明之谜》（NHK出版）的部分内容。然而，随着出版临近，我的内心也涌现出了不安。节目真的会如期播出吗？由NHK联名主办的"中国王朝瑰宝"展（东京国立博物馆）能顺利召开吗？幸运的是，节目顺利播出，展会也如期举行了，避免了只有书籍孤军奋战的局面。该书在展会现场热卖并加印。虽然，当时的政治局面很严峻，但幸亏有对中国文化感兴趣，来展会参观的人们和购买书籍的读者的支持。回过头来想，正是《人民中国》让此前仅仅局限于关注政治领域的我对中国有了更广泛的关注。可以说，是上述人们一直在支持着《人民中国》的发展。当然，现实是复杂的。因为现在对于中国的历史情感已经左右不了对于中国的当代情感。如此发展下去，对于中国的历史情感将有失去的危险。一旦政治风暴来袭，文化必然被逼入角落，无人问津。

2003年，《人民中国》创刊50周年之际，"非典"引发了骚动。在东京举办纪念研讨会时，当时就职于东方书店的我也作为秘书处成员参与其中，但受到非典的影响，不得不放弃对人民中国杂志社社长沈文玉女士和原文化部副部长刘德有先生的邀请。虽然，因为技术问题他们没能通过视频交流参加会议，但从北京寄送过来了致辞的录像带，再加上两个月后在北京召开的纪念庆祝大会，可以说中日双方的相关人士共同参与了这次纪念活动。

今年《人民中国》将迎来创刊60周年，日中关系的严峻局面远远超过了当年的非典骚动，围绕钓鱼岛问题，两国立场严重对立，两国关系陷入了实现邦交正常化以来的最低谷。去年，原本是纪念邦交正常化40周年的重要年份，但中日双方没能一起庆祝。在这种情况下，当我看到面向读者的征文通知时非常惊讶。因为《人民中国》没有忘记读者！

我也有话想对日本政府和中国政府说。不管当时局面如何，中日两国没能共同庆祝邦交正常化40周年都是一件非常遗憾的事，让人有一种无处发泄的愤懑。那些在实现邦交正常化之前就关注中国，对中国抱有亲近感的人们和我一样心情吧。

所以，利用这次征文的机会，我想自我反省一下这次的事端。

可以说，日中邦交正常化的成立前提是日方反省过去的侵略战争，中方接受日方的反省。这超越了侵略者和受害者的立场差异，应该体现彼此对于战争的真实感受——或者说是希望日中两国间不要再发生战争的信念。同时，邦交正常化的成立也是基于判断当时国际形式的两国政府的政治决断。所以，我们需要坚定信念不被局势所左右，在政府间逐渐形成一种共识，坚定不移地执行应对突发状况的政治决断。这次纷争，是两国政府懈怠上述努力的必然结果。不可否认作为侵略方的日本责任重大。无论是政权机构还是民间，不了解战争的人占了大多数，对于可能发生的战争以及战争结果的认识模糊是不可避免的，但如果不能消除对过去战争的错误认识，就不能抵制民族主义的井喷。

虽然走过了邦交正常化40周年，此次事态还是暴露出日中两国没有形成彼此信赖的事实。国家和国家想要成为朋友，就要像实现邦交正常化一样克服许许多多的困难，不是轻而易举可以实现的。之所以说还有希望，是因为作为个体的日本人和中国人有比40年前更有利地成为朋友的环境。能够影响世事变迁的政界人士、经济界人士、学者和媒体人，应该像实现邦交正常化之前那样，正因为处于艰难的环境中，才更不能中断友谊。解决领土问题的根本取决于国家关系，国家关系不改善，此次的事态就无法收场。尽管如此，包括我们普通市民在内，两国民众的努力也很关键。如果我们把争取更多人成为朋友的路都堵死的话，那么两国矛盾升级的结果只能是损失更多的国家利益。虽然没有十足的把握，但我们只能依靠两国人民友谊的积累来支撑中日关系实现国家间的友好。在这一点上，我认为《人民中国》所能起到的作用无限巨大。

《人民中国》创刊的前二十年，两国间还没有政府往来。所以，她发挥了日本和中国间的桥梁作用。对于《人民中国》而言，那时与现在，哪种环境更艰难无从推论，但能从国家间未建立国交的时代发行至今，可以说是和当时中国政府的对日政策分不开的，同样也是在读者的陪伴下或者说支持下得以实现的。面对此次的事态，我们都应该铭记那段历史的意义。

在日中恢复邦交正常化后，日中间的交流日益加深，随着日本人在中国当地进行采访以及搜集中国信息越来越方便，时事评论性的《北京周报》、图片

为主的《中国画报》这些刊物与在日本发行的同类杂志的区别已经不大了，所以估计纸质媒体的发行也不得不寿终正寝。曾经的"三刊"中只有《人民中国》一本纸质媒体保留至今，中国人（本国人）对中国（本国）的情况进行采访、编辑、翻译成日语（外语），面向日本人（外国人）发行，这在世界范围内也是稀缺的、独特的编辑发行体制，如果充分发挥这一优势，就可以创办出日本同类期刊无法模仿的风格。虽然电子出版时代到来，纸质媒体的未来发展还不明晰，但至少现在还是纸媒占上风。希望《人民中国》还能迎来更多的纪念之年。

最后我想引用创刊号的"创刊词"，因为，虽然走过了60年，《人民中国》和我们读者一起，依然面临着中日共同课题不能解决的严峻现实，所以希望可以将之作为对《人民中国》以及各位社员的支持。

"（《人民中国》向日本读者介绍当代中国，谋求理解——笔者归纳）是促进中日两国人民的友谊，拥护远东地区和世界和平的需要。""我们希望在国与国之间，也建立如知己一样的关系。"

这篇稿子我也同时献给已故的朋友金田直次郎先生。他在人民中国杂志社工作期间重病归国，于去年2月撒手人寰。他作为日籍员工在人民中国前后工作了11年，相信他也会和我有共鸣。

作者简介

朝浩之　1951年出生。在早稻田大学读书期间参加中国研究会。1975年进入东方书店，1978年作为"中国三刊友好之翼"秘书首次访华，工作到2005年。现为船桥市日中友好协会理事、国际教育交流后援会监察人、东方书店监察、自由编辑。

過去─現在─未来、『人民中国』は読者と共に歩まん

朝　浩之

　私が初めて『人民中国』を手にするようになったのは1971年のことだと思う。1960年代後半に頂点に達した大学闘争の余燼がくすぶる中、大学に入学して、高校同期の友人3人と最初に行ったことは、社会科学系サークルを探すことだった。入ったのは戦前に創設された伝統をもつ中国研究会である。会には年間研究テーマなるものが定められていたが、その年のテーマは「中ソ論争」であった。部室の書棚には『プロレタリア文化大革命資料集成』『中国共産党史資料集』などなどの相当量の書籍や雑誌が揃えられていたが、その中に会が定期購読していた『人民中国』と『北京週報』があったのだ（『中国画報』も手にした記憶はあるが、定期購読していたかは定かではない）。

　社会科学系サークルを目指したのは、時代の情況に押された「政治」青年であった私たちの意識的な選択であったが、中国研究会に入ったのは偶然であった。全学に独裁体制を敷いていたセクト（党派）の影響力が及んでいないサークルを必死になって探し、たどり着いた結果なのである。しかし、2年目になって、私たちの学年も議論に加わって「文化大革命」を年間研究テーマに据えたころには、私は現代中国に強く惹かれるようになる。それに伴って『人民中国』と『北京週報』は、中国の今を知る重要な情報源となっていった。

　大学をやめたあと、乱れた生活を立て直すべく、体にいいこととして山登りを始めた。そして頭にいいこともしなければと思って、それまでは関心の

埒外にあった中国語を学んでみようと、中国研究所付属中国語研修学校の夜間部に通い始めた。東方書店に入社したのは、そこで社員の老師（教師）と同学（生徒）に出会ったことに拠る。

中国研究会と出会うことがなければ、『人民中国』の読者にはならなかったかもしれない。東方書店に入社して中国と関わりつづけることがなかったなら、現代中国にとどまらず、数千年の歴史、思想、文学と、汲み尽くせぬ中国の魅力に魅了されることはなかったであろう。

昨秋のことである。私は「NHKスペシャル 中国文明の謎」の関連書である同名の書『中国文明の謎』（NHK出版）の一部を書くために奮闘していた。しかし、出版が間近に迫るにつれ不安が増幅していった。はたして番組は予定どおり放送されるのだろうか、NHKが主催者として名を連ねる「中国王朝の至宝」展（東京国立博物館）は無事開催できるのだろうか、と。幸いにして、放送も展覧会も予定どおり行われ、書籍だけが孤軍奮闘しなければならないという事態は避けられた。書籍は展覧会場で多数売れたこともあり、増刷することもできた。厳しい政治状況にもかかわらず、中国の文化に関心をもち、展覧会場に足を運ぶ人びと、書籍を買ってくれる人びとがいることに救われた気がした。翻って考えてみるに、政治分野に限られていた私の中国への関心領域が広がっていったのは、『人民中国』の存在を抜きにしては語れない。察すれば、前記のような人びとによって『人民中国』が支えられてきたと言っていいはずだ。もちろん事は単純ではない。今や、歴史中国への親近感が現代中国への親近感につながらなくなっているのだから。このままでは歴史中国への親近感も失われていくのではないかと危惧される状況なのだから。ひとたび政治の嵐が吹きまくれば、文化が隅に追いやられてしまうのは必定だ。

創刊50周年あたる2003年には、SARS騒動があった。東京で開催された記念シンポジウムには、東方書店在職中だった私も事務局の一員として関わったが、騒動の影響を受けて、人民中国雑誌社社長と劉徳有元文化部副部長の招請は断念せざるを得なかった。それでも、お二方の衛星回線映像による参

加は技術的問題が解決せず実現できなかったものの、北京から送られてきたビデオ映像による参加が実現でき、2カ月後に北京で開催された記念祝賀大会と合わせて、記念の年を日中双方の関係者が共に祝うことができた。

60周年を迎えた今年、日中関係は騒動をはるか超え、釣魚島をめぐって両国は激しく対立し、国交正常化以降、最悪の状況にある。昨年の国交正常化40周年という記念すべき年も、日中双方で共に祝うことはできなかったのである。このような状況にあって、読者から記念原稿を募集するという告知が掲載されているのを見て、驚嘆した。『人民中国』は読者を忘れてはいないと！

日本政府にも中国政府にも言いたいことはあるが、ここでは、どのような状況にあれ、国交正常化40周年を日中が共に祝えなかったことは残念無念であり、ぶつけようのない怒りを感じているとだけ訴えよう。この思いは国交正常化前から中国を見つづけ、中国に親近感を抱いてきた人びとに共通するものであろう。

そこで、この原稿を書く機会に、私は内省的に今回の事態を見つめてみることにした。

日中国交正常化とは、一つの言い方をすれば、日本側が過去の戦争（侵略）を反省し、中国側が日本側の反省を受け入れることによって成立したと言える。それは加害者と被害者という立場の違いを超えて、それぞれがもつ戦争に対するリアリティ——言い換えれば、再び日中間で戦争を起こしてはならないという意志——を体現したものであったはずだ。それは同時に、当時の国際情勢を判断した両国政府の政治的決断から成立したと言えるものでもあった。であるが故に、状況に左右されざるを得ない政治的決断を、状況に左右されない意志を固めることによって、揺るぎないものにしていく政府間の合意形成の積み重ねが必要だった。今回の衝突は、そのための努力を、両国政府が怠ってきたことによる必然の結果という側面は免れないのではないか。侵略した側である日本側の責任が大きいことは言うまでもない。政権中枢においても市井においても、戦争を知らない世代が大勢を占めるように

なり、起こりうる戦争、戦争の結果へのリアリティが希薄になっていくのは致し方ないにしても、過去の戦争への認識の違いを埋めることができないままではナショナリズムの噴き上がりに抗うことはできない。

　今回の事態は国交正常化40年を経てなお、日本と中国には国家間の信頼醸成がなされていない現実をいみじくも露呈したと言える。国家と国家が友人となる道のりは、国交正常化への道のりが幾多の困難を乗り越えなければ達成できなかったように、簡単なことではなさそうだ。救いがないわけではないのは、個々の日本人と個々の中国人が友人となれる環境について言えば、40年前に比すれば飛躍的に好転しているという現実だ。オピニオンリーダたる政界人・経済人・学会人・報道人は、国交正常化前がそうであったように、困難な状況にあるからこそ、友人関係を絶やすべきではない。領土問題の根本は国家関係にあり、そこが解決しない限り今回の事態を収束することはできない。かと言って、私たち市井の民を含め、両国人が一人でも多く友人同士となる道まで閉ざしてしまうなら、主張のエスカレートの先には両国の多大なる「国益」の損失しかないではないか。実に心許ない限りであるが、両国の個々人同士の友人関係の総和によって、国同士も友人となる日が来るまでの日中関係を支えていくしかないのである。この点において、『人民中国』が果たしうる役割は限りない可能性をもっていると考えている。

　『人民中国』初期の20年間は国交のない時代の発行だったが、日本と中国の懸け橋としての役割を果たしていた。『人民中国』にとって現在とどちらが困難な状況なのかを推しはかることはできないが、国家間が不正常な状態であった時代に発行され（発行し）つづけられたのは、時の中国政府の対日政策にも拠ろうが、読者と共に歩んでいた、裏返して言えば読者に支持されていたことにも拠ると思う。今回の事態を目の前にして、このことの意味は確と銘記されてよい。

　理論誌『北京週報』、グラフ誌『中国画報』は国交正常化以降、日中間の交流が深まり、日本人による中国取材、また中国情報収集が容易となるにつれ、日本で発行される競合誌との差別化が難しくなったことが要因ともなっ

て、紙媒体による発行をやめざるをえなかったのだと推測している。「三誌」と呼ばれた中で唯一紙媒体として残った総合誌『人民中国』は、中国人（自国人）が中国（自国）について取材・編集し、日本語訳（外国語訳）し、日本人（外国人）読者へ向けて発行するという世界でも希有なユニークな編集・発行体制を活かし、日本発行の競合誌がまねのできない誌面を作ることができるのである。電子出版時代の到来と言われ、紙媒体雑誌の行方は不透明極まりないが、現時点では未だ紙媒体の力に軍配が上がろう。『人民中国』が記念年を重ねていくことを願ってやまないのである。

　最後に創刊号の「発刊のことば」を引用して、60年を経た今日、『人民中国』と私たち読者が共に、依然として日中共通の課題が達成できていない厳しい現実に立ち向かっていくことに思い致し、『人民中国』、そしてスタッフの皆さんへの声援とする。

「（『人民中国』が日本人読者に現代中国を伝え、理解を求めようとするのは──筆者要約）中日両国民の友誼を促進するためにも、また極東の平和と世界の平和を擁護するためにも必要なことである」「国と国との関係においても、われわれは『知己』といえるほどの関係を結びたいものである」

　──昨年2月、人民中国雑誌社在職中に病に伏して帰国し、不帰の人となった金田直次郎さん、日本人スタッフとして足かけ一一年にわたり『人民中国』に関わった、思いを同じにするであろう我が友に本稿を献げる。

プロフィール

　朝浩之　1951年生まれ。早稲田大学時代は中国研究会に所属。75年東方書店入社、78年「中国三誌友好の翼」秘書として初訪中、編集会社在席期間を挟んで2005年まで勤務。船橋市日中友好協会理事、国際教育交流後援会監事。フリーランス編集者。東方書店監査役（元取締役）。

我与《人民中国》的不解之缘

鲛岛洋一

衷心祝贺《人民中国》创刊60周年。我第一次阅读《人民中国》是在40多年前，由于年代久远，现在对当时的内容已经没什么印象了。这是我第一次投稿，我想试着回顾一下50多年来"我与中国"的故事。近年来，各大报纸和电视节目越来越乏味，令人无心关注，加上年纪大了，眼睛也不好，所以我完全不看书了，但今年我打算重新开始看书，因为媒体上铺天盖地的反华报道使我产生了一种逆反情绪，坚定了我读书的决心。

可是，我家附近没有大型书店，订购要求也一直没有回音，最后只能拜托住在北九州的孩子帮忙。他很快帮我办了手续，付了款，我对此很是感激。

过去的事情我想后面一边回忆一边写，当我再次阅读到《人民中国》时，真有点目瞪口呆的感觉——页面清爽，内容充实，就像与多年不见的朋友重逢一般令人欣喜。我之前曾经订阅过两三年，后来因为上班和生意繁忙，很长一段时间没有再读，现在真是百感交集。令我感到意外的是，杂志竟然不是从北京邮寄过来的。当时，我住在京都，在东方书店订购后，由中国国际书店连同《北京周报》、《中国画报》一起直接寄到我的手中。大学假期回老家的时候，我在西乡隆盛像前的中央公民馆内听了被称为"火车头人"的前社会党党首浅沼稻次郎的演讲，他提出应该推进崭新的"日中友好"，这一观点在当时还比较罕见，他那充满气势的声音至今仍回响在我的耳畔。当时，日本也存在一股具有反华色彩的潮流，浅沼先生还曾被投掷鸡蛋。遗憾的是，后来他遭到山口乙矢刺杀。受中国电影的影响，为进一步了解中国，我于1966年在大阪的大安

书店购买了埃德加·斯诺撰写的《红星照耀下的中国》一书。这本历史书籍首开先河，总结了中国革命的伟业，是一本好书，想必今后也将有人续写。

还有一本书好像是史沫特莱的《伟大的道路》，记述了中国共产党领导下的工农红军前往延安的长征。"不拿群众一针一线"，这样一种八路军的铁的纪律和诚恳的态度，与"为人民服务"一样，都有助于防范当下的官僚腐败和作风堕落问题，为了赢得人民的信赖，必须坚持上述原则。我读过《三国演义》、《西游记》、赛珍珠的《大地》以及《鲁迅选集》等书，但读得最多的还是毛泽东的书。如《毛主席语录》、《毛泽东选集》、《实践论》、《矛盾论》、与农村问题相关的书籍等，还有贝冢茂树撰写的《毛泽东传》。毛泽东的伟大，甚至令我感到有些敬畏。

我对林彪事件感到有些震惊。人民公社的实践、"农业学大寨"等报道生动地讲述了相关情况。

我认为，文化大革命是破坏旧制度，创造新社会之际不可避免的阵痛。方针提出后，年轻人有些过激，都用大字报等方式响应，如果用开车来比喻，就是周恩来的刹车有效地压制住了毛泽东的油门。他直至生命的最后一刻，仍旧心系中国的未来，在病床上忘我地工作，这种精神令人敬佩。我认为两位伟人的死都重于泰山。我记得当时存在这样一种训诫：要分清"谁是我们的朋友，谁是我们的敌人"，还有一项严格命令：认为"资本主义是敌人"，所以决不可败于资本主义。我还觉得"没有改革的社会主义必将灭亡"真是贤者的名言。中国进行改革开放时，我曾担心是否会走向修正主义，但邓小平妥善地将政治和经济分离开来，几经困难后终于朝着正确的方向前进，将中国经济融入了世界市场，我很钦佩他的才能。

我在鹿儿岛参观了有关日军南京大屠杀和石井四郎731部队的图片展，对于细菌战、人体试验等惨无人道的行为，我感到十分歉疚，认为必须认真道歉。图片展介绍说关东军企图毁灭证据，对其进行焚烧，然后逃离。战后，石井四郎为了保全性命，又和美军做了一笔资料交易。我想通过贵刊了解后来纪念碑的建设情况等。有道是"战争源自外交的失败"，但又存在"与其发动正义的战争，不如保持非正义的和平"之说。据说印度的甘地在发动反对英国殖

民统治的斗争时，尽管人民饱受压迫，他依然未选择武装斗争，而坚持非暴力不合作原则，并开展了手工纺织运动。作为倡导和平的先驱领袖，其伟大之处无人能及。日本虽然做了愚蠢的行为，但日本人民却从战败中获得了唯一值得骄傲的宝贵财富。那就是宪法第九条中的"放弃战争"。我认为，为了维护和平，必须坚持这一点。然而最近，日本新任首相企图篡改法律、重新恢复据说是德国纳粹党首希特勒一手建立的国防军以替代自卫队。他还表示，首次上任时未能参拜靖国神社，这次任期内一定要去参拜。过去，天皇和首相都是要参拜靖国神社的，但自从供奉了下令杀害了众多中国人、美国人和日本人民的东条英机等战犯后，参拜活动改到了别处。

今年重新订阅《人民中国》杂志后，在第2期中我看到习近平先生访美之际与曾经寄宿过的房东座谈的照片，想起了日本天皇对四川地震的关心，以及习先生对天皇病体的慰问，让人倍感亲切。希望今后能多刊登这样的照片。关于钓鱼岛问题，正如第1期中有人说应该将之关入虎笼，第2期中有人说应将之视为历史问题，对此我表示完全赞同。现在，这只老虎在国会中横行霸道，媒体完全站在相反的立场上进行报道，国民听信了他们的言论。政治家们似乎都只关注选举，把自己的人气指数视为最重要的东西。而国民生活本应是最重要的，但在这样一个社会制度落后的国家，要出现《人民日本》这样的杂志恐怕还是遥不可及的事情。我的余生已时日不多，我想借此机会祝愿贵刊事业蒸蒸日上。

作者简介

鲛岛洋一　1937年生于鹿儿岛县。1945年因美军空袭轰炸而失去了家园。1961年毕业于旧大阪外国语大学印度语系，对中国非常感兴趣，曾阅读过大量毛泽东的著作，曾在公司工作过11年，后经营过33年水果生意，2013年开始再次订阅《人民中国》。

『人民中国』との深い縁

鮫島　洋一

　創刊60周年おめでとうございます。初読は40数年前ですが、古い話でほとんど思い出せません。このような投稿も初めてで、勝手ながら「私と中国」ということで50数年を振り返ってみます。最近、大新聞、テレビ等が全くつまらなくなり、見るのも厭になり、老化や強度の近視乱視などのため、本も全然読んでいなかったのですが、今年になって再読を思いだし、メディアの反中国のひどさが反発心を後押しして決心しました。

　しかし近くに大きな書店がなく申し込みがままならずやっと北九州に住む子供に頼みました。すぐ手続きをしてくれ自分で支払いも済ませてくれたので感謝しています。

　昔のことは後で詳しくその当時の事を思い出し書きますが、再読した時は、「目の鱗」が落ちたような驚きでした。紙面も明るく充実した内容に、何年振りかの友人に会ったような気分になり嬉しかった。前は2、3年の購読だったと思うが、会社勤めや商売の忙しさに紛れて長い間のご無沙汰で感激しました。ただ私が予想外だったのは北京からの直送ではなかったことでした。当時は京都に住んでいて、東方書店に依頼、『北京週報』『中国画報』と共に、中国国際書店より直送して貰っていたと思います。大学の休みの帰省中、人間機関車とも云われた元社会党党首浅沼稲次郎さんの講演会を、西郷隆盛像の前の中央公民館で聞き、先生の当時では珍しく斬新な「日中友好」を進めるべきとの迫力満点の声が今でも耳に残っています。当時も反中国みたいな

流れがあり、卵を投げられてしておられた。残念乍らその後、山口乙矢に刺殺されました。中国映画を見て、中国をさらに理解しようと、エドガー・スノウ著の『中国の赤い星』を1966年大阪の大安書店で購入した。革命の偉業を初めて報告した歴史書は素晴らしくこれからも語り継がれるものと思う。

スメドレーの『偉大な道』だったか、忘れてしまったが、延安への長征を書いたものだったと思う。「農民から借りた物は針1本でも必ず返す」という八路軍の鉄の規律、誠実な姿勢は「人民に奉仕する」と同じで、現在の官僚の腐敗、堕落防止にもつながる事で、人民からの信頼を得る為に必ず守らなければならぬ事と思う。『三国志』『西遊記』パールバックの『大地』『魯迅選集』等読んだが、やっぱり毛沢東の本が一番多い。

『語録』『選集』『実践論』『矛盾論』、農村に関する書物。貝塚茂樹著『毛沢東伝』。その人物の偉大さにはただ畏敬の念さえ覚えます。

林彪事件では少し驚いた。人民公社の実験、「農業は大寨に学べ」等誌面から生々しく伝わりました。

文化大革命は古い制度を壊し、新しい社会を生み出す時には必ず通らなければならぬ痛みだったと思う。方針が打ちだされ、若者が行き過ぎ乍ら壁新聞等で呼応し、自動車に例えると毛のアクセルに対し、周のブレーキの調整は見事で圧巻でした。最後まで中国の将来を案じ、自身の身をかえりみず病床から闘われた姿は立派でした。2人共泰山の如き死だったと思います。「誰が真の見方で、敵か」と見分けよの訓辞、「資本主義は敵」だから決して負けるなとの厳令があったと思う。「改革無き社会主義は必ず滅びる」は賢人の名言だったと思う。市場の改革解放の時は、修正主義にはいっていくのではないかと、危惧した憶えがあるが見事政治と経済の分離により、幾多の困難の後に正しい方向に見事経済を世界の市場に広げられた鄧小平の手腕には感心しました。

中国人民に対する日本軍の南京大虐殺、石井四郎の731部隊の写真展示会を鹿児島で見ましたが、細菌戦、人体実験はあまりのひどさに申し訳なく、深くお詫びせねばなりません。関東軍共々、証拠隠滅を計り、焼き払い、逃げ帰り、戦後、その身柄の保全と引き替えに、資料取引を米軍と行ったと

伝えられている。その後の記念碑の建設状況等を、貴誌で知りたいと思う。「戦争は外交の失敗から生まれる」と云われるが、又、「正義の戦争より不正義の平和の方がましだ」とも云われます。インドのガンジーは、対英植民地戦争の際は、大砲の弾の替わりに人民がつめられたりしても、無抵抗主義、非暴力主義を最後まで貫き、糸繰り車を紡いでいたそうです。平和の第1人者として誰にもできない様な偉さです。愚かなところだけの日本人民だが、唯一、世界に誇れる宝物を敗戦から得た。それは、憲法九条の「戦争放棄」です。これだけは平和の為に、死守せねばならぬと思う。ところが最近、法の改悪を計り、自衛隊に替わり、ナチスのヒットラーが作ったと云われる国防軍を又、復活しようと試みる宰相が現れた。「靖国神社」も1回目の時にできなかったので今度は是非やりたいそうだ。参拝は、以前、天皇も総理も行っていたが、中国、米国人等にも、日本人民にも大量殺人の蛮行を命令した東条以下の戦犯が合祀される様になってからは別の方へ行かれる。

今年再読後の2月号で習さんが、訪米の際、部屋を借りていた人々との写真は、日本での天皇の四川地震等へ、習さんの天皇の体へのお見舞いが語られていた時を思い出し、親しみを感じました。今後も、この様な写真があったらと思いました。釣魚島も1月号のトラのオリのこと、2月号の歴史問題としてのとらえ方は、私も全くその通りと思うのですが、現在トラは国会で大威張り、メディアは全く逆の立場で報道し、国民はそのまま受け止めています。選挙ばかり意識して人気が第一と考える様に思われます。国民の生活が第一の筈ですが、社会制度が遅れたこの国では、『人民日本』の雑誌ができるのは、まだ遠い遠い先の様です。貴誌のますますの発展をお祈りして、余命幾許も無い私の筆を取るのも終わりにしたと思っています。

プロフィール

　鮫島洋一　1937年鹿児島県生まれ。45年米国空襲で家が爆破される。61年旧大阪外語大インド語科卒、中国に感心が強く、毛沢東の本も沢山読み、会社11年、果物商33年間は殆ど仕事のみで今年から『人民中国』を再読する。

《人民中国》，让我与中国结缘

町田忠昭

从杂志上看到《人民中国》将迎来创刊60周年，我感慨万千。因为，我也可以借此回顾一下自己与中国结缘的人生经历。

作为一个日本人，可以说，我阅读了60年间的所有《人民中国》杂志。

既然是60周年，那创刊应该是在1953年。那一年的3月，是中国经历了抗日战争、解放战争和朝鲜战争之后，滞留中国的日本人的首次回国。他们在新中国生活了4年多，展示给我们一种作为劳动者满是自豪感的全新形象。新中国诞生后不久成立的日中友好协会，设立了归国协力会，负责归国青年的相关工作。这里的社会学专业的教师很有想法，招募归国者作为讲师，介绍新中国的情况，媒体也大力报道此事，当时被称为"归国者旋风"。《人民中国》和《中国画报》等媒体也对新中国的情况做了如实报道。

当时，朝鲜战争还未结束，中国人民志愿军和朝鲜人民军坚决表示"防第三次世界大战于未然"，以三八线为界进行停战谈判，得到了全世界人民的支持。

我当时和二战中在重庆组织日本人民反战同盟、为中国人民行动的鹿地亘、池田幸子等人有些交往。从他们那里，我听到了关于新中国的一些消息。也是在那时，我第一次看到了《人民中国》杂志。早期的《人民中国》杂志中刊登的反映新中国人民精神面貌的文章让很多人感动，阿部知二先生还把这些文章汇编成了一册单行本。

同年6月下旬，我们要把战争中被强行绑架到日本做苦工而殉难的中国人

遗骨（主要是花冈事件死难者的遗骨）送还给中国。遗骨送还行动虽然出于人道但进展并不顺利，是依靠在日华侨和日本人民的团结努力才得以实现。通过在国会、东京站、舞鹤港的静坐，终于争取到可以从神户港出发送还遗骨。因为国会是政治的中心，所以在国会静坐不难理解。但为什么要在东京站和舞鹤静坐呢？作为送还行动的参加者，我给大家说明一下。

我们把遗骨运到东京站，正要装车的时候，发现竟然让我们把遗骨装在货车里。这种对逝者不敬的做法，让我们愤怒不已。于是，大家静坐在轨道上，要求提供客车。3月份刚从中国归国的归国协力会的青年们，在场讲述了中国是如何对他们提供人道主义帮助，给他们新衣服、支付工资，从生活到交通都给予了周到安排的经过。这些话非常打动人心。池田幸子带着两个女儿也参加了行动，她的小女儿当时大概是小学一年级的学生。那是战创残留、物资紧缺的年代，一直到次日早晨客车才到位，想来国铁的工人们也十分辛苦尽力了。那一夜的东京站成了解放区，大家彻夜举旗高唱革命歌曲。

一些满腔热情、立志于献身新中国建设事业的华侨青年也决定和送还遗骨的船同行。临行前一天的晚上，我们在池田幸子家为其中的几个华侨送行，大家唱起了《义勇军进行曲》等革命歌曲。池田对他们说了格调很高的送行词："联合起来与共同的敌人——美帝国主义战斗！"

归国青年中，有后来重返日本创建了日中科学技术中心的韩老师，也有在日本的大学里任教的教授，还有像郭承敏先生那样在台湾和冲绳的大学里任教的教授。来自台湾地区、韩国、冲绳和日本的民间人士在各地召开了名为"东亚恐怖主义与人权"的国际研讨会。当时，我在冲绳作报告，郭教授对我讲述了他和池田幸子之间的往事。

几年前，我和韩老师一同出席日中合办的中国殉难烈士悼念仪式，说起1953年回国时的3次静坐示威运动，他说道："绝对不能忘记历史。"同样在1953年回国的李顺然老师经常为《人民中国》杂志写稿，追忆中日友好的历史，我怀着十分怀念的心情一一拜读。这些事情都让我切实感受到了鲁迅先生所说的"相逢一笑泯恩仇"的心境。

回到之前送还遗骨的话题上，蒋介石威胁日本政府道："如果华侨青年带

遗骨乘坐同一只船回国的话，就会把船击沉。"日本政府屈服了，让到达舞鹤的华侨青年和遗骨分船而返，华侨青年抗议道："如果不带着遗骨一起回国的话，我们还有何面目回去？与其和遗骨分开回去，不如冒着被击沉的危险和遗骨一起回去！"于是，他们在舞鹤港静坐抗议。从广播中听到此事之后，我从朋友那里借了钱也赶赴舞鹤，参加静坐。我们高呼"我们不是罪犯"，赶走了码头的官方保安，建立了为我方所控制的"解放区"，在舞鹤港据理力争了一个星期，那种团结一致、同仇敌忾的情绪再也不会有第二次了吧。

1952年，日本与美国单独讲和，签订《日美安全保障条约》。这毫无疑问是构建对华包围圈的一个部分。1960年，广大日本民众为反对修订《日美安全保障条约》举行了示威游行。人流涌向国会，要求废除安保条约。日本民众的斗争得到了中国人民的大力支持，他们组织了很多联合行动。

《人民中国》杂志对上述事件都给予了正确报道，还配以极具感染力的版画。50年后的今天回想起来依旧印象深刻。

同年的世界和平大会上，葛饰北斋作为对世界文化做出贡献的日本人，在其200年诞辰之际，被评为世界文化名人。鲁迅生前为中国文化搜集参考资料时，曾要过葛饰北斋等人的浮世绘作品复刻版。想起这件事，我把20世纪60年代初期复刻的葛饰北斋的富岳三十六景中被称为三大传世名作的《凯风快晴》、《山下白雨》和《神奈川冲浪里》送给了人民中国杂志社。

1962年，《人民中国》杂志刊登了反映非洲人民解放运动的版画《独立赞歌》。我对此写了感想寄过去后，《人民中国》和版画的作者林钧联系上，并把他的作品寄给了我。我想在世界上恐怕没有这样为读者尽心尽力的了吧。

还有20世纪60年代初的时候，《人民中国》曾给我送来小月历，该月历中使用了吴凡先生在波兰第七届世界青年和平友谊联欢节上的获奖作品——版画《蒲公英》。上百年来被侵略的中国，独立与和平至关重要，而版画《蒲公英》中快乐的儿童形象正体现了这种向往。改革开放后，我得到了该版画。此外还得到了1950年获国际和平奖的毕加索作品《和平鸽》、日本人上野诚的《广岛三步作》。这些作品都保留在我身边，成为我人生喜悦的源泉。

1960年日美安保条约在包围国会的群众抗议声中，于1月19日自然生效。

到了1964年，日本人民的反对运动像退潮般平息了。那年，毛泽东主席把鲁迅的一首诗赠与访华的日中友好协会代表团。

万家墨面没蒿莱，

敢有歌吟动地哀。

心事浩茫连广宇，

于无声处听惊雷。

《人民中国》杂志刊登了这首诗和对诗的解释，这些内容至今且将永远鼓舞日本人民。

《人民中国》创刊20周年正是中日邦交正常化的第二年，贵刊制作了精美的图片特辑表现全新的中日关系。中日交流取得了飞跃性的进展。

创刊30周年的时候，正值中国改革开放时期，中日两国间的文化交流十分密切，举办了数次版画展。上野诚先生于1980年去世，他的故交中国版画家刘岘先生为他写了悼文，这篇悼文被收集在了1981年出版的《上野诚版画集》中。1988年刘岘先生作为中国版画代表团团长来日本时，送给我一幅鲁迅画像，作为我们友谊长存的象征。

创刊40周年的1993年，在中国人民抗日战争纪念馆举办了"花冈悲歌"展。我积极参加并做了纪念遗骨送还40周年的演讲。演讲前，我提议耿谆、刘连仁、林伯耀先生以及全体在场人员起立共唱《义勇军进行曲》。曾在韩国某杂志上发表过文章《人权之神》的审判花冈事件的主要律师新美隆对那次合唱一直念念不忘。对"花冈悲歌"展，《人民中国》也做了报道。

2000年，对花冈事件的审判达成和解。当时，面对中国记者的提问，我答道："万里长征刚迈出第一步。"中国人民、在美华侨以及日本人都难以接受和解，一直在谴责这个结果。

最近，钓鱼岛又再起纷争。那些不能理解中日邦交正常化中所蕴含的和解精神的日本人，至今头脑中都是明治维新以来的帝国主义思想。改革开放时期做中日贸易的日本资本家曾轻蔑地说过："中国也就是我们想象的那样。"日本海上自卫队也曾狂言："倘若中日之间发生海战，看中国海军能撑得住几个小时！"被看做是战后最右翼内阁，有着甲级战犯岸信介隔代基因的安倍首相

根本就不打算承担绑架中国人做劳工并致死的责任。强行绑架难道不是岸信介所做的勾当么！想到在花冈事件中的牺牲者及其亲人的心情，我也心情沉重。

二战后，新中国诞生，创造了世界史的新时代，现在仍然不断在飞速前进，这是不争的事实。

另一方面，日本目前的不景气也不容否认。面对现实，我们应该冷静对待，以"于无声处听惊雷"的精神继续前行。今年的6月30日是花岗起义的纪念日，届时肯定还会有遗属参加在秋田县大馆市举办的悼念仪式。我会热情地迎接到场的人们。在《人民中国》创刊60周年之际，我想感谢它迄今为止对花冈事件所做的数次报道，同时，也想告诉诸位，在日本北部一些地区，悼念之灯不灭。

作者简介

町田忠昭　1928年1月出生，曾参加名为归还冲绳运动的市民运动、以花冈事件为主的战后赔偿运动，还关注水俣病、参拜靖国神社等问题。

『人民中国』が取り持つ私と中国の縁

町田　忠昭

　人民中国誌が今年で創刊60周年を迎える、と誌上で読んで、感慨一入である。それは、中国に思いを寄せた私の人生を回顧することにもなるからである。
　一人の日本人として、ほぼ、その全期間にわたって読み続けた、言えようか。
　60周年といえば、創刊は1953年であろうか。その年3月、戦火と内戦、朝鮮戦争下にあった中国に残留していた日本人がはじめて帰国した。その人々は、新中国に4年あまり生活して、労働者としての誇りに溢れた、全く新しい人間像を、私たちに与えた。新中国誕生間もなくつくられた日中友好協会に、帰国協力会がおかれ、帰国した青年が業務を行っていたが、心ある社会科の教師は、帰国者を講師に招いて、新中国のあり方を学び、マスコミも大いにそれを紹介し、当時、「帰国者旋風」と呼ばれたものであった。そして、『人民中国』『中国画報』などが新中国の姿を忠実に伝えたのである。
　当時、朝鮮戦争はまだ止まず、「第3次大戦を未然に防ぐ」という、中朝軍の固い決意の下、38度線をはさんで、休戦会議が続けられており、全世界人民もまたそれを支持していた。
　私は当時、故あって、第2次大戦中、重慶において、日本人民反戦同盟を組織し、中国人民の立場に立って活動していた、鹿地亘、池田幸子氏などと接し、新中国についての話を聞くことが出来た。『人民中国』も、ここではじめて見ることになったと思う。初期の『人民中国』誌に載せられた、新中国の人間像のルポタージュほど多くの人に感銘を与えたものはない。日本を

代表する文化人であった、阿部知二先生はそれらをまとめた一冊の単行書を編集され、日本人の要望に応えられたものだった。

　この年6月下旬、戦時中、日本に強制連行された中国人殉難烈士の遺骨（主に花岡事件関係の遺骨）が中国に送還されることになった。人道問題である遺骨送還は容易なものではなく、在日華僑と、日本人民が一体となって取り組んだ成果であった。国会で座りこみ、東京駅で座りこみ、舞鶴港で座りこみ、ようやく神戸港から送還することが出来ました。国会での座りこみは政治の中心であるから当然として、東京駅や舞鶴で何故、座りこんだのか。それについては、直接参加した者として書いておきたい。

　東京駅に遺骨を運び、列車に積もう、としたら、それが荷物を積む貨車であった。激昂した私達は客車を持ってくるよう要求し、線路に座りこんだ。3月に中国から帰国したばかりの、帰国協力会の青年は、中国がどんなに自分達に人道的に尽くしてくれたか、新しい衣服を支給し、それまでの給料を渡し、生活、交通に至るまで、すべて手厚く取計らってくれたことを語り、座りこんだ人々の心をゆり動かした。池田幸子さんも、2人の娘さんと行動を共にしていた。下の娘さんは、まだ小学1年生ぐらいだったと思う。まだ焼跡も多く、物資のない時代、客車を廻すのは、大変で朝までかかったが、国鉄労働者も大変だったと思う。東京駅は一夜、解放区となり、朝まで旗を振り、革命歌を歌い過ごしたものであった。

　遺骨送還船には、華僑青年が、新中国建設に身を捧げよう、と熱い志を抱いて同行していた。その中の幾人かは、前の夜池田さんの宅で送別会を開いた人々であった。皆で中国義勇軍行進曲や革命歌を歌い、池田さんの「共通の敵アメリカ帝国主義と共に戦う」格調高い送別の辞を聞くことができました。

　帰国した青年の中には、再び日本に戻られ後に日中科学技術センターを創られた、韓先生や、日本で大学教授になられた方もいる。また、台湾や沖縄で大学を教えられた郭承敏先生のような方もおられる。台湾、韓国、沖縄、日本の民間有志が、「東アジアテロリズムと人権」の国際シンポを、各地で催したとき、沖縄で報告した私に、郭先生は、わざわざ声をかけに来られ池

田さんとの事を語られていた。また、韓先生は、数年前に日中合同の中国殉難烈士慰霊祭に同席し、1953年帰国時の3回の座りこみを語り、「歴史は決して忘れない」と言われたものであった。同じく53年中国への帰国青年の李順然先生は長く貴誌に日中友好の思い出を寄せられており、懐かしく拝見していた。それらは魯迅先生の「相逢うて一笑すれば恩讐を泯ぶ」の心境を切実に思わせるものがある。

話は遺骨送還に返るが、舞鶴に着いた遺骨と華僑青年は「同じ船で帰れば撃沈する」との蒋介石の脅迫に屈した日本政府が別々の船で返すと言ったので、中国青年たちは「遺骨を奉持して共に帰らなければ、何の面目があろうか。別れて別の船で帰るよりわれわれは、たとえ沈められても一緒に帰ることを望む」と港に座りこんだ。それをラジオで聞いた私は友人に借金して舞鶴に行き、座りこみに参加した。「我々は罪人ではない」と言って港の官舎の守衛を追い出し、解放区をつくり、1週間多くの議論がなされ、歌が交わされた。あのような連帯感は2度と訪れることはないのであろうか。

1952年、アメリカなどとの単独講和は、日米安保条約と共に結ばれた。それはまぎれもない中国包囲網の一環であった。1960年、安保改定という名の強化に際し、広範な日本人民は、安保破棄を叫んで国会に向った。

日本人民の安保闘争を中国人民は熱烈に支持し、多くの連帯行動が組まれた。

それらを人民中国は正確に報道してくれた。力強い版画も誌面を飾った。50年たった今もなおそれらは強い印象として甦ってくる。

その年、世界平和評議会は、世界の文化に貢献した日本人として、生誕200年を迎えた葛飾北斎を表彰した。魯迅先生は生前、新しい中国の文化の参考資料に、北斎などの浮世絵復刻版を求められていた。それらを思い、1960年代はじめに復刻された北斎の富岳36景中の三大物と言われる「凱風快晴」「山下白雨」「神奈川沖浪裏」の3点を貴社に送った。

また、1962年のことである、アフリカ人民の立ち上る姿を描いた「独立賛歌」が貴紙に載った。感想文を送ったところ、作者の林鈞先生と連絡し、作品を送ってくれた。おそらく、世界の何処にもこのように人民に奉仕する

人々はあり得ない、と思ったものである。(ご参考までに、当時の版画と貴誌、康大川先生名のお手紙コピーを同封しました)

　また、60年代の始めの頃、世界平和賞を受けた呉凡先生の「蒲公英」と題する版画を使ったカレンダーが送られてきた。百余年来、侵略を受けてきた中国は、何よりも独立と平和が必要であり、その象徴としての明るい子供の情景であった。私は後に改革開放後、実際の版画を手にすることができた。1950年に世界平和賞はピカソの「鳩」と、日本人上野誠先生の「ヒロシマ三部作」であったが、それらも手元にあって、生の喜びの源泉となっている。

　さて、60年安保は国会を包囲した人民の抗議の声の中、1月19日、自然成立した。潮の引くように、人民の行動が静まった64年、訪中した日中友好協会代表団に対し、毛主席は次の魯迅詩を贈られた。

　万家墨面して　藁莱に没し
　敢えて歌吟の地を動かす哀しみ有らんや
　心事浩茫として広宇に連なり
　無声の処に於いて驚雷を聴く

　この詩は解説と共に貴誌によって紹介され、今も、そして永遠日本人民を励まし続ける存在となっている。

　貴誌20周年は、日中国交回復の翌年であり、新しい日中関係を貴誌は立派な写真特集として出している。日中間の交流は飛躍的に深まっていった。

　貴誌30周年は改革、開放の年代であり、文化交流も盛んで、新中国以来の何回かの版画展もあった。上記、世界平和賞を受けた上野誠先生は80年逝去され、戦前からの友人であった中国版画家劉岘先生の追悼文も、81年の上野誠版画集に納められている。88年中国版画代表団長として来日された先生より魯迅像の軸をいただいた。永遠の友誼である（若干の資料と同封しました）。

　貴誌40周年の1993年、抗日戦争記念館において「花岡悲歌展」が行われた。勇んで参加した私は遺骨送還40周年を語り、前に耿諄さん、劉連仁さんをお呼びし、林伯耀先生と共に全員の起立を求め、国家義勇軍行進曲を共

に歌った。花岡裁判の主任弁護人であった新美隆弁護士は、韓国のある誌上「人権の神」と書かれた人であったが、その共に歌ったことを「あれは凄かった」と言い続けた。「花岡悲歌展」は貴誌にも紹介されている。

　2000年、中国人強制連行を考える会の花岡裁判は和解に到達した。中国のある記者に感想を求められ「万里の長征の一歩を踏み出したもの」と答えた。然し、中国本土とアメリカ華僑、日本人間でも和解を理解できず非難の嵐にさらされ続けた。それらも少し納まった昨今、釣魚島問題が吹きあれている。国交回復における和解精神が理解されない日本人の思考は明治以来、そのままの帝国主義思考である。改革開放の中、中日市場進出した日本資本家は「今や中国はわれわれの思うがままだ」とうそぶき、海上自衛隊は「日中海戦とならば、中国海軍は何時間持つか」と豪語する。戦後最右翼内閣と言われ、A級戦犯岸信介の隔世遺伝子を持つ安倍首相が、中国人強制連行に対する責任を負うはずがない。強制連行は岸信介のやったことではないか。花岡受難者とその遺族の心情を思うと、心は重くなるばかりである。

　第2次大戦後の新中国の誕生は、世界史の新しい時代を生み出した。そして、今、巨大な前進を続けている。何人もこれを疑うことはできない事実である。

　一方、日本のこの暗さは覆いかくしようがない。この現実に冷静に対し「声無きところに驚雷を聴き」つつ前進しよう。今年もまた、6月30日は花岡蜂起の日、大館市主催の慰霊祭に遺族は訪れるであろう。その人々を、熱い友情を持って迎えたいと思う。貴誌60周年にあたり、日本の北方に、灯をかかげ続ける地があることを知ってほしいと思う。今迄の何回かの報道に感謝しながら。

プロフィール
　町田忠昭　1928年1月26日生まれ。市民運動として、沖縄復帰運動に関わってきました。日本は、対外物に理不尽の如く、沖縄も植民地扱いです。戦後補償運動は花岡を中心に、他に、水俣、靖国など。

偶然的相遇促成永久的友谊

小松敏男

1985年，我第一次来到中国。从香港入境直到北京，所到之处，各地的历史、世界遗产和文化生活尽收眼底，我们的访问充满了感慨和感动。

听说静冈县磐田市有个日中友好协会，我便加入了该协会。在协会可以订阅中国三刊（《人民中国》、《北京周报》、《人民画报》），我便订阅了三刊，因为可以了解中国。1988年以后，纸版《人民画报》和《北京周报》停刊，但《人民中国》我一直订阅至今。现在我依旧保存着订阅过的这3种中国期刊。从封面的变迁到纸质的变化，通过每月的期刊我能够了解到新中国的社会、经济、文化、旅游以及各种信息，真是一大享受。"秘境探访"、"遗产巡礼"、"中国新旅行时代"、"手绘旅行指南"等专栏都具有很好的参考价值，我的很多次中国旅行都是参照这些内容策划的。

从1985年初次访问中国开始到2012年，28年间我来中国超过了60次。有一次我在成田机场的海关，人家问我："你没有工作，每个月都去中国做什么呢？"我说："做日中友好交流呀。""哦，那你真是辛苦啦！"

在订阅《人民中国》的25年间，我还作为经办人负责杂志的推广活动，当初在县里我是做得最好的，但随着时间的推移，现在推广工作越来越难做了。

1999年，我参加了《人民中国》杂志经办人的中日互访交流活动。我记得我们从成都乘大巴出发经过松潘去往九寨沟，在九寨沟没有可供住宿的宾馆，就住在普通民宅里，这也是九寨沟之行的一件往事。当时的九寨沟完全是自然景观，而现在已经成为了旅游景点。这个由森林和水构成的绿色世界，要好好

珍惜啊！

当时访问北京的人民中国杂志社的留影，还有在九寨沟的长海穿着民族服装的留影等，我都还保存着它们，时时回忆。1997年的第8期曾刊登了中国三刊普及会成立20周年的纪念专文，其中就记载了那一年的3月25日—4月7日中国三刊的工作人员访问静冈时，张哲先生、岳峰先生曾住在我家里的一段美好时光。这本杂志我珍藏至今。真心希望杂志经办人的互访交流活动能再次进行，我去中国时还希望能再次造访人民中国杂志社。

关于经办中国三刊的文章刊登在了磐田市日中友好协会成立50周年的纪念册上。10多年来，我还作为绿化推进委员从事绿化事业，深知"植树容易育林难"，因此今后我仍要为普及推广《人民中国》杂志继续努力。

在纪念《人民中国》创刊60周年之际，我祝愿《人民中国》更加受欢迎，更加亲民，继续作为日中两国友好的桥梁发挥更大的作用。

作者简介

小松敏男　84岁，1985年从日本烟草业退休后一直从事志愿者活动，内容覆盖市政、自然环境的保护、市民的生活与安全、老龄化对策、国际交流、交通安全、日中友协等。现任静冈县日中友好协会常务理事、日中绿化协力事业推进委员会委员、静冈县磐田市日中友好协会秘书长。

偶然の出会いから、永遠の友情へ

小松　敏男

　1985年初めて中国へ、香港より入国し、北京まで、各省の歴史、世界遺産、中国生活文化をみて、聞き感動した訪中であった。

　磐田市に日中友好協会があることを知り、入会する。中国三誌を取り扱っていることを聞き購読を申し込む。中国を理解する月刊誌だ。1988年以降、中国三誌を購読、途中で『中国画報』『北京周報』がなくなったが『人民中国』は続いている。発刊された中国誌は現在でも保管している。表紙の移り変わり紙質も変わり、社会、経済、文化、観光、情報など新しい中国を知ることができ購読を毎月楽しみにしている。秘境探訪、遺産めぐり、中国新旅行時代、イラストガイドが参考になり何度かこれにより計画し訪中したことがある。

　1985年に初めて中国を訪問し、2012年の28年間、訪中回数60回以上。こんな事もあった。成田空港の税関に「あなたは無職ですが、毎月中国へ行くの、何ですか」といわれた。「日中友好交流です」と答えたら「あ、そうですかご苦労様です」と言われたことがあった。

　『人民中国』の購読25年間、あわせて取り扱い担当として普及活動を行っているが、当初は県下トップであったが時代の流れか難しい時代になってきた。

　1999年、『人民中国』取り扱い担当者の中国相互訪問交流に参加。成都よりバスにて松潘経由で九寨溝へ、九寨溝で宿泊するホテルがなくて一般のアパートに宿泊したことも想い出の一つである。当時の九寨溝は自然がいっぱ

い。いまは観光地化している。木と水の織り成す青緑の世界、大切にしたいですね。

　当時、北京の人民中国社の訪問九寨溝先端長海での民族衣装を着ての記念写真いまでも想い出として残っている。1997年8月号に掲載された静岡県中国三誌普及会創立20周年記念の年、3月25日〜4月7日まで中国三誌関係者が静岡を訪問時に、張哲さん、岳峰さんが私の家にホームステイを楽しんでいただいたその記事を掲載してくれた。その記事はいまでも大切に保管している。取扱い担当者の相互訪問交流はぜひ再開してほしい。私も中国北京訪問時には人民中国社を訪問したいと思っています。

　中国三誌の取扱いについての記事は、磐田市日中友好協会創立50周年記念誌（コピー）の一部です。私も緑化事業の緑化推進委員としていままで10年以上携わってきたが「木を植えることは簡単だがそれを育てることは難しい」今後も『人民中国』誌の普及拡大に活動を続けていきたいと思っています。

　創刊60周年を記念として、ますます愛される、親しまれる、日本と中国の懸け橋となる『人民中国』として続きますよう祈念いたします。

プロフィール

　小松敏男　84歳。1985年日本たばこ産業を退職し、以降ボランティア活動を行っている。静岡県日中友好協会常務理事、日中緑化協力事業推進委員会委員、静岡県磐田市日中友好協会事務局長。

我从《人民中国》走上"日中友好"之路

冈田纮幸

在与中国密切接触之前,中国对于我来说无关好坏,只是让我很感兴趣。因为我生于名古屋、长在名古屋,几乎都没怎么出过国,所以对其他国家的印象受媒体报道的影响很大。就拿日本对中国的报道来说,想必住在日本的人们是最清楚的吧。让我改变之前对中国的观点和认识的正是《人民中国》。

回想起来,那已经是5年前的事了。通过熟人的介绍,我拜访了人民中国杂志社东京支局,当时的支局长跟我说了一些有关中国和中日关系的话题。很偶然,我和支局长年龄相仿,所以能够敞开心扉,坦诚交流。这次谈话让我对中国人有了亲近感,开始认真思考中国和日本的关系。从那以后,我开始质疑大多数日本人对中国人的片面看法,思考在中日两国之间,我能够做些什么。我把这些想法跟家乡的朋友们一说,赞同我想法的年轻人和大学生们就和我一起行动起来了。我们在2009年3月创建了以中日两国年轻人互相交流为目的的"日中国际亲善协会"。我们主要以名古屋为中心,组织中日两国的年轻人在一起聚餐、开演讲会,还举行了一些包括二胡演奏在内的音乐活动。

在"日中国际亲善协会"成立的那年7月,人民中国杂志社的王众一总编访问东京后,特地来到了名古屋和我们见面,这给我留下深刻的印象。王总编对我们团体的活动表示出极大的兴趣,并与名古屋的中、日学生一起举行了座谈会。王总编认真倾听年轻人声音的态度、在中日电影领域的造诣以及对年轻人提出的多看中日两国电影的期望,都让我记忆犹新。

从2010年4月末开始,我第一次来到中国生活。说起2010年,最大的事件

非上海世博会莫属。2005年，爱知世博会在我的家乡举办，5年后我得到了一次给当地杂志专栏撰稿的机会，这个专栏的主题之一是"从爱知到上海"。人民中国杂志社在世博会期间发行了日文版的《世博周刊》，我作为《世博周刊》的特约记者参与其中。大约半年的时间，我住在上海，通过采访结识了很多朋友，这些对我来说是非常宝贵的财富。同年9月在世博园里，王总编再次与在上海的日本留学生和中国学生座谈，我记录了此次座谈会，在《世博周刊》发表了题为《中日两国大学生眼中的世博会》的文章（2010年10月21日出版，总卷第25期）。至今我仍视这篇文章为珍宝。

在名古屋，中日两国年轻人的交流活动仍在持续。希望今后的交流继续用灵活变通的想法去影响更多的日本人，特别是日本的年轻人，尤其是像我这样曾经以一种眼光看中国的年轻人。此外，还希望今后能够举办多种多样的活动，让住在名古屋的中国人更喜欢日本。

抱着"好事能够接连不断"的想法，写这篇文章的时候，我心中非常期待能再次与王总编座谈。对于给我的各种机会，我非常感谢，也希望今后能继续为中日间的友好交流做出贡献。

作者简介

冈田纮幸　1981年8月出生于爱知县名古屋市。从当地大学毕业后，担任杂志编辑，后成为自由撰稿人。在上海世博会召开期间，赴上海约半年。现为非营利组织日中国际亲善协会中部分会代表。

『人民中国』から日中友好の道を歩む

岡田　紘幸

　中国は良くも悪くも、興味深い国である──。中国と密接に関わることになる前までに抱いていた感情です。私は名古屋に生まれ、名古屋に育ち、海外旅行などの経験も乏しかったため、どうしても海外の国々の印象はメディア情報に左右されます。日本の中国に関する報道といえば、日本に住む皆さんはお分かりかと思いますが…、その価値観や認識を変える突破口となったのが『人民中国』の存在でした。

　思い出せば5年ほど前、知人の紹介で東京支局を尋ね、当時の支局長から中国と日中関係について話を聞きました。偶然にも私と支局長は年齢が近いこともあり、本音で語り合い、中国人にとても親近感を持ったことが、真剣に隣国・中国と日本の関係を考えるきっかけとなったのです。その後、今の多くの日本人が中国人に抱く一方的なイメージへの疑問を持ち、中日間で自分にできることはないか、いろいろ考えました。地元の仲間に語り、賛同してくれた若手の社会人や大学生たちと一緒に活動をスタートさせました。それが、若者の中日交流を目的とした「日中国際親善協会」、2009年3月の話です。今まで主に名古屋を中心に、中日の若者が一緒になって楽しめる交流食事会や講演会、二胡演奏などの音楽企画を行っています。

　思い出深い一つは、団体設立同年の7月に王衆一総編集長が来日の際、東京の後にわざわざ名古屋を訪問。当団体の取り組みに興味を示していただき、名古屋の学生や中国人留学生との座談会を開くことができました。編集

長の若者の声に真剣に耳を傾ける姿勢、中日の映画における造けいの深さと「もっと若者も中国と日本の映画を観てほしい」というメッセージは、今でも記憶に残っています。

　また、私は2010年4月末から、初めての中国滞在がはじまりました。その年の一大イベントといえば、もちろん上海万博です。私の地元で開催された2005年の愛知万博から5年、「愛知から上海へ」を一つのキーワードに現地の雑誌コラムを書く機会に恵まれました。『人民中国』が期間中に発行していた日本語版『週刊万博』の特約記者として参画。約半年間、上海に滞在し、取材を通じた多くの人との出会いは、本当に貴重な財産になりました。そしてなんと同年9月には万博会場内にて、『週刊万博』の特集記事として再び王総編集長、上海に住む学生と中国人学生との座談会が実現、「中日の大学生が見た上海万博」をテーマに私が文章をまとめました［10月20日出版・通巻25号に掲載］。当時の記事は今でも宝物です。

　名古屋の中日若者交流は今なお、継続的に活動を続けています。今後も柔軟な発想で、多くの日本人の特に若者へ、特にかつての私のように一つの視点だけで中国を理解した気になっている若者にアプローチできれば、また地域に住む中国人に日本をもっと好きになってもらう、そんな活動も工夫して行っていきたいです。そして、「２度あることは３度ある」というように、この寄稿をまとめながら懐かしく、いつか王総編集長との座談会の第3弾の実現を願っています。いろんな機会を頂戴でき、感謝の気持ちでいっぱい……これからも共に中日の友好交流の歴史を歩んでいきたいです。

プロフィール

　岡田紘幸　1981年8月生まれ。愛知県名古屋市出身。地元の大学卒業後、雑誌編集を経て、フリーのライターに。上海万博開催中、上海市内に約半年間滞在した。現在、NPO・日中国際親善協会中部支部代表。

和王总编在上海世博园里举办座谈会
王編集長との座談会、上海万博会場内にて

中日两国的年轻人在名古屋市内的一家中国餐馆内聚餐交流。
中日の若者交流食事会、名古屋市内の中華料理店にて

《人民中国》那些难忘的人与事

石原尚

衷心祝贺《人民中国》创刊60周年！

1986年春天，我的丈夫被派到北京工作。当时，我们住在北京友谊宾馆。在那个新绿醉人的季节，我第一次接触的中国，第一次在北京的所见所闻，都让我倍感新鲜。我虽然不会说汉语，但是没有任何的不适应。

同年5月，我在北京和《人民中国》第一次相识。我记得应该是从友谊宾馆到友谊商店的公交车上，与其说是我与《人民中国》的初次见面，不如说是和介绍我与《人民中国》相识的人的初次见面。

当我正在看着窗外景色的时候，传来一个强劲有力的声音："您是日本人吗？我不是坏人哦。"我回答说是，还把丈夫公司的名字告诉给了他。他说："我认识那家公司的前任负责人。我是人民中国杂志社的专家，叫金田直次郎，住在友谊宾馆，是群马县前桥人……啊！您看！右边就是中国国家图书馆。现在的季节好吧？空气清新，植物也越来越绿了。"就这样，他把我当作老相识，滔滔不绝地向我介绍途中的建筑物和街道名称。

咦？《人民中国》是什么？专家又是什么意思？虽然怀着种种疑问和惊讶，我还是被他风趣的谈吐所吸引，感受到了他身上强大的气场和亲和力。等公交车到了目的地，我把我们夫妇的情况毫无保留地告诉了他："我们夫妇二人刚从东京过来，对中国还一无所知，请多多关照。我们住在友谊宾馆东南区的8723号房间，方便的时候您可以过来玩儿。我那儿有纳豆、腌三文鱼之类的日本小吃。"然后，我们就告别了。

傍晚，丈夫从位于民族饭店的驻京办事处回来，我对他讲起白天在公交车上发生的事。就在这时，传来了敲门声。门口站着的正是金田先生，他拎着半打北京啤酒说道："不好意思，这么快就来打扰了。"金田先生的房间好像是在友谊宾馆的西北区，来我们房间用不了5分钟。不知是因为年纪相同，还是因为有啤酒助兴，我丈夫也很快和他打成一片。

此后，金田先生几乎每晚都给我们普及关于中国的各种知识。一边喝着啤酒，吃着我那拿不出手的饭菜，一边向我们介绍中国的古代史、近现代史、毛泽东主席，还有北京的历史和名胜古迹等，他的讲述既风趣又独特，既知性又准确。第二个星期，他带了几名人民中国杂志社的年轻编辑过来，有廖八鸣、孙亦文、林晔等。他们这些在大学里学过日语的优秀年轻人，用流畅的日语愉快地解答了我们幼稚、冒昧的提问。通过和大家的交流，我第一次知道了《人民中国》杂志是以增进日本人民对中国的了解为宗旨的日文月刊，还知道了像金田先生这样的日本记者和翻译家被称为"专家"，做着文章翻译等工作。

在金田先生介绍的中国文化中，最吸引我的是篆刻以及书法和砚台等与"文房四宝"相关的文化。我如饥似渴地阅读着当时《人民中国》连载的高惠敏老师的书法以及文章中经常出现的鸡血石和青田石等印章材料的图片等。在没有互联网的时代，不会汉语的我信息来源很有限，我至今都觉得是金田先生和《人民中国》，让我了解了中国这个崭新的世界。

此外，我还很喜欢做菜的文章，特别是"社员的家常菜"。在这个栏目里，用的都是身边容易买到的食材，却能做出美味的家常菜，还附带食谱介绍。看过涮羊肉老字号——东来顺等北京名店的图片报道后，我就特别想去吃。于是，当有日本朋友来北京的时候，我就叫上金田先生一起去。从菜的吃法到店的历史，总有说不完的话题。

金田先生是个"会走的北京地图"，拿着《人民中国》做旅游指南，带着我们逛遍了北京市内有意思的地方。我们不仅去了故宫博物院、美术馆、博物馆、道观，还去了人民中国杂志社职工的家里，以及《读卖新闻》、《朝日新闻》、《东京中日新闻》、NHK、共同通信社、时事通信社、日本电视台等日本驻京媒体的支局长和记者的家里。这些交往丰富了我们在北京的人脉。还有北

京外国语大学日语系著名的严安生教授一家、以佐藤洋一为代表的讲谈社与中国相关的中心人物,金田先生把他的朋友都毫不吝啬地介绍给了我们。我甚至认为,再也没有比那时更能丰富内心的文化生活了。我现在的人脉都是那时建立的。

为期两年的北京生活很快就结束了,我和丈夫回到了东京。由于怀念北京、怀念中国,回国后我们仍旧定期订阅《人民中国》杂志。

金田先生从1982年开始,在人民中国杂志社前后大约工作了10年,1991年回到日本。之后,他到原来工作过的地方——日中友好协会担任机关报《日本与中国》的主编,一直工作到2009年。在上海世博会开幕前又重返中国,从2010年5月开始,回到了他热爱的人民中国杂志社。第二年9月,金田先生生病回国。他是在人民中国杂志社员工的帮助下回国、转院的。令人遗憾的是,2012年2月4日,金田先生去世了。我听说人民中国杂志社的王众一总编给他的家人送去了感人的悼词。我们几个好友也围坐在王总编送来的自制剪纸遗像前,在神田小川町的大连饭店悼念金田先生,一直到很晚。我们夫妇二人和大女儿一直受金田先生的照顾,交往了25年多,却没能看望病中的他,非常痛心。

今年是《人民中国》杂志创刊60周年,金田先生也一定非常高兴吧。我好像听到了金田先生用强劲有力的声音在说:"《人民中国》不朽。"

我衷心希望《人民中国》杂志无论到何时,都是架起日中两国友谊桥梁的主流期刊。

作者简介

石原尚 1955年出生于石川县金泽市,成长于岐阜县飞騨地区的高山市。从东京圣心女子大学毕业后在美国留学两年。曾在日本电信运营公司KDDI工作,1986年至1987年在北京生活。在北京语言大学进修了1年汉语。1998年至2013年4月,在日中友好协会机关报《日本与中国》任编辑。爱好乒乓球。喜欢的格言是"人生万事如塞翁失马"。

『人民中国』、忘れられない思い出

石原　尚

　『人民中国』創刊60周年おめでとうございます。心からお祝い申し上げます。

　私と『人民中国』との最初の出会いは1986年5月、北京。その春に北京駐在を仰せつかった夫とともに住み始めたばかりの当時の宿舎、北京友誼賓館から確か友誼商店までのバスの中だったと記憶する。正確に言えば『人民中国』に引き合わせてくれた人との出会いだった。新緑がまぶしい季節、初めての中国、初めての北京で見るもの、聞くものすべてが新鮮だった。

　中国語はまったくできなかったが、気にはならなかった。車窓から、流れていく景色を見ていると「日本の方ですか？私は怪しいものではありません」と力強い声が。そうだと答え、夫の会社の名前を告げると、その男の人は「前任者を存じ上げておりました。私は『人民中国』の専家の金田直次郎と申します。友誼賓館に住んでいます。群馬の前橋出身で……アッ、右に見えるのが中国国家図書館です。今の季節は気持ちいいでしょ、空気がサラッとして緑もどんどん増えてきますからね」とまるで、以前からの知り合いのように途中出くわす建物、通りの名前など色々と説明してくれる。

　えっ『人民中国』『専家』って何のこと？ちょっとびっくりしながらも、話の面白さと人を引き付ける何か強いものと人懐っこさを感じて、バスが目

的地に着く頃には、すっかり打ち解け、「私たち夫婦二人とも東京からきたばかりですので何にもわかりませんのでよろしくお願いします。友誼賓館東南区の8723号室に住んでいますから、良かったらそのうちに遊びにいらしてください。納豆、塩鮭とかの日本食ありますよ」と言って別れた。

　夕方、民族飯店にある駐在事務所から帰宅した夫に昼間のバスのことを報告していると、コンコンとドアの音が。「すみませーん。早速お邪魔します。申し訳ありません」と北京ビールを半ダースほど下げた金田さんがいた。金田さんの部屋は西北区だったか、とにかく私たちの部屋から確実に5分以内で行けるところにあったと思う。同い年のせいか、ビールのおかげか夫もすぐに金田さんと意気投合。

　この夜から中国初心者の私たちに金田さんはほとんど毎晩、中国の1から10までを集中講義してくれた。ビールと私のつたない料理を供に、中国の歴史、近現代史、毛沢東主席のこと、北京の歴史、名勝旧跡などをおもしろおかしく、知的に的確に。そして次の週には、『人民中国』の若い編集部員を数人連れてきてくれた。廖八鳴さん、孫亦文さん、林曄さんはじめ日本語を大学で学んだ優秀な若者たちで、私たちの稚拙でぶしつけな質問にも流暢な日本語で快く答えてくれた。『人民中国』が「中国を知る、知らせる」をモットーに中国で発行される日本語の月刊誌であること、そこで金田さんのような日本人のジャーナリストや翻訳家らが「専家」として記事の翻訳などを手助けしていることを初めて知った。

　金田さんが紹介してくれた中国文化のなかでも私たちが特に心惹かれたのが、篆刻と書道（書法）、硯などの「文物四宝」と言われる中国文化だ。『人民中国』に当時連載されていた高恵敏先生の書のお話、記事でよく扱われていた篆刻と鶏血石、青田石などの印材のグラビアページなどをむさぼるように読んだものだ。インターネットがまだなかった時代、中国語のできない私のニュースソースは限られており、金田さんと『人民中国』を通して中国という新しい世界を知ることができたのだと今でも思っている。

　また、料理のページも大好きだった。身近な材料で本当においしそうな家

庭料理がレシピとともに紹介されていた「人中の社員によるお得意料理」コーナーは特に好きだった。

　グラビアに羊肉のシャブシャブ「東来順」など北京の名店紹介が掲載されると、自分でも食べてみたくなって日本から友人が訪ねてきたときなど必ず金田さんにも参加してもらって、出かけていったものだ。料理の食べ方から、その店の歴史までいつも話はつきなかった。

　『人民中国』をガイドブックにして「歩く北京地図」の金田さんはよく私たち夫婦を北京市内の見どころに案内してくれた。故宮博物院はもちろんのこと、美術館、博物館、道教のお寺、そして『人中』スタッフのお宅や、読売、朝日、東京中日、NHK、共同、時事、日本テレビ……北京駐在のメディア各社の支局長、記者のみなさんのお宅まで連れていってくれるなど、私たちの北京での交友関係を豊かなものにしてくれた。また北京外語大学日本語学科の名物教授、厳安生さんご一家、講談社の中国関係の中心人物、佐藤洋一さんはじめ、『人中』と金田さんが持つ多彩な人脈を惜しげなく紹介してくれた。あの時ほど心豊かで文化的な生活はもうないと思うほどだ。今の私につながるほとんどの人脈はあの時代に作られたものだ。

　やがて、私たち夫婦は2年間という短かった駐在生活を終えて東京に戻った。北京が、中国が恋しくて帰国してからも『人中』を定期購読した。

　金田さんは1982年から足掛け10年間『人中』に勤務して、1991年に帰国。その後古巣の日中友好協会で機関紙「日本と中国」編集長として2009年まで実力を発揮した。その後2010年5月から、再び大好きな『人中』へ。上海万博直前の中国へ帰って行った。そして翌年の10月、病を得て帰国された。『人中』スタッフに文字通り支えられての帰国・転院だった。残念極まりないが、2012年2月4日、帰らぬ人となった。『人中』の王衆一総編集長から心を打つ弔辞がご遺族に送られたと聞く。私たち数人の友人は王総編集長が自ら作って送ってくれた切り絵の金田さんの遺影を囲んで、神田小川町の「大連飯店」で夜遅くまで金田さんを偲んだ。私たち夫婦と長女、あんなにも金田さんにお世話になり、ずっとこの25年間以上おつきあいしてきた

のに、お見舞いに行けなかったことは痛恨の極み。
　今年は1953年の創刊から60周年。金田直次郎さんもどんなにか喜んだことだろう。
　「これからも『人民中国』は不滅です」という金田さんの大きな声が聞こえてきそうです。『人民中国』がいつまでも日中両国の懸け橋となるリーディング・マガジンでありますように。

プロフィール
　石原尚　1955年金沢市生まれ、飛騨高山で育つ。聖心女子大学卒業後2年間米国の大学に留学。国際電信電話（現KDDI）勤務ののち、86年〜87年北京で生活。北京語言学院で漢語進修生として1年間中国語を学ぶ。98年〜2013年4月まで日中友好協会機関紙「日本と中国」の編集に携わる。趣味は卓球。好きなことば「人生塞翁が馬」。

和东京来的客人一起在友谊宾馆吃涮羊肉。左起分别是我的丈夫石原公一郎、我和金田直次郎先生、KDD的大野益次郎先生、中国国际广播电台日语部专家三井正行的夫人晓薇。
東京からのお客さんと友誼賓館で「羊肉しゃぶしゃぶ」。左から夫の石原公一郎、私、金田直次郎さん、KDDの大野益次郎さん、北京放送局専家の三井正行さんの夫人、暁薇さん

我和丈夫与金田直次郎先生（右）一起去参观北京的宋庆龄故居。休息的时候，金田先生经常和我们一起外出，为我们做向导。他走路很快。
北京の宋慶齢故居を参観。左から石原、私、金田さん。休みはほとんど一緒に出かけて街を案内してくれた。すごい速足で。

丈夫在北京工作时的摩托车驾驶证，我在北京语言大学时的学生证和进修证。
北京駐在時代の石原のオートバイ免許証、私の語言学院の学生証と進修証書

追忆哥哥幸福的一生

品川弘江

我的哥哥金田直次郎，曾经两度被聘为人民中国杂志社的日本专家到中国工作。第一次是从1982年3月开始工作了9年，第二次是从2010年5月开始工作了1年零5个月。2012年2月，哥哥因患胰脏癌去世。哥哥病倒时，说这病对他宛如晴天霹雳，他原打算在北京一直工作下去，并准备参加《人民中国》创刊60周年活动策划的。为了却哥哥的遗愿，我代哥哥写下此稿。

第一次来《人民中国》工作时，哥哥30多岁。正值中国刚刚改革开放，正大步迈向实现梦想之路，哥哥满腔热情地踏上了这个国度。

现在，我手头保存着当时在北京和哥哥结下深厚友情的一位日本朋友寄来的1988年第4期《人民中国》。上边登载着我哥哥写的一篇6页的文章，题目是《中国新旅行时代 纵贯大陆汽车之旅》。当时，哥哥和4名中国员工在完成了对广州标致汽车厂营业部主任有关开展合资事项的采访之后，5个人乘坐"标致505"，穿越了湖南泥泞的道路，飞驰过水泥铺就的107国道，用了9天时间纵贯中国大陆。当时的中国，基础设施建设刚刚起步，他们有时只是在街边讨价还价后买个便宜的西瓜充当午餐，然后继续辛苦但愉快地赶路。那些情景通过文章生动地展现出来，读了不禁让人心情激动。

1984年，日本TBS电视台向全国播放了一个由东京都提供的80分钟节目——"纪录片特辑 东京84 严冬的北京 交流中的城市"，片中有哥哥20分钟的镜头。这个节目是为纪念日本与既近又远的中国实现邦交正常化10周年而制作的，记录了双方国民对对方国家的看法。片中播放了他在人民中国杂志社与

中国同事共事的情形，还有工作之余和中国同事在日本料理店就独生子女政策等进行畅谈的场面。哥哥在采访中生动地讲道："我原本是为了能更流利地讲中文来这里工作的，却发现这里的中国同事都讲一口流利的日语，因此我的中文没有一点儿进步。但与中国年轻人一起工作，能了解他们的想法和中国的事情，让我学到了很多东西。来中国已经快两年了，每一两个月北京就会发生很大的变化，正在脚踏实地地向前迈进。人们脸上的表情渐渐疏朗，能轻松地和我们外国人交谈。在体育比赛等场合，年轻人尽情地挥洒着激情和活力。日本人也得加油啊。"

1985年3月，哥哥参与编辑的一本面向日本读者的中国观光旅游手册受到了中国外文局的表彰。在时隔9年回国时，哥哥一见到母亲就拿出了"特等奖"的奖状和自己满脸笑容接受表彰时的照片，那情景仿佛就在眼前。夹着哥哥照片的奖状，至今仍是母亲的宝物。

哥哥第二次到中国工作，是在大约3年前，上海世博会即将开幕的时候。人民中国杂志社将编辑出版一份报道上海世博会的《世博周刊》，哥哥受邀前往参与编辑工作。哥哥听说自己原来在《人民中国》工作时的新员工，如今已经成为总编辑，很受鼓舞。到北京后他打回电话说："在编辑人员里，我岁数最大了，真让人吃惊啊。我正和操双语的年轻人们，一起为《世博周刊》工作呢，每天都很忙碌，但很开心，你们放心吧。"

上海世博会结束后，哥哥继续留在人民中国杂志社工作。在2011年哥哥做的最大一项工作是执笔"红色之旅"栏目。在连载中，我知道有一处是寄予了哥哥的个人感情的。那是第8期，写到诞生了巨著《红星照耀下的中国》的保安县窑洞的文章，哥哥在文中写道："我久久不愿离去"。《红星照耀下的中国》是美国记者埃德加·斯诺所著。1936年，斯诺曾穿过国民党的封锁线进入保安县，在窑洞中与毛泽东共处10多天完成了采访，采访内容构成了《红星照耀下的中国》的重要部分，这本书首次向世界介绍了毛泽东领导下的中国共产党的真实情况。我突然想起哥哥高中时代摆在桌子左上角的一本书正是《红星照耀下的中国》。我眼前浮现出走出窑洞后百感交集的哥哥的样子，不觉心中一热。

哥哥非常喜欢汉诗，且造诣很深。在高中时代的汉诗课上，老师曾经说："如

果我休假了，金田君就代我上课吧。"热爱中国文学的哥哥对新中国也十分关心。我再次意识到，哥哥与中国的交往其实是起源于他的高中时代。

哥哥通过采访，与活跃在中国各领域的人都有交往，那对他真是幸运的事。他做的采访中，最打动我的是刊登在2011年第6期杂志上与郭沫若纪念馆馆长——郭沫若的小女儿郭平英的对谈。"郭老在晚年为了实现中日邦交正常化可谓是操碎了心。在当时极其复杂困难的情形下，会见了许多来访北京的日本代表团，您从您父亲那里是否听他讲起过自己在晚年与日本人的交往？"郭平英回答说："父亲非常重视与日本人的交往，完全把它看作是自己的使命，任何细节都不会忽视。父亲经常和我说'中日两国人民必须真诚交往'。"这番话一定给了哥哥很多勇气，让他内心感到无比的温暖。

哥哥去世那天，他的电子邮箱中收到了一封邮件，后来我才知道，那是他第一次在人民中国工作时共事过的一位中国同事写来的。

"给与世长辞的金田直次郎先生：

您是我结识的第一个日本人。您如赤子般纯朴，将自己无私的爱献给了许多人，是您改变了我从前对日本人所怀有的恐惧和憎恶感。

走入社会，遇到您这样的日本人，给我留下了许多温暖的记忆，那成就了今天的我，使我与日本一直交往至今。

今天，与您告别之日，我回想起我们在北京、东京、福岛推杯换盏间畅所欲言的美好时光，十分怀念。

在中国度过的10年间，金田先生始终保持着一颗年轻纯真的心。

您辛苦了！安息吧！"

我哥哥这一生太过短暂，且始终单身，这似乎成为遗憾，但我真心觉得哥哥的一生充实且幸福。衷心感谢与哥哥交往过的众多中国和日本的友人们！

作者简介

品川弘江　生于1953年12月4日。现居群马县前桥市。职业为教师。在中学工作的26年间，曾在特别支援学校高中部工作了11年。主要承担数学教学。计划今年退休。

兄の幸せな人生を偲ぶ

品川　弘江

　私の兄、金田直次郎は、2度人民中国雑誌社で「専門家」として働く機会を得た。1度目は1982年3月からの9年間、2度目は2010年5月からの1年5カ月である。兄は、すい臓ガンを患い、2012年2月に他界した。病に倒れた時、兄自身が青天の霹靂と言っていたが、北京で元気に働き続け、『人民中国』創刊60周年の記念企画に参画したかったことと思う。その兄の思いを汲み、寄稿させていただくことにした。

　1度目の勤務の時、兄は30代。改革、開放策を打ち出したばかりの、夢に向かって燃える中国に、意気揚々と出かけていった。

　今、私の手元に、同時期北京で兄と親交を深めた日本人の友が届けてくれた『人民中国』1988年4月号がある。そこには、「中国新旅行時代、大陸縦断自動車の旅、快走ときどき迷走　広州～北京　2800ｋｍ」と題して、6ページに渡る兄の文が掲載されている。広州プジョー自動車工場の営業部長への合弁事業等に関わる取材を行った後、4人の中国人スタッフと兄の「人中5人組」は、新車「プジョー505」に乗り、9日間で大陸を縦断。ぬかるみの湖南路での迷走、4車線コンクリート舗装の国道107号線での快走…インフラ整備途上の中国を、時には露店のスイカを値切って買い昼食にしながら、和気あいあいとひた走った様子がつぶさに伝わってきて、胸が躍った。

　兄は、1984年に、東京都が提供してTBSテレビで日本全国に放映された

「ドキュメント特集　東京84厳冬の北京…ふれあいの都市はいま」という80分番組に、20分間登場している。この番組は、近くて遠い国だった「中国」と日本の国交が正常化して10年になるのを記念して作られ、それぞれの国に住む人たちが、どんな目でお互いの国を見つめているかを報道したものだった。兄の場合は、中国人スタッフと一緒に人民中国雑誌社で働く様子、仕事が一区切りして職場の仲間と日本料理店で一人っ子政策などについて歓談する様子が映されていた。兄は、インタビューの中で、「中国語が上手に話せるようになりたいと思いこの職場にやってきたが、日本語が達者なスタッフばかりで、中国語はなかなか上達しない。でも、中国の若い人たちと一緒に働くことで、若者の考え方や中国の事情など、肌で中国を学ぶことができる。中国に来て2年近くになるが、1、2カ月で北京の街は様変わりしていく。大変歩みが着実である。人々の表情が明るくなり、外国人に気軽に話しかけてくれる。スポーツの試合などでは、実に自由で若者の本性を発揮している。日本人も、これに対応してしっかりやっていかなければ、と思う。」と、生き生きと語っている。

　1985年3月には、兄が編集に携わった日本人向けの中国の旅ガイドブックが認められ、中国文化部外文出版発行事業局から表彰された。9年ぶりに帰国して母と再会した時、真っ先に、「特等賞」の賞状と、賞状を授与された時の笑顔の写真を見せていた兄の姿を、私は鮮明に覚えている。笑顔の写真が挟まった賞状は、今でも母の宝物である。

　2度目の勤務は、今から約3年前、上海万博の直前からだった。今までの『人民中国』に加え、『週刊万博』という上海万博をレポートする週刊誌の編集を人民中国雑誌社が担当することになり、応援に呼ばれたのである。1度目の勤務の時に、一緒に仕事をした新入社員の中国人スタッフが、この時には総編集長となって活躍されていたので、兄にとって大変心強かったと思う。「編集スタッフの中で自分が最年長という現実に驚きながら、バイリンガル世代の若者たちと一緒に、『週刊万博』の編集に精を出している。忙しい毎日だが元気にやっているのでご安心を。」というのが、北京からの第一

報だった。

　兄は、上海万博終了後も北京に留まり、人民中国雑誌社で仕事を続けた。兄が2011年度に手がけた最大の仕事は、「革命史跡を訪ねる」の執筆であろう。実は、連載の中で、兄が1カ所だけ個人的な感情を表す文を書いたところがある。それは8月号、保安県にある『中国の赤い星』を生んだ洞窟を後にするときの文、「立ち去りがたい気持ちを胸に」である。『中国の赤い星』は、米国のジャーナリスト、エドガー・スノーが著した本。スノーは、国民党の封鎖線を越えて保安県に入り、1936年に洞窟で毛沢東と十数日間をともにして取材したが、その取材が『中国の赤い星』の重要部分を占め、この本を通して世界は初めて毛沢東が指導する中国共産党の実像を知ることになった、とのこと。私は、ふと高校時代の兄の勉強机の左隅に『中国の赤い星』が置いてあったのを思い出した。洞窟を後にするときの万感胸に迫る兄の姿が目に浮かび、胸が熱くなった。兄は、高校の漢詩の授業で、「僕が休んだら、金田君、代わりに授業をしてください。」と先生に言っていただけるほど、漢詩に興味関心を示し造詣が深かった。中国文学を愛した兄は、新中国にも関心を示したのである。常に中国と関わり続けた兄のルーツは、高校時代にあったのだ、と改めて認識した。

　兄は、各方面で活躍する方々とインタビューの「聞き手」という立場で関わる機会をもつことができた。何と幸せなことだろう。兄が関わったインタビューで、私の心を温かくしてくれたのは、2011年6月号の郭沫若記念館館長で郭沫若の末娘、郭平英さんとの対談である。「…郭老はその晩年、中日国交正常化のためにたいへんお心を砕いてくださった。あの複雑で困難きわまりない時代状況の中で、北京を訪れた日本の多くの代表団とお会いくださっています。晩年における日本人との関わりについて、お父上から直接お話をうかがったことがありますか。」という兄の問いに対して、平英さんは、「父は、まるでそれが使命ででもあるかのように、日本人との関わりを大切にし、どんな小さなことも決して忽せにしませんでした。…父は折々に『中国人と日本人は真心で付き合って行かなければならない』と私に話してくれ

たものでした。」と答えている。兄の心も、どんなにか温かくなり、勇気づけられたことだろう。

兄が他界した日、兄の電子メールに便りが届いた。後になって判ったのだが、1回目の勤務の時の中国人スタッフからだった。

天国へ旅立たれる金田直次郎様へ

あなたは私が出会った最初の日本人でした。

赤ん坊のように素直で、多くの人に無私の愛情をかけられるあなたの姿は、私の中の日本人恐怖・嫌悪を取りはらってくれました。

社会人になりたてのころ、あなたのような日本人と出会った温かい記憶が、日本と関わり続けているいまの私を成り立たせたような気がします。

北京で東京で福島であなたと杯を交わしながら議論したりした輝く時間が、あなたと別れを告げる本日、懐かしくよみがえります。

中国で尽くされた通算10年間、ずっとまっすぐな青春のままだったような金田さん。

長い間、ほんとうにお疲れ様でした。

どうか安らかな眠りにつかれますように。

短かすぎたことと独身であったことが悔やまれるが、兄は充実した幸せな人生を送ることができた、素直にそう思える。兄と関わりをもってくださった多くの中国人、日本人に心から感謝している。

プロフィール

品川弘江　1953年12月4日生まれ。群馬県前橋市在住。職業は教員。中学校に26年間、特別支援学校高等部に11年間勤務。主に数学を担当。今年度をもって退職予定。

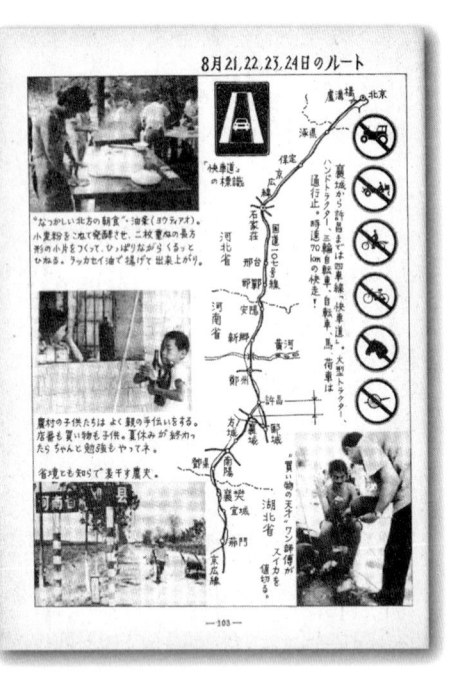

1988年第4期"纵贯大陆的汽车之旅",其中的手绘图均出自金田先生之手。
1988年4月号「大陸縦断自動車の旅」の1ページ、中の絵入り地図はいずれも金田直次郎さんが自筆

1985年3月,中国文化部外文出版发行事业局向金田先生(右)颁发"特等奖"。
1985年3月、中国文化部外文出版発行事業局から「特等賞」を授与される金田直次郎さん(右)

2011年第6期,金田先生(右)对郭平英进行人物专访。
2011年6月号、郭平英氏にインタビューする金田直次郎さん(右)

金田先生

沈晓宁

当东京红叶烂漫的时候，我结识了金田先生。

2005年9月至11月，作为《人民中国》的记者，我被派往东京研修。记得10月的一天，我和同事去和光市参加活动，见到了金田直次郎先生。初次见面的金田先生，在我看来就像一位朴实可爱的大叔——他身形清瘦，头发有些零乱，下颌微微向前突出，一路之上跑前跑后，不停地同我们说笑，甚至还捡起道旁的一枚橡树子作为见面礼送给我。然而，就是这样一位"大叔"，日后成为了我的良师益友。

2010年春天，金田先生再度被聘为《人民中国》的专家，来到北京工作。同年冬天，《人民中国》开设了"红色之旅"专栏，并交给金田先生和我来完成。我终于有了和他共同工作的机会，也开启了我的一段难忘的人生旅程。

"红色之旅"计划采访中国的6座革命圣地，我有幸和金田先生前往了其中的4个。当我们第一站来到上海时，正值2010年的圣诞节。记得当天我们采访完中国共产党第一次全国代表大会会址后，正是华灯初上时分，一街之隔的新天地酒吧街已聚满欢度节日的人群。金田先生站在街上，看着一边是路灯下树影婆娑的一大会址，另一边是流淌着灯红酒绿、欢声笑语的餐厅、酒吧，颇有感触地对我说："沈先生，如果没有当年的这处会址，也不会有今天的新天地吧？这么强烈的对比，我一定要写在文章里。这样，读者才会明白今天繁荣的中国是谁创造的。"

2011年新年过后，我们来到了井冈山。那里云雾绕山、满眼苍翠，但冬天

的阴冷潮湿还是让当时的井冈山游人罕至。连日的绵绵冻雨并未浇灭金田先生的采访热情，他不仅走遍了所有革命遗址，而且时常与路人、商贩和工作人员交谈，甚至见到不熟悉的植物，他都要在采访本上画下来，注上名称和说明。跟在他身后穿堂入室、上山下坡，即使全身被雨淋湿也让我觉得是一种乐趣。

记得有一次采访结束后去吃晚饭，餐馆里只有我们一桌客人。金田先生一边用纸巾擦着眼镜上的雨水，一边笑着对老板娘说："我很想吃甲鱼，请您帮我准备吧。"可是，餐馆没有甲鱼。看到金田先生遗憾的表情，又得知他是远道而来的日本专家后，老板娘几经周折，最终将一盆香喷喷的清炖甲鱼端到了餐桌上。金田先生立刻像个孩子似地鼓掌欢呼、鞠躬致谢，逗得老板娘哈哈大笑。甲鱼肉、红米饭、南瓜汤，让金田先生连呼幸福："80年代，我第一次来中国的时候，就听说这里的甲鱼好吃。今天一尝，果然名不虚传！"饭后，金田先生一边用火钳拨弄着身旁的炭火盆，一边夹起一块木炭点燃嘴上的香烟，透过淡淡的烟雾，他望着窗外渐渐黯然的山影，幽幽地说："这里太像我的家乡群马了。我小的时候，家里也用炭火盆来取暖。中国好啊！"在回住处的路上，天还下着雨，伴随着唰唰的雨声，金田先生吟唱着红军在井冈山时期的歌谣："红米饭、南瓜汤，顿顿吃得精打光……"

在烈日炎炎的盛夏，我们又先后采访了延安和西柏坡。至今，我忘不了金田先生东奔西走，汗水洇湿衣裳的不辞辛苦；一边用围在脖子上的白毛巾擦汗，一边用笔详细记录展品说明的认真专注；站在遗址前背诵"毛主席语录"时对中国历史的了解和热爱；肩头扛着旅行袋赶着上火车那朴实的背影……

2011年9月，金田先生查出身患胰腺癌，住进了医院。当我去看望他时，虚弱的金田先生躺在病床上，难过地对我说："沈先生，对不起，西柏坡那期专栏的手绘地图，我画不了了。"当我告诉他，已经找了一份类似的地图替代时，金田先生安心地点了点头，道了声"谢谢"。握着他的手，我忍住心中的痛，强装笑颜地安慰他："金田先生，胰腺炎容易治。您快点好起来，我们还要去采访'蓝色之旅'呢！"（"蓝色之旅"是金田先生策划继"红色之旅"后报道中国海港城市的专栏）金田先生因为面容消瘦而更显前凸的下颌微微颤了几下，眼眶有些湿润。过了一会，他用力握了握我的手说："放心吧，我会

好的！"第二天，金田先生回国了。

　　采访"红色之旅"的最后一期——北京时，只剩我一个人了，但我并不觉得孤独。在香山的双清别墅里，金田先生仿佛就在我的身边，我尽量用他的视角去观察，用他的方法去搜集材料。整个过程中，我总是能感觉到金田先生在对我说："沈先生，请把这个照下来，这些资料有意思。双清别墅的开放时间要记住。乘车路线都有哪些……"后来，我又模仿他的写作风格完成了这期报道，既是向金田先生的致敬，也是我跟随他学习一年后交上的答卷，同时，为"红色之旅"画上一个力求圆满但带着遗憾的句号。

　　走出双清别墅，身边的香山秋意渐浓。当北京的红叶开始烂漫时，我告别了金田先生。

　　在《人民中国》创刊60周年之际，谨以此文献给金田直次郎先生在内的所有为《人民中国》工作过的日本专家们，向他们表示我由衷的敬意。

作者简介

　　沈晓宁　1975年6月生于北京，1998年毕业于中山大学历史系，2004年3月进入人民中国杂志社，从事采编工作至今。

金田さんの思い出

沈暁寧

　紅葉が真っ盛りの東京で、私は金田さんに出会った。
　2005年9月から11月まで、私は『人民中国』の記者として、東京に研修に派遣された。10月のある日、私は同僚と共に和光市で行われたイベントに参加し、金田直次郎さんに会った。初めて彼に会った時、飾り気がない愛嬌のあるおじさんだな、と私は思った。彼はやせており、髪は少し乱れ、下あごがかすかに突き出ていて、道中、何かと世話を焼いてくれ、しょっちゅう冗談を飛ばし、道端に落ちていたドングリを出会いのプレゼントとして私にくれたりもした。そしてこの「おじさん」は後に私の良き師、良き友となった。
　2010年の春、金田さんは再度『人民中国』の専門家として招聘され、北京にやって来た。その年の冬、『人民中国』では「革命史跡を訪ねる」という連載が始まり、金田さんと私がその取材にあたることとなり、私はとうとう彼と一緒に仕事をするチャンスを得た。これは同時に、忘れ難い人生の一幕ともなった。
　「革命史跡を訪ねる」では、中国の6カ所の革命聖地を取材する予定で、私と金田さんがそのうちの4カ所を担当した。私たちが最初の目的地である上海に到着した時、ちょうど2010年のクリスマスシーズンだった。中国共産党第1回全国代表大会が行われた会場跡の取材を終えると、ちょうど街の灯りが点り始める時間で、会場跡の通り向こうにある新天地のバーストリート

は、すでにクリスマスを祝う人々でにぎわっていた。金田さんは通りに出て、街灯に照らされ木の影が落ちる会場跡と、灯りが点りざわめきや笑い声が絶えないレストランやバーを見て、感傷的に私にこう言った。「沈さん、もし当時ここで会議が行われなかったら、今の新天地はなかったでしょうね。この強烈な対比を私はぜひとも文章に書きたい。そうすれば、読者は今の中国が誰がつくり上げたものなのか、知ることができるでしょう」

　2011年の新年が過ぎた頃、私たちは井崗山に取材に出かけた。山は霧で覆われ、青々と木が茂っていたが、寒くじめじめしていて、観光客はとても少なかった。連日降り注ぐ冷たいみぞれにもかかわらず、金田さんの情熱は衰えることなく、すべての革命旧址を巡り、道行く人や、土産物売りとも言葉を交わし、見慣れぬ植物にすら目を止めて取材メモにスケッチをし、名前と説明を書き入れた。彼の後についてあちこちを訪ね歩くのは、全身がびしょぬれになったにしても、とても楽しいことだった。

　ある日、取材終了後に晩ご飯を食べようとレストランに入った。その時店内には他の客はおらず、金田さんはメガネについた水滴を紙ナプキンで拭き取りながら、微笑みを浮かべて店のおかみさんに聞いた。「スッポンが食べたいんだけど、食べられるかな？」しかし、その時そのレストランにはスッポンがなかった。ないという返事に、がっかりした金田さんを見て、そして彼がわざわざ遠くからやって来た日本人だということを知ると、おかみさんはいろいろ手を尽くして、とうとうおいしそうなスッポン料理を食卓の上にあげてくれた。金田さんはまるで子どものようにこれを拍手で迎え、深々とおじぎをして感謝の意を示し、おかみさんは彼のその姿を見て大笑いをした。スッポンも、赤米ご飯も、カボチャ汁も、味わうはじから金田さんは「幸せだなあ」と連呼した。「1980年代に初めて中国に来た時、ここのスッポンがおいしいと聞いたんだ。今日、やっとそれを味わえ、それが嘘ではなかったことが分かったよ」と彼は言った。ご飯が終ると、金田さんはとなりに置いてあった火鉢から火バサミで炭を抜き取り、口にくわえたタバコに火をつけた。彼は、立ちのぼる淡い煙の向こうの次第に暗さを増す山並みを眺めなが

ら、つぶやいた。

「ここは本当に私の故郷の群馬にそっくりだ。私が小さい頃は家でもこうやって火鉢で暖をとっていたよ。中国はいいなあ」

宿泊所に帰る途中、また雨が降り出した。雨が降るぱらぱらという音と共に、金田さんは紅軍が井崗山に居た頃の歌を歌い出した。「赤米ご飯にカボチャ汁、食事のたびに全部平らげお皿はぴかぴか……」

延安と西柏坡を取材したのは、ギラギラと日差しが照りつける夏だった。金田さんの、あちこち走り回って汗で服をべっとりと濡らしながらも、一言も文句を言わない様子、首筋を白いタオルでぬぐいぬぐい、ペンでメモを取りながら真剣に展示品の説明を読んでいる様子、史跡の前で「毛主席語録」を暗誦し、彼の中国への歴史の理解の深さと愛を垣間見せたその姿、肩に旅行カバンを担いで電車に乗ろうと急ぐ彼の質朴な後姿を、私は今でも忘れることができない。

2011年9月、すい臓ガンが発見され、金田さんは入院した。私がお見舞いにゆくと、弱々しく病床に横たわる金田さんが、申し訳なさそうに私にこう言った。「沈さん、西柏坡の記事の手書き地図を描くことができなくて、すみません」私が似たような地図を見つけたので、それを使ったことを彼に告げると、金田さんは安心したようにうなずいて、「ありがとう」と答えた。彼の手を握り、心の痛みに耐えながら、笑顔で彼に「金田さん、すい臓炎は治りやすいそうですから、早く治してください。そしてまた一緒に取材に行きましょう」と言った。その時、金田さんは「革命史跡を訪ねる」に続いて、中国の港岸都市についての連載を企画していたからである。金田さんは痩せたために前よりも飛び出たように見える下あごをかすかに震わせ、目に涙を浮かべた。しばらくして、彼は力を込めて私の手を握り返し、こう言った。「安心してください。きっと良くなります！」次の日、彼は日本に帰国した。

「革命史跡を訪ねる」の最終回の北京取材の時、私は一人だったが、まったく寂しさを感じなかった。香山の双清別荘では金田さんがすぐそばにいるかのように、私は彼の目で観察し、彼の方法で資料を集めた。すべての過程

で、金田さんが隣にいて「沈さん、この写真をとってくれないかな。この資料は面白いよ。双清別荘の開館時間を覚えておいて、あそこに行くには何番のバスで……」と、私に語りかけているように感じていた。そして私は彼の作風をまねてこの連載の最終回を仕上げた。これは金田さんへの敬意を示すものであっただけでなく、私が彼に学んだ1年間の成果を盛り込んだ答案でもあった。そして、「革命史跡を訪ねる」は無事に、しかし遺憾さを秘めたピリオドを打った。

双清別荘を出ると、香山に秋の気配が強まっているのを感じた。北京で紅葉が鮮やかに始まった時に、私は金田さんと別れを告げることになったのだ。

『人民中国』創刊60周年というこの機会に、金田直次郎氏をはじめとする『人民中国』のために働いてくれたすべての日本の専門家たちにこの文を捧げ、私の敬意を表したいと思う。

プロフィール

沈暁寧　1975年6月北京生まれ。98年中山大学歴史学科卒。2004年3月に人民中国雑誌社に入社。現在、取材・編集業務に従事。

受金田先生（左三）邀请，作者（左一）在日研修期间，来到他的家乡——群马县。
金田さん（左から3人目）の招待を受け、研修中、彼の故郷である群馬県を訪ねた筆者（左端）

认识中国从跨国友情和与《人民中国》相识开始

斋藤三郎

35年前的1978年,在日本青森县的弘前市曾举办过中国物产展,我出于好奇去现场参观。物产展厅内摆放的许多中国展品对我们日本人来说都是平生第一次见到,看得我目瞪口呆。

我买了一本书,名字叫《孙悟空三打白骨精》。书中有一份读者问卷,我填写后寄了出去,不久,就从外文出版社收到了答谢信和一本赠刊。这本刊物正是《人民中国》,和贵刊的相识成为我了解中国的契机。

我出生在贫困家庭,没有接受过高等教育,并且因为是乡下人,也没有机会和外国交流,能收到《人民中国》这份礼物,我感到特别高兴和难得,立即给贵社回信表示感谢。

收到我信件的是当时在贵社工作的阮先生,几年前他已去世。我了解到他是国家公务员,也是日语翻译。我当时还年轻,喜欢汉诗,不管是日文诗还是中文诗都喜欢高声吟诵。出于想要了解中国诗歌的想法,我订阅了《人民中国》,还跟阮先生开始互通书信。

有一次,他在信中这样写道:"我从40年前离开故乡经日本来到大陆,就再也没能回去。所以,在这漫长的40年间,我和亲人一次也没见过。母亲现在85岁高龄了,和我兄弟一起居住在台湾。这次和您成为朋友,如果您能邀请我去日本,我想把年迈的母亲和兄弟一起接来日本见上一面。"此时,我才知道他是台湾人。我感到和亲人分离40年太可怜了,无论如何要努力促成他们的重逢。

当时，我不知道日本人邀请外国人需要办理哪些手续。直到着手办理这件事时，才知道邀请外国人来日本的国家规定是如何严苛。手续办理了一年半之后的某一天，我突然接到了阮先生的喜讯。他告诉我赴日的申请批下来了。1981年9月，在青森火车站的站台上，我们眼含热泪地见了第一面。

我告诉他："为了这次邀请你来日本，我们两人一个在日本，一个在中国共同努力，这其中的辛酸就算把眼泪都流干也说不尽啊。"他只应答了一句"是"。但我知道，此时他的心里一定流淌着喜悦的泪水。和分离40年之久的亲人重聚的梦想成为了现实。我听说上个世纪80年代中国的经济状况还不好，于是倾囊承担了阮先生赴日的机票钱和所有费用，因为我相信这才是真正的友情。

和中国进行广泛交流

和阮柔先生开始通信后，在他的介绍下，我的交友圈迅速扩大。我从外文出版社、中国国际广播电台（现在仍在继续）和国际书店等处，收到了很多赠书。国际书店将数不尽的中国邮票、信件、月历、剪纸和年画等送到我的手中，而我也想把收集到的朋友们送我的书画和民间工艺品等介绍给更多的日本人。于是，从1983年开始我用了6年时间，在弘前市NHK广播电台的展览室内举办展览，博得了许多市民的好评。展览会的具体活动如下：

1983年　中国民间手工艺展

1984年　中国月历展

1985年　中国剪纸展（获得最高评价）

1986年　中国名酒书画展

1987年　中国年画展

1988年　中日友好十年收藏展

我渐渐了解到日本是个小岛国，而中国是世界闻名的大国以及历史悠久的古国。如果追溯日本文化，其源头大多来自中国。由此可知日本文化受中国文化影响之深。

我在继续阅读《人民中国》的过程中，了解到中国少数民族和大自然和谐

共生的故事，这和他们的民族服装一样美丽，让人羡慕。当时在中国，除了《人民中国》以外，还有日文版的《人民画报》，我一直订阅到停刊。

阅读中国诗

在日本农村，通过订阅《人民中国》，我感觉自己认识了世界。年轻时，吟诵汉诗是我的兴趣，我曾一直以为日本诗和中国诗是一样的。

然而，随着年龄的增长，我明白了日本诗和中国诗虽然从形式上来说都是五言或者七言，但诗的内涵完全不同。读日本诗按字面解释几乎就可以理解，而中国诗却不能一下子读懂。幸好日本的学者们通过多方研究，沿着前人的足迹汇总成了通俗易懂的解读版，我才能体会到中国诗的意境。

想要读懂中国诗，必须要学习一些中国历史。一千年前的古代中国是个什么样子，人们怎样生活？不了解这些是很难读懂中国诗的。从诗中我还得知，中国在很古的时候，人被看作非人，只是工具，人民生活十分悲惨。我记得中国朋友对我说过这样一段话："我的母亲从前生活很苦，没有食物就靠吃树叶生存。"我还想起他给我看用盐腌制的树叶。

杜甫的《石壕吏》、《兵车行》、白居易的《卖炭翁》和《新丰折臂翁》等诗作真是精彩至极。还有韦应物的《幽居》和陶渊明的《归园田居》等，这些喜爱大自然的诗人的作品感动着读者的心灵。

我的书架里整齐地摆放着从35年前至今的《人民中国》杂志。虽然从前的杂志纸质不好，但那些少数民族与大自然和谐共生的内容依旧生动，人物形象依旧鲜活。

我认识中国已经35年了。幸运地是我今年迎来了90高龄，依然健康，我想这是因为我和中国有着深入地交流，愉快生活的缘故。

我在中国还有一位亲如兄弟的朋友。他就是住在吉林省长春市的中医张大华先生。

在过去的3年里，我独自旅行拜访过张大华先生，和他有过亲切地交谈。旅行中住在张先生家，还品尝了他夫人亲手做的美食。每次相见他都这样对我说，人的生理健康虽然很重要，但心理健康更重要。平时内心充实、心情愉

快，才会拥有健康的身体，才能够长寿。与他人生气、吵架的人肯定要生病。维持健康的良药就是经常笑，愉快地生活。

各位中国的朋友，中国和日本从古时候起就是一衣带水的邻邦，交往不断，日本文化因吸取中国文化的精髓而发展至今。

希望我们彼此可以取长补短，让日中关系长久友好地发展下去。

作者简介

斋藤三郎　1923年12月12日出生，现年90岁。曾从事养蜂业，和蜜蜂一起游走日本国内，寻找甜蜜花朵。

国境を越えた友情と『人民中国』との出合い
中国を始めて知る

斎藤　三郎

　1978年今から35年程前弘前市に、中国物産展という催しがありました。私は物珍しさも手伝って見学に行きました。物産展では私たちには初めてみる中国の数々の展示品が並び目を見張るばかりでした。
　私は1冊の本を買いました。『悟空のばけもの退治』です。中にアンケート用紙があったのでそれに答えたところ暫くしてそのお礼として外文出版社からお手紙と1冊の本が贈られて来ました。それが『人民中国』であり、貴誌との出合いのはじまりで中国を知るきっかけとなったのです。
　私は貧困家庭に生まれたので高等の教育もなくその上、田舎者ゆえに外国と交流もなく『人民中国』の贈りものには唯嬉しくありがたい一言につきるもので早速貴社宛にお礼のお手紙を書きました。
　私の手紙を受け取った方は、当時貴社に勤務していた阮さんという方で、数年前はすでに他界したそうです。彼は国家公務員であり日本語の翻訳者でもあることを知りました。当時私は歳も若く漢詩が好きで日本の詩も中国の詩もひたすら声を張り上げて吟ずることを嗜んでいたのです。私は中国の詩を知りたい一念から『人民中国』を購読し更に阮さんと文通を交わすことになったのです。
　ところがある時次のような手紙がきました。「私は今から40年前に生まれ故郷を出て日本に渡り大陸に渡ったがために再びふるさとに帰ることがで

きなくなりました。だからこの40年という長い間肉親という人と1度も逢ったことがありません。母は今85歳の高齢で兄弟と一緒に台湾に居るのです。今回あなたと友だちになったので貴方の招きで若しも日本に行くことが出来れば私は年老いた母や兄弟を日本に呼んで逢いたいのです」彼は台湾人であることを初めて知りました。40年も肉親が離れ離れになっていることは、まことに気の毒でなんとかお逢い出来るよう努めてあげたいと考えました。

当時日本人が外国人を招聘するにどんな手続きをすればよいのか分からなかったが、実際に手続きを始めてからはじめて、外国人を日本に招く国の掟が如何にむずかしいことであるのか身を持って知らされた。それから1年6カ月経った某日、阮さんから突然の朗報が入ったのです。日本入国の許可が下りたとの報せです。1981年9月青森駅のホームで涙の初対面でした。

私は彼に伝えました。「今回あなたを日本に招くうちにあなたは中国で私は日本でお互いに体にある涙を全部だし切っても足りないほど苦労したね」彼はひと言、はいと答えただけでしたが、その時、彼は心で嬉し泣きに泣いていたのだと思いました。40年という長い年月離ればなれになった肉親の再会の夢が正夢となって実現したのです。1980年頃の中国の経済状況が大変厳しいものであるということを聞いていたので、阮さんが日本に来るための航空券その他の経費は全部私が受けもって自分の持ち金を使い果たした、でもこれが本当の友情であると信じたからです。

中国側と交流の範囲

阮さんと文通が始まってから彼の紹介によると思いますが、急速に広がりました。外文出版社を筆頭に北京放送（現在も続いている）国際書店など特に外文出版社からは数々の本が贈られてきました。国際書店からは中国の切手やお便り、カレンダー、剪紙、年画等数え切れないほどに私の手元に贈られました。また、友人たちから贈られた書画や民芸品など、私は手元に贈られて集まった中国の品々を広く日本の皆さんにも紹介したく、1983年から

6年間にわたって当市弘前市NHK放送局の展覧室において展覧会を開きたくさんの市民から好評を博しました。博覧会の催しは下記の通りです。

　1983年　中国民芸展
　1984年　中国カレンダー展
　1985年　中国剪紙展（最高の好評）
　1986年　中国銘酒と書画展
　1987年　中国年画展
　1988年　中日友好10年のコレクション展

　日本は島国で小さく中国は世界でも有数の大国で歴史の古い国であることも徐々に分かってきました。試に日本の文化を探って紐をたぐってみればそのほとんどが中国に辿りつく、考えてみれば日本の文化は如何に中国の恩恵に浴しているかが分かりました。

　私は『人民中国』を継続して読んでいる内に少数民族が自然と共にいきいきとして生きる姿は彼等の民族衣装と共に誠に素晴らしく、羨ましくも感じた。当時中国では『人民中国』ほかに『中国画報』も出版され私は廃刊になるまで購読しました。

中国の詩を読む

　日本の田舎で『人民中国』を購読することによって世界を知るような思いがした。若い時から漢詩を吟ずることを趣味にした時代は日本人の詩も中国人の詩も同じものだと考えていた。

　然しだんだん歳をとると共に日本人の詩と中国人の詩は五絶とか七絶とか型は同じだが詩の内容が全然異なることが分かってきたのです。日本人の詩は読んで字の如く解釈すればほぼ理解できそうだが、中国人の詩は直接読むことはできませんが、日本の学者の先生方がいろいろ研究し、また先人の足跡を訪ねて、私たちでも読めるように1冊の本にまとめてくれるから、読んで味わうことができるのです。

　中国の詩を理解するためには、どうしても中国の歴史を多少なりとも学

ばねばなりません。1000年も昔の中国はどんな国で人民がどんな生活をしてきたのかを知らねば中国の詩を理解することが難しい、大昔の中国は人を人とは思わず物として扱われた人民の哀れさ悲しさ、それは詩を読むことによって分かる。中国の友人が次のように話した事が記憶にあります。「私の母は昔あまり貧乏で食べるものがなく木の葉っぱを食べて生きたようなものです」と言って私に塩漬けにした木の葉っぱを見せてくれたことを思い出します。

杜甫の『石壕吏』『兵車行』白居易の『売炭翁』『新豊折臂翁』などの詩はまことにすばらしい詩です。また、韋應物の『幽居』、陶淵明の『帰園田居』などは自然に親しみ詩人は読む人に心に感動をあたえてくれます。

私の本棚には35年前からの『人民中国』が整然と並んでいます。ただし古い雑誌は紙質こそ悪いが内容は少数民族たちの自然と共に生活している姿はいきいきとして明るい表情はなんとしても素晴らしい。

日本の田舎に生まれて中国を知り35年の歳月が去りました。お蔭で私は幼い頃からこれという病気もせずに今日90歳をいう「とし」を迎え今なお健康でおられることは、中国と深く交流し楽しく愉快にして生きてこられたからだと考えています。

私には中国にもう一人の親しいまるで兄弟のような友人がおります。吉林省長春市に住む漢方医学のお医者さん「張大華先生」です。

過去3年にわたって独り旅をし、張大華先生を訪問し親しく語り合いました。もちろん滞在中は先生の家に泊めていただき奥様の手料理でご満悦でした。張先生は訪問するたびに私に話します。人の健康は肉体の健康が大事ですが心の健康はもっと大切なものです。日常つねに心豊かに楽しく愉快に生活して居れば食べた物の消化が良くそれが栄養となり健康になる。健康な体には病気が寄り付かないから長生きできるのです。他人を怒ったりけんかしたり悪いことをする人は必ず病気になる。人の健康の良薬は常に笑って愉快に過ごすことが最高の良薬だと教えてくれました。

中国の皆さん考えてみれば中国と日本は大昔から連綿として一衣帯水の如

く交わり中国のお蔭で日本の文化が発達しました。
　お互いに長所は長所とし短所は短所として見極めて日中両国悠久に良き国として発展することを祈ります。

プロフィール
　斎藤三郎　1923年12月12日青森県平川市生まれ。(元養蜂業) みつばちと共に日本国内を花を求めて旅をして生活。

作者（后排中间者）举办的中国民间工艺收藏展。
作者（後列中央）が主催した中国民芸コレクション展

《人民中国》，中日人民沟通的桥梁

长泽保

恭喜贵刊创刊60周年。我的家乡是中国辽宁省抚顺市（生于1936年），1953年时我正在当地的农业高中读书。

中华人民共和国成立后发生的"文化大革命"（1966—1976年）是一场思想斗争，我饶有兴趣地观看了日本媒体对当时红卫兵举着"毛主席语录"游行的场面和大字报口号内容的报道。出于对中国政治动向的深切关注，我弄到了一本1967年日文版的《毛主席语录》，记得翻开书以后，我从红字书写的"全世界无产者联合起来！"的口号中获得了勇气。

1967年5月我前往长野县畜产试验场（盐尻市）工作，负责鸡的饲养和管理。我开始订阅《人民中国》杂志是在1980—1981这两年。作为珍贵资料，我只保留了两本。一本是1980年第6期，特辑是《今日的中国农村》，还有一本是1981年第9期，特辑是《中国的残疾人……》，封面上还有两个标题是《宋庆龄与新中国》和《鲁迅与日本友人》，这两本杂志成为了我的藏书。

2011年12月，长野县北京放送收听会的西田节夫会长参加中国国际广播电台（CRI）在北京举行的建台70周年纪念活动时，我虽同行，却没有参加12月4日的仪式，而是计划在北京市内观光。CRI日语部的傅颖部长在国际广播电台附近的酒店餐厅安排举办了午餐会。上午11点，我见到一位身材高大的人物，并交换了名片。这位令我感到十分惊讶的人就是《人民中国》的王众一总编。中国国际广播电台日语部的李轶豪副部长和记者邓德花也出席了活动，我拿出了长野读者会的资料，并带来了我剪下来的权威地方报纸——《信浓每日新闻》

上刊登的有关中国威胁论的报道，与大家交换了意见。我认为中国无意和美国竞争军事实力，中国人的生活现状是城市和农村的收入差距正在拉大。18年前来中国时，我看到了北京人上班的自行车大潮，而现在家庭用车已经普及，北京市内的大拥堵令人震惊。12月5日回国时，在前往机场的路上，或许是由汽车尾气造成的大气污染，导致太阳看起来是白色的，完全失去了光辉。12月4日，傅颖部长忙完公务后，也参加了午餐会，我们加深了交流，她的诚恳令我感到欣慰与感激。

当天下午，在邓德花记者的引导下，我参观了《人民中国》2011年第11期介绍过的翻修一新的中国国家博物馆。我寄存了手提行李后正要进入馆内，入口处的保安又进行了贴身物品的检查。甚至要检查我携带着的塑料水瓶中的液体，我喝了一口才被允许入馆。从长野出发前，我已读过特辑，作为预备知识，确定了参观路线，我参观的是展现现代中华民族奋斗历程的"复兴之路"常设展。展品的魅力和充实的内容令我流连忘返，直到工作人员提醒我注意闭馆时间。访华前的理事会结束后，长野县日中友好协会的井出正一会长曾经告诉我，中国国家博物馆不仅建筑本身宏大庄重，展品数量也相当庞大，一天时间是参观不完的。此次参观后，我感到的确如此。下次再来北京时，我还想参观中国国家博物馆，而与国博隔着天安门广场相望的人民大会堂也将是必看的景点。

2007年4月，我开始再次订阅《人民中国》。2009年4月，以徐耀庭社长和王汉平副社长等一行5人的人民中国代表团来到了长野县日中友好协会，在我们的热烈欢迎下，他们在SUNPARTE山王酒店举办了演讲会。我听取了徐耀庭社长以"当今中国"为题所作的日语演讲，并提了几个问题，诸如扼制沙尘的环保工作做得如何？改革带来的经济发展将如何处理城市与农村的收入差距……演讲结束后，徐耀庭社长回答了我的提问。2009年6月号的东京通信栏目刊登了当时的图片和报道，我感到十分惊讶。通过和与会人员的交流，初步决定成立长野县《人民中国》读者会。在相关人士的努力下，成立大会于2011年8月12日，在长野市的SUNPARTE山王酒店举行，共有30位嘉宾到场。当日，《人民中国》东京支局的贾秋雅支局长、中国国际广播电台日语部的刘非副部长、长野县日中友好协会的山根敏郎副会长作为嘉宾出席，并发表了致

辞，对读者提出了希望。

本会由《人民中国》的读者构成，定期举办读书会，普及有关中国的知识，并致力于宣传推广《人民中国》杂志。我们还会邀请顾问参加，让大家获取更丰富的知识。

为了让《人民中国》更加广为人知，希望普通市民也能参与其中。我诚挚邀请更多的人加入读者会。

定期读者会每两个月在长野县日中友好协会中心的教室举办一次活动。2013年1月12日迎来了第9次读者会。《人民中国》东京支局的贾秋雅支局长、记者吴亦为、光部爱和郭蕊4名嘉宾也来到了现场。互致新年问候后，读者会的20名会员分成了3个班分别就坐。交流之前，峰村洋事务局长做了报告，他以"偶然相遇唤起偶然友好的逸闻"为题，例举了2013年第1期《人民中国》刊登的天津外国语大学李钰婧同学的文章——《中日交流中的感动轶事——作为口译人员的幸运登场》，文中写到峰村洋先生曾作为长野市日中友好协会的干事与选手和相关人员共同参加了"日中友好城市中学生乒乓球交流比赛"。我们饶有兴趣地听他讲述了长野市的中学生与友好城市石家庄市的中学生互换选手组成新队伍后取得团体冠军的经过，以及他与第一次担任口译的李钰婧同学相识的故事。作文中写到了峰村洋先生安慰她的话语，她被峰村洋先生的人品"一点一点"地感动，拉近了心灵的距离，是一段不可思议的经历。

之后，长野县日中友好协会的西堀正司理事长发表了题为"从日中邦交正常化到今天的政治形势"的演讲。他提到了与老一辈中国领导人之间的交流，以及见证重大历史事件的经过。他以"见证人"的身份支持着协会的工作，这些演讲内容让我受益匪浅。《人民中国》正在成为我们开展活动的桥梁，也为我们提供了活动能量。我衷心希望读者会作为一种"民间活动"在日本国内遍地开花。

作者简介

长泽保　1936年12月出生于中国辽宁省抚顺市，曾在长野县畜产试验场工作，1997年退休。现任长野县日中友好协会理事、宣传委员长。

『人民中国』、両国民の交流の懸け橋

長澤　保

　創刊60周年おめでとうございます。私のふるさとは中国遼寧省撫順市（1936年生）。1953年（昭和28年）は地元の農業高校に在学していました。
　中華人民共和国の成立（1949年）以降に生じた「文化大革命」（1966～1976年）は思想闘争であり、私は当時の紅衛兵が掲げて『毛主席語録』の行進する姿や、壁新聞のスローガンなど日本のマスメディアによる報道を興味を持って見守っていました。中国における政治動向に深い関心を寄せていただけに、『毛主席語録』1967年・日本語版を入手して書物を開くと、赤い文字で、万国のプロレタリア団結せよ！の言葉に勇気をいただいた記憶があります。
　1967年5月長野県畜産試験場（塩尻市）に赴任し、鶏の飼養管理をする仕事をしていました。『人民中国』誌の購読を始めたのは、（1980～1981年）の2年間でした。でも貴重な資料として、次の2冊のみ保存してあります。「1980年6月号・特集・こんにちの中国農村」「1981年9月号・特集・中国の身体障害者は…」宋慶齢と新中国・魯迅と日本の友人、表紙のタイトルであり蔵書となっています。
　2011年12月・長野県北京放送を聞く会の西田節夫会長がCRI開局70周年の記念式典が北京で催された時に、私は同行するも12月4日（土）の式典には入場することなく、北京市内を観光する予定でした。CRI日本部の傅穎部長のはからいで、国際放送局に近いホテルのレストランに昼食会を催してい

ただきました。午前11時に体格の大きい人物、との会見！　名刺交換をして驚きました。総編集長・王衆一さんでした。中国国際放送局の李軼豪・日本語部副部長・鄧徳花記者も同席いただく中で、長野での読者会の資料（第2回の様子のまとめを峰村洋事務局長より預かる）を提出したり、有力地方紙・信濃毎日新聞に掲載された中国脅威に関連する報道記事を切り抜き持参し意見交換する。軍事超大国の米国（美国）と軍事力で競い合うことなきように進言する人民の暮らし、都市と農村における所得格差は拡大していると思う。18年前の訪中では、北京は自転車による通勤の大移動を見るも、今日のマイカー普及による自動車による北京市内の大渋滞は驚きである。排気ガスによるであろう大気汚染は12月5日帰国で北京空港に向う途中で眺めた太陽は白く見えて輝きを失っていました。12月4日の昼食会の会場には局内で多忙な仕事を済まされて傅穎部長も同席いただき交流の絆を深めたこと誠意に嬉しく感謝でした。

　当日の午後は『人民中国』2011年11月号で外も内も一新された中国国家博物館を鄧徳花記者の案内で入館することに。手荷物を預けて会場へ向うも入口の警備員がボディチェック。持参していたペットボトルの中味までのチェックで私は飲んで見せたら入館が許されました。長野を出発する前に特集記事を読み、予備知識として見学するコースを決めてあり、私は現代中華民族の奮闘ぶりをひもとく「復興の道」の常設展を見ることができました。閉館の時間が迫っていることを係員から知らされるまで、展示物の迫力と充実した内容に時を忘れていました。訪中前の役員会が終了後、県日中友好協会の井出正一会長は、私に北京の中国国家博物館は建物は宏大荘重の表現通りであり、展示物がすごいよ、1日では見学が出来ないとのお話でしたが再確認ができた。再び北京を訪れる時は、天安門広場を挟んで向かい合う人民大会堂と共に必見の観光スポットです。「中国国家博物館」を見学したい。

　私の『人民中国』再購読の開始は2007年4月号から継続しています。2009年4月に長野県日中友好協会に『人民中国』代表団として徐耀庭社長・

王漢平副社長らご一行5名の来長いただき、サンパルテ山王で熱烈歓迎のもと講演会が催されました。「今の中国」と題して、日本語で徐耀庭社長の講演を拝聴した。私は日本上空に飛来する黄砂に関する環境保全はどうなっておるとか…改革による経済発展は都市と農村の所得格差をどうするのか…を質問した。講演が終わると、徐耀庭社長はこの件で応えていただく、（2009年6月号）に東京通信として、あの場面の写真が記事となって掲載されていたので驚きました。出席された会員らとの交流から懸案となっていた、長野県の『人民中国』読者会が（2011年8月）関係者の尽力をいただき、長野市で設立総会が8月12日（金）ホテル「サンパルテ山王」で30名の出席で開催されました。当日は来賓として賈秋雅『人民中国』東京支局長、劉非中国国際放送局日本語部副部長、山根敏郎県日中友好協会副会長が出席いただき、祝辞と共に読者としての要望も述べられました。（詳細は『友好』89号「読者会会長に就任されたアピール」参照）

　この会は『人民中国』読者をもって構成し、定例読書会を開催して、中国に関する知識の普及、『人民中国』の普及拡大に取り組みます。定例読者会にはアドバイザーにも参加していただき、より深い知識を得られるようにしていきます。

　『人民中国』を広く知っていただくためにも一般市民の皆様に、ぜひ参加していただきたいと思います。大勢の皆さんの参加をお願いします。

　定例読者会も2カ月に1回、長野県日中友好協会センターの教室で開催されています。2013年1月12日（土）第9回を迎えました。来賓として賈秋雅『人民中国』東京支局長、呉亦為記者、光部愛さん、郭蕊さんら4名も来長されました。年賀のあいさつをかわして読者会員20名は3班に分かれて着席しました。話し合いの前に、峰村洋事務局長からの報告、「偶然が偶然の友好を呼んだ逸話」と題して『人民中国』2013年1月に掲載記事を活用、中日交流における感動的なエピソード　李鈺婧天津外国語大学生の─通訳として幸運なデビュー─に峰村洋さんが長野市日中友好協会の役員として「日中友好都市中学生卓球交換試会」に選手ら関係者と同行され

ました。姉妹都市である石家庄市の中学生との選手と新しくチームを組む中でブロック優勝に至る経過が…通訳としてデビューされた李鈺婧さんとの出会いを楽しく拝聴しました。彼女を安心させる会話は、峰村洋さんの人柄から発しられた「一点点」に感動されて心の距離を縮められたこと、不思議な体験を作文につづられていました。

　続いて西堀正司長野県日中友好協会理事長の講演「日中国交回復から今日の政治情勢」について。当時の中国要人との交流をまじえて、重要な歴史上での出来事に出合い、立ち合うなど「生き証人」として協会を支えた方の講演内容に学びました。『人民中国』が私達の運動の橋渡しになっていること、活動のエネルギーとなっています。読者会が「草の根の活動」として国内各地に広がることを願っています。

プロフィール
　長澤保　1936年12月12日、中国遼寧省撫順市生まれ、長野県畜産技術講習所卒。97年長野県畜産試験場退職。長野県日中友好協会理事、広報委員長。

2011年12月4日，作者在北京与人民中国杂志社总编辑王众一（左）和中国国际广播电台日语部主任傅颖（右）合影留念

2011年12月4日 北京にて、『人民中国』総編集長王衆一氏（左）・中国国際放送局日本語部傅穎部長（右）と

寄语《人民中国》创刊60周年

连华圻

我喜爱的《人民中国》杂志今年迎来了创刊60周年，我由衷地觉得这是一本长寿的杂志，可喜可贺。今年我也已经82岁了，如果早在创刊时的1953年就拥有此刊，便可获得60年的历史纪念全集，遗憾的是，我与《人民中国》相识是很久以后的事了。尽管如此，我们仍然结下了30多年的不解之缘。

我并非日本人，还在美国订阅日语月刊，这也算是很少见的个例，而能够在美国订阅也是10多年前才开始的。之前一直是拜托住在日本的朋友给我邮寄。

1979年，中国正式向美国人开放入境，为了做贸易，我随同两名美国企业家去了中国。当时，我们到上海、杭州、北京、西安等地考察了国营工厂的产品。时隔30多年，我又见到了往日的朋友，他已经成为了上海某生产单位的干部，也正是他在那时向我介绍了《人民中国》杂志。

那时的《人民中国》纸张质量不好，页面颜色发暗，但对于迫切渴望了解新兴中国的我来说，《人民中国》就像沙漠中的泉水一般。于是，我在回家途中顺路去了东京，在位于神田的东方书店购买了两三个月的"宝物"。本来我希望通过东方书店直接订阅，但据说美元和日元的兑换很麻烦，所以未能实现。尽管如此，在朋友的帮助下，我有幸从1980年开始与《人民中国》结下了良缘。虽然错过了之前的27年，但在此后33年的交往中，我得到了《人民中国》的许多帮助。

过去，似乎由于受到种种限制，《人民中国》的版面内容显得比较单薄，

但近年来大刀阔斧地实施改革后，纸张质量提高了，色彩变得鲜丽了，风格也堪称一流，不输给世界上的任何刊物。内容也更加开放，我想这一变化正好反映了国力增强所带来的自信。

过去，除了针对有必要向日本进行报道的经济、国防和科学等领域外，《人民中国》并未做出多少理想的成绩，报道内容主要集中在政治和人民生活方面，对于日本读者而言，显得有些乏味。而最近4、5年来，随着国力增强，《人民中国》也稳步成长为一本优秀的特色期刊。60年的努力结出了果实。针对中国政治、经济、文化、体育、外交的发展以及人民生活水平提高等各方面的情况，杂志给予了恰如其分的介绍和评论。

就最近读过的文章来说，2013年第2期"中日观察"栏目刊登的中国人民外交学会黄星原秘书长写的《给安倍新首相的四点建议》一文，恰合时宜，是一篇令人回味无穷的独特随笔，我觉得正说出了我心中的想法。

既然《人民中国》的首要目标是促进中日关系，那么在两国感情发生恶化的现状下，两国领导人商讨打开局面的对策完全是情理之中的事情。毋庸赘述，主导实施相关工作的应是两国的外交官员，但也有必要通过《人民中国》杂志告诉日本国民为什么中国人民会对日本持有不同意见。

我认为，前野田政权将钓鱼岛划定为日本领土、实施国有化的做法是引发争端的祸根，导致事态进一步恶化的是前东京都知事石原慎太郎的不当发言。40年前，田中角荣首相与周恩来总理已就此问题达成了和平谅解，单方面驳斥这一问题的做法实在不妥。如果无法判断国际形势，那就算不上一名合格的政治家。

日本为何不能带着诚意和平解决问题，反而实施了国有化行为呢？我对此感到非常遗憾。野田在外交政策上缺乏经验，而石原只盘算着利用右倾政策提升自己的政治人气，他们都缺乏对于"世界和平"道路的理解，所以也可以认为，向日本民众解释这一问题，寻求他们的理解——这正是《人民中国》的使命。因此，黄星原秘书长的文章带给我良多感触。尤其是黄秘书长向安倍首相提出的4点建议非常恰当，希望贵刊努力让日本国民了解这些内容，获得他们的支持。作为《人民中国》创刊60周年的一大纪念性策划项目，希望贵刊通过

向日本的读者通俗易懂地阐释黄先生的这篇论文，使之成为日本全体国民日常的谈论话题。

此外，针对这一事件，前日本驻华大使丹羽宇一郎先生在2013年2月出版的《文艺春秋》上刊登了独家手记《日中外交的事实》，这样一位经验丰富的有识之士的金玉良言令人受益匪浅，希望《人民中国》的读者也一定要读一读。

丹羽先生提出的要点是"……除了'卖出和买入'外，真正的操盘专家还持有'等待和休息'的手牌。因此，日本也应该立足于长远的视角，更多地听取外交一线的声音，尊重其对策，而不能只考虑眼前"，这一观点极具借鉴意义。另外，丹羽先生还表示："思想控制不了经济。对于日中而言，两国的经济关系处在相互支持的环境下，日本企业在中国外资中所占的比例最高，约有1000万名当地中国民众在这些在华日企中工作。"针对这一点，《人民中国》应该通过自身的相关报道，向全国人民发出呼吁，非理性的示威将会给中国经济带来负面影响，应该抑制非理性煽动的言论。

等到贵刊70周年纪念之时，我再献文祝福吧。

作者简介

连华圻　82岁，理财顾问。美国宾夕法尼亚大学应用力学博士，曾任台湾大学客座教授、波士顿自由银行董事长，现任波士顿财政科学公司总经理。

『人民中国』創刊60周年に寄せて

連華圻

　我が愛する『人民中国』誌が今年で60周年を迎えるとの事、本当に「長寿誌慶」に存じます。私も今や82歳ですから若し創刊時の1953年にこれを入手していたら、60年分の歴史的な記念全集が得られたのですが、残念ながら私が『人民中国』に出会ったのは随分後のことになります。それでも30余年の良縁です。

　日本人でない私が日本語の月刊をアメリカで購読していますのも珍しいケースですが、アメリカから定期購読できるようになったのもホンの十数年前になってからです。その前には日本に住む友達から送ってきてもらっていたのです。

　1979年にアメリカ市民の中国訪問が正式に開放され、私も中国との貿易を始めるべく二人のアメリカ企業家と供に中国に行ったわけです。その時に上海、杭州、北京、西安各地の国営工場の産品を見てまわりました。そして上海の生産機構の幹部になっていた昔の中国同窓に30余年ぶりに再会し、彼から『人民中国』誌を見せてもらったわけです。

　その頃の『人民中国』誌は紙の質も悪く紙面の色も灰色で薄っぺらい感じの刊行物でしたが、新興中国の発展に関する情報に飢えていた私にとって『人民中国』誌は砂漠で水泉を発見した如く私は帰り道に東京に寄り神田の東方書店で先ず2、3カ月分の「宝物」を入手したわけです。東方書店から直接定期購読を申し込んだのですが、ドルと円との交換が簡単に出来ないとの事でこれは実現しなかったのです。それでも日本の友人のおかげで『人民中

国』誌とは1980年からのつき合いになります。27年分のミスがありましたが33年来のつき合い、どうもお世話様になりました。

　以前は誌面の内容にも色々な制限があったようで貧弱でしたが近年来の大改革で紙もツルツルで色彩も豪華になり世界のどの刊行物にも負けない一流のスタイルになりました。内容も開放的になり、これも国力の増大に伴う自信の反映だと思います。

　以前は日本に報道すべき経済、生産、国防、科学等各方面のすぐれた業績がなく、政治と人民生活の報道が主となり、日本読者にとって味気のない内容でしたが、この4、5年来は国力増進に伴い『人民中国』誌も実に立派な特種刊行物に成長いたしました。60年の努力が結実したのです。中国の政治、歴史、文化、古跡、伝統、芸術、外交、経済発展、国力増進、貿易拡大、そして人民の生活向上、スポーツにいたる各分野に適正な紹介と評論が公表されています。

　近頃読んだ文章では、2013年2月号の「クローズアップ中日」欄にのった中国人民外交学会秘書長黄星原氏による「安倍新首相に4つの提言」が時節に適した貴重な読みごたえのある異色のエッセイとして私の言いたい事を云ってくださった思いでした。

　中日関係を促進するのが『人民中国』誌の第一の目標ですから両国の感情が悪化した現状では両国の指導者達がその打開策を論ずるのはあたり前の事になります。もちろん主導するのは両国外交関係の役人ですが『人民中国』誌を通じて日本国民にもなぜ中国人民が日本に悪感情を抱き反日デモをするのかを説明する必要があります。

　そもそも近月来紛争発端は釣魚島を日本領土国有と定めた前野田政権にあり、それを促進させた前東京都知事・石原慎太郎氏の不賢明な提言によるものと思うのです。40年前に田中角栄総理（当時の）が周恩来首相（当時の）と平和了解をしたこの問題を一方的に決め付けたのが実に短絡的なこの日本の悪国策でした。世界情勢を判断出来ないのでしたら政治家としては落第物です。

　何故日本が誠意をもって平和的に解決せず国土領有としたのかと私は残念に思います。野田氏は外交政策についての経験も無く、石原氏は右翼化によ

る自身の政治人気のみを計り「世界平和」の道に対する理解を持たない人ですから『人民中国』誌により、この点を日本の人達に説明し理解を求めるのが本誌の使命とも思われます。故に黄星原秘書長による一文は私に良き感銘を与えたわけです。特に黄秘書長が安倍首相に提言した4つのアドバイスは非常に適正であり日本国民にこれを了解させてその支持を得るよう貴誌の努力を願っています。『人民中国』60周年記念の一大企画として日本の読者皆様を通じてこの黄氏論文を良くかみくだいて全日本国民に日常会話の討論のタネとして提供なさるよう…

なお、この件については前日本駐中国大使の丹羽宇一郎氏による『文藝春秋』誌2013年2月号の独占手記「日中外交の真実」が非常に為になる経験豊富な識者の良言であり『人民中国』読者の皆様にもぜひ読んでもらいたい思いです。

丹羽氏の指摘する要点は「…本物の相場のプロは"売りか買いか"の他にも"待つ・休む"というカードを持っている。故に日本も短期的に考えるのではなく長期的な視点に立ってもっと外交の現場の声をくみとりその対策を尊重して行動すべきです」とのアドバイスになります。また、丹羽氏は「思想で経済はコントロールできない。日中の経済関係は両国にとって相互の支持による関係にあり、中国に於ける外国資本の中で日本企業は最も多く、この在中国日本企業は約1000万人ほどの現地在住中国人民が働いている」といっています。この点は『人民中国』誌がその報道関係を通じて良く全中国人民によびかけ「暴力デモ」は中国経済のマイナスになる事にもなるので「暴力デモ」扇動の言論を抑制するように指導をすべきです。

では70周年の記念日にでもまた文通いたしましょう。さようなら。

プロフィール

　連華圻　82歳。アメリカ・ペンシルヴァニヤ大学、応用力学博士。前台湾大学客員教授。前ボストン自由銀行会長。現ボストン財政科学会社（Financial Science, Inc.）社長。

第一次大连机场、天津与上海之行

新井真一

我在一年之内,接连失去了父母。此后一度处于走投无路、前途灰暗的茫然之中,但最终我被一股要拼命活下去的"生命激情"所感染,受到了鼓舞。

1987年岁末,我来到中国上海,开始了第一次出国旅行。

上世纪60年代,当我还是大学生的时候,开始和中国朋友通信,并成为了《人民中国》的读者。通过和《人民中国》的相识,我开始像遣唐使一样自学简体字,了解中国。我阅读了中国朋友送给我的《水浒传》原著(当时是竖排而非现在的横排,并且在地名、人名旁边还划上了线)和《人民文学》上刊登的翻译成汉语的松本清张和小林多喜二等作家的作品。然而,和中国朋友的通信在3年之后意外中断了。

在旅馆门前的路口,虽然是红灯,但一位老婆婆抱着孙子竟然视而不见地急着横穿马路。另一位看起来像是买豆腐回来的妇女也同样无视信号灯在横穿马路。交警不知是和朋友还是在上海遇到的同乡在叙旧,总之说着什么。这就是我在清晨看到的场景。一问才知道这在上海很常见。

1988年正月,我与4个朋友徘徊在上海街头。当时,我只会说"你好、谢谢、再见"这样简单的汉语,所以是怀着不安的心情随便溜达。淋着淅淅沥沥的小雨,我们走进一家餐馆。虽然,这里马上就要打烊了,但厨师和服务员们还是尽力为我们服务。"你们5个人,点这些啤酒有点少吧?饺子也不够分……别总点小盘,再要点儿大盘的菜吧。"可是,我们的汉语完全不够用,嘴上想说"我们一样一样点,请稍等",却怎么也表达不出来。不过,一两个小时以

后，我们就和店员，特别是厨师成为了好朋友，我还与他拍了合影并从此开始通信。1990年，我只想打听一下那位厨师的住址，并没打算去拜访，可当我到饭店楼下询问时，店员却对他的家人喊道："喂，有人来找你哥哥啦。"于是，尽管厨师出去送外卖了，店员和他的家人还是很热情地招待了我，我们一下聊了近两个小时。

现在，那位厨师的女儿已经20多岁了，学了好几年的日语，经常写信把父母和上海的情况告诉我。

下面是1997年的事。我一个当日语教师的天津朋友邀请我以"日语教师"的身份来留学，顺便游玩。于是，我搭乘中国国际航空公司为"纪念天津—名古屋通航"首发的直飞航班，顺利实现了天津之旅。

我在天津机场结识了一位快30岁的年轻出租车司机。在去大学宿舍的路上，我用图示告诉他我想要买口琴，他答应了。快到学校的时候，他说："我看情况帮你买个便宜的。"（他称自己擅长砍价）于是，我们接连跑了好几家店买回了口琴。这种"服务到家"的意识非常难得，在日本根本看不到。我的内心很感动，好像享受到了最完美的中国式服务。

而且，更让人吃惊的是，出租车司机还帮我找到了此前10多次拜托导游也没能找到的地方。那是我大学时代互通书信的中国朋友的家，我当时只有一个地址可循（是对方亲笔写在信封上的）。我和他的学生，以及中途加入的出租车司机一起去找。找到后我给那家人看了信封上字迹，对方说："这是我父亲的笔迹。"就这样，我终于实现了和那位中国朋友中断了20年的再会（初次见面）。

2000年，大连招聘日语教师，我好不容易应聘成功。在校期间我和中国老师一起编写了《日本文学作品与赏析》上下两册。我在学校剧团朗诵的鲁迅的《藤野先生》被录成磁带作为教材。两年后，在我结束教师工作之前，我还出版了诗歌文集，作为自己第二次大学生活的告别纪念。

之后，我在民办外语学校担任语言夜校的兼职讲师，并和校长成为了好朋友。周日，针对有兴趣学习日语的社会人和学生，我们会进行免费的主题讲座。讲座题目诸如《日本的汉字和中国的汉字》《赞美诗和中国的圣诞节》《中

国和日本》、《日本的茶道和中国的茶文化》等。

在民营企业上班的时候，竟然还有一位中国人看到广告"外国人创办的日语教师讲座"找到我，我向他做了简单的自我介绍。然而，即便我知道现在以及今后都没有讲座了，仍然被他的热情所打动，说可以保持联系。

因为这次的缘分，我之后去大连曾多次住在他家。我们好像在前世曾相遇过，在今生结成为日中友好而生的伙伴。我第二次再就业的公司，就是他帮忙引荐的。

最后我想写一下难忘的初次降落大连机场的经历。当时，我在机场没有遇到前来接我的大学里的工作人员。我在机场里等了两个半小时，一直到晚上7点左右，天全黑下来才坐上出租车。我要去的大学距离机场好像很远，30公里的路程还是让我经历了一些意外。

在出租车上，司机递给我烟。我虽然不吸烟，但他说这是向远道而来的客人表示"友好"的烟，吸一支吧。我便接受了。他问我："谁来接你？怎么这么晚了还没到……"问题一个接着一个（这些中国话我当时一点听不懂），我心想干脆就拜托这位出租司机吧。

车子开了30分钟左右，从市区上了通往郊外的马路上，这是要带我去哪儿？原来，司机把车开到了他的家门前。过了一会儿，他拿来烧饼，对我说："吃吧。"他不仅招待我这个素不相识的日本人吃晚饭，而且只收取很便宜的费用，还带我转了一下郊外。现在，这个出租车司机还经常到大连机场接我。在日本，这种事情很罕见。而当我眼前浮现起中国的老百姓时，我会深深感到，这样的事是可以发生的。

我曾经听说过很多有关出租车司机恶劣行为的传言。比如漫天要价、绕路、故意拉错地方等。但我第一次遇到的这个出租车司机，他身上那种顽强活着的劲头和喷涌而出的激情深深鼓舞了我。虽然这只是很微小的一个侧面，但让我喜欢上了中国人。

我从第12期《人民中国》的总目录中感受到了中国现代和传统的气息，对我而言，《人民中国》就是"日中友好交流的桥梁和纽带"。上海、天津和大连，身处现代中国这个大家庭中，我感受到了真实的百姓生活，接触到了

真实的中国人。《人民中国》所传递的现代中国，宛若万花筒或是一幅全景图，在我心中她就像一本百科全书。我想把小月历做成可供收藏的画册，以总目录为线索，制作成便于查阅的索引、目录和词条。这样，现代和传统的"今日中国"就会浮现出来，形成我视角中的中国史。

我想，这将是我充满快乐的晚年生活中的一大乐趣，也是我对中国人民所尽的一点小小的义务。

个人简介

新井真一　1942年11月5日，出生于东京都台东区。1964年3~4月毕业于早稻田大学第一文学部，担任都厅职员。1999年8月离职，第二年担任大连民族学院外语系日语教师，曾编写教科书。后在民办外语学校任教，在民营企业任职，结束第一次在华就业。2009年1月，再次就职于民营企业。期间为"日语教师会"积极开展活动，2011年4月，辞职回国。

初めての「大連空港と天津、そして上海」

新井　眞一

　1年のうちに、あいついで父母を無くした。途方にくれ、前途に暗闇が待ちうけているような虚脱空間にいた末の、必死に生きている「生の迸り」に圧倒、鼓舞された。
　私は1987年暮れ、中国大陸の上海に刻印した、初めての海外旅行だった。
　文通は大学生の60年代、『人民中国』の愛読者になった。文通の相手から貰った『水滸伝』の原典（当時は、縦ならび＝現代のような横組みではない、おまけに地名・人名などは傍線が引いてあったものだ）や『人民文学』で中国語に訳された松本清張や小林多喜二など、私と『人民中国』のつながりから、簡体字を独習書で「一番先に読む」ような、遣唐使のように読んでいた。でも、文通は、3年ほどで沙汰止みになった。
　おびただしいバスやタクシーの中での出来事である。ホテルの前で、お婆さんが「孫をだいた」必死に（信号があるのだから、敢えて無視をして、のように映った）横断歩道を横切っていた。見るからに大ぶりな鍋に行けて豆腐を買ってきた、（これも、敢えて無視をして、のように映った）主婦が横断歩道を横切っていた。巡査は、知り合いか上海に出てきた同郷のヨシミに話しかけているような体で、なにやら話かけている…朝、こんな風景を眼にした。聞けばこれは普段の上海風景だそうだ。
　88年5月、5人で上海の街を彷徨った。「ニー・ハオ／ シェシェ／ ツァイチェン」だけがたよりの心細い〈リューダ・リューダ＝ぶらぶら歩き〉だった。

そば降る小雨のあと、某大衆食堂に入り…店じまいがもうそろそろだったが、しまいには厨房総出で集まってきた。「5人なのに、ビールが少ないではないか　餃子が人数分でないのに…もっと小皿ではなく大皿に…」でも、中国語がカラキシ駄目だったので、順々に頼むから待っていてね…と言うつもりが、全然伝わらない…でも、1、2時間後には店員とりわけコック長（その時はまだ長ではない）と仲良くなった。記念写真と文通が（知り合いにたのんだ）行ったり来たりした。90年、住所を尋ねただけが、家を訪問することはサラサラないのに、階下では住所を聞いたところ、「お～い、お前の兄貴のところに尋ね人が来ているぞ」…結局、コック長が仕出しのためにいないのにも関わらず、私を上を下への饗応にあずかり、ちょっと住所をというのが、2時間近くになってしまっていた。

　今では、娘さんもとっくに20歳以上、日本語を数年勉強して、父母や中国・上海の状況や消息を手紙に書いてきている。

　1997年のことだったと思う。日本語教師になっていた天津の畏友から、「日本語教師としての『遊学』がてら、遊びに来ないか」と誘われた。中国国際航空会社（公司）が、「天津―名古屋就航（首航）記念」で、直行便で、ものの見事に実現した。

　天津空港は、20代後半かなという若手運転手だった。大学の寮までの道すがら、図で示した「ハーモニカ」のリクエストに答えた。大学に近づくころには、「安いのを見繕って」（と値切りを自慢げに言いたげにして）数軒の店に飛び込んで買った。日本では見られない「客にサービス」がことのほかありがたかった。胸が一杯になった。中国的サービスの極致を見たような思いがした。

　そして、驚くべきことには―これまで10回以上も、観光ガイドに頼んでも、杳としてわからなかったのである…。住所だけが頼り（私宛の直筆の封筒）を、彼の学生と、途中から運転手も一緒になって、大学生のときの文通相手を探した。私が一軒の軒先を尋ね当て、「私宛の直筆の封筒」を見せると、「これは、私の父の筆跡だ」我々は、ようやく探し当てたのだった。20年振り（初対面の）再会が流れた。

2000年に大連の招聘日本語教師の口がようやく実った。『日本文学　作品と鑑賞』上・下2冊も中国人老師との共著として編んだ。魯迅の『藤野先生』は、劇団の朗読のテープも教材にしたし、2年間の卒業式前には詩文集も発行して、私の第2の大学生活（アルト・ハイデルベルグ）の別離とスーベニールとなった。
　しまいには、民間外国語学校では「夜間講座」にも就職（非常勤講師）し、弟がジャーナリストという校長とも親交を結んだ。日曜日には、日本語に興味関心のある人「社会人（と学生）」には「一人一人テーマ講座　だれでも無料」というのも持った。「日本の漢字と中国語の漢字　賛美歌と中国のクリスマス　中国と日本　日本の茶道と中国のそれ…」などが一例だ。
　民間会社では、看板に「外国人による日本語教師講座」とあるので2階に尋ねてきた一中国人に、片言で（この時は会話が進まず）自己紹介。でも、現在もこれからも講座がないと分かっても、熱心さにほだされて、付き合ってもいい、ということに。
　このことが縁になって、いまでも大連に行った場合は、その家に泊まることが多い、百年の昔から時・場所・縁のある「日中友好　連帯の友」としてお互いに遇する間柄で、2回目・再就職は、この会社への手引きによる。
　最後に、忘れられない「初めて大連空港に」降り立ったときのことを書いておこう。大学の職員（とおぼしき）が、迎えに来ない。空港で、2時間半を過ごしたのだ。7時ごろ。大学は空港からだいぶあるらしい。でも30㌔とはオソレ入った。
　煙草を勧めてみた。（わたしは煙草はヤラナイ）でも、彼は、どこからか「友好」という煙草を持ちよって、吸えという。（1本戴いた）…誰が迎えに来るのか、こんな時間に来ないなんておかしい…と次々に（中国語はなかなかわからぬ）…いっそのこと、この運転手に…。仕方なしに、最後まで残った運転手に運を天に任せて…。
　でも、初めて大連に降り立ったときの運転手は、ちがう。30分ぐらい、タクシーに乗る。街中から幹線道路、どこに連れて行かれるのか…街はずれ

の一本道…そこはタクシーの運チャンの家の前。で、しばらくすると「焼餅（シォオ・ピン（何と言うものか分からなかったが…））を持って来て、「食え」という。私に「自宅と食事まで」招待してくれた…この運転手は、格安で郊外までも案内してくれている。それこそ見ず知らずに日本人に、夕飯といっていいて食糧を振る舞う…。今でも、この運転手は、大連空港で待っていてくれたり…。日本ではこんなことが有り得ない。こんなこと、こんなことが、あり得ることなんだ…と、中国の庶民を浮かべて、感じ入った。

　ボッタクリだの、遠回りにして止めるだの、目的地とは違う場所だの、とにかく運転手のマナーの悪さは、つとによく聞くが、初めて出会った運転手、その生きている必死さにと「圧倒的な迸り」にことのほか鼓舞された。その片鱗をあからさまに見せる中国人民が、無類に好きだ。

　私と『人民中国』とは、その付録についた総目次をひもといて、目次からたちあがってくる現代と伝統の中国の息吹き…私にとっては「日中の懸け橋と連帯」そのものである。上海も天津も大連も、現代中国のアパートの蔭に寄り添って、庶民の暮らしと私につながっていく人間模様が、ひときわ浮かび上がって陰影をつくってくる。現代中国の諸相が『人民中国』さながら、万華鏡や一大パノラマにも、そして「百科事典」に見えてくるのである。

　カレンダーを「私用製　画集」に、そして「総目次」を手がかりに「私家用　索引・目次と事項」を作っていこうと思っている。そうすることによって、現代と伝統の「中国の今」が出てくる。私の中国史ができるに違いない。

　明るい老後の楽しみと中国人民にするささやかな義務だと思っている。

プロフィール

　新井眞一　1942年11月5日東京都台東区に生まれる。早稲田大学第1文学部を64年3、4月に卒業後、都の職員になる。99年8月退職し、翌年（2000年）大連民族学院外国語系日本語教師になる。教科書編集後、民間外国語学校・民間会社を経て、1回目の中国就職活動を終わる。09年1月民間会社再就職。途中「日本語教師の会」を活発に貢献し、11年4月、辞職して帰国する。

参加"《人民中国》读者之旅"横穿新疆

安达武

2012年9月11日，我和妻子参加了为期11天的"《人民中国》读者之旅"。我们是第一次参加这种旅行团，其他团员都是多次参加的《人民中国》老读者，对我们这样的初次参加者很热情，我对此深表感谢。包括21世纪旅行社的导游曹小冬先生在内的一行14人，乘坐中国南方航空公司的飞机，从成田机场出发飞往乌鲁木齐。

人民中国杂志社的原社长于明新在乌鲁木齐与我们汇合，全程陪同。在旅程中，他向大家介绍了很多有关中国的准确信息，并为旅途提供了很多好的建议，回国后还给我们寄来了他为大家拍的精彩照片。加上新疆当地的陪同赫卫国先生，本次旅程有3位经验丰富的中国人在照顾大家。因此，全长约2000公里的长途巴士旅行，在一片和谐和快乐中度过，行程也全部按计划完成。期间虽有种种突发状况发生，但最终大家都平安归来，对此我表示万分感谢。

旅程始于乌鲁木齐，沿着"丝绸之路"的天山南路从东往西乘坐大巴横穿大约2000公里，向中国最西端的绿洲城市喀什进发。之后沿着喀喇昆仑公路往巴基斯坦方向行驶了约200公里，直抵喀拉库尔湖（海拔3600米）。这是其他旅行社的旅行线路难以实现的宝贵体验。

从乌鲁木齐出发，我们先后在库尔勒、库车、阿克苏、喀什等沙漠戈壁中的绿洲城市住宿，探访了玄奘法师遗迹、龟兹王国鸠摩罗什的出生地、博斯腾湖、铁门关、龟兹古城、王府、克孜尔千佛洞、柏孜克里克千佛洞、伊斯兰教清真寺等，充分领略了丝绸之路上的特色风情。

另外，我们经喀喇昆仑公路往巴基斯坦方向去了喀拉库尔湖，那是个当天往返的日程。由于喀拉库尔湖的海拔与富士山大致相当，大家都买了气枕模样的氧气袋备用。结果，没人出现高原反应。当地人好像是通过一边吃馕一边喝水的方式，来预防高原反应，我们也体验了一次。但是，为了防范来自巴基斯坦的毒品走私和塔利班分子偷渡等问题，我们在途中的盖孜边防检查站接受了严格的护照检查。这种检查通常需要两三个小时。而且在往前至与巴基斯坦交界的红其拉甫口岸的途中还有两个边检站，这一带和巴基斯坦、阿富汗、塔吉克斯坦、吉尔吉斯斯坦等国边境毗邻，住着很多塔吉克人。

参加本次旅行的目的之一，是为了参观我们夫妇俩尚未走过的丝绸之路。而丝绸之路靠近河西走廊东端的甘肃省武威市和腾格里沙漠交界处，是我所在的NPO法人"草炭绿化协会"开展活动的场所之一。武威市里有很多与丝绸之路相关的遗址，比如鸠摩罗什寺塔、出土了著名的"马踏飞燕"铜雕（后来成为中国的旅游标志）的雷台、白塔寺等。在它的北部，当地百姓的土地正日益被腾格里沙漠的流动沙丘所侵蚀。我们草炭绿化协会尽绵薄之力，从2001年起开始在这里种植沙漠灌木阻止流动沙丘的侵蚀。

在日本公益机构"日中绿化交流基金"和"永旺环境财团"等的资金援助下，我们与中方合作单位武威市马路滩林业总场合作，到2012年止已累计植树面积约500公顷，植树总株数约250万株。这里是沙尘暴的发源地之一，我们相信这多少能让早春时节飞起的黄沙少一些。

草炭绿化协会是一个全员无报酬、义务奉献的志愿者团体，从1990年开始实施了诸多活动，一直以来利用地球上储量约5000亿吨的有机质资源草炭（也叫泥炭、泥煤）进行沙漠绿化，并为应对未来的粮食危机进行粮食增产的研究，曾在沙特阿拉伯（1995年）及叙利亚（1995-1998年）的沙漠里进行植树造林及作物栽培试验。

在中国，我们协会和中科院新疆分院在新疆维吾尔自治区的古尔班通古特沙漠进行作物栽培的共同研究（1993—2000年），取得了巨大成果；还和中科院兰州分院在宁夏回族自治区沙坡头共同进行沙漠里的水稻栽培试验（1999—2000年），单位产量超过日本最高产量。在甘肃省金昌市巴丹吉林沙漠，我们

还进行了药用植物"沙棘"的栽培试验（2008—2010年）。

同时，从2002年开始，我们协会每年9月份组织从日本出发的"中国沙漠植树体验和河西走廊丝绸之路之旅"活动。这个行程的策划大致是，先在武威住一晚，然后前往武威市马路滩林场进行半天植树纪念活动，之后转入丝绸之路旅行。如可能，我非常希望能和"《人民中国》读者之旅"联合策划这一含有植树体验的旅行线路。

最后，我对《人民中国》创刊60周年表示衷心的祝贺。

作者简介

安达武 1935年出生，1959年毕业于早稻田大学理工学部应用化学专业后进入昭和电工株式会社工作，直至1999年退休。2000年，参加草炭研究会（2007年研究会改组为NPO法人草炭绿化协会），2011年起担任草炭绿化协会副理事长。

『人民中国』愛読者の旅
新疆ウイグル自治区横断の旅に参加して

安達　武

　2012年9月11日に成田空港を出発し、21日に無事帰国した11日間の旅でした。この旅には私たち夫婦は今回初めて参加させていただきました。ご参加の皆さんは2回以上のベテランの方々でしたが、私たち初参加者にも暖かく接していただき感謝しています。㈱21世紀旅行の添乗員・曹小冬さん（ウルムチ出身）を含めて14名が成田空港に集合し、中国南方航空機でウルムチへ向け、勇躍出発しました。

　ウルムチからは人民中国雑誌社・元社長の于明新さんが全行程を同行されて、旅行中、中国に関する的確なお話とアドバイスを頂き、また帰国後に素晴しい写真も頂きました。また、新疆地区ガイドの赫衛国さんが付き、まさに3名のベテランの方々のお世話になりました。おかげさまで総延長約2000㌔の長時間のバス旅行は和気藹々、楽しく過せ、色々ハプニングもありましたが、予定通り無事に帰国出来ましたことを大変有難く感謝しております。

　行程はウルムチからシルクロードの天山南路を東から西へ約2000㌔をバスで横断し、中国最西端のオアシス都市カシュガルへ、更にカラコルム・ハイウエイをパキスタン方向へ約200㌔走り、カラクリ湖（標高3600㍍）まで行くという他の旅行社のツアーではなかなか得がたい体験が出来たツアーでした。

ウルムチからは沙漠（ゴビ）のなかのオアシス都市コルラ、クチャ、アクス、カシュガルの順に泊まりながら、三蔵法師・玄奘の遺跡もたどり、キジ王国の鳩摩羅什（クマラジュウ）の生地、ボステン湖、鉄門関、キジ古城、王府、キジル千仏洞、ベックリク千仏洞、イスラム教モスクなどシルクロードならではの特徴を満喫しました。

　また、カラコルム・ハイウエイをパキスタン方向、カラクリ湖への日帰りツアーは標高が富士山頂と同じだということで、空気枕状の酸素袋を買って行きましたが、結果は全員、酸素なしで高山病にはなりませんでした。現地人はナン（地元のパン）を齧りながら水を飲んで、高山病予防をするそうで、これも体験しました。但し、パキスタンからの麻薬の密輸、タリバーンの密入出国対策のために、途中のゲイズ検問所では厳しいパスポートチェックがあり、通常は2〜3時間かかるそうです。さらにカラクリ湖先にパキスタンとの国境クンジュラブ峠までにあと2カ所の検問所があるとのことです。このあたりはパキスタン、アフガニスタン、タジキスタン、キルギスと国境を接しており、タジク人も多数住んでいるそうです。

　今回参加の目的の一つはシルクロードのうち、私たち夫婦の未走破部分の観光でありました。このシルクロードの西安寄りの河西回廊にある甘粛省の武威市とトングリ沙漠の境界線に私が所属するNPO法人「草炭緑化協会」の活動場所があります。武威市には鳩摩羅什寺塔、中国観光のシンボルである飛燕銅奔馬が出土した雷台、白塔寺など多数のシルクロード関連遺跡があります。しかし、武威市の北部は現地の人々の土地がトングリ沙漠の流動沙丘に侵食されつつあり、当会は微力ながら、流動沙丘の侵食防止のための沙漠用の潅木の植樹を2001年より行っております。

　日本の助成団体である「日中緑化交流基金」「（公財）イオン環境財団」などから助成金を頂き、中国側協働者である武威市馬路灘林業総場と協力して、2012年までに累計植樹面積約500㌶（東京ドーム約100個分）、植樹本数約250万本に達しております。ここは沙塵暴（砂嵐）の発生地でもあり、春先に飛んでくる黄砂を少しは防止できていると自負しております。

「草炭緑化協会」は全員無報酬、手弁当のボランティア団体でありますが、1990年以降数々の活動を行っております。地球上に5000億トン存在する有機質資源である草炭（泥炭、ピートとも言う）を利用して沙漠を緑化、そして将来の食料危機に備えて、食料増産の研究を行なってきました。サウジアラビア（1995）およびシリア（1995～1998）の沙漠で植樹および作物栽培の試験を行いました。

　中国においては新疆ウイグル自治区のクルバントンギュト沙漠で中国科学院（新疆）と作物栽培の共同研究（1993～2000）を行い、大きな成果を得ました。寧夏回族自治区・沙坡頭では中国科学院（蘭州）と共同で沙漠での水稲栽培（1999～2000）を行い、日本一を上回る単位収量を得ました。甘粛省金昌市ではパタンチリン沙漠において薬用植物の「沙棘」の栽培試験（2008～2010）を行いました。

　さらに2002年から毎年9月に日本出発の「中国沙漠植樹体験と河西回廊シルクロードの旅」を募集して実施してきました。武威で1泊して武威市馬路灘林場にて半日記念植樹をして、後はシルクロード旅行をするという企画です。もし、許されるならば「人民中国の愛読者の旅」とコラボレーション企画をして植樹体験も入れていただければ良いなと夢のようなことを考えています。

　最後に、『人民中国』創刊60周年、心からお祝い申し上げます。

プロフィール

　安達武　1935年生れ。59年早稲田大学理工学部応用化学科を卒業し、昭和電工株式会社に入社。99年定年退職。2000年草炭研究会（07年からNPO法人草炭緑化協会改組認定）に参画し、11年から草炭緑化協会副理事長を務める。

2006年，植树体验旅游团日中合作植树的场景。
2006年植樹体験ツアー日中合同植樹の風景

从《人民中国》了解中国

武藏野学院大学读者

2012年第2期读后感

大森润辉

　　这是我第一次阅读《人民中国》，有一点印象非常深刻。

　　那就是：《人民中国》准确地把握了中国的时事问题和当下的潮流，并用简洁平实的语言进行了介绍。为什么我会这么说呢？因为就算像我这样不太知晓中国的潮流和活动的人读了以后也能立刻了解时下的潮流。《人民中国》还有一个优点在于文章通俗易懂、具体详实。

　　比如，第12页的《全民健身》特辑让我了解到中国人的意识已经发生变化，大家不再只是关注竞技运动，而是为了健康，为了享受运动本身的乐趣而鼓励全民健身。文章使用了大幅照片，还融入了奥运会等世界通用词汇进行介绍。通过这些，原本对中国不太了解的我也深刻地理解了中国人过去和现在的想法。

　　此外，文章在《全民健身》这个大标题下，还分出了第14页的中标题《公园内的各色晨练》以及3个小标题：《剑舞保健康，心情舒畅》、第15页的《成为秧歌迷》和第16页的《积极建设公共锻炼设施》，分别进行介绍，使得文章的脉络更加清晰，阅读的时候更能抓住要点。

　　最后还对比介绍了农村和城市居民健身锻炼的方法。非常通俗易懂。

　　无论是不太了解中国的人，还是"小孩子"，只要阅读《人民中国》就能轻松了解中国的方方面面，我认为这是一本充满魅力的期刊。

2012年第5期读后感

宫下绫

我觉得有很多文章的内容都与中国和日本有关。其中，最吸引我的是《赏花到底赏的是什么花？》这篇文章。

文章写的是日本人和中国人赏花的事情。在日本，说到赏花就是指赏樱花，而通过本文，我了解到中国说的赏花不仅指的是樱花，还有其他各种花，没有局限于某一种花的意思。

此外，赏花的氛围也完全不同，在日本，人们赏花时通常是在樱花树下铺上垫布，摆出饭团，一边喝酒一边聊天，而中国人赏花似乎只是观赏花朵而已。

还有，日本人会从樱花飘零之中感受到风雅情趣，本文作者在中国观赏樱花，喃喃自语道"落樱啊，残樱终归亦是落樱"时，一位中国同事竟然觉得他对理所当然之事居然会感动不已。

读了这篇文章后，我发现不同国家在赏花的问题上有着不同的思维方式。

2011年第11期读后感

铃木雅之

读了本期杂志后，我最感兴趣的是有关日本与中国交流的内容。杂志中提到了"第6届中日媒体人士对话会议"，来自中国中央电视台、中国国际广播电台、人民中国杂志社以及日本的朝日新闻、读卖新闻、共同通信社等著名媒体的多名代表出席了该会，我觉得日中两国媒体已经强烈地意识到了相互合作的重要性。

杂志选取了"两国及世界重大突发事件对中日关系的影响"、"媒体的社会责任"、"旨在开辟中日媒体合作新时代的手段和方法"等3个主要议题。讨论中，大家希望彼此及时、准确地传达信息，避免因为文化差异而引起误解，避免翻译过程中发生信息扭曲，我认为这些都是彼此之间最起码的体谅，也是最重要的东西。之所以这样说，是因为大部分人无法前往当地，只能通过报纸和

新闻报道等媒体获取外国信息。还因为这部分人从上述媒体中获得的信息就等同于该国的现状。2007年以来，本会议已召开过6次，但上述内容仍是热议的话题。

除了媒体之外，中日之间还在通过其他各种渠道开展交流。在土壤重金属污染处理研讨会中，双方就针对重金属污染处理的措施与政策、技术与方法、管理体制等展开了交流讨论，还通过有关技术发展和管理经验的合作，相互考察了部分处理项目，我觉得大家都在为自己的国家贡献力量。

此外，除了科学等技术方面的交流外，双方在文化方面也展开了交流，比如，日本与北京新文化运动纪念馆在东京中国文化中心共同举办了图片展，介绍了鲁迅、郭沫若、茅盾、巴金、老舍、曹禺等20世纪初新文化运动时期的文学巨匠们对中国文化的贡献和与日本的渊源，而在该活动中介绍过的鲁迅先生诞辰130周年之际，中日两国的鲁迅学研究人员共同在上海鲁迅纪念馆举办了名为"鲁迅与现代中国文化国际学术研讨会"的纪念活动。

如上所述，现在中国和日本相互产生着影响，我想两国今后也将在相互影响的过程中不断发展。

2012年第1期读后感

中国留学生　戚益超

从外观上看，《人民中国》这本杂志设计简洁，色彩运用得当，文字印刷也感觉很棒。

即使光看封面，也可以立刻了解本期的主题和吸引人们关注的内容。内容上主要是由社会经济、历史传统观光、中国日本世界、文化体育和特辑等5个部分组成。每个部分又由精美的图片和平实易懂的文章构成。而且，准确地解释了外来语，做得非常到位。

特辑介绍了"创意"相关的内容。也就是"创意产业"。作者着眼于北京，从中国人古代的文化创意，到现代的文化创意产业、未来的发展，收集了各种信息，从独特的视角为读者们展示了中国独有的"创意"。

在社会经济版块中,追随时代潮流,分析中国人的数字时代。提出了"电子读物正在不知不觉中不断改变着人们的阅读习惯"这一观点。作者还深入研究了电子书引发的媒体产业的变革和电子市场的兴盛。

此外,还介绍了大众参与的微博。它可谓是"中国版推特"。文章立足于微博的起源、意义、变化和不足等新颖视角展开论述。另外,杂志上还介绍了西湖的历史与丰富的文化景观、哈尔滨严冬的魅力、上海的萨莎餐厅的背景与景色等内容。中国的风景往往与历史文化相关,能够发现美好的典故。恐怕这正是中国的魅力所在吧。

2012年是中日邦交正常化40周年,《人民中国》以中日两国"地方"上的努力为中心,挖掘了两国在各个方面的交流故事。另外,还从教育、社会、历史等角度分析了中日间的各种交流。当我看到介绍中日文化交流时提到了自己的家乡慈溪市时,感到十分欣喜。

我认为最有意思的是"流行词公告板"栏目。栏目介绍了许多身为中国人的我也不太了解的流行词。我感到中国的语言文化真是博大精深。另外,杂志中还将王力宏的歌巧妙地翻译成了日语,这也十分有意思。

我觉得阅读用日语介绍中国情况的文章是一种新奇的体验。这本《人民中国》搜罗和介绍了许多我不知道的文化、经济、历史和政治方面的新现象。我感到受益匪浅。

『人民中国』を通じて中国を知る

武蔵野学院大学の読者たち

2012年2月号に対する感想文

大森　潤輝

　まず、私は今回初めて『人民中国』を読みましたが大きく印象を受けた事があります。

　『人民中国』は中国の時事問題やその時に流行っている事を的確にとらえ、かつシンプルに記載している！！という事です！なぜ、私がそう思ったかと言うと、中国の流行りや行事をあまり知らない無知な私が読んでも時代の流行がすぐにわかったからなのです！さらに『人民中国』の良いところは、シンプルで理解しやすい文でありながら、かなり具体的に書かれているという部分なのです。

　例えばP.12の「国をあげて健康づくり」では、中国が競技スポーツだけではなく、健康づくりの為に、スポーツそのものを楽しむ為に、国をあげて健康づくりをしよう！！こういう意識に変わってきました。こういった事を写真を大きく使いながら、オリンピックなどの世界共通用語も取り入れながら説明している部分なのです。これは、中国にあまり詳しくない私でもしっかりと中国の今と昔の考え方を学ぶ事ができたのです。

　さらには「国をあげて健康づくり」という大きなテーマから、P.14「公園で思い思いの朝練」や「剣舞で健康、気分爽快」P.15「ヤンコの大ファンに」P.16「公的なスポーツ施設を」など小テーマを小出しに出して区切って説明

してくれているので、話の（テーマ）の流れを理解しやすく自分でイメージしながら記事を読むことができました！！

最終的には田舎の人の健康づくり（スポーツ）の方法と都会人の健康づくり（スポーツ）の方法とを2部化して説明していたのです！ それは非常にわかりやすいと感心しました。

結論的に『人民中国』は中国をあまり知らない人でも「子供」が読んでも中国の瞬間を理解しやすいとても魅力的な資料でした！！

2012年5月号に対する感想文

宮下　綾

中国と日本のことについて書いてある文章が多いなと思いました。そのなかでも気になった記事は『花見の花は何の花？』についての記事です。

日本と中国花見につきて述べていて、日本では花見と言えば桜ですが、中国ではサクラ以外にも色々な花があり、一つの花を特別扱いはしないという事がわかりました。

また花見の雰囲気も日本と中国では全く違い、日本では花見の仕方はサクラの木の下でシートを敷いて弁当を広げ酒盛りを始めてワイワイしますが、中国の花見はどちらかというと花を眺めるだけといったかんじです。

また日本はサクラが散ることに風流をかんじますが、この記事の筆者が中国でサクラを見上げ「散る桜　残る桜も散る桜」とつぶやいたら、中国人の同僚のひとりに、当たり前のことに感動するんですねと言われたそうです。

この記事を読んで思ったことは、国によって花見のとらえかたはちがうんだなと思いました。

2011年11月号に対する感想文

鈴木　雅之

私がこの書籍を読んでまず興味を持ったのは日本と中国の交流についてで

す。本書が取り上げた「第6回中日メディア関係者対話会議」では、中国中央テレビ局、中国国際放送局、人民中国雑誌社が中国側から、日本側からは朝日新聞、読売新聞、共同通信といった有名な報道メディアの代表が多数出席している事から、日本中国両メディアがお互いが協力する事の重要性を強く感じている印象を受けました。

詞論の内容は「両国および世界中の重大突発事件の中日関係に対する影響」「メディアの社会的責任」「中日メディア協力の新しい時代を切り開く為の手段と方法」と本書ではこの3つを大きく取り上げています。これは互いに情報が早く、正確に伝達される重要さや、文化の違いで誤解を与えない様に、また、翻訳の際に情報が歪まない様にするといって相手への基本的な心配りであるとともに、最も重要なことだと考えます。何故なら大多数の人は現地には行かず、新聞やニュースといったメディアから海外の情報を得るからです。その人達にはそこから仕入れた情報が＝今のその国の情勢となってしまう為です。これは2007年から6回もこの会議が行われて尚議題にあがっている事からもうかがえます。

中日間では、メディア以外にも様々な交流を行っています。土壌重金属汚染処理シンポジウムでは重金属汚染処理に対する措置と政策、技術や方法、管理体制についての交流検討がなされ、技術発展、管理経験の協力で互いに一部の処理プロジェクトを視察しあう等両者とも自分の国の為に尽力していると思いました。

また、科学などの技術面以外に文化面でも交流しており、魯迅、郭沫若、茅盾、巴金、老舎、曹禺をはじめとした1910年代に起こった新文化運動時期における文学界の巨匠達の中国文化への貢献と日本とのかかわりを紹介するパネル展が東京中国文化センターで北京新文化運動記念館と共催で開かれ、このイベントにも名前の出た魯迅の生誕130周年には「魯迅と現代中国文化国際学術シンポジウム」という記念イベントが中日両国の魯迅学の研究者達が共催で上海魯迅記念館にて行われました。

この様に中国と日本は互いに影響を与えあって今があり、これからも影響

を与えながら発展していくのだなと思います。

2012年1月号に対する感想文

中国人留学生　戚益超

　外観から見たら『人民中国』という雑誌は簡潔で色使いもよい。文字の印刷も素晴らしい。

　表紙だけ見ても本刊のテーマや人々の注目を集める内容がすぐ分かる。

　内容は主として、社会、経済、歴史、伝統、観光、中国、日本、世界、カルチャー、スポーツ、特集という5つの部分に構成されているのである。毎部分も美しい写真と平易で分りやすい特集で構成されている。そして外来語が正しく解釈できることも素晴らしい。

　特集は「クリエイティブ」のことを紹介する。すなわち「創意産業」のことだ。筆者は北京を注目して、中国人の古代の文化創意から、現代の文化クリエイティブ産業、将来の発展まで、いろいろ情報を捜し集めて、特別な視角で読者に中国ならではの「クリエイティブ」を展示する。

　社会、経済の中に時流に従って、中国人のデジタル時代を分析する。「電子読み物は、知らず知らずのうちに人々の閲読習慣を変えつつある」という観点を提出する。著者は電子ブックがもたらしたメディア産業の革新、電子市場の興盛も深く研究する。

　そして大衆参加のミニブログも紹介する。それは「中国のツイッター」と言える。ミニブログの発源、意義、変化、不足などの新しい視点で討論する。また西湖の歴史と多彩の文化景観、ハルビンの厳冬の魅力、上海の薩莎餐庁の背景と景色も説明する。中国の風景は往々に歴史文化と結んで、美しい典故が見られる。それこそ、中国の魅力じゃない？

　2012年は中日国交正常化40周年で、本刊は中国と日本の間の「地方」の取り組みを中心に、両国の諸方面のコミュニケーションを探る。そして、教育、社会、歴史などの視点でも中日のいろいろな交流を分析する。私のふる

さと慈渓市も中日文化交流の例を見るとき、本当にうれしかった。

　最も面白い内容は「流行語掲示板」と思う。中国人の私もあまり知らない流行語を紹介し、説明する。中国の言語文化は本当に学識が広く深いと感じている。ほかに本刊は王力宏の歌をちゃんと日本語で翻訳することも面白い。

　日本語で中国を紹介する内容を読むことは新奇な体験だと思っている。この『人民中国』は私が知っていない文化、経済、歴史、政治の新しい現象を捜し出し、説明する。私はいろいろ勉強になった。

武藏野学院大学教授汪玉林将《人民中国》杂志作为"中国文化概况（中国文化事情）"的课堂教材，向该校学生介绍中国文化。
武蔵野学院大学の汪玉林教授が、『人民中国』誌を「中国文化事情」の教材として活用し、学生たちに中国文化を紹介する

《人民中国》教会我坚持

杨立萍

上大学以前，我对《人民中国》，完全一无所知。大学一年级的某一天，作文比赛成为了话题。老师说，每年人民中国杂志社都会举办笹川杯作文竞赛。此时，我才第一次听说《人民中国》。

之后，"人民中国"这4个字就深深地印在了我心里。"中国"、"人民"对我来说都是再普通不过的词。特别在中国，这甚至可以说是司空见惯的词汇。但是，将这两个词组合起来，就有一种说不出的感觉。或许因为我是中国人，对这4个汉字有着深深的感情。我没想到这成为了我和《人民中国》缘分的开始。我想更多地了解《人民中国》，便到网上四处搜索。虽然日语学习很紧张，但只要有时间，我一定会阅读《人民中国》。尽管我还不能完全理解其中的内容，但直到今天，哪怕仅仅看图片，我都感到很满足。同时我也在想，有一天自己也能写出这样优秀的文章就好了。

去年9月，我看到"笹川杯作文竞赛——2012感知日本"的征文启事，心情很激动。我想报名，便马上埋头思考作文题目。然而遗憾的是，我费了好大劲儿想了一个月，还是不知道写什么内容好，一点儿灵感都没有。在距离截稿日期不到20天的时候，我还没有定下参赛题目，心想是不是只能放弃了。

3天后，我忽然想起一档记录热爱樱花的日本女演员上野树里和傈僳族亲切交流的电视节目。节目中讲述了她从喜马拉雅山开始追踪樱花盛开的足迹，走访了云南省和怒江傈僳族自治州的故事。而且，暑假我还在川菜馆接待过日本客人，深切感受到了两国人民交流的重要性。于是，我便想以樱花的故事和

自己的切身体验为题材来写作文。我花了大量时间酝酿内容、反复修改，终于绞尽脑汁完成了征文。虽然算不上多出色，但这是我竭尽全力付出劳动的结晶，所以，完成的那一刻，我的喜悦之情宛若登天一般。

11月底，我接到了人民中国杂志社打来的电话，没想到是通知我的作文获得了优秀奖。参加这次征文比赛的感受我一生都不会忘记。我不是很在意自己获得了优秀奖，也不仅仅是自己的作文得到了认可。这次作文比赛对我而言最大的收获，不仅为我创造了提高日语能力的绝佳机会，而且培养了我面对困难不言放弃的精神。

今后，我会更加努力，扎扎实实地学好日语。我有很多话想对《人民中国》说，如果用一句话来概括，那就是"谢谢《人民中国》"。

作者简介

杨立萍　西南民族大学学生，21岁。大一暑假，在广东省东莞的日资企业——京瓷美达株式会社实习。二年级时在华堂日本料理店打工。

『人民中国』で学んだ粘り強さ

楊立萍

　大学に入るまで、『人民中国』とは一体どんなものか、私にとってまるで宇宙に存在している未知の物質のようだった。大学1年生だったある日、作文のことが話題になった。先生が、毎年人民中国雑誌社が笹川杯作文コンクールを主催していると言った。この時、私は初めて『人民中国』を耳にした。

　その後、「人民中国」という4つの文字は私の心に深く刻みこまれた。「中国」、「人民」とは、ごく普通の言葉に過ぎない。特に中国では、これはいたってありふれた言葉と言っても過言ではないだろう。しかし、この2つの言葉が結び合わされることで、何とも言えないようなニュアンスを与えてくれるような気がした。それは、私自身が中国人民だからこそ、この4つの文字に対する大きな感情が込み上げてきたのではないだろうか。これが私と『人民中国』の縁の始まりになるとは思ってもみなかった。そして、『人民中国』についてもっと知りたいと思い、ネットでいろいろと調べた。日本語の勉強は大変だが、暇があれば、必ず『人民中国』を読むようにしている。内容を十分に理解できないが、とりあえず雑誌の写真だけでも見て満足できれば良いという思いで今日まで続けてきた。でも同時に、私もいつかこのような素晴らしい文章を書けたらいいなあとも思っていた。

　去年の9月に「笹川杯作文コンクール—2012感知日本」の募集を見て、胸が高鳴った。応募したいと思い、すぐに作文のテーマ探しに没頭した。しかし残念なことに、どんな内容が良いのか、さまざまな手を尽くして1カ月

も考え込んだが、アイデアが何も見つからなかった。締切りまであと20日もなかった上に、テーマも決まっていなかったので、やっぱり諦めるしかないかなとも思い始めていた。それから3日後、女優の上野樹里がヒマラヤから桜前線の追跡を始め、雲南省の奥地、怒江リス族自治州を巡り、桜を愛する彼女とリス族の交流を描いたテレビ番組について思い出した。また私は、夏休みに四川料理店で日本人の観光客を接客していたので、両国民の交流がどれほど重要かをしみじみと感じていた。それで、桜についての物語と自分の体験から作文を書こうと思った。多くの時間をかけて内容を熟考し、何度も書き直して、苦心の末にようやく完成した。それほど出来の良い文章とは言えなかったが、全力を尽くして完成させた苦労の結晶だから、完成した時の嬉しさは、まるで天にも登るような気分だった。

　11月の末に人民中国雑誌社から電話があった。なんと、思い掛けないことに、私が書いた作文が優秀賞に入賞したと連絡があった。このコンクールを通じて抱いた気持ちを私は一生忘れてはいけないと思っている。それは優秀賞に輝いたこと、また自分の作文が認められることだけではなく、私にとって得られた大きな収穫は、自らの能力を鍛え上げる絶好の機会である一方、困難に面しても諦めない精神力を養えたことだと思う。

　これからも、もっと頑張って、しっかりとした足取りで日本語を学び続けようと決意している。私から『人民中国』に伝えたいことはいっぱいあるが、それを一言で言い表すとするなら、やはり「ありがとう『人民中国』」と言いたい。

プロフィール

　楊立萍　21歳。四川西南民族大学学生。1年生の夏休みに広東省東莞にある日系企業の京瓷美達株式会社で実習。また、2年生の時に伊藤洋華堂の日本料理のレストランでアルバイト。

在《人民中国》中汲取成长的营养

杜雨萌

虽然时间过去了3年，但《世博会留下的梦想和课题》这个标题仍旧深深地印在我的脑海中。

那是我和《人民中国》初识的记忆。2010年，中国举办的世博会在上海召开。我因特别喜欢世博会，所以一想到几乎全部的展馆在会后都将被拆除，就感到有些遗憾，想着是否可以留下些什么作为纪念。

那时，我正在北京旅行，在一家书店寻找日文书。当年，我还是初中二年级的学生，刚学了1年日语。转了一圈儿，没发现什么有意思的书。可突然间，《人民中国》映入我的眼帘。封面上写着大大的标题《世博会留下的梦想和课题》。"不会吧，这正是我要找的！"这就是我和《人民中国》的邂逅。

2010年世博会，对于中国人来说是难忘的记忆。我手中的《人民中国》在报道中这样写道："这让我们联想到日本的飞跃。40多年前，日本以东京奥运会和大阪世博会为跳板实现了经济的高速增长。"我原以为《人民中国》主要是给日本读者阅读，让他们了解中国的杂志，但其内容对中国人来说也极具吸引力。由于刊登的文章都是独家采写，且内容有趣，所以每次阅读都对我学习日语有很大帮助。

我现在已经是高中二年级的学生了，仍然在学习日语。而能够了解日本的杂志并不多。我想《人民中国》的读者应该都是成年人，但作为高中生，每次读《人民中国》我也能有自己的见解和思考。当我的同学们都在热衷于日本动

漫的时候，我却捧着厚重的辞典，逐一查找杂志中看不懂的词汇。我一直在努力从成年人的角度、从社会发展的角度以及两国关系的角度来了解事物。当然，动漫是日本文化中很重要的一部分，但我认为这本杂志也是一扇让中国人了解日本的窗口。

而且，我将从《人民中国》获取的认识和自己产生的思考应用在学习中，每当我在日语作文甚至汉语作文中写到读《人民中国》的感想时，总会受到老师的表扬："想法不错！"《人民中国》对我的学习真的有很大帮助。

2012年，我报名参加了人民中国杂志社举办的笹川杯作文竞赛。看到征文启事时，我刚刚从日本回国，所以就想写一写在日本为期一周的旅行体验。对于第一次去日本的我来说，那是终生难忘的旅行。我的脑海中一下子泛起了在日本期间令人感动的回忆。我也想通过这次作文比赛，向一直致力于中日友好的人们表达谢意。同年12月，我得知自己获得了优秀奖。作为高中生，我感到无上光荣。我衷心感谢《人民中国》给予我的宝贵机会。从前我一直是以读者的身份阅读《人民中国》，通过这次作文比赛，我对《人民中国》有了更深的了解，现在每次阅读杂志，我都感觉很亲切，好像自己也是《人民中国》的一员。

再回到我和《人民中国》相识的话题。当时我才刚学了1年日语，只会"什么是什么"这样的简单语法，除了杂志的标题，我几乎看不懂里面的内容。但是，我还是毫不犹豫地购买了杂志。这是我人生中的第一本《人民中国》。那时，作为初学者，我曾觉得杂志的内容有些偏难，想要放弃，像朋友们一样去读易懂的漫画，但最终还是坚持至今。3年过去了，我从《人民中国》杂志中学到了非常多的词汇。这和动漫中的常用词汇不同，更多的是社会用语，这在我赴日一周的旅行期间，和日本主持人的交流中发挥了很大的作用。通过阅读《人民中国》，我为成为一名社会人做着准备，也为今后投身于促进两国关系的事业做着准备。

我相信，在共同迎接《人民中国》创刊60周年的读者中，一定有很多几十年坚持读《人民中国》的老读者。和这些老读者相比，仅仅订阅了3年杂志的我还是个新人，但我从《人民中国》中学到的东西一点儿都不少。我对中国，特别是日本人眼中的中国有了更深的了解。人们常说了解一个国家，应该了解

他的文化。而我觉得，认真思考外国人眼中的本国情况，有利于构建更有意义的两国关系。比如在实际生活中，如果想要和谁成为朋友，仅仅向对方介绍自己、了解对方是不够的。我们应该知道对方是怎样看待自己的，然后改正自身的缺点，努力和对方成为更加亲密的朋友。

最重要的是，《人民中国》展现给日本和中国读者的姿态。我不知道创刊于1953年的《人民中国》早期是什么样子，但一定有过艰辛的经历，因为直到1972年中日两国才终于实现了邦交正常化。我相信《人民中国》一定对于两国恢复邦交发挥了重要作用。今日的《人民中国》仍在不断成长，担当连接两国友好的纽带。我在日本期间，在书店看到日本人在阅读《人民中国》，非常感动。我在日本留学的朋友每个月也必买《人民中国》，说是想要认真了解发生在祖国的事情。虽然只是一本杂志，却拥有将两国民众紧密联系在一起的力量。我从内心敬佩她，同时也想感谢她。作为一个中国人，作为一个学习日语的学生，也作为一个对两国关系充满自信的个体，我衷心感谢《人民中国》对于两国关系的积极影响。

上中学时，我满怀热情地开始学习日语，发誓将来一定要成为一名外交官，为中日友好贡献自己的力量。我一直觉得，有那么多人在为两国关系努力着，中日关系一定会好起来。特别是两国关系遇冷的今天，更需要两国人民的努力。即便政府间的关系很严峻，但民众之间的交流还是可以一直延续的。《人民中国》一直以来都未曾停刊过。

虽然只是一本杂志，但想要促进中日两国友好的愿望是何其宝贵！我们每个人不也应该为此付出努力吗？相互理解和信任是多么的重要。这就是我现在阅读《人民中国》时的最深感触。

我因为2010年的世博会报道与《人民中国》邂逅。3年过去了，我一直在关注着这本杂志。2010年，是中日交流的火热期，《人民中国》报道的都是轻松愉快的话题。然而，现在不仅仅要介绍中国的情况，还要为改善中日两国的关系发挥重要的桥梁作用。

科技在发展，现在《人民中国》已经开发了iPad版和手机版等多种业态，但我最喜欢的还是纸质版的《人民中国》。我认为纸质版更具文化传播的魅力。

我成为《人民中国》的读者才短短3年,但这3年让我学到了很多。我要为中日友好贡献力量的梦想更加清晰了。我没能见证《人民中国》之前的发展,但我希望自己今后的人生与《人民中国》相伴。

作者简介

　　杜雨萌　16岁,济南外国语学校高中二年级学生。曾获2012年笹川杯作文竞赛优秀奖。

『人民中国』から教えられたこと

杜雨萌

　3年たった今でも、「万博が残した夢と課題」というテーマが、私の心に印象深く残っています。

　それは私と『人民中国』が出会った時のことです。2010年、中国で初めて開かれた万博が上海で閉幕した時、私は万博が大好きだったので、少し残念に感じました。ほとんどの施設が解体されると思うと、何かを残せたのかなと考えました。

　その時、私はちょうど旅行中で、北京のある本屋にいました。日本語の本を探していました。当時、私は中学2年生で、日本語の勉強を始めてまだ1年でした。いろいろと見て回りましたが、面白そうな本がなかなか見つかりませんでした。しかし突然、『人民中国』が目に入りました。「万博が残した夢と課題」と大きく書いてありました。「うそ…これはちょうど…」。これが私の『人民中国』との出会いです。

　2010年の万博は、中国のみんなにとって、忘れられない思い出です。「40年以上前、東京五輪、大阪万博をスプリングボードに、高度経済成長を遂げた日本を思い出させる跳躍だ」とその時、私が手にした『人民中国』に書かれていました。『人民中国』は、中国を知るための雑誌で、主に日本で読まれていると思いますが、雑誌の内容は中国人にとっても、決して退屈なものではありません。独自の取材による興味深い記事が掲載されているので、『人民中国』を読むたびに、日本語の良い勉強になっ

ています。
　私は今、高校２年生で、日本語の勉強を今も続けています。日本を知ることができる雑誌は、そんなに多くはありません。『人民中国』の読者は、ほとんどが大人だと思いますが、高校生の私も、『人民中国』を読むと、いつも自分なりの意見や考えが浮かびます。今から3年前、当時のクラスメートが、日本のアニメや漫画に夢中だったとき、私は重い辞書を片手に、雑誌中の分からない言葉を一つ一つ調べました。できる限り、大人の立場から、社会発展の立場から、両国間の関係の立場から、物事を理解するよう努めてきました。もちろん、アニメも漫画も日本文化の大切な一部分ですが、この雑誌は中国人にとっても、日本を知るための雑誌だと考えて良いと思います。
　その上、『人民中国』から得た考えや雑誌から浮かんだ自分自身の考えを勉強に活かして、日本語だけでなく国語の作文でも、『人民中国』の感想を書いたら、いつも先生に「いい思考だね」と褒められています。『人民中国』は、私の勉強に大きく役立っています。
　2012年、人民中国雑誌社主催の笹川杯作文コンクールに応募しました。募集を見た時、私は日本から帰国したばかりだったので、日本での１週間の旅行体験を書こうと思いました。日本に初めて行った私にとって、一生忘れられない旅でした。それで、作文コンクールのテーマを見てから、日本での感動的な記憶を思い起こしました。この作文コンクールを通じて、中日友好のためにずっと努力している人たちへの感謝を表したかったからです。同年12月に、優秀賞を受賞したことを知りました。高校生として光栄の至りです。このように『人民中国』が与えてくれた貴重な機会に心から感謝しています。以前はずっと読者として、外から『人民中国』を見ていましたが、今回の作文コンクールを通じて、『人民中国』を一層深く知ることができ、今では毎号の雑誌を読むたびに懐かしく感じ、まるで自分も『人民中国』の一員になったかのように感じています。
　私が『人民中国』に出会った頃に話を戻します。当時の私は、日本語の

勉強を始めてわずか1年だったので、「〜は〜です」などの簡単な文法を勉強したぐらいで、実は雑誌の表題以外の内容はほとんど分かりませんでした。しかし、その時私は迷うことなく、すぐに雑誌を買いました。私の人生で、初めての『人民中国』です。初心者にとっては、ちょっと難しいかなと感じて、あきらめて友達のように分かりやすい漫画を読みたい時もありましたが、今まで頑張り抜くことができました。すでに3年間が過ぎて、非常に多くの言葉を『人民中国』で学びました。アニメでよく使われる言葉と違って、社会的な言葉が多く、日本での1週間の旅行で、大人の主催者たちとの交流に大きく役立ちました。『人民中国』を通じて、私は社会人になる準備をしています。さらに、両国関係に尽力する人間になるための準備をしています。

　もちろん、創刊60周年を迎える『人民中国』の読者の中には、きっと何十年も読んでこられた方がたくさんいると確信しています。何十年来の『人民中国』ファンたちと比べて、まだたった3年しか購読していない私はまだまだ駆け出しですが、『人民中国』から得られたものは、少なくありません。中国だけでなく、日本人の目から見た中国を深く理解できました。他国を知るためには、相手の国の文化を理解すべきだと言われていますが、私の意見では、他国の人々が見た自国の状況をよく考えることは、両国間においてより有意義な関係を築く一助となります。例えば実際の生活で、誰かと友になり、相手のことをもっと知りたいとするならば、相手に自分をアピールしたり、相手のことを知ったりするだけでは不十分です。向こうが自分のことをどう思っているのかを知り、自分自身の良くないところを直して、もっと仲良しになれるように努めるのではないでしょうか。

　最も大切なことは、『人民中国』が日本と中国に示す姿勢です。1953年に創刊した『人民中国』は初期の頃はどうだったのか知りませんが、きっと辛い時期もあったと思います。なぜなら、1972年になって、中日両国はようやく国交正常化を果たしたからです。それに、『人民中国』はきっと両国の

国交樹立に重要な役割を果たしたと信じています。今でも、『人民中国』は絶えず成長し、まさに両国を結ぶ絆となっています。日本にいたとき、本屋で『人民中国』を読んでいた日本人を見て、とても感動しました。日本に留学している友達も毎月必ず『人民中国』を買って、祖国で起きていることを真面目に理解したいと言っていました。たった1冊の『人民中国』に、中日両国民を結び合わせる力があります。心から感服すると同時に、感謝したいです。中国人の一人として、日本語を勉強している学生として、そして、両国関係に自信を持つ一個人として、『人民中国』が両国に及ぼす建設的な影響に心から感謝したいと思います。

　中学に入学した時、私は熱い情熱を持って日本語を勉強し始めました。将来は必ず外交官になって、中日友好のために自分の力を尽くそうと誓いました。すでに多くの人が、両国関係のために努力していますから、中日関係はきっと良くなると思っています。特に関係が冷え込んでいる今は、一層両国民の力が必要とされています。政府間の関係は厳しい状況だとしても、国民の交流はずっと続いていくものではないでしょうか。『人民中国』は昔から今に至るまで、休刊になったことがありません。わずか一冊の雑誌ですが、中日両国を結び合わせたいという願いはどんなに尊いものでしょう。私たち国民も努力するべきではないでしょうか。お互いへの理解と信頼はどんなに大切なのでしょう。これは、今の私が『人民中国』を読む際に一番伝えたいことです。

　私は、2010年の万博の記事で、『人民中国』に初めて出会って、すでに3年がたち、今も『人民中国』にずっと注目しています。2010年は、中日交流が盛んな時期で、『人民中国』は気軽に中国のことを記していました。しかし、今は中国のことをアピールするだけでなく、中日両国の関係改善への重要なパイプ役となっています。

　科学技術が発展して、今ではiPad版や携帯電話版など様々なタイプの『人民中国』が出てきましたが、やはり私は紙に印刷された『人民中国』が大好きです。紙には文化宣伝の魔力があると思っています。

私が『人民中国』の読者になってまだ3年です。でも、その３年間でたくさん学びました。中日友好のために自分の力を尽くすという夢もより明確になりました。
　私は、『人民中国』の変遷を見ていませんが、これからの人生は、『人民中国』の友でありたいです。

プロフィール
　杜雨萌　16歳。済南外国語学校高2の生徒。2012年笹川杯コンクールの優秀賞を受賞。

人民中国
PEOPLE'S CHINA
60th
anniversary
★SINCE 1953

『人民中国』60年的容颜

60 幅脸谱 60 年变迁

1953.1	1954.9	1955.11	1956.6	1957.10
1958.1	1959.1	1960.5	1961.11	1962.9
1963.5	1964.9	1965.1	1966.9	1967.9
1968.1	1969.4	1970.9	1971.6	1972.11
1973.1	1974.3	1975.10	1976.1	1977.1
1978.4	1979.8	1980.4	1981.8	1982.5

1983.6　1984.12　1985.11　1986.1　1987.3
1988.8　1989.11　1990.5　1991.10　1992.9
1993.7　1994.8　1995.12　1996.2　1997.3
1998.8　1999.11　2000.6　2001.4　2002.8
2003.1　2004.11　2005.1　2006.10　2007.2
2008.5　2009.11　2010.6　2011.7　2012.8

人民中国杂志社60年大事记

人民中国杂志社60年大事记

1950
1月1日，新中国成立后第一个外文刊物《人民中国》半月刊（英文版）在北京创刊。

1951
10月1日，宋庆龄为《人民中国》英文版撰文《伟大的中国三大运动》。

1952
1月，《人民中国》英、俄文版发表毛泽东主席的《1952新年祝词》。
10月，康大川开始筹建《人民中国》日文版。

1953
6月1日，《人民中国》日文版创刊号正式出版。

1956
12月，《人民中国》日文版向日本政府注册，取得在日本正式发行的法定地位。

1963

6月13日，周恩来总理、陈毅副总理出席纪念《人民中国》日文版创刊10周年庆祝会。陈毅副总理称颂《人民中国》是"友谊的渠道，真理的火炬。"

6月6日—8月3日，以外文出版社社长罗俊为团长的代表团，参加在东京举行的庆祝《人民中国》日文版创刊10周年纪念活动。

1964

10月，康大川任《人民中国》日文版副总编。

1966

4月24日，人民中国杂志社迎来第一个日本读者代表团——长谷川敏三为团长的一行10人。

1973

6月，中国外文出版代表团赴日，与日本各界人士和读者共同庆祝《人民中国》日文版创刊20周年。

1976

1月8日，周恩来总理逝世。《人民中国》出附册悼念。

7月6日，朱德委员长逝世。《人民中国》出画刊悼念。

9月9日，毛泽东主席逝世。《人民中国》11、12月号合刊悼念。

1977

10月，应日本外务省邀请，《人民中国》派出代表参加中国新闻代表团赴日访问。

1980

7月，李泽民任人民中国杂志社社长，康大川任人民中国杂志社总编辑。

1983

6月4日，人民中国杂志社在北京举行创刊30周年庆祝会。党和国家领导人王震、胡乔木、邓力群、朱学范等出席祝贺。廖承志、周扬、赵朴初、周而复、钱昌照等题词赋诗。日中友协会长宇都宫德马、日中文化交流协会会长井上靖、日中协会会长茅诚司、东方书店社长安井正幸等20余位日本贵宾专程来京参加庆祝活动。

11月18日，车慕奇任人民中国杂志社总编辑，康大川为顾问。

1984

1月，日本三千青年访华，《人民中国》全程采访报道。

1986

5月，人民中国杂志社东京支局正式成立。

1988

6月14日，人民中国杂志社举行庆祝《人民中国》创刊35周年纪念会。

7月，杨哲三任人民中国杂志社副总编辑，主持全社工作。

1990

6月29日，中共中央总书记江泽民接见人民中国杂志社前总编辑车慕奇。

1993

1月，国务院新闻办公室决定将《人民中国》日文版定为外宣重点报刊之一。

6月12日，人民中国杂志社举行纪念《人民中国》日文版创刊40周年茶话会。中宣部副部长徐惟诚、文化部副部长刘德有、国务院新闻办公室副主任兼外文局局长杨正泉、中日友协副会长林林、日本国驻中国大使国广道彦与来自日本的书恳会代表等约350人出席。日中友好协会等团体发来贺电。

1995

1月19日，日本阪神大地震发生后，137封代表人民中国杂志社关切之情的震灾慰问信寄往神户、大阪一带的读者和友好团体。

5月18日，日本《朝日新闻》载文称《人民中国》创刊42年来，真实地将这一时期的历史载入了战后日中交流史，是日中邦交正常化前"以民促官"的重要环节。

1996

4月，在日本《ダカーポ》杂志(347号)"最有意思的杂志"专栏上，日本国众议院议员海江田万里推荐了《人民中国》。他撰写的《人民中国和我》发表在《东方》(1996年9月号)书评杂志上。

1997

5月16—25日，为纪念中日邦交正常化25周年，人民中国杂志社和日本中川美术馆在北京中国美术馆举办了《中川美术馆收藏中国画回京展》。王光英、程思远、王国权、荣高棠、刘德有、杨正泉、林林与日本驻华大使佐藤嘉恭、广岛县前知事竹下虎之助等中日百余名嘉宾出席。人民中国出版社出版了《中川美术馆收藏中国画回京展画集》。

5月26—29日，为纪念中日通航25周年，《人民中国》记者在中日航线的航班上随机采访。

7月，《人民中国》刊出邓小平特集，介绍邓小平光辉的一生和他的丰功伟绩。

11月4日，沈锡飞任人民中国杂志社社长。

1998

2月11—20日，应日本长野日中友好协会邀请，《人民中国》记者前往日本进行为期10天的冬奥会采访活动。

5月1日，在《人民中国》日文版创刊45周年之际，国家主席江泽民同志为

我刊题词："办好人民中国，为中日人民的友好做出新贡献。"

1999
9月10日，《人民中国》网站以Peopleschina.com的域名正式出现在国际互联网络上。

2000
7月，《人民中国》杂志进行全面改版。
9月，沈文玉任人民中国杂志社社长。

2001
9月15日，人民中国杂志社参与举办了在首都博物馆展出的纪念中日邦交正常化30周年"中日和平－友谊书画展"。

2003
1月，《人民中国》参加"第二届国家期刊奖"评选，入选"百种重点期刊"。

2004
1月，在日本驻华使馆举办的新春联谊会上，日本前首相村山富市表示："《人民中国》在日本影响很大，希望《人民中国》越办越好。"
1月，于明新任人民中国杂志社社长。
5月15日，日本内阁总理大臣小泉纯一郎自费订阅《人民中国》。
10月11日，新任中国驻日大使王毅向《人民中国》发来寄语，对《人民中国》半个世纪以来在外宣事业中所做出的努力与成绩予以高度评价。
11月29日，国务院新闻办公室主任赵启正称赞《人民中国》是国内办得最好的外宣刊物之一。
12月6—15日，国务院新闻办主任赵启正在会见日本政界、财界与新闻界

重要人士时多次向日本各界宣布：作为中日间文化交流的一个重要项目，《人民中国》将在日本本土印刷。

2005
7月29日，首期在日本印刷的2005年第8期《人民中国》与读者见面。

2006
6月，日本内阁官房长官安倍晋三开始自费订阅《人民中国》。

9月5日，以日本众议员小渊优子为团长、参议员鳄渊洋子为副团长的日本青年代表团一行38人来人民中国杂志社访问。

10月27日，由人民中国杂志社和日本神奈川政经恳话会、神奈川新闻社共同举办的"日中友好·神奈川经济和今后的日中交流"论坛在日本横滨市召开。王毅大使对人民中国杂志社实施本土化取得的成果给予高度评价。

2007
1月，徐耀庭任人民中国杂志社社长，王众一任人民中国杂志社总编辑。

4月，温家宝总理访日前夕通过《人民中国》向日本读者致词。

2008
5月6日，国家主席胡锦涛访日。为配合此次重大外交活动，《人民中国》紧急制作刊有胡主席向日本人民致辞的杂志，随胡锦涛专机一同抵日。

2010
3月，人民中国杂志社承办《世博周刊》日文版，为上海世博会搭建一个新颖、全面、深入并具有趣味性的传播平台，至11月4日共出版26期。

2011
2月，中日友好21世纪委员会中方首席委员、前国务委员唐家璇就如何进

一步做好《人民中国》工作做出重要指示。

3月16日，人民中国杂志社全体员工（包括日本专家、离退休干部）共87人，向日本3·11地震灾区捐款16250元人民币。

4月18日，中国驻日大使程永华感谢《人民中国》为中日友好架设心灵相通的桥梁。

2012

2月29日，中日友好21世纪委员会中方首席委员唐家璇等5位中方委员在北京中南海举行座谈会，探讨中日邦交正常化40年来的成果、经验和教训。《人民中国》对此做了全程采访和详细报道。

7月5—10日，由国务院新闻办公室主办、中国外文局承办、人民中国杂志社和人民画报社共同操作的纪念中日邦交正常化40周年大型摄影图片展"美丽中国 美丽日本"在东京举行，同时出版发行同名画册。

2013

5月，陈文戈任人民中国杂志社社长。

6月，为纪念《人民中国》日文版创刊60周年，人民中国杂志社邀请各界人士，分别在东京和北京举行纪念音乐会、酒会和纪念大会。

人民中国雑誌社60年の歩み

1950年
【1月1日】新中国成立後最初の外国語刊行物『人民中国』（隔週刊・英語版）が北京で創刊された

1951年
【10月1日】宋慶齢氏が『人民中国』英語版に「偉大な中国の三大運動」という記事を寄稿

1952年
【1月】『人民中国』英語版、ロシア語版に毛沢東主席の「1952年新年の祝辞」が掲載
【10月】康大川氏が『人民中国』日本語版の創刊に着手

1953年
【6月1日】『人民中国』日本語版創刊号が正式に発刊

1956年
【12月】日本で『人民中国』日本語版発行の登録申請を行い、日本における発行体制を整える

1963年
【6月13日】周恩来総理、陳毅副総理が『人民中国』日本語版創刊10周年記念祝賀会に出席。陳毅副総理が『人民中国』を「友誼のパイプ、真理のたいまつ」と賞賛

【6月6日～8月3日】羅俊外文出版社社長を団長とする代表団が、東京で催された『人民中国』日本語版創刊10周年記念祝賀活動に参加

1964年
【10月】康大川氏が副編集長に就任

1966年
【4月24日】長谷川敏三氏を団長とする初の愛読者訪中団一行10人が人民中国雑誌社を訪問

1973年
【6月】中国外文出版社代表団が日本へ赴き、日本各界の人々や読者と共に日本語版創刊20周年を祝った

1976年
【1月8日】周恩来総理逝去。別冊を発刊し、その死を悼んだ
【7月6日】朱徳委員長逝去。写真集を発刊し、その死を悼んだ
【9月9日】毛沢東主席逝去。11、12月号合併号でその死を悼んだ

1977年
【10月】日本の外務省の招きに応じ、中国のマスコミ代表団に『人民中国』からの代表者が参加して訪日

1980年
【7月】李沢民氏が社長、康大川氏が編集長に就任

1983年
【6月4日】人民中国雑誌社は北京で創刊30周年祝賀会を開催。党と国家の指導者王震、胡喬木、鄧力群、朱学範各氏が祝賀会に出席。廖承志、周揚、趙樸初、周而復、銭昌照各氏が祝辞や祝賀の詩を題する。宇都宮徳馬日中友好協会会長、井上靖日中文化交流協会会長、茅誠司日中協会会長、安井正幸東方書店社長などの貴賓20余名が訪中し、祝賀活動に参加

【11月18日】車慕奇氏が編集長に就任、康大川氏は顧問に

1984年
【1月】日本から3000人の青年が訪中し、その全過程を取材・報道

1986年
【5月】東京支局が正式に発足

1988年
【6月14日】人民中国雑誌社で創刊35周年記念祝賀会が開催
【7月】楊哲三氏が人民中国雑誌社総責任者・副編集長を担当

1990年
【6月29日】江沢民中国共産党中央委員会総書記が人民中国雑誌社の車慕奇前編集長と接見

1993年
【1月】国務院新聞弁公室は、『人民中国』（日本語版）を対外報道重点刊行物に指定

【6月12日】創刊40周年記念ティーパーティーが開催され、徐惟誠党中央宣伝部副部長、劉徳有文化部副部長、楊正泉国務院新聞弁公室副主任兼外文局局長、林林中日友好協会副会長、国広道彦駐中国大使と日本の読者会の代表など約350人が出席した。日中友好協会などの団体が祝電を寄せた

1995年
【1月19日】日本で阪神大地震発生後、人民中国雑誌社の切実な思いやりの情を託した震災慰問状137通を、神戸・大阪一帯の読者や友好団体の元に届けた

【5月18日】『朝日新聞』が、『人民中国』は創刊から42年間の歴史を戦後日中交流史に如実に書き込んでおり、日中国交正常化前に民間交流でもって政府間交流を促す重要な一環をなしたと述べる文章を掲載

1996年
【4月】日本の雑誌『ダカーポ』(347号)のコラム「一番面白い雑誌」で、海江田万里衆議院議員が『人民中国』を推薦。さらに同氏の「人民中国と私」という記事が雑誌『東方』(1996年9月号)に掲載

1997年
【5月16～25日】中日国交正常化25周年を記念し、人民中国雑誌社と日本の中川美術館が北京の中国美術館で、「中川美術館収蔵中国画里帰り展」を開催。王光英、程思遠、王国権、栄高棠、劉徳有、楊正泉、林林の各氏、さらに佐藤嘉恭駐中国大使、竹下虎之助広島県前知事など中日の来賓100余名が出席。人民中国出版社が『中川美術館収蔵中国画回京展画集』を出版

【5月26～29日】中日就航25周年を記念して、記者が中日の定期フライト便の機上で取材

【7月】鄧小平特集を刊行し、鄧小平氏の輝かしい生涯とその大きな功績を紹介

【11月4日】沈錫飛氏が社長に就任

1998年
【2月11～20日】長野日中友好協会の招きに応じ、記者が日本に赴き、10日間にわたって冬季オリンピックを取材

【5月1日】創刊45周年に際し、江沢民国家主席が『人民中国』に「人民中国を立派なものとし、中日人民の友好に新たな貢献をしよう」と題辞をしたためた

1999年
【9月10日】『人民中国』ウェブサイトがPeopleschina.comのドメインネームでインターネット上に正式に登場

2000年
【7月】誌面の全面リニューアル

【9月】沈文玉氏が社長に就任

2001年
【9月15日】人民中国雑誌社が首都博物館で催された中日国交正常化30周年記念「中日平和——友誼書画展」に参与

2003年
【1月】「第2回国家定期刊行物賞」コンテストに参加し、「100の重点定期刊行物」に入選

2004年
【1月】在中国日本国大使館で催された新春交歓会で、日本の村山富市前首相が、「『人民中国』の日本における影響力はたいへん大きく、本誌がま

すます立派になっていくことを願う」と語った
　【1月】于明新氏が社長に就任
　【5月15日】小泉純一郎首相が『人民中国』を自費で購読
　【10月11日】王毅中国駐日本新任大使が「『人民中国』に寄せる言葉」をしたため、本誌が半世紀もの間、対外報道事業において重ねてきた努力とその成果を高く評価
　【11月29日】趙啓正国務院新聞弁公室主任が、『人民中国』は国内における最もすぐれた対外報道刊行物の1つと賞賛
　【12月6～15日】趙啓正国務院新聞弁公室主任は、日本の政界、財界、マスコミ界の重要人物と会見の際に、中日間文化交流の重要プロジェクトとして、『人民中国』は今後日本で印刷されることとなると、各界に向けて通告

2005年
　【7月29日】2005年8月号から『人民中国』が日本でも印刷されることとなり、その初めての雑誌が読者に送られた

2006年
　【6月】安倍晋三官房長官が『人民中国』を自費で購読
　【9月5日】小淵優子衆議員議員を団長、鰐淵洋子参議院議員を副団長とする日本青年代表団一行38人が人民中国雑誌社を訪問
　【10月27日】人民中国雑誌社と神奈川政経懇話会、神奈川新聞社が共同主催した「日中友好・神奈川経済と今後の日中交流」フォーラムが横浜市で開催。王毅中国駐日本大使は、人民中国雑誌社がローカル化実施であげた成果を高く評価

2007年
　【1月】徐耀庭氏が社長、王衆一氏が総編集長に就任

【4月】温家宝国務院総理が訪日前に、『人民中国』を通じて日本の読者にあいさつを送った

2008年
　【5月6日】胡錦涛国家主席が訪日。人民中国雑誌社では、この重大な外交活動に歩調を合わせるため、日本の人民に寄せた胡主席のあいさつを掲載した雑誌を緊急発刊し、胡主席の特別機で日本に届けた

2010年
　【3月】『週間万博』日本語版の発刊を請け負い、上海万博のために、目新しい、全面的で、深く切り込んだ興味深いコミュニケーションの場をもたらした。11月4日までの間に計26号を刊行

2011年
　【2月】唐家璇中日友好21世紀委員会中国側座長、前国務委員が、『人民中国』の仕事をどのようにしてさらに立派なものとするかについて、重要な指示を行った
　【3月16日】87名の人民中国雑誌社勤務者全員（日本専門家、退職幹部を含む）が、東日本大震災のために計1万6250元を寄付
　【4月18日】中日友好のための心を通じさせる懸け橋となったとして、程永華中国駐日本大使が、『人民中国』に感謝の意を示した

2012年
　【2月29日】唐家璇中日友好21世紀委員会中国側座長など中国側委員5名が、北京の中南海で座談会を開き、中日国交正常化40年来の成果、経験、教訓について深く語り合った。『人民中国』は、この全過程を取材し、詳細に報道
　【7月5〜10日】国務院新聞弁公室が主催、中国外文局が請け負い、人民

中国雑誌社と人民画報社とが共同実施した中日国交正常化40周年記念大型写真展「美しい中国　美しい日本」が東京で開催。同時に、同名の写真集を出版

2013年
【5月】陳文戈氏が社長に就任

【6月】『人民中国』日本語版創刊60周年を記念し、人民中国雑誌社が各界の人士を招待し、東京と北京でそれぞれ記念コンサート、パーティーと創刊60周年記念大会を開催

美好祝愿

人民中国
PEOPLE'S CHINA
60th
anniversary
★SINCE 1953

来自中国的祝福
中国からのお祝いの言葉

福建省人民政府新闻办公室：

欣闻《人民中国》创刊60周年，特表示由衷祝贺！60年来，贵刊坚持以促进中日友好、增进日本人民对中国的了解为办刊宗旨，为日本和海外读者了解中国、认知中国提供了一个重要窗口。贵刊长期关心支持福建发展，为提升福建在海外的影响力倾注心力，我们深表谢意！衷心祝愿《人民中国》越办越好，事业繁荣昌盛！

福建省人民政府新聞弁公室

『人民中国』創刊60周年という喜ばしい便りを聞きまして、心よりお祝い申し上げたいと思います。60年来、貴誌は一貫して中日友好を促進し、日本国民の中国に対する理解を増進することを雑誌づくりの主旨とし、日本と海外の読者が中国を理解し、知るための重要な窓口となりました。貴誌が長期にわたり、福建省の発展に関心と支援を寄せ、福建省の海外における影響力の向上に力を注いで下さったことを、われわれは深く感謝いたします。『人民中国』がますます立派になり、その事業が隆盛を極めますことを心よりお祈り申し上げます。

吉林省人民政府新闻办公室：

倾情倾力描绘中日友谊飞跃千万里，
全心全意抒写祖国华章辉煌六十年！

值此贵社60华诞之际，我们表示热烈的祝贺！衷心祝愿贵社与时俱进、继往开来，为传播美丽中国新形象，促进中日两国友谊做出新的贡献！

吉林省人民政府新聞弁公室

　心を込めて中日友情の飛躍を描き、

　全身全霊を傾け祖国の輝かしい60年をつづる

　貴誌の創刊60周年にあたりまして、われわれは心からのお祝いを申し上げます。貴社が時代とともに歩み、前人の事業を受け継いで将来の発展に道を開き、美しい中国の新しいイメージを伝え、中日両国の友情に新たな貢献をされるよう、心からお祈り申し上げます。

江苏省人民对外友好协会会长　吴锡军：

　　介绍国情，

　　表达民意，

　　架构世界人民友好交流的"心桥"。

　　——《人民中国》创刊六十周年志庆

江蘇省人民対外友好協会会長　呉錫軍

　国情を紹介し

　民意を表現して

　世界人民の友好交流の「心の懸け橋」を架ける

　『人民中国』創刊60周年をお祝い申し上げます。

日本国驻重庆总领事　光冈英行：

　值此春暖花开的美好时节，《人民中国》杂志也将迎来创刊60周年的大日子。我谨代表日本国驻重庆总领事馆表示最热烈的祝贺！

　《人民中国》自创刊以来，展现和见证了日中关系的源远流长、跌宕起伏。我衷心地祝愿日中两国通过这个小平台在国际大舞台上谱写出更辉煌的华章。

在重慶日本国総領事　光岡英行

　花が咲き乱れる美しい季節にあたりまして、『人民中国』誌が創刊60周年

を迎えられることを、在重慶日本国総領事館を代表いたしまして、心よりのお祝いを申し上げます。

『人民中国』は創刊以来、日中関係の長く波瀾に満ちた歴史を表現し、見届けてきました。日中両国がこの小さなプラットホームを通じて、国際舞台でより華麗な楽章を奏でることができるよう、心よりお祈り申し上げます。

日本国驻上海总领事　泉裕泰：

值此《人民中国》60周年之际，我谨代表本馆致以良好的祝福。贵刊长期以来一直以日语向读者介绍了中国多领域的信息，有助于读者对中国的理解，并促进了日本与中国之间国民交流。祝贵刊不断发展！

在上海日本国総領事　泉裕泰

『人民中国』創刊60周年にあたりまして、在上海日本国総領事館を代表いたしまして、謹んでお祝いを申し上げます。貴誌は長期にわたり、日本語で読者に中国のさまざまな分野における情報を発信し、読者の中国に対する理解を助け、日本と中国の国民交流を推し進めてきました。貴誌のますますのご発展をお祈り申し上げます。

山东省人民政府新闻办公室：

欣闻《人民中国》杂志创刊60周年，谨向贵刊表示热烈祝贺！

60年来，《人民中国》坚持面向日本、面向国际介绍中国，在传播中国文化、促进中日经贸合作、增进中日两国人民交流和友谊方面发挥了积极影响，起到了"增进两国人民友谊的桥梁、了解中国国情的教科书"的重要作用。

《人民中国》多年来一直关注、支持山东的发展，积极宣传介绍山东，增进了日本社会各界对山东的了解，推动了山东与日本在经贸、文化、旅游等各领域的交流合作。感谢《人民中国》对山东工作的支持！祝福《人民中国》事业发达！

山東省人民政府新聞弁公室

『人民中国』創刊60周年という喜ばしい便りを聞きまして、謹んでお祝い

を申し上げます。

　60年来、『人民中国』は一貫して日本および世界に中国を紹介し、中国文化を伝え、中日の経済・貿易協力を促進し、中日両国民の交流と友情の増進において積極的な作用を発揮し、「両国民の友情を増進させる懸け橋、中国の国情を理解するための教科書」という重要な役割を果たしてきました。

　数年来、『人民中国』はずっと山東省の発展に関心と支援を寄せ、積極的に山東省を紹介して、日本の各界の山東省に対する理解を増進させ、山東と日本との経済・貿易、文化、観光などの各分野における交流と協力を推し進めてきました。『人民中国』の山東省に対するご支援に感謝いたしますと共に、『人民中国』のますますのご発展をお祈り申し上げます。

新疆维吾尔自治区人民政府新闻办公室：

　　适值人民中国杂志社成立60周年之际，新疆维吾尔自治区政府新闻办公室谨向贵社表示热烈祝贺！并向贵社长期以来对新疆外宣工作的大力支持，表达诚挚的谢意！

　　祝人民中国杂志社开创更加美好的明天！

新疆ウイグル自治区人民政府新聞弁公室

　人民中国雑誌社成立60周年にあたりまして、新疆ウイグル自治区政府新聞弁公室は謹んでお祝いを申し上げます。また、貴社の長期にわたる、新疆対外報道に対する大きな支援に、心からの感謝を捧げます。

　人民中国雑誌社が、よりうるわしい未来を築くことをお祈り申し上げます。

中共安徽省委对外宣传办公室：

　　传播美丽中国的使者

　　架设合作交流的桥梁

　　　　——贺《人民中国》创刊60周年

中国共産党安徽省対外宣伝弁公室

　美しい中国を伝える使者として

協力と交流の懸け橋を架ける
——祝『人民中国』創刊60周年

中共河北省委对外宣传局：

　　光阴荏苒，岁月如梭，转眼间《人民中国》走过了六十个春秋。六十载春华秋实，六十度无悔奉献，换来了日本人民对中国的了解。在创刊六十年之际，祝愿贵刊越办越好，再接再厉，为促进中日两国人民的相互了解和友谊做出更大贡献！

中国共産党河北省委員会対外宣伝局

　　光陰矢の如し。瞬く間に『人民中国』は60年の時を駆け抜けてきました。60年の春華秋実、60年の貢献によって、日本国民の中国に対する理解を得てきました。創刊60周年にあたりまして、貴誌がますます立派になり、中日両国民の相互理解と友好を促進するために努力を重ね、さらなる貢献を果たすことをお祈り申し上げます。

中共湖南省委对外宣传办公室：

　　贺《人民中国》一甲子生日！《人民中国》始终致力于促进中日友好合作、增进中日人民相互理解，功在当代、利在千秋。祝《人民中国》友好桥梁永坚不摧，愿中日人民友好相处世世代代。

中国共産党湖南省委員会対外宣伝弁公室

　　『人民中国』の創刊から60周年の誕生日をお祝い申し上げます。『人民中国』は一貫して中日友好と協力の促進、中日両国民の相互理解の増進に取り組んでおり、この現在の努力によって、今後千年にもわたる幸福がもたらされることでしょう。『人民中国』が架けた友好の懸け橋が永遠に強固であり、中日人民の友好関係が世世代々続きますことをお祈り申し上げます。

浙江省人民政府新闻办公室：

　　热烈祝贺《人民中国》创刊60周年！

对贵社在增进中日理解互信、服务中日友好交流等方面所作的贡献致以崇高的敬意，并对贵社长期关注浙江、报道浙江，对日展示浙江发展变化所作的努力表示诚挚的感谢！

衷心祝愿贵社事业发展更上一层楼！

浙江省人民政府新闻办公室

『人民中国』創刊60周年をお祝い申し上げます。

貴社が中日間の相互理解と相互信頼を増進させるなど、中日友好交流に果たした貢献に、最上の敬意を表します。また長期にわたって浙江に関心を寄せ、浙江のことを報道し、その発展と変化を日本に報道してきた努力に対し、心から感謝いたします。

貴社のますますのご発展を心よりお祈り申し上げます。

注：来自中国的贺信，按汉语拼音顺序排序。

来自日本的祝福
日本からのお祝いの言葉

宇都宫德一郎
东京都日中友好协会会长

衷心祝贺贵刊创刊60周年。

贵刊是在周恩来总理的关怀下创刊的，直至今日，仍在努力为促进日中两国人民的相互了解和友好传递着信息。今年是日中和平友好条约缔结35周年。我们东京都日中友好协会也将通过市民层面的草根交流，为进一步发展两国间的友好关系继续努力。

宇都宮徳一郎
東京都日中友好協会会長

創刊60周年にあたり心からお慶び申し上げます。

貴誌は周恩来総理のご決断により創刊され、今日まで日中両国民の相互理解と友好促進のため情報発信に努められてきました。今年は日中平和友好条約締結35周年の節目の年でもあります。私ども東京都日中友好協会も草の根の市民交流を通じて、友好関係のさらなる発展に向け努力を続けて参ります。

海江田万里
日本众议院议员、民主党代表

祝贺《人民中国》创刊60周年。贵刊自创刊以来，坚持为促进日中友好和相互了解传递信息，是我珍爱的杂志之一。

希望贵刊今后也能为发展两国友好，继续向日本读者提供中国的信息。

衷心祝愿《人民中国》今后不断发展，蒸蒸日上。

海江田万里

衆議院議員、民主党代表

『人民中国』創刊60周年、おめでとうございます。創刊以来一貫して日本と中国の友好関係と相互理解の促進を発信し続けている御誌は私の愛読誌の一つです。

どうぞこれからも両国の友好発展のために、日本の読者に中国からの情報をお届けください。

『人民中国』の今後ますますのご発展を心よりお祈り申し上げます。

加藤紘一

公益社团法人日中友好协会会长

衷心祝贺《人民中国》创刊60周年。

《人民中国》自创刊以来，介绍了中国的政治、经济、文化等各个领域的现状与发展，为了解中国提供了很大帮助。希望贵刊能继续为促进两国友好做出贡献。祝愿贵刊不断发展，不断有新作为。

加藤紘一

公益社団法人日中友好協会会長

『人民中国』創刊60周年、心からお祝い申し上げます。

『人民中国』は創刊以来、中国の政治、経済、文化などのあらゆる分野の情況と発展について紹介し、中国理解のために大きな役割を果たしてきました。引き続き両国の友好関係の促進に貢献されますことを期待しております。貴社のますますのご発展とご活躍を祈念申し上げます。

河野洋平

日本国际贸易促进会会长

祝贺《人民中国》创刊60周年。对日本而言，中国是具有互补意义的重要

邻国，保持并发展这一优良关系至关重要。长期以来，贵刊及时且通俗易懂地策划、报道了有助于我们了解贵国的十分必要而不可或缺的重大选题。未来，我们对贵刊的这一作用寄予更高的期望。

河野洋平

日本国際貿易促進協会会長

　創刊60周年をお祝い申し上げます。日本にとり、貴国は重要な相互補完関係をもち、今後も良好な関係を維持し発展させることが何よりも大切な国です。貴誌は長きにわたり、われわれが貴国を理解するうえで、必要不可欠なテーマをタイムリーに、且つわかりやすく採りあげてきました。今後とも、その役割に一層大きな期待を寄せる次第です。

西园寺一晃

工学院大学孔子学院院长、东京都日中友好协会副会长

　《人民中国》的历史即战后日中关系的历史的缩影。日中两国克服了很多艰难险阻，将两国关系发展至今日。期待《人民中国》能够继承这一历史，为改善和发展两国关系做出更大贡献。

西園寺一晃

工学院大学孔子学院学院長、東京都日中友好協会副会長

　『人民中国』の歴史は、戦後日中関係の歴史でもあります。日中両国はこれまで多くの艱難辛苦を乗り切り、関係を発展させてきました。『人民中国』がこの歴史を継承して、両国関係の改善と発展にさらなる貢献をされることを期待します。

笹川阳平

日本财团会长、笹川日中友好基金运营委员长

　《人民中国》杂志自20世纪50年代创刊以来，见证了日中两国人民的交流，并为之做出了积极贡献。现在，两国关系面临巨大困难，日本财团将继续倾听两国人民的心声，并将其在一项项事业中加以体现，为两国关系的良好发展尽

自己的绵薄之力。我们愿和贵刊读者一起努力。

笹川陽平

日本財団会長、笹川日中友好基金運営委員長

『人民中国』誌は1950年代の発刊以来、日中両国民の交流を見守り、寄与してこられました。現在、両国関係は大きな困難に直面していますが、日本財団は引き続き両国民の声に耳を傾け、一つ一つの事業に反映させることで、両国の良好な関係の発展に少しでも貢献できるよう、貴誌の読者の皆様とともに努力して参ります。

白西绅一郎

日中协会理事长

日中两国人民的梦想是和平、友好和发展。没有相互了解，友好就无从谈起。我将贵刊视为中国人民祈盼和平与发展的文化使者，将每期杂志都摆放在桌子上，以便随时阅读。子曰："近者说，远者来。"互为邻邦的日中两国如果能够和谐相处，则远方的美国和欧洲国家也将靠近我们。因为，日中友好是世界和平的基础。

白西紳一郎

日中協会理事長

日中両国民の「夢」は、平和・友好・発展です。相互理解なくして友好は生まれません。私は、貴誌を中国の人々の平和と発展を願う文化の使者と思って、すぐ読めるように、毎号、机上にあります。「近者説、遠者来」（『論語』）。日中両国が隣にいることを説べば、遠い米国・欧州はやってくるのです。日中友好が世界平和の礎となるゆえんです。

石军

东京中国文化中心主任

《人民中国》创刊60年来，作为向日本民众介绍中国的重要窗口，为架起中日之间相互了解和友谊的桥梁做出了巨大贡献。东京中国文化中心愿携手人

民中国杂志社，让这座中日两国的友谊桥梁更加牢固、继续发展，构建两国关系绚丽多彩的未来。希望《人民中国》下一个60年能够更加闪耀夺目。

石軍

東京中国文化センター主任

　『人民中国』は創刊60年来、日本の人々に中国を紹介する重要な窓口として、中日の相互理解と友好の懸け橋を架けるために大きく貢献してきました。東京中国文化センターは人民中国雑誌社と手を携え、中日両国の友好の懸け橋を強固にし、発展させ、両国関係のうるわしい未来を構築するために、ともに努力いたします。『人民中国』の新たな60年がさらに輝かしいものになるよう願っています。

高原明生

日中友好21世纪委员会日方秘书长

　真诚地祝贺《人民中国》创刊60周年。回首中华人民共和国激荡的历史，我深切感受到60周年的分量。期待《人民中国》在今后的60年，传递中国人民的真实声音，取得更大的发展和进步。加油！

高原明生

日中友好21世紀委員会日本側秘書長

　『人民中国』創刊60周年誠におめでとうございます。中華人民共和国の激動の歴史を振り返れば、60周年の重みがひしひしと感じられます。これからの60年、中国人民の真実の声を伝える媒体として、『人民中国』がいっそうの発展進化を遂げることを期待しています。加油！

谷村新司

音乐家、东京音乐大学客座教授

　衷心祝贺《人民中国》迎来还历之年。一个人走过了60年，仿佛回归到了生命的"起点"。最近，我再次感到人与人之间的点滴交流必然是一切的开始。

　当今是代表日中未来的年轻一代彼此敞开心扉交往，珍视、了解对方苦乐

的时代。我相信，哪怕在彼此的国家仅有一位知心朋友，也会和那个国家以及人民建立起信赖关系。

希望大家能够牢记：滴水可以成河，甚至能够成为让人畅游的大海。衷心祝愿贵刊能成为这大海中的一滴水。

谷村新司
音楽家。東京音楽大学客員教授

暦が還る60周年の記念の年を迎えられた『人民中国』に心からお祝いを申し上げます。60年の時を経て私たち人間も「初心」に還る時のような気がします。人と人とのささやかな交流がきっとすべての始まりであると改めて感じる昨今です。

日中の明日を生きてゆく若い世代の人たちがお互いに心を開いて触れ合い、相手の心の痛みや歓びを知る事が何よりも大切な時代になっています。お互いの国に心を通わせた友人が一人でもいれば、その国を含めて人は信頼を築いてゆくことができると信じています。

一滴の水から大河は生まれ、人を生かす海になる。その事を忘れないでいましょう。貴誌がその一滴になられる事を心より願い続けています。

张丽玲
株式会社大富董事长

《人民中国》不仅介绍了中国历史的巨大变迁，也见证了中日关系的艰辛和飞速发展。杜甫诗云："随风潜入夜，润物细无声。"《人民中国》为传播中国文化和中国声音，以及增进两国人民间的了解和友谊做出了不可替代的贡献。

衷心期待《人民中国》能越办越好，为构建两国关系绚丽多彩的未来做出更大贡献。

張麗玲
株式会社大富代表取締役社長

『人民中国』は中国の歴史の大きな変化を紹介してきましたし、また中日

関係の苦難も急速な発展も目撃し、証明してきました。杜甫は「随風潜入夜　潤物細無声」（風と共に降る雨は、ひっそりと夜まで降り続き、音もなく万物を潤す）と詠いましたが、『人民中国』は中華文化と中国の声を伝え、中日両国民の間の理解と友好を増進するために、替わることのできない貢献をしてきました。

『人民中国』がますます良くなり、中日関係のうるわしい未来を築くためにさらに大きく貢献するよう心から期待しています。

辻井乔
日本中国文化交流协会会长

中国是国土辽阔、历史悠久的多民族国家。从这个意义上说，介绍我们日本人不太容易了解到的文化、历史、民俗和名胜古迹的《人民中国》杂志，可以说是最适合用于了解中国的读物。

文化交流的基础是了解并尊重彼此的文化。期待《人民中国》杂志今后能提供更加宝贵的信息。

辻井喬
日本中国文化交流協会会長

中国は国土が広く、悠久な歴史を有する多民族国家です。その点、私たち日本人が容易に知り得ない文化、歴史、民俗、名所旧跡を紹介する『人民中国』誌は、中国を理解する最適の書と言えます。

文化交流の基礎は相互の文化を知り、尊重し合うことにあります。これからも『人民中国』誌が、さらに貴重な誌面を提供してくださるよう期待しています。

中川健造
中川美术馆馆长、日本中国文化协会顾问

1949年，毛泽东主席在天安门城楼上宣告了新中国的成立。4年之后，《人民中国》创刊。可以说，贵刊具有和新中国同时期诞生的历史感与权威性。在举行新中国成立60周年的纪念活动时，我有幸被邀请至人民大会堂，这令我非

常感动。所以，我也要对今年迎来创刊60周年还历的《人民中国》表达由衷的敬意。新社长的就任注入了新鲜的空气，期待贵刊的内容越来越充实。

中川健造
中川美術館館長。日本中国文化協会顧問

天安門楼上で、毛沢東主席が高らかに新中国の成立を宣言したのが1949年です。それから4年ののちに創刊されたのが『人民中国』でした。新中国成立と時をいつにしたともいえる伝統と権威を有しています。私は、新中国成立60周年記念に人民大会堂に招かれて大感動しましたが、今年は創刊60周年の「還暦」を迎えられた『人民中国』に心からの敬意を表したいと思います。新社長も就任され、新しい空気を入れ、ますますの充実を期待しています。

星屋秀幸
日本森大厦特别顾问

祝福《人民中国》创刊60周年。我自1979年赴北京留学以来，在商务一线从事了30多年的日中交流活动，感慨良多。森大厦公司对中国市场经济的发展坚信不移，早在1994年就决心进军大连和上海。日中双方通力合作，体现本公司城市建设理念——"垂直庭园都市"的上海环球金融中心于2008年竣工，现已令人骄傲地成为上海的新景观。

星屋秀幸
森ビル特別顧問

『人民中国』創刊60周年を祝福します。私は1979年北京留学以来、30年余ビジネス最前線で日中交流に従事し感無量です。森ビルは中国の市場経済の発展を確信し、94年いち早く大連・上海へ進出を決定しました。日中協力の下、当社の街づくりの理念「垂直の庭園都市」による上海環球金融中心を2008年に竣工、今では上海の新名所となり誇りに思っています。

注：日本からのお祝いの言葉は、五十音順で掲載させていただきます。

后记

《共同走过六十年》纪念文集终于付梓出版。这是一件值得庆贺的事。纪念文集凝聚了几代《人民中国》员工之间，以及他们和读者的情感交融，从不同的角度和侧面反映了杂志社奋斗发展的历程，具有很高的史料价值。

通过阅读文集中的一篇篇文章，我仿佛置身其中，看到了他们挥洒心血、默默工作并乐在其中的工作状态。作者们对《人民中国》事业真实质朴的热爱，对工作孜孜不倦的追求，对同事坦诚相待、包容互助的情谊，以及对促进中日人民友好交往的使命感深深地打动了我。这些正是今天的《人民中国》人应该永远传承并发扬光大的。我为能成为人民中国杂志社的一员，有这样的前辈、同事、读者而感到荣幸和自豪！

在本书的编撰过程中，我们不仅收到了来自多方的大量精彩纪念文章，更收获了许多感动。在这里，要衷心感谢中国外文出版发行事业局局长周明伟先生。他在百忙之中为本书作序，不仅高度评价了《人民中国》的历史作用，而且为我社未来的发展提出了殷切期望，让我们倍受鼓舞和激励。文化部前副部长刘德有先生，在《人民中国》创刊伊始曾在我社工作了12年，后来一直心系我社工作。他满怀深情地写下回忆当年办刊往事的文章，并欣然为本书题写书名，体现出老一辈对日传播工作者对中日友好事业的关心和对《人民中国》的关怀。

我社离退休老领导、老同志克服各种困难，积极给文集编辑部投稿。特别是安淑渠、李雪琴、陈忆青3位老前辈，四方奔走收集资料，伏案写下记录

《人民中国》历史上多位中日名师大家精彩人生的万言长文。文章成稿后，3位作者纷纷表示不要署上自己的姓名。翻译造诣高超的杨哲三先生，不顾年事已高，承担了大量的翻译、审核工作，并提出不要酬劳。这些幕后的故事，再次反映出《人民中国》前辈们甘于付出、不计名利的奉献精神。

在稿件征集过程中，我们还欣喜地收到许多来自中日两国读者的稿件。其中，不乏老读者深情怀念与《人民中国》之间的友谊，以及对两国人民开展友好交流的往事追忆；更有年轻读者通过阅读《人民中国》，对对方国家产生兴趣，并致力促进中日友好的志向表达。这些都让人深深地感受到广大读者对《人民中国》的厚爱以及这本杂志的价值。

为了顺利完成此文集，《人民中国》许多在职员工，放弃休息时间，加班撰写文章、编辑稿件、翻译核校，大家精诚团结、通力协作，确保了文集的质量。新星出版社的领导和编辑更是在时间紧、任务重的情况下，想尽办法使得文集如期出版。在这里，我们要对他们的努力与支持表示诚挚谢意。

《共同走过六十年》的制作过程和内容，折射出上级领导、《人民中国》新老员工、广大读者与社会各界为推动中日两国人民友好交流所表现出来的热切关心、辛勤努力和无私奉献。正是这些令人感动与鼓舞的正能量，让我们能够携手走过60年，让我们对这份事业的未来充满信心与干劲。

人民中国杂志社社长

2013年6月

後記

　記念文集『共に歩んだ60年』がようやく上梓されました。これは祝賀に値することで、この中には何世代にもわたる『人民中国』の仲間同士の友情、彼らと読者との友情が含まれており、それぞれ違った角度や側面から、人民中国雑誌社の奮闘と発展のプロセスを反映したもので、史料的価値が非常に高い一冊と言えます。

　本書の文章を一つひとつ読み進めてゆくと、自分自身がその時代に身を置き、彼らが心血を注ぎ、夢中になって、黙々と仕事に取り組んでいる姿を見るような気がします。彼らの『人民中国』の事業に対する真摯で素朴な感情、仕事に対する飽くなき追求、率直で誠意を込めた同僚との付き合い、寛容な助け合いの精神および中日両国民の友好を促進する使命感は、深く心を打ちます。これこそ、今日の『人民中国』社員が永遠に受け継ぎ発揚すべき精神です。『人民中国』の一員であることを、このような先輩、同僚、読者を持つことを、誇りに思います。

　本書の編集過程では、多方面から素晴らしい文章を寄せていただいたこと以外にも、さまざまなことに感動させられました。この場をお借りして、周明偉外文出版発行事業局長がご多忙の中、本書に序文を書いてくださったことを、心から感謝いたします。彼は、『人民中国』の歴史的役割を高く評価しただけでなく、本誌の未来に切実な期待を寄せており、非常に感動させられました。劉徳有文化部元副部長は、『人民中国』の創刊時代から12年間勤

務し、その後もずっと本誌の仕事に関心を寄せてくださいました。彼は深い感情を胸に、当時のエピソードを回想する文章を書き、また本書の題字を記してくださいました。これは対日報道の先輩社員の中日友好事業に対する関心と、『人民中国』に対する思いを示すものとなりました。

　本誌退職者も各種の困難を乗り越え、積極的に編集部に原稿を寄せてくださいました。とりわけ安淑渠さん、李雪琴さん、陳憶青さんの先輩3人は、あちこちから資料を集め、『人民中国』史上の多くの中日大家の素晴らしい人生を記録した、1万字以上の長文を書き上げてくださり、文章完成後、3人とも署名を辞退しました。ベテラン翻訳者である楊哲三さんは、高齢を顧みず、大量の翻訳・チェック作業を引き受けてくださり、報酬も受け取ろうとはしませんでした。これらの逸話も、『人民中国』の先輩たちが自ら進んで仕事に貢献し、名誉も利益も求めない姿を反映させたものだと言えましょう。

　原稿募集の過程において、嬉しいことに、中日両国の読者からの原稿をたくさん受け取りました。その中には、年配の読者の『人民中国』との深い縁を偲び、両国人民の友好交流を繰り広げたことに対する追憶もありましたし、若い読者が『人民中国』を読むことによって相手国に興味を持ち、中日友好の促進に努力したいという所信を表明したものもありました。これらはいずれも読者たちの『人民中国』に対する愛と、この雑誌の価値をひしひしと感じさせるものでした。

　この文集を順調に完成させるために、『人民中国』の多くのスタッフが、休み時間返上で仕事を続け、執筆、編集、翻訳、校閲のために残業し、みんなが心を一つに団結・協力することによって、すぐれた文集を出版することができました。新星出版社の責任者や編集者は、きついスケジュール、膨大な作業量という条件の下で、文集の予定通りの出版のために、あれこれ手を尽くしてくださいました。この場をお借りして、彼らの努力とサポートに、心からの感謝を捧げたいと思います。

　『共に歩んだ60年』の制作過程と内容は、上層部、『人民中国』の新旧社員、

多くの読者および社会各界の、中日両国国民の友好交流を推し進めるための切実な関心、懸命に励む姿、無私の貢献を反映しています。これらの感動的なプラスエネルギーがあるからこそ、われわれは手を携えて60年を歩むことができたのであり、そしてまた、この事業の未来に、たっぷりの自信と意気込みを持つことができるのです。

人民中国雑誌社社長

陳文戈

2013年6月